प्रवासी की कलम से

प्रवासी की कलम से

बादल सरकार

अनुवाद

प्रतिभा अग्रवाल

राष्ट्रीय नाट्य विद्यालय

बहावलपुर हाउस, नई दिल्ली 110 001

मूल बांग्ला कृति : 'प्रबासेर हिजिबिजि' का हिन्दी अनुवाद

पहला संस्करण : 2009

प्रकाशक : राष्ट्रीय नाट्य विद्यालय
बहावलपुर हाउस, नई दिल्ली-110 001

वितरक : राजकमल प्रकाशन प्रा. लि.
1-बी, नेताजी सुभाष मार्ग
नई दिल्ली-110 002

शाखाएँ : अशोक राजपथ, साइंस कॉलेज के सामने, पटना-800 006
पहली मंजिल, दरबारी बिल्डिंग, महात्मा गांधी मार्ग, इलाहाबाद-211 001

वेबसाइट : www.rajkamalprakashan.com
ई-मेल : info@rajkamalprakashan.com

आवरण : राजकमल स्टूडियो

मुद्रक : बी.के. ऑफसेट
नवीन शाहदरा, दिल्ली-110 032

PRAVASI KI KALAM SE
by Badal Sarkar
Translated by Pratibha Agrawal

ISBN : 978-81-8197-025-1

श्रद्धेय बादल सरकार को
सादर समर्पित
जिनके नाटकों के अनुवाद ने
मुझे नाट्य जगत में
सुपरिचित बनाया

—प्रतिभा अग्रवाल

प्रकाशक का वक्तव्य

प्रवास के दौरान बादल सरकार की डायरी, पत्रों आदि पर आधारित इस पुस्तक को आपके समक्ष प्रस्तुत करते हुए मुझे हार्दिक प्रसन्नता हो रही है। आधुनिक भारतीय रंगमंच के निर्माण में महत्त्वपूर्ण योगदान देने वाले बादल सरकार के रंगकर्म का समकालीन रंग आन्दोलन और नाट्यलेखन की कला पर गहरा प्रभाव रहा है। देश-भर के रंगप्रेमियों के लिए उनके विचारों को उन्हीं के शब्दों में जानना अपनी विशेष मान्यता रखता है।

राष्ट्रीय नाट्य विद्यालय का प्रकाशन कार्यक्रम महत्त्वपूर्ण नाट्यालेख, आलोचनात्मक लेखन, आत्मकथाओं आदि को पाठकों तक पहुँचाने के काम में वर्षों से संलग्न है। यह एक सर्वविदित तथ्य है कि रंगकर्म को नाट्यालोचना एवं सिद्धान्त काफ़ी गहराई से प्रभावित करते हैं। इस तरह के रंग विमर्श को भाँति-भाँति के विचारों, अवधारणाओं और प्रतिबद्धताओं के प्रकाशन द्वारा समृद्ध करने का हमारा यह प्रयास हमेशा जारी रहेगा।

–अनुराधा कपूर
निदेशक
राष्ट्रीय नाट्य विद्यालय

लेखक की कलम से

किसी को लिखा गया पत्र उसकी संपत्ति हो जाता है, प्रेषक को उसे देखने का सुयोग नहीं मिलता तथापि विदेश से लिखे कुछ पत्रों को पढ़ने का सुयोग मुझे मिला—लिखने के बहुत दिनों बाद सन् 1989 में। उस समय प्रस्तुत ग्रंथ की परिकल्पना मन में आयी थी—चिट्ठी एवं डायरी के कुछ अंशों को कालक्रमानुसार सजाकर एक रूप देने की। इन्हीं के साथ आ मिलीं कुछ कविताएं जिन्हें डायरी का ही एक और रूप कहना चाहिए क्योंकि उस समय की विचारधारा एवं चिंतन का प्रतिफलन इन कविताओं में हुआ था।

प्रवास की इस हिजिबिजि (स्क्रिबलिंग) का संयोजन सन् 1989 में ही हो गया था, तथापि इसके बारे में जानकारी आसपास के इष्ट-मित्रों तक सीमित थी। तीन बार के प्रवास—1957 से 1959 लंदन, 1963-64 में नौ महीने फ्रांस और 1964 से 1967 नाइजीरिया। पिछले दिनों ही प्रकाशित 'पुरोनो कासुंदि' के पहले खंड के बादवाले समय का करीब-करीब सभी कुछ—केवल बीच-बीच की छोटी-छोटी दरारों को छोड़कर सभी कुछ—इस पुस्तक में सम्मिलित हैं। 'पुरोनो कासुंदि' द्वितीय खंड लिखने के समय ध्यान रखूंगा कि उसमें पुनरावृत्ति बिलकुल न हो। हो भी तो न्यूनतम।

'पुरोनो कासुंदि' पढ़कर जिन्हें अच्छी लगी थी और जिन्होंने सूचित किया है कि वे द्वितीय खंड की प्रतीक्षा में हैं, उनसे अनुरोध करता हूं कि वे इस पुस्तक को भी पढ़ें अन्यथा 'पुरोनो कासुंदि' घांटने का काम पूरा नहीं होगा। इसके अतिरिक्त जिन लोगों ने मेरे नाटकों को कमोबेश पढ़ा है, उन्हें भी इस पुस्तक से कुछ खुराक मिलेगी। मुद्रित नाटक को यदि परोसी थाली मानें तो रसोईघर की बहुत-सी ख़बर इससे मिलेगी।

—बादल सरकार

अनुवादक की कलम से

दिसंबर सेन् 2006 में प्रकाशित **प्रबासेर हिजिबिजि** बादल सरकार का एक महत्त्वपूर्ण ग्रंथ है। इसमें सितंबर 1957 से सितंबर 1959 तक के उनके लंदन प्रवास (दो साल), जुलाई 1963 से मार्च 1964 तक के उनके फ्रांस प्रवास (नौ महीने) और जुलाई 1964 से जून 1967 तक (तीन साल) के नाइजीरिया प्रवास का लेखा-जोखा है। यह उनके संघर्षमय जीवन के एक कालखंड का अत्यंत मार्मिक एवं प्रामाणिक दस्तावेज़ भी है। वे टाउन प्लानिंग के प्रशिक्षण के लिए सितंबर 1957 से सितंबर 1959 के बीच लंदन में रहे। यह लंदन प्रवास एक ओर घर से बहुत दूर विदेश में अकेले रहने का स्थूल अनुभव था तो दूसरी ओर कलकत्ता में मनलायक काम न मिलने एवं अन्यान्य व्यक्तिगत कारणों से अपने लोगों से दूर रहने का पहला अनुभव था जो अकेलेपन की गहरी अनुभूति करानेवाला था। साथ ही जीवन-मृत्यु-दर्शन-इष्ट-मित्र-प्रियजन-नए परिचय आदि के बीच इधर-उधर चक्कर काटते, भटकते, अपने में ही उलझते, सुलझते मन की ऊहापोह का लेखा-जोखा भी था। ग्रंथ में एक जगह उन्होंने लिखा है कि जो बातें दूसरों से कही जा सकती थीं वे पत्रों के माध्यम से कही गयी हैं, जिन्हें अपने तईं ही रखना चाहता था वे डायरी के पृष्ठों में ग्रथित हैं और जो डायरी में भी नहीं कही जा सकीं वे कविताओं का बाना पहनकर व्यक्त हुई हैं। ग्रंथ में मनु (उनकी फुफेरी बहन एवं घनिष्ठ मित्र) को लिखे कुछ पत्र/पत्रांश, उस दौरान लिखी डायरी के कुछ निर्वाचित अंश एवं 30 छोटी-बड़ी कविताएं सम्मिलित हैं जिनमें से दो अंग्रेज़ी में हैं। पत्रों में दो-चार अभिन्न मित्र कानु (मनु के पति) को लिखे हुए भी हैं। करीब डेढ़ सौ पृष्ठों की इस सामग्री को कालक्रमानुसार संजोया गया है जिससे एक खूबसूरत चित्र बना है जिसकी नाना रेखाएं, नाना रंग, नाना

आकार-प्रकार अपने पूरे अस्तित्व के साथ आवश्यकता एवं प्रसंगानुसार उकेरे गये हैं, उभरकर सामने आये हैं। कहने में ये बातें जितनी सहज लग रही हैं करने में उतनी ही कठिन। लिखे जाने के 30-35 वर्षों के बाद उन पत्रों, डायरी के पृष्ठों और कविताओं को घांटना, उनमें से कुछ को चुनकर पुस्तक में सम्मिलित करना एक तरह से उन क्षणों को, अनुभूतियों को, अपने द्वंद्व को, अपने अंतर-मंथन को पुनः देखना, विश्लेषित करना बड़े मानसिक कष्ट का काम रहा होगा पर उसे बादल दा ने किया। बाद के दोनों प्रवास—फ्रांस एवं नाइजीरिया के—अपेक्षाकृत उलझन-रहित थे, बादल सरकार के सृजन के महत्त्वपूर्ण काल खंड थे जिसमें उनके अनेक नाटकों के लिखने की प्रेरणा, मनःस्थिति एवं संकल्प-विकल्प की स्थितियों का परिचय प्राप्त होता है।

इस पुस्तक द्वारा बादल सरकार ने हम अनुवादकों के सामने एक ज़बरदस्त चुनौती रखी। **पत्र** का कथ्य, उसे व्यक्त करने की सहज सरल शैली, काफी दूर तक उसका विवरणात्मक स्वरूप वास्तव में एक मित्र के साथ की गयी अंतरंग बातचीत थी। **डायरी** स्वयं अपने से की गयी बात थी जिसका सब कुछ अपना था, जिसमें आशा-निराशा, सुख-दुख, संबंधों की मिठास-कडुआहट सब अपने खालिस रूप में थी, सर्वथा बेपर्द, नग्न। लेकिन बहुत कुछ था जिसे डायरी में भी नहीं कहा जा सका क्योंकि उन्हें सबके सामने उजागर करना इष्ट नहीं था। डायरी के लिखे पृष्ठ किसी और के हाथ पड़ ही सकते थे। तब? अतः उन बातों को घुमा-फिराकर, शब्दजाल में लपेटकर **कविता** के रूप में पेश करना पड़ा क्योंकि कहे बिना रहा नहीं जा रहा था और कहने के लिए इससे सुरक्षित और कोई रास्ता नहीं था।

लेखक को तो जो कहना-लिखना था, उसने कह-लिख दिया। अब समस्या थी अनुवादक के सामने। अनुवादक उसे कैसे सही-सही समझे और कैसे उसे लेखक की ही तरह नाना रूपों, नाना रंगों, नाना आकारों में ढालकर एक नये समुदाय के सामने पेश करे जिसकी भाषा अलग होगी, जिसका बाहरी परिवेश और परिस्थितियां अलग होंगी और जिसकी आंतरिक संवेदना भी भिन्न होना स्वाभाविक है। भाषा एवं अभिव्यक्ति का रूप भी ऐसा हो जो आवश्यकतानुसार कभी औपचारिक हो, कभी आंतरिक, कभी

सहज-सरल हो, कभी गहन-जटिल, जो मूल की शैली ही नहीं आत्मकथ्य को भी यथासंभव अपने मूल रूप में व्यक्त कर सके, लेखक के कथ्य को सही-सही संप्रेषित कर सके।

अब इस अनुवाद के कुछ तथ्य, कुछ अड़चनें, कुछ विशेष अनुभव तथा एक आंतरिक सहयोग। 'प्रबासेर हिजिबिजि' में कुल 297 पृष्ठ हैं—155 पृष्ठों में लंदन प्रवास का विवरण जिसका करीब 60 प्रतिशत **पत्रांश** है, करीब 20 प्रतिशत **डायरी का अंश** और शेष **काव्यांश**। इसमें बादल सरकार ने अपनी 27 कविताएं सम्मिलित की हैं, जिनका आकार 11 से 79 पंक्तियों तक का है। इनमें दो कविताएं अंग्रेजी की भी सम्मिलित हैं। बादल दा की अनुमति से 9 कविताओं को बाद देकर शेष सभी का अनुवाद प्रस्तुत पुस्तक में शामिल है। यह अनुवाद मेरे लिए एक चुनौती साबित हुआ। अब तक मैं उनके दस नाटकों के अनुवाद कर चुकी हूं, कभी कोई कठिनाई नहीं हुई। इस बार 8-10 पृष्ठ करके ही लगा कि बात बन नहीं रही है, आलेख दुबारा लिखना होगा। थोड़ा और आगे बढ़ने पर लगा, पुस्तक में तीन तरह की सामग्री है—पत्र, डायरी तथा कविता, जिनकी भाषा तथा अभिव्यक्ति जटिल से जटिलतर होती जा रही है, इसे कैसे सम्हाला जाये। नाटक में बादल दा सदा सचेष्ट रहते हैं कि नाटक का कथ्य एवं संवाद सहज संप्रेष्य हो। यहां तो स्थिति भिन्न थी। पत्र एक अंतरंग मित्र से बातचीत थे तो डायरी के पृष्ठ अपने से बातचीत थे, उनमें वे बातें थीं जिन्हें वे अंतरंग मित्र से भी नहीं कह पाये थे। कविताएं उसके भी आगे की मनःस्थिति की परिचायक थीं—आत्मचिंतन, जीवन-दर्शन, जीवन-मृत्यु, जीवित रहने का अर्थ, ढूंढ़ने-जानने-समझने की चेष्टा। और जब स्थिति एवं भावनाएं अपने तईं ही उलझी हुई हों तो उन्हें कैसे अनुवादक समझे और उसका अनुवाद करके कैसे एक और समुदाय तक पहुंचाये? यद्यपि बतौर अनुवादक मुझे यह शुरू से ही लग रहा था कि पूरे हिंदी अनुवाद को समग्रता में देखना होगा और अंग्रेज़ी पुस्तकों के प्रकाशन के क्षेत्र में जिस तरह एडिटिंग की जाती है उसी तरह इस पुस्तक की भी एडिटिंग की आवश्यकता होगी। जैसे-जैसे काम आगे बढ़ा, आम बोलचाल के शब्दों का इस्तेमाल, जटिल मनःस्थिति, ऊहापोह-असंतोष-अकेलेपन से उपजी अटपटी अनुभूतियां कथ्य को जटिल बनाती गयीं, मूल में हर पृष्ठ पर एक-दो जगह प्रश्नचिह्न लगाना पड़ा, फलस्वरूप एडिटर की

आवश्यकता और अधिक महसूस होने लगी। अत्यंत आभारी हूं अपनी सहयोगी डॉ. बासबी राय की जिन्होंने कम-से-कम तीस घंटों का समय दिया--पूरे ग्रंथ के मूल से अनुवाद का मिलान किया गया—पंक्ति-दर-पंक्ति। मुझे हार्दिक संतोष है कि हम इस प्रक्रिया से गुज़र सके और इस प्रकार अनुवाद को यथासंभव सही और पूर्ण बनाने का प्रयत्न कर सके। मैं केवल इतना ही कह सकती हूं कि चेष्टा में मैंने कोई त्रुटि नहीं रखी। उसके बाद भी जो त्रुटियां रह गयी हैं उनके लिए क्षमाप्रार्थी हूं—पहले बादल दा से तत्पश्चात् सभी पाठकों से।

अड़चन पुस्तक के नामकरण को लेकर भी खड़ी हुई। बांग्ला का हिजिबिजि अंग्रेज़ी के स्क्रिबलिंग का समानार्थी जैसा है। हिंदी में मुझे कोई शब्द नहीं समझ में आया जो स्क्रिबलिंग के भाव को संबद्ध-असंबद्ध, स्पष्ट-अस्पष्ट, लापरवाही से लिखा हुआ तथापि पठनीय, बिखराव तथा सुनियोजित आदि परस्पर विरोधी भावों को अपने में समाहित किए हुए हो। इतना ही नहीं, लेखक यदि लंबे प्रवास पर न होते तो इतना सब लिखने की आवश्यकता ही न पड़ती। अतः शीर्षक में 'प्रवास' या 'प्रवासी' शब्द का होना वांछित लगा। अनेक विचार-विमर्श के उपरांत 'प्रवासी की कलम से' सबसे उपयुक्त लगा अतः इसे ही रखा गया है।

आभारी हूं अपने परिवार के सदस्यों और निकट के इष्ट-मित्रों की जिन्होंने पुस्तक के प्रारंभिक अंश पढ़े और मुझे असमंजस मुक्त किया। आभारी हूं राष्ट्रीय नाट्य विद्यालय की वर्तमान निदेशक डॉ. अनुराधा कपूर और पूर्व निदेशक देवेंद्र राज अंकुर की जिन्होंने इस पुस्तक के प्रकाशन का निर्णय किया एवं मुझे हर तरह का सहयोग प्रदान किया। मेरे सहयोगी संजय सिन्हा भी धन्यवाद के पात्र हैं जिन्होंने धैर्यपूर्वक आलेख टाइप किया एवं एकाधिक बार संशोधन किया।

और आंतरिक आभार श्री बादल सरकार के प्रति जिन्होंने मुझे इस महत्त्वपूर्ण ग्रंथ के अनुवाद की अनुमति दी एवं मेरी शंकाओं का समाधान किया। आशा है, उनकी यह जीवन-गाथा नाना लोगों को नाना रूपों में उद्‌बुद्ध करेगी, जीवन के नाना रूपों का साक्षात्कार करायेगी।

—प्रतिभा अग्रवाल

अनुक्रम

लंदन

चिट्ठी

7.10.57

मनु,

आज का दिन अच्छा बीता। एक जगह इंटरव्यू था, कहा– बाद में ख़बर देंगे। उसके बाद एक और बड़ी कंपनी में गया। साहब ने काफ़ी देर बैठाकर बातचीत की। बोले–हम लोगों की कंपनी बड़ी कंपनी है-न, इसलिए थोड़ा रेड टेप चलता है। एक फार्म भरकर सीधे उनके नाम भेज देने को कहा। बातचीत तो ऐसे हुई जैसे लगा नौकरी लग ही गयी हो। कलकत्ता के इंजीनियरों के बारे में उनकी धारणा अच्छी है। मैं कहीं उसे बिगाड़ न दूं। इसके अलावा लंदन की काउंटी काउंसिल में दरख्वास्त दी है–टाउन प्लानिंग के टेकनिकल असिस्टेंट की पोस्ट है। मिली तो वहीं करूंगा–तनख़्वाह कम हुई तो भी।

इसका नतीजा क्या हुआ, पता है? पिछले सप्ताह पागलों की तरह इस ऑफ़िस से उस ऑफ़िस दौड़ा हूं, अब और कहीं जाने का मन नहीं कर रहा। कल एक छोटे ऑफ़िस में इंटरव्यू है, उसमें जाने का भी मन नहीं कर रहा। पर कहीं ऐसा न हो कि अंत में न इधर का न उधर का।

यहां नौकरी खोजने में आराम है। सब जगह ऐसा व्यवहार करते हैं जैसे मैं उन्हें कृतार्थ करने गया होऊं। जगह ख़ाली न होने पर इतना दुख प्रगट करते हैं कि मुझे दुख होने लगता है। कई लोग दूसरी कंपनियों का नाम-पता बताकर सहायता भी करते हैं। पहले दिन एक साइनबोर्ड देखकर घुस पड़ा था। थोड़ी देर बाद पता लगा कि वे वेंटिलेशन एंड रेफ्रिजरेशन इंजीनियर्स थे–मेरी लाइन के ही नहीं थे। लौट रहा था कि मेम सेक्रेटरी ने बैठा लिया, खाता-पत्तर देख-दाखकर बहुत सारे फर्मों का नाम-पता लिखवा दिया, अख़बार के विज्ञापन दिखलाये। अपना देश होता तो लगता मेरे प्रेम में पड़ गयी थी।

मेरा और सब समाचार ठीक ही है। रहने-खाने का स्तर एक-एक सीढ़ी नीचे उतर रहा है। पहले प्लेन की नवाबी चाल, उसके बाद वाइ. एम. सी. ए. में सिंगलसीटेड रूम और भारतीय ढंग के पायखाने का आराम। वहां से निकाले जाकर आज की स्थिति में फोर-सीटर कमरे में चार में से एक मैं, टूटी स्प्रिंगवाले बेड पर सोकर दिन बीत रहे हैं। पर हां, खरचा मोटा-मोटी कम है।...सुबह नौ बजे निकलता हूं, रात दस के पहले लौटता नहीं, सारा दिन सड़कों पर जूता घिसते बीत जाता है। किसी चाय की दुकान में थोड़ी देर बैठने की भी गुंजायश नहीं। सबसे सस्ती चाय कैफेटेरिया में—वह भी साढ़े चार पेनी की। यहाँ के लोग छह पेनी अपनी इकन्नी की तरह ख़र्च करते हैं। परसों शनिवार को चिड़ियाखाना देखा। कलकत्ता में टिकट तीन आना, यहां तीन शिलिंग, मतलब क़रीब बारह गुना। पर हां, गोरिल्ला देखा, उसी से पैसा वसूल हो गया। इसके अलावा दो सिनेमा भी देखा, कहां तक पैदल घूमा जाय। यहां सिनेमा में एक बार टिकट लेकर घुस जाओ और जितनी देर मर्ज़ी आये बैठो। नतीजा, बहुत बार अंत पहले और शुरू बाद में देखना पड़ता है।

सप्ताह में तीन दिन शाम को क्लास रहता है। लगता है कलकत्ता की तरह फांकी मारने से यहां नहीं चलेगा, पास नहीं कर पाऊंगा। यहां सब कुछ कंक्रीट की समस्या को लेकर है जिसका मुझे सिर-पैर भी नहीं पता। सीधे सेकेंड इयर में भर्ती होने में यही सब गड़बड़ होता है।

अभी तक नौकरी खोजने, देखने-सुनने में समय एक तरह से कट जा रहा है। पर पिछले शनि-रवि से ही अकेलापन लगने लगा है। शनिवार चिड़ियाखाना देखने में काटा। कल हाइड पार्क का चक्कर लगाया, सड़कों पर घूमता रहा। अंत में हारकर एक फालतू सिनेमा में घुस गया। ख़र्च का पूछो मत—सबसे कम दाम का टिकट साढ़े तीन शिलिंग का। कहीं-कहीं और भी ज़्यादा रहता है। एकदम सामने की ओर कोने की सीट मिली, आंखों में बड़ा लग रहा था। इस एक सप्ताह में क़रीब तेरह पाउंड ख़र्च हो गये। उसमें से तीन पाउंड छोटे-मोटे सामान और टैक्सी भाड़े पर (पहले दिन) ख़र्च हुए। इधर-उधर हिसाब बैठा लेने से छह पाउंड में चल जायेगा। उससे कम में भी चल सकता है पर तब भूखे पेट रहना होगा। वैसे मन को इतना भरोसा है कि नौकरी मिली तो नौ पाउंड से कम महीने की तो न होगी। प्लेट धोने का काम अभी खोजा नहीं है, उसमें लगा तो नौकरी खोजने में ढील पड़ जायेगी। अगले सप्ताह देखूंगा। कॉलेज की फीस भी काफ़ी है—साल में छब्बीस पाउंड।

गोली मारो! अब बतलाओ, तुमलोगों की क्या ख़बर है? तुम्हें ही लिखा, इस आशा में कि जवाब तो मिलेगा। कानु कम्बख़्त ने तो पहले ही कह दिया है कि नहीं लिखेगा। प्लीज़, तुम जल्दी उत्तर देना। अभी तक घर की कोई चिट्ठी नहीं मिली है।

15.10.57

मनु,

कल रात घर लौटने पर तुम्हारी चिट्ठी मिली।

तुम्हारी तरह अक्सर मुझे भी लगता है कि जल्दी लौटना पड़ेगा। ऐसा बिलकुल नहीं लगता कि यहां लंबे समय तक रहना हो पायेगा।

आज एक इंटरव्यू था। दो घंटा इंतज़ार करना पड़ा, यहां के लिए यह एक असाधारण बात थी। सभी ने इसके लिए बहुत दुख प्रकट किया, सिगरेट पिलायी। पूछा—रहोगे या वापिस लौट जाओगे? मैंने अक़्लमंदी बरती। कहा—परिवार को बुलाने लायक़ तनख़्वाह मिली तो रहूंगा। लगा तो ऐसा कि नौकरी हो गई पर जब तक चिट्ठी हाथ में न आ जाये तब तक कुछ नहीं कहा जा सकता। यह नौकरी भी यदि न हुई तो मान लेना पड़ेगा कि आसानी से नहीं होनेवाली है। आज तो तीन रिग्रेट-लेटर मिले हैं।

मैं उपवास कर रहा हूँ, यह तुमसे किसने कहा? उस दिन वज़न लिया तो पाया कि इन कुछ दिनों में ही कम-से-कम छह पाउंड तो बढ़ ही गया है। दोनों वक्त गाय, सूअर, भेड़ और बकरे का भोग़ लगा रहा हूं, सुबह दूध-अंडा, बढ़ेगा नहीं?

मेरे विरह में तुम लोगों ने जिस तरह परस्पर सांत्वना देना शुरू किया है, उससे लगता है लौटने पर शायद ही किसी से भेंट हो। तुम मास्टरी करने में उस्ताद हो इसलिए तुम्हीं को भार देता हूं—सबको सम्हाल-सुम्हूलकर रखना। वैसे मैंने अभी तक अपने को बचा रखा है, तनिक भी स्खलित नहीं होने दिया है। न एक घूंट शराब ली है न किसी मेम साहब से संबंध जोड़ा है। बस, एक दिन टाँगें देखने गया था पर वह तो आर्ट था। उससे सतीत्व नष्ट नहीं होता।

...कैसी चिपचिपी बरसात हो रही है, बाहर निकलने का मन नहीं कर रहा पर न निकलने से खाना रह जायेगा।

...तीन दिन से लगातार झड़ी लगी है। कल सारी दोपहर नंगे माथे बरसात में चक्कर काटा पर टोपी की दुकान ही नहीं मिली। देखा, बरसात में मेम साहब

लोग सिर पर टोपी लगाती हैं ताकि उनके बाल गड़बड़ न हों लेकिन साहब लोग नंगे सिर घूमते हैं। लगता है सिर भीगने से इन लोगों को ठंड नहीं लगती। वैसे जोर से बरसात कम ही होती है। सुबह से टिपिर-टिपिर लगी है सो लगी ही है।

मेरे कमरे की छत से लगातार पानी चू रहा है। क़िस्मत से मेरे बिस्तर के ऊपर नहीं, एक-दूसरे बिस्तर पर। वह बिस्तर अभी ख़ाली है। उसे खिसकाकर बाल्टी रख गया है।

आज बहुत काम था। कल कॉलेज में डांट पड़ी कि अभी तक मैंने काम क्यों नहीं शुरू किया। फ़िलहाल रास्ते के मोड़ पर खड़े होकर गाड़ियों की गिनती करनी है, लेकिन इस बरसात में की कैसे जाये, बोलो तो? सोचता हूं, सब प्राब्लम कलकत्ता का ले लूं और डाटा तैयार करके लिख दूं–'Obtained from the traffic survey conducted by the Transport Research Bureau of the Ministry of Planning.' क्यों, कैसा रहेगा?

लगभग तीन सप्ताह निकल गये। अभी भी बेकार हूं।

डायरी

21.10.57

विलायत आये तीन सप्ताह हो गये। यह केवल कुछेक हज़ार मीलों या कुछेक सप्ताहों का ही व्यवधान नहीं...बहुत बड़ा व्यवधान है–स्वयं निर्मित एकाकीपन का व्यवधान–अपनी पुरानी ज़िंदगी और आज की ज़िंदगी के बीच स्वयं खड़ा किया गया व्यवधान।

चिट्ठी

27.10.57

मनु,

पूरे सप्ताह रिग्रेट-लेटर के अलावा एक भी चिट्ठी नहीं मिली। लगता है तुम सबने मुझे त्याग दिया है।

बहुत ख़राब लग रहा है, फिर भी खापड़खेदा की तरह नहीं। अब वैसा लगना शायद संभव भी नहीं। न तो वह उम्र रही, न मन और न ही वह दुर्बलता। फिर भी ख़राब लग रहा है–नौकरी न मिलने के कारण, यहां आने के कारण और तुम सबके लिए।

असल में अब समझ में आ रहा है कि यह सब एडवेंचर मेरे बस-बूते का नहीं। मैं बहुत ज़्यादा सोचता हूँ, हर समय दुश्चिंता में रहता हूं। और कोई होता तो शायद इतना पस्त न होता। अभी भी हाथ में डेढ़-महीने का खाना-ख़र्ची तो है ही। यदि अंत में लौटना ही पड़ा तो भाड़ा उधार लिया जा सकता है। सब जान-समझकर ही आया था। ये बातें मन में आने से फिर चंगा हो जाता हूँ।

तुम्हें याद है–कलकत्ता छोड़ने से पहले थियेटर के नाना झमेले कभी-कभी कितने ख़राब लगते थे? अब लगता है–कितना आनंद था थियेटर करने में। विलायत देश बुरा नहीं है, समझीं, बशर्ते कि परिचित सब लोग आसपास हों।

...बरसात में भीगते-भीगते एक और चक्कर लगा लिया। छह-एक कंपनियों में झांक आया। एक ही नतीजा। घर लौटने पर एक रिग्रेट-लेटर ऊपर से। आज एक सिंगल सीटेड कोठरिया मिलने की बात है। चार तल्ले से तीन तल्ले पर अधःपतन। पर ख़र्च और बढ़ेगा–हर सप्ताह तेरह शिलिंग। फ़िलहाल पैसे का ज़्यादा मोह नहीं कर रहा हूँ–इस कबूतरखाने में रहकर पढ़ाई-लिखाई, दरख्वास्त भेजना कुछ नहीं हो पाता...। सिनेमा देखता था, सिंगल रूम मिल जाने से उसकी ज़रूरत नहीं रह जायेगी। पहले घर की पंचायती से बचने के लिए सड़क पर चक्कर काटा करता था, शनि-रवि को हैरान आकर सिनेमा देखा करता था, अब लौटकर कम-से-कम चित्त पड़ा रह सकूंगा।

31.10.57

मनु,

...आजकल रिग्रेट-लेटर में दो-एक अदल-बदल दिखाई पड़ रहा है–इंटरव्यू, फार्म वगैरह। रोज़ सुबह की डाक से सबसे ज़्यादा चिट्ठियां मेरी आती हैं। एक दिन सात थीं। आज कितनी आयी हैं, बतलाऊँ? नौ। ज़्यादातर क्या होंगी, तुम समझ सकती हो। कल हिसाब लगाकर देखा, ब्रिटिश पोस्ट ऑफ़िस को क़रीब डेढ़ पौंड भेंट कर चुका हूं। नौकरी मिले या न मिले, कोई यह तो नहीं कह सकेगा कि मैंने उसके लिए चेष्टा नहीं की।

दो दिन पहले पस्त हो गया था। आज काफ़ी ठीक लग रहा है। लगता है अब नौकरी मिलने का समय आ गया है। इसके अलावा यह भी पता चला है कि दिसंबर के आसपास मेल अधिक होने के कारण पोस्ट ऑफ़िस बहुत से छात्रों को काम पर लेते हैं–टेम्पोररी। हिसाब लगाकर देखा, पंद्रह दिसंबर तक डेरा-डंडा जमाये रखने का जुगाड़ हो जायेगा।

...कॉलेज का काम अभी तक शुरू नहीं किया है। कल प्रोफेसर मुझे खोज-खाजकर फटकार बता गये हैं। ऐसे में पढ़ा जा सकता है, तुम्हीं बोलो? अगले सप्ताह से लंदन में नौकरी मिलने की आशा को तिलांजलि दे, लंदन के बाहर दरख्वास्त करना शुरू करूंगा। पचास-साठ मील दूर की जगहों के लिए अभी ही शुरू कर दिया है।

...श्यामल दा विलायत आने के मेरे साहस की बहुत तारीफ़ करते थे। कुछ दिन पहले यहां के एक मद्रासी सज्जन बोले–'आइ ऐडमायर योर करेज।' रिग्रेट-लेटर पा-पाकर मेरा तो माथा ख़राब हो रहा था, बोला–'यू मीन, यू ऐडमायर माई फूलहार्डिनेस।' श्यामल दा को यह बताने का मन कर रहा है। उनसे भेंट हो तो उन्हें बता देना कि उनके ऐडमिरेशन का मान रखने के चक्कर में मेरी क्या गति हो रही है।

ताज्जुब की बात है। एक नये देश में आया हूं पर लिखने लायक़ कुछ मसाला ही नहीं मिल रहा। लगता है, सभी तो लिख चुका हूं। यहां के रास्ते, बरसात, ट्यूब रेलवे, एस्कलेटर (चलनेवाली सीढ़ी), ऑटोमैटिक मशीन–सबकी आदत पड़ गयी है। सॉरी, थैंक्यू, एक्सक्यूज़ वगैरह भी रट गया है। कांटे-चम्मच से अब डर नहीं लगता। लगता है न जाने कब से यहीं हूं। कलकत्ता को कितने दिनों से देखा नहीं।

कल सारी रात कलकत्ता का सपना देखा, आजकल प्रायः देखता हूं। देखा–कलकत्ता लौट आया हूं, बिना किसी को बताये। एक ज़ोरदार अड्डा जमाने की कोशिश में लोग लगे हैं पर किसी तरह बात बन नहीं पा रही है। एक को बुलाओ तब तक दूसरे के जाने का समय हो जाता है, रात गहरा रही है, सबके जुटने के पहले ही जो आ गये थे वे उठने लगे हैं, अड्डा भी नहीं जम रहा है। मन में आया–विलायत जाकर क्या मैं इतना बदल गया हूं कि कोई मेरे साथ बात नहीं कर पा रहा है। मन बड़ा ख़राब हो गया।

...सोचता हूं कल दुर्गा-दुर्गा करके लंदन में जो कुछ देखने लायक़ है, उसे देखना शुरू कर दूं। यदि लौटना ही पड़ा तो जहां इतने रुपये पानी में जायेंगे वहां एक-दो शिलिंग और, क्या फर्क पड़ेगा।

बल्कि ऐसा न किया तो बाद में अफ़सोस होगा कि इतनी दूर गया भी, और बिना कुछ देखे-सुने बैरंग लौट आया। क्या ख़याल है, अक़्ल की बात है न। अक़्ल बीच-बीच में आती रहती है पर दूसरे ही पल ख़याल आते ही कि यह पैसा हाथ में रहा तो दो-एक दिन और रह पाऊंगा, सब वहीं-का-वहीं ठप हो जाता है।

...मेरी नौकरी को लेकर जो लोग चिंतित हो रहे हैं, उनसे कह दो कुछ दिन और ऐसे ही रहें। दूसरे लोग मेरे लिए चिंता कर रहे हैं, यह जानकर खुशी हुई।

4.11.57

मनु,

पाकेट में एक अदद नौकरी लिये घूम रहा हूँ। आज मिल ही गयी। इंटरव्यू था। ट्यूब का भाड़ा बचाने के लिए कुछ दूर ट्यूब से और कुछ दूर चरनदास की जोड़ी पर गया। पता था होना नहीं है। इस बार क़िस्मत से कुछ देख-दाखकर गया था। जो पूछा उसमें सब नहीं तो भी काफ़ी कुछ बता पाया। उसी में खुश।

पूछा–तनख़्वाह कितनी चाहते हो? कहा–पंद्रह। बोले–इतना तो नहीं, तेरह दे सकता हूं। मेरे लिए तो जैसे हाथ में चांद उतर आया हो। मैं तो सोच रहा था कि पंद्रह मांगा है, कहीं भगा न दे। कब ज्वाइन कर सकते हो? कहा–परसों से कर सकता हूं। वैसे अगले सोमवार से होने से बेहतर होता, ज़रा शहर घूमकर देख लेता।

पोस्ट ऑफ़िस में खड़ा-खड़ा लिख रहा हूं। दांत दुख रहा है, सर पकड़े है लेकिन ऐसी फुर्ती लग रही है कि उन सबकी परवाह नहीं।

नौ से साढ़े पांच ड्यूटी, एक घंटा लंच। महीने में एक शनिवार को काम, वैसे five days a week. छुट्टी साल में बस दो सप्ताह, वह भी इस साल नहीं मिलेगी, मिलेगी जाकर 1958 के अंत में।

ढेरों चिट्ठियां लिखनी होंगी, बहुत काम है। इसे ख़बर मानना, चिट्ठी नहीं।

Indian Students' Hostel
YMCA
41, Fitzroy Square
London W. I.

7.11.57

मनु,

ठिकाने पर ध्यान देना। अभी हुआ नहीं है, 17 से होगा। नौकरी मिलने के बाद स्वाभाविक था पता बदलता। यहां ख़र्च ज़्यादा है पर आराम है। जितना ख़र्च बढ़ेगा उसका बड़ा हिस्सा ट्यूब भाड़ा बचने से वसूल हो जायेगा, क्योंकि यहां से ऑफ़िस और कॉलेज दोनों ही पैदल का रास्ता है।

डायरी

10.11.57

...अच्छी तरह समझ में आ रहा है कि धीरे-धीरे मेरी आत्मा कुंद होती जा रही है। आसपास की दुनिया के दमघोंटू दबाव के विरुद्ध फट पड़ने का जो तीखा विक्षोभ एक दिन अस्थिर करता था, वह अब कहीं खोजे नहीं दिखता। विद्रोह नहीं, शांति। आसपास के साथ अपना तालमेल बैठा लेने की शांति। कुछ भी अब मन पर गहरी चोट नहीं करता, मन को पीड़ा नहीं पहुंचाता। यंत्रणाबोध खो दिया है, उसी के साथ सुख की अनुभूति और आनंद का बोध भी खोने की तैयारी है।

कलकत्तावाला मैं और खापड़खेदावाला* मैं, दोनों में कितना ज़बरदस्त अंतर था। ज़बरदस्त चाह, दमघोंटू अकेलापन, एकाकीपन। वह सब क्या पराजय का प्रतीक था? शक्ति का परिचय, अनुभूति की तीव्रता—क्या कुछ भी नहीं था उसमें? कुछ ऐसी तीव्रता से चाहना कि उसके सामने पराजय का अपमानबोध, भविष्य की चिंता, सब कुछ तुच्छ हो जाये—क्या उस चाह में कुछ भी positive नहीं था? क्या पता। कभी-कभी लगता है—काश, आज के बत्तीस सालवाले इस निर्जीव, दायित्वबोध और कर्तव्यज्ञान आदि के बदले, बाइस सालवाली पागलों जैसी उस चाह को फिर से पा सकता!

मैं क्या अब एक मनुष्य रह गया हूँ? या समाज के और चार आम लोगों में से एक जीव मात्र हूँ? बंधी-बंधायी जीवनयात्रा—पढ़ना, नौकरी करना, उन्नति करना, पैसा बचाना, घर-गृहस्थी चलाना आदि-आदि। इतना ही नहीं, आगे किसके साथ क्या संबंध बनेगा, इस पर सावधानी और संयत भाव से ध्यान रखना होगा ताकि किसी एक ओर पलड़ा झुक जाने से अशांति की सृष्टि न हो।

* एक जगह का नाम जहां बादल सरकार ने पहली नौकरी की थी।

शांति। सबसे काम्य है शांति। सुख नहीं, आनंद नहीं। उसमें तो यंत्रणा है, अशांति भी है।

बत्तीस साल। अब क्या नये सिरे से जीवन शुरू करने की उम्र रही? बहुत देर हो चुकी है, बहुत देर।

शांति! अच्छा, शांति और मृत्यु क्या एक ही हैं?

एक समय जीवन को कितनी गहराई से प्यार करता था। आज लग रहा है ज़िंदा रहना केवल कर्तव्य भर है। जीने का आकर्षण कहां, अर्थ कहां, आनंद कहां? आनंद मानो पूर्वजन्म की छोड़ दी गयी भूली-बिसरी कोई चीज़ थी। अब जीवन के बंधे-बंधाये चौखटे में खुशी का तनिक-सा आभास मिलने से, उसे ही नाना रूपों में इधर-उधर करके अपने को सजीव रखने की चेष्टा करता हूँ। मानो पुराने का चर्वित-चर्वण।

...क्या कुछ अदल-बदल होगा? मेरी बंधी-बंधायी सावधान, स्वच्छंद, शांतिपूर्ण जीवनयात्रा में क्या कोई परिवर्तन आयेगा?

The fault, dear Brutus, is not in thy stars, but in thyself ! The fault, dear Brutus. The fault.

मेरे अंदर सर्वक्षयी रोग के जीवाणु छिपे बैठे थे। Inherant–कभी मैं कहा करता था न–मैं एक मृतप्राय समाज की मृत्यप्राय श्रेणी का प्रतीक हूं। मेरे पास सांत्वना नहीं–रोग की यंत्रणा को भुलाये रखनेवाली एनस्थीसिया नहीं है। होश-हवास में धीरे-धीरे मृत्यु की ओर बढ़ते चलना होगा।

आज जब सोचता हूं कि इतने सारे लोग मेरा अभाव अनुभव करते हैं, मुझे प्यार करते हैं, मुझे चाहते हैं तो कई बार अचानक मेरा ego जागृत हो उठता है। जीने का यही तो आनंद है। लोगों का प्यार पाना, अभावबोध अनुभव करना, इसी में तो सार्थकता है।

मूर्ख!

Not in thy stars, dear Brutus. In thyself. Thyself.

चिट्ठी

13.11.57

मनु,

लंच का आर्डर देकर जो दो मिनट समय मिला है उसमें लिख रहा हूं। कॉलेज शुरू हो जाने पर दम मारने की फुर्सत नहीं मिलेगी।

लगता है मुझे नौकरी न मिलने की ख़बर से मेरे न खाने की ख़बर ने कलकत्ता में लोगों को ज़्यादा आलोड़ित किया है। न खाने की ख़बर इतने दिनों में बढ़ा-चढ़ाकर नाना रूपों में लोगों में फैल गयी है। सारे मामले को जितना तूल दिया गया, भयावह बनाकर चित्रित किया गया, ऐसी कोई बात नहीं थी। तबीयत ख़राब होने का डर मुझे भी तुम लोगों से कम नहीं था, जिन्दा रहने के लिए ज़रूरी दाना-पानी रोज़ ही उदरस्थ कर रहा था। यदि पता होता कि मेरी नौकरी पाने की इतनी बड़ी ख़बर यों ही दरकिनार कर दी जायेगी तो मैं पुतुल* की चिट्ठी में न लिखता कि बहुत दिनों बाद आज भरपेट खाया। अस्तु, नौकरी कर रहा हूँ और पागलों की तरह कर रहा हूँ। अलार्म घड़ी पहले दिन ख़राब हो गयी, बेकार। चल रही है पर बजती नहीं। ठीक करवाने का समय नहीं। आज पौने आठ बजे उठने के कारण मंजन नहीं हो पाया। वैसे ख़ास काम तो रात में ही निपटा लेता हूं। कब जल्दी उठने की आदत पड़ेगी, कौन जाने।

...दो क्लासों के बीच में दस मिनट का समय ख़ाली मिला है। और क्या करता, सोचा चिट्ठी ही लिख डालूं। कल एक दोस्त (बी.इ.कॉलेज) बोले–अब आप पक्के लंडनर हो गये। लंडनर का जीवन ख़ासकर विदेशियों का यों रहता है–सुबह से रात तक ऑफ़िस और कॉलेज, शनि-रवि पढ़ाई और बाक़ी सब काम लंच वगैरह में से टान-टूनकर समय निकालकर निपटाना।

डायरी

18.11.57

बहुत दिनों पहले जैसी एक भयानक रात आज फिर। पर कलेजे में अब वैसी मरोड़न नहीं होती। जीवन में सभी पीड़ा धीरे-धीरे कम होती जाती हैं। केवल थकान। सब का अंत क्या एक ही जैसा होगा?

...सब चाह एक दिन समाप्त हो जाती है–मर जाने पर। दुख है तो इस बात का कि वह मृत्यु जीवनकाल में ही भोगनी पड़ती है।

ओम् शांति! ओम् मृत्यु!

---

* पत्नी

20.11.57

यह nostalgia क्या ख़त्म नहीं होगी? सब समय पीछे की ओर, पुराने दिनों की ओर, अतीत की ओर मुंह करके ही चलेगी? क्या इसीलिए इस उम्र में सब कुछ छोड़-छाड़कर, परिचित जीवनधारा से अपने को अलग करके अजाने भविष्य में कूद पड़ा था? वह भी केवल लौटने के दिन गिनने के लिए?

...आनंद? नहीं मिला तो न सही। आनंद कितने लोगों को मिलता है? नहीं मिला इसलिए इंटरेस्ट क्यों नहीं रहेगा? देखने का इंटरेस्ट, जानने का इंटरेस्ट?

चिट्ठी

22.11.57

मनु,

आधा दिन और कटा कि दो दिन की छुट्टी। यह बहुत अच्छा लगता है। सचमुच का weekend लगता है। शनिवार की ड्यूटी अभी भी नहीं लगी है, हर चौथे शनिवार को लगेगी।

नौकरी में पहले दिन ही लेट हुआ था, अब और नहीं। ख़ाली कल, लंच के समय चिट्ठी लिखते-लिखते घड़ी देखना भूल गया सो दस मिनट पार हो गये। यहां दस-पांच मिनट देरी से आने या पहले जाने पर लोग उतना ध्यान नहीं देते क्योंकि इसका लाभ उठाकर कोई रोज़ देरी से आना या जल्दी जाना नहीं शुरू कर देता। यहां सब लोग ज़िम्मेदारी से अपना-अपना काम करते हैं फलस्वरूप ऑफ़िस का वातावरण खूब इनफार्मल रहता है, देख-रेख, पहरेदारी वगैरह बिलकुल नहीं।...ज़्यादातर कम उम्र के लड़के हैं अतः कागज़ की गोली बनाकर फेंकना, एक-दूसरे के पीछे लगना, गाना गाना, सीटी बजाना यहां तक कि थोड़ा नाचना-वाचना भी चल जाता है।

...सब हो रहा है, बस पढ़ने का मूड किसी तरह नहीं बन पा रहा है। क्लास करना बुरा नहीं लगता, कई तो बहुत interesting लगते हैं। परीक्षा का भी डर नहीं है, पक्का पता है कि नियमित क्लास करता रहा तो लिखित परीक्षा पास करना कठिन नहीं होगा। लेकिन सेशनल वर्क माने थीसिस, ड्राइंग, रिपोर्ट, प्लान और प्रोजेक्ट, ये मेरी जान ले लेंगे। इन सब में मेहनत के अलावा दो और चीज़ों की ज़रूरत होती है--उत्साह की और माथा खेलाने की। फ़िलहाल दोनों की ही कमी लगती है।

डायरी

25.11.57

...दूर रहने की कई सुविधाएं हैं। किसी चीज़ को पाने की इच्छा जितनी प्रबल होती है, वह न मिलने पर उस स्थिति को उतनी ही सहजता से स्वीकार भी कर लिया जाता है।

चिट्ठी

10.12.57

मनु,

मेरा मिज़ाज इस समय कितना गरम हो रहा है, तुम्हें पता है? वह क्यों पता रखोगी? मैं जो पिछले रविवार की सुबह से आज मंगल की रात तक केवल पिपरमिंट और चुंइंगम पर हूँ, पता है। यह सही है कि इस बीच डबल रोटी-मांस और अंडा खाया है, लेकिन सिगरेट...सिगरेट एकदम छोड़ दी है। समझीं बहन जी? और तीन दिन से क्यों छोड़ रखी है यह सोच-सोचकर खुद ही हैरान हूँ।

11.12.57

...सिगरेट बिना आज चौथा दिन चल रहा है। मन में ढेरों शिकायतें जमा हो गयी हैं। जैसे--जीवन के एकमात्र आनंद (कम-से-कम अभी यही लग रहा है) का त्याग करके मैं जो कुछ पेनी बचा रहा हूँ, उससे कौन-सा स्वर्ग या मोक्ष ख़रीदा जा सकेगा?

21.12.57

तीर्थपथ

पूरी नहीं हुई तीर्थयात्रा क्या अब भी?
मैं हूँ क्लांत, अवश।
और कब तक चलना होगा
विश्रामहीन यतिहीन चाल में
बोलो, कब तक चलना होगा?

लुप्त आज जीवन की संगति
अर्थहीन जीवनयात्रा से।

क्लांत सूर्य भी।
अंतहीन पथ का यात्री वह चला जा रहा।
दिन के शेष प्रहर में हंसकर

डाल रहा लंबी छाया वह
श्रांत पथिक के चरण तले।

× × ×

नोट : छह दिन बाद फिर से सिगरेट शुरू कर दी थी। उस समय प्रतिज्ञा की थी—अब कभी छोड़ने की चेष्टा नहीं करूंगा। वह प्रतिज्ञा अभी तक बरकरार है।—बा. स., 1989

फिर भी
चलना तो है ही हमको।
बोलो सब मिल एक साथ
हर पदक्षेप पर
मृदुस्वर में बोलो
अभ्यास-जनित उस बीजमंत्र को।
प्राणों का अवसान,
चल रहा फिर भी आत्माहीन
कामनाहीन यंत्र यह
चाल पुरातन वही,
एक सुर, एक भाव, लय-ताल एक
अविराम चला जा रहा एक-रस।
इसीलिए तो इस पथ का
है अंत नहीं मिल रहा आज भी।
होगा अंत एक दिन इसका
पूरे होंगे सर्व मनोरथ देवालय सोपा-तले
और स्नेह स्पर्श से अपने

पथश्रम कोई दूर करेगा
इसका भी आश्वास नहीं।

याद आ रही उस अतीत की
प्राण हुए थे तृप्त, चतुर्दिक मुखरित
धरती का आनंद-संगीत
दिशाएं रंजित हरित नील से
रूप रंग का मिलन
सुदूर असीम और दिक् चक्रवाल में।

उस दिन प्रातः
ज्योतिर्मय प्रकाश ने करके छिन्न बाहरी सीमा
अंतर की कालिमा दूर की
अपने पावन स्नेह-स्पर्श से।
उस पवित्र क्षण में दे माथे पर जय टीका
सिखा दिया था महाकाल ने—
करना होगा सहन असीम यातना
दुःसह दुख वेदना।

होने पर साधना सिद्ध पाऊंगा परिचय महानंद का
ज्वाला तीव्र और तीव्र सुख भिन्न नहीं हैं।

उस दिन कोई द्विधा नहीं की
उठा लिया था आनंद के उस सुधापात्र को।
नहीं कृपणता दाम चुकाने में कोई की।
भस्म लगा जड़ता की मैंने
ढका नहीं अपने को दुख की ज्वाला से या
छोटे से सुख से ही तृप्त-मनोरथ मन को।

उसके बाद न जाने कितनी दुख-रजनी में
और प्रलय की झंझा में
गृहविहीन, सड़कों पर

चारों ओर अंधकार में
पूछा है हुंकार भरे स्वर में मैंने—और है कितना?
कितनी औ', विभीषिका, विकृति-विकार
और कितनी है ज्वाला, और हलाहल?
नहीं जानते क्या कि इन्हें मैं
कर सकता स्वीकार सहज ही हंसते-हंसते
बस, जो मिले तीव्र सुख पलभर।
महाकाल, लो नमस्कार
स्वीकारो मेरा नमस्कार।
खोल दिये थे द्वार तुम्हीं ने जीवन के उस संधि क्षण में
दिखलाया था जीवन का पथ,
वही तीर्थपथ।
दुख-सुख देखे एक साथ उस पथ पर मैंने।

औ' देखा आनंद का नशा, यातना मिश्रित
उसका भी परिचय पाया उस पथ पर मैंने।

जीवन के दूसरे संधिक्षण में लगता क्यों आज—
कमी रह गयी कहां?
लगता क्यों डर आज देख लंबी छाया दिन बीते, बोलो?

लगता है केवल, छोड़ छाया को पीछे
कब अनजाने प्राण जा मिला
अंतर के काले जल में...गहरे।
और गहन गहरे में चल तभी आज रही छाया केवल
इसीलिए उद्देश्य खो गया इस यात्रा का
अर्थ कुछ नहीं रहा।

तब फिर हो ऐसा ही
वृथा प्रश्न पड़े रहें, भूलूं मैं शोक।
जीवन के प्रथम प्रभात में
बिना द्वंद्व बिना प्रश्न

दोनों हाथों से की थी मैंने ग्रहण
तीर्थपथ दीक्षा
जीवन की संध्या में पहुंचा यह मन मेरा
भूले नहीं मूल मंत्र याद रहे
तीर्थ नहीं, तीर्थपथ ही चिरंतन है
इसे याद रखे वह।

चिट्ठी

28.12.57

मनु,

ब्राइटन गया था। समुद्र के किनारे।

ब्राइटन का समुद्र पुरी के समुद्र जैसा नहीं है। बालू नहीं, पत्थर के छोटी-बड़ी गोले-गोलियों से ढका पड़ा है। जूता उतारकर पानी में पैर रखकर नहीं चला जा सकता। और जूता उतारकर चलने का मन भी नहीं होता। पक्के रास्ते पर चलते-चलते दूर से देखा। न वे लहरें, न रोशनी। धुंधले आकाश के नीचे फैला धुंधला समुद्र। बालू के ऊपर बैठकर लहरों के फेन के नशे में, लहरों की आवाज़ के नशे में, आकाश, समुद्र और बादलों के बदलते रंगों के नशे में बुत होकर घंटे पर घंटे नहीं बिताये जा सकते। तन और मन को ठंडक पहुँचानेवाली झिरझिर बहती हवा भी नहीं। हवा है पर हाथ-पैर ठिठुरानेवाली, ठंडी हवा। समुद्र में घुसकर फिर ऊपर निकालकर बनाया आदमी के हाथ का खेल। उसके ऊपर काफे, तरह-तरह के मौज-मस्ती के, पैसे ख़र्च करने के साधन। किनारे पर मीलों लंबा झकाझक रास्ता जिस पर मोटरगाड़ी का तांता लगा रहता है।

फिर भी है तो समुद्र। फिर भी शाम के धुंधलके में लहरों की थकान भरी आवाज़ कानों में आती है, नशा-सा होने लगता है। पर नशा चढ़ता नहीं, बार-बार टूट-टूट जाता है। दोस्तों का देखना पूरा हो गया है—सब तो देख लिया। उधर क्या है? डिनर का समय हो गया क्या? कल क्या देखा जायेगा? नशा छूट जाता है। फिर भी जब दो-एक पल के लिए सब लोग एक साथ चुप हो जाते हैं, एक जगह स्थिर खड़े हो जाते हैं, तब अचानक लगता है—और बात मत करो, थोड़ी देर चुपचाप सुनो, तब मुहूर्त भर के लिए ही सही, लगता है जैसे नशा पूरी तरह चढ़ आया हो।

बहुत-बहुत दिनों पहले देखे एक समुद्र की याद आती है, उसी के साथ और बहुत कुछ की याद आती है जो वास्तविक नहीं होता। केवल एक अनुभूति, पिछली रात देखे याद न पड़नेवाले सुख-स्वप्न की तरह।

...थकान लग रही है और मन भी ख़ाली लग रहा है। छुट्टी ख़त्म होने के उदासी।

डायरी

9.1.58

आज सारे दिन उखड़ा-उखड़ा रहा। किसी काम में मन नहीं लग रहा है। भारत से पूरी तरह संबंध तोड़ लेने की बात बार-बार मन में आ रही है। अकेला होने का, कहीं भाग जाने का मन करता है।

...जीवन बहुत-बहुत भारी लग रहा है।

11.1.58

जीवन का बंधा-बंधाया रास्ता, आंख मूंदकर बढ़े चलो। सीधा रास्ता, न इधर न उधर। पर नहीं, छोटा-मोटा बहुत कुछ है जिन्हें लेकर मन-ही-मन और प्रत्यक्ष, दोनों ही तरह से इधर-उधर किया जा सकता है, काफ़ी समय कट जाता है। लगता है जैसे यही सबसे ज़रूरी बात है।

ख़ाली कभी-कभी अचानक मन में बिजली-सी कौंध जाती है। उस अचानक कौंध में सब कुछ की निस्सारता और आलोकित, और स्पष्ट हो उठती है। वह रोशनी बहुत तेज़ होती है। उसके सामने फांकीबाजी नहीं चलती। तुच्छ छोटी-मोटी बहुत-सी बातें अंधेरे के धुंधलके में अपनी ही छाया के बोझ बोझिल हो पड़ी थीं। बिजली के प्रकाश की छाया मिट जाने पर उनकी तुच्छता, उनकी क्षुद्रता सहज ही पकड़ में आ जाती है।

तब मन में सवाल उठता है। यह सवाल नहीं कि कल सुबह क्या करूंगा। अमुक समस्या का युक्तिसंगत समाधान कैसे करूंगा, यह सवाल भी नहीं। इससे भी कठिन सवाल कि मैं क्यों हूँ? क्या करने के लिए मैं हूँ?

इस सवाल का संतोषजनक जवाब नहीं मिलता। केवल सवाल को लेकर ही मन में तर्क-वितर्क चलता रहता है।

लगता है—कहने को कुछ है। करने को भी कुछ है। मैं कुछ अभिव्यक्त करना चाहता हूँ। सृजन करना चाहता हूँ। वैसा न हुआ तो शायद लगेगा जीवन

की सही कीमत नहीं चुका पाया, जीवन का कोई अर्थ भी शायद नहीं रह जायेगा।

तुच्छ घेरा, तुच्छ जीवनयात्रा। बहुत बड़ा दबाव, बहुत वज़न, अनेक विघ्न-बाधाएं, भारी बोझ, फालतू का जंजाल। फिर भी इनका अपना एक अर्थ है। इस कूड़े के ढेर के नीचे कहीं जैसे प्राणों का एक जीवंत बीज प्रकाश की एक किरण का इंतज़ार कर रहा है। सूर्य की रोशनी मिलती तो शायद वह बीज अंकुरित होता। बिजली की रोशनी से भला कितनी शक्ति अर्जित की जा सकती है? ज़्यादा-से-ज़्यादा इतना समझा जा सकता है कि वह है, अभी भी मरा नहीं है।

मैं हूँ, अभी भी मरा नहीं हूँ?

इस बोध में एक ज़बरदस्त आनंद है। आशा है। आगे जीवित रहने का पाथेय है। भविष्य का इंगित है। धीरज रखने का भरोसा है।

फिर मन में डर लगता है। हो सकता है चिरकाल तक यह फांकी ही रह जाये। हो सकता है किसी दिन, बहुत दिनों बाद, बिजली की एक ऐसी ही कौंध में देखूँ—वह बीज मर गया है। केवल सूखा छिलका पड़ा है—यह याद दिलाने के लिए कि कभी वह था।

चिट्ठी

18.1.58

मनु,

...रात एक बजे। अभी-अभी एक कविता पूरी की।

20.1.58

...आजकल प्रायः मुझ पर कविता की झोंक सवार होती है। शायद संचयिता* का असर है। मेरी लिखी कविता रवींद्रनाथ की कविता की नक़ल की तरह लग रही है फिर भी लिखना अच्छा लगता है। समय कहां कट जाता है, पता ही नहीं चलता। लगता है दस मिनट लगे होंगे, पर दो-ढाई घंटे बीत चुके होते हैं।

---

* रवींद्रनाथ ठाकुर का काव्य संग्रह

25.1.58

मनु,

यहां तीन दिन बरफ़ गिरी। नया अनुभव हुआ। मंगलवार को सुबह उठने पर मुग्ध हो गया। बरफ़ गिरते हुए देखना इतना अच्छा लगता है, इसका अंदाज़ ही नहीं था। घर की छत, पार्क की हुई गाड़ी का हुड, पार्क की ज़मीन, पेड़, रास्ता सब दूधिया चादर से ढके हुए। देखते-देखते सब कुछ और, और दूधिया होता जा रहा था।

बाद में समझ में आया–देखने तक ही ठीक है। रास्ते की बरफ़ गल नहीं रही है, धीरे-धीरे जमकर बाज़ार की बरफ़ (ice) की तरह कड़ी होती जा रही है। लगता है ढेर सारी मोम जमा दी गयी हो। जल्दी-जल्दी चलने में पैर फिसल जाता है। आंख, नाक, मुंह पर पड़ी बरफ़ ग़लती रहती है। जिस दिन रास्ते की बरफ़ गलनी शुरू हुई, रास्ता एकदम कीचड़ भरा हो गया, वैसे ही जैसे कलकत्ता में बरसात के दिनों में जूतों की गंदगी से कच्चा रास्ता पिचपिच करने लगता है। फिसलन ऊपर से।

डायरी

27.1.58

कुछ सोचो मत। भूल जाओ। इतना सोचने से जिंदा नहीं रहा जा सकता। ख़ासकर अर्थहीन बातें सोचने से...वह सब सोचने से जिसमें न शक्ति है न तेज़।

थकान लगती है। अस्वस्थ शरीर। अस्वस्थ दिमाग़।

28.1.58

आज मन में अपार आनंद हो रहा है, गहरी तृप्ति। पता नहीं आज मन पूर्णता से भरा-भरा क्यों लग रहा है। क्यों आज इतने दिनों बाद कमरे में अकेले बैठे हुए लग रहा है कि इसे ही तो जीना कहते हैं, यही तो जीवन है।

इतने दिनों में सुख-दुख, नौकरी, दुनिया, छोटी-मोटी बातें सब तुच्छ लगने लगी हैं। इन सब में जो प्राण छिपा था, वह जैसे आज अचानक उजागर हो गया हो, घोषणा कर रहा हो–मैं हूं...अभी भी हूँ।

ग़लत कहा। वे छोटी-मोटी बातें, सुख-दुख तुच्छ नहीं होते। कितना ही उनका भार अनुभव करूं, कितना ही उन्हें अर्थहीन बोझ मानूँ, उनका एक-एक

कण मेरे जीवन से जुड़ा है, उस पर अपनी छाप छोड़ गया है—बेमालूम तरीके से। मेरे जीवन के कण-कण में अणु-परमाणु के रूप में वह विराजमान है। उसके बोझ के नीचे मेरे प्राणों ने कभी दम घुटने का अनुभव नहीं किया वरन् उसकी बूंद-बूंद रसधारा से दिनोंदिन पुष्ट हुआ है, स्फटिक की तरह एक-एक दाना बंधा है और वह उज्ज्वल हो उठा है। इसीलिए आज उनका भार नहीं अनुभव होता, बोझा नहीं लगता। आज सचमुच उन्हें तुच्छ ठहरा सकता हूं, उनके दबाव के नीचे डर के मारे मरने के दिन गये।

चिट्ठी

2.2.58

मनु,

नौकरी करनेवालों के कैलेंडर में आज का दिन सबसे ख़राब होता है—सोमवार। पर सुबह-सुबह दो चिट्ठियां मिलीं जिनसे सोमवार का दुख भूल गया। उनमें से एक तुम्हारीवाली थी।

...आज मैडम माकोवियेत्स्का को बांग्ला पढ़ाना शुरू किया। पहले क्लास में ही बेइज़्ज़ती हुई, पूरी वर्णमाला तक नहीं लिख पाया। (उस समय खंड-3* किसी तरह याद नहीं आया)। ज़रूर ही देवीजी का मुझ पर से भरोसा उठ गया होगा। जो वर्णमाला नहीं जानता, वह पढ़ाएगा क्या, खाक?

लेकिन मैं मुग्ध हूं। परसों म्यूज़ियम में एपाइंटमेंट करके मैं और सिंह जी मिलने गये थे, भेंट हुई। उम्र साठ से कम न होगी। पोलिश, फ्रेंच, रशियन, जर्मन एवं अंग्रेज़ी जानती हैं, संस्कृत काव्य पढ़ती रहती हैं अर्थात् वह भी जानती हैं। इनके साथ हिंदी जोड़ लो। खुदा जाने और कौन-कौन-सी भाषाएं सीख रखी हैं, अभी तक पता नहीं चला। बहुत तरह की पढ़ाई-लिखाई के बाद पिछले दो सालों से चीन के संबंध में पढ़ाई कर रही थीं। अच्छा नहीं लगा, इसलिए अब भारत को पकड़ा है, सन् 1953 से। फ़िलहाल लंदन यूनिवर्सिटी के स्कूल ऑफ ओरिएंटल एंड अफ्रीकन स्टडीज़ में इंडॉलजी लेकर रिसर्च करने में लगी हैं। थीसिस का विषय है भारत के सामाजिक, राजनैतिक एवं सांस्कृतिक क्षेत्र में रवींद्रनाथ का अवदान। गीतांजलि की सब न हो तो भी बहुत सारी कविताओं का पोलिश में अनुवाद किया है—वे सब छपने गयी हैं। मेघदूत तथा और भी जाने क्या-क्या अनुवाद किया है। बड़ी परेशान हैं कि अभी भी

---

* बांग्ला वर्णमाला की पुस्तक का खंड 3

कालिदास और रवींद्रनाथ की कितनी ही कविताओं का पोलिश में अनुवाद नहीं हुआ है। फ़िलहाल मुझे पाकर मूल बांग्ला से मिलाकर चेक करना चाह रही हैं कि अंग्रेज़ी से अनुवाद करने के कारण रस की कितनी हानि हुई है। अर्थात् कविगुरु लिखित गीतांजलि के स्वयं उनके द्वारा किये गये अंग्रेज़ी अनुवाद में कितना रद्दोबदल किया गया है, उन्हें यह समझाने का महान दायित्व अब मेरी खल्वाट खोपड़ी का।

पूरी गीतांजलि मेरी पढ़ी हुई नहीं है, अंग्रेज़ी में तो नहीं ही। इस बहाने सबसे पहली जानकारी हुई—अंग्रेज़ी किताब का नाम गीतांजलि है तथापि उसमें गीतांजलि, खेया और नैवेद्य—इन तीनों पुस्तकों की कुछ चुनी हुई कविताओं का अनुवाद संगृहीत हैं। अब लग रहा है—रवींद्रनाथ के देश में जन्म लेकर मैंने घोर पाप किया है। मैं उन्हें समझा रहा हूं कि गीतांजलि से दूसरी अनेक कविताएं बहुत अच्छी हैं—ख़ासकर बलाका।

आज फ्रेंच रह गयी। कहा—मेरे फ्रेंच सीखने से आपका कोई फ़ायदा नहीं होगा लेकिन आपके बांग्ला सीखने से मेरा लाभ होगा—कम-से-कम एक-दूसरे देश के लोगों को मेरे देश के एक कवि को जानने का अवसर मिलेगा।

परसों साढ़े तीन बजे के बाद पेट में अन्न पड़ा। सिंह ने अभय दिया था कि तीनों जन कहीं खा लेंगे। काम के दौरान हुआ यह कि भारतीय आर्ट के कमरे में घुसने के बाद सिंह तो भारतीय स्थापत्य पर गांधार का प्रभाव और गुजराती, राजस्थानी तथा कांगड़ा शैलियों की चित्रकला के मूलभूत अंतर की बाढ़ में बह गये। सिंह इतिहासवेत्ता हैं, महिला भी कम नहीं जानतीं। हंसों के बीच बत्तक की तरह विभिन्न युगों में बुद्ध प्रतिमा के परिवर्तनों के बारे में चुपचाप भाषण सुनता रहा। ऊपर से ख़ाली पेट।

भरे पेट रात में बड़ा सुख मिला। लगा विदेश आने की यही तो सार्थकता है। इतने दिनों तक अपने आसपास बाप के पैसे पर पढ़नेवाले, कान-आंख मूंदकर परीक्षा पास करनेवाले लड़कों को देख-देखकर मन दुखी हो गया था। इस उम्र में भी मैडम का उत्साह और खाना-पीना भूलकर सिंह जी का भाषण देना—नया लगा, ताजा लगा।

अतिरिक्त उत्साह में एक कविता लिख डाली। लंदन की चौथी कविता।

तुमने पूछा था—डायरी क्यों नहीं लिखते? किसने कहा—नहीं लिखता? चार कविताओं में से तीन तो डायरी में ही लिखी हैं। वैसे यह तै है कि डायरी की चिता-भस्म इसी देश में रह जायेगी, केवल कविता उतार लूंगा। कविताएं अच्छी नहीं बन रही हैं। जो कहना चाहता हूं, कह नहीं पा रहा हूँ।

कभी-कभी लगता है–टाउन प्लानिंग पढ़कर क्या होगा? प्रत्यक्ष रूप से देखना, जानना, उपभोग करना आदि तो इस लेक्चर-परीक्षा में शामिल नहीं हैं। है माकोवियेत्स्का-सिंहजी-हैंस रोटरेर में, है म्यूज़ियम-आर्ट गैलरी-थियेटर-ऑपेरा में, है पेरिस के लुव में, स्विटज़रलैंड की झीलों में और राइन नदी के किनारों पर।

डरो मत, पढ़ाई छोड़ूंगा नहीं। दुर्बल चित्तवालों को जिस तरह अपनी शक्ति तरोताजा रखने के लिए भगवान के भरोसे की ज़रूरत रहती है, वैसे ही मुझ जैसे लोगों को, इतना सब कुछ उपभोग करने के लिए, पढ़ाई के खूंटे की ज़रूरत रहती है, मैं जानता हूँ।

इस समय लंदन मेरे लिए बहुत महत्त्वपूर्ण है। लंदन लंदन है केवल इस वजह से नहीं बल्कि मैं अकेला हूँ इस वजह से। अकेले रहने का यह मौक़ा यदि न मिलता तो ज़्यादा दिन ज़िंदा नहीं रह पाता। शारीरिक रूप से हो सकता है रहता पर मैं जैसे भूलने लगा था कि मुझमें जानने-समझने की शक्ति भी है, साथ ही इच्छा है, क्षमता है, आनंदबोध है। और सब छोड़-छाड़कर रात में अकेले इस कमरे में रहना, जो मन चाहे करना, पढ़ना, सोचना, लिखना, केवल इस मैं के अस्तित्त्व को अनुभव करना, उसका उपभोग करना आदि-आदि–केवल इतने से के लिए भी विलायत आना सार्थक रहा।

...6 अप्रैल को पेरिस जा रहा हूँ। सात दिन के लिए। केवल पेरिस। पास की सब जमा-पूंजी उड़ाकर लौटूंगा।

डायरी

9.2.58

ग्यारह बजा। सोओगे नहीं? कल सोमवार है।

जानता हूं, आज नींद नहीं आयेगी। मन में दबी जो इच्छा आज रात जगी है, जानता हूँ उसका कोई समाधान नहीं है। है केवल उस इच्छा को दबा देने का उपाय–चाहे कुछ सृजन करके–भले ही वह कविता हो या कुछ और। या फिर...ना, वह भी नहीं। पहले अनेक बार तो कोशिश की जा चुकी है–फिर क्यों?

सोने जाओ। सिगरेट मत सुलगाना। डायरी मत लिखना। कॉपी में फालतू कुछ घसीटना भी मत। सोचना बंद करो। सोचो मत। सोने की कोशिश करो। पिछली दो रातें बहुत जग चुके हो।

सुललित गोल-गोल छंदों में रवि ठाकुर की कविताओं की नक़ल कर-करके आज की बात कह नहीं पा रहा हूँ तथापि सिगरेट जल रही है, रात भी गहरा रही है।

...आज शांतिमयी गोद की ज़रूरत नहीं है। पूरी पृथ्वी को अंधकार में डुबा देनेवाली मेरी यह सर्वग्रासी चाह कोई रुकावट नहीं चाहती, भविष्य की चिंता नहीं करती, वर्तमान को पोंछ डालती है। यह चाह भिक्षा की चाह नहीं है, अनुनय-विनय भरी चाह भी नहीं है। यह चाह है छीन लेने, झपट लेने, पीस डालने की वहशी चाह। यह सभ्य दुनिया के शांत घर-परिवार में पायी जानेवाली अनुनय-विनय भरी चाह भी नहीं है। इसे कोई नहीं जानता। यह चाह सदा-सदा मन के भीतर ही रही है। यह चाह ही मुझे एक दिन ख़त्म कर देगी, बिना कुछ दिये। बिना कुछ दिये, कभी भी, कभी भी, बिना कुछ दिये।

19.2.58

रुद्र प्रकृति। जितना आघात, जितनी पीड़ा तुमने हर रोज़ दी है, उसे सहन करने की शक्ति क्यों नहीं दी? तुम्हारे साथ लड़ने की शक्ति क्यों नहीं दी, लड़ने को उपयुक्त हथियार क्यों नहीं दिये? क्या केवल पड़े-पड़े मार खाने के लिए ही मैं पैदा हुआ हूँ?

चिट्ठी

21.2.58

मनु,

थोड़ा नशे जैसी स्थिति में हूं। कल रात पूरी की गयी कविता का नशा, और आज देखे थियेटर का नशा।

थियेटर इन द राउंड हमलोगों की जात्रा जैसी चीज़ है—बीच में नाटक खेला जाता है, चारों ओर दर्शक बैठते हैं। अभिनेता-अभिनेत्री दर्शकों के बहुत पास होते हैं। पर्दा नहीं, दृश्य-सज्जा नहीं। एक ग्रीक कहानी थी, फ्रांसीसी लेखक रेसीन की—फ़ियेद्रा। रानी फ़ियेद्रा के अवैध प्रेम की कहानी। पूरे जीवन में समायी असह्य पीड़ा, अतृप्त कामना और पाप-भावना की पीड़ा, स्वीकारोक्ति—इन्हीं सबको लेकर। बिना किसी उपकरण के, केवल सशक्त अभिव्यक्ति और अभिनय द्वारा

दर्शकों को दो घंटे तक मंत्रमुग्ध बांधे रखा। पैशन को अभिनय के माध्यम से इस ख़ूबसूरती से प्रगट किया जा सकता है, मुझे नहीं पता था। न कभी नाम सुना था फ़ियेद्रा का न मार्गरेट रलिंग्स का पर जो देखा वह लम्बे अरसे तक याद रहेगा।

हमलोगों के हॉस्टल के हॉल में हो रहा है। हॉस्टल में रहने के कारण पांच शिलिंग का टिकट चार शिलिंग में मिला। लगता है अब सिनेमा के बदले थियेटर ही देखना होगा।

...कई दिनों से ख़ाली कविता लिखने का मन करता है। लगता है जो लिखना चाहता हूं उसका कुछ भी अभी तक नहीं लिख पाया हूँ। समय नहीं मिल रहा, इसका अफ़सोस है...देर रात तक जगे बिना लिखना होता नहीं। कई दिनों से रतजगा करने के कारण थकान लगने लगी है। सिर दर्द कर रहा है। फिर भी रात के साढ़े ग्यारह तो बज ही गये आज भी। सो नहीं पाया। सोने की इच्छा नहीं होती। अकेले कमरे में रात बिताना मुझे बड़ा अच्छा लगता है।

24.2.58

कानु,

...कभी सोचा नहीं था कि यहां आकर अचानक कविता लिखना शुरू कर दूंगा।...रेट दिन-दिन बढ़ रहा है। कोई नया खेल सीखने पर जिस तरह ख़ाली उसमें ही उलझे रहने की इच्छा होती है, मेरी हालत वैसी ही है। पता है रवींद्रनाथ की नक़ल हो रही है, पता है जो कहना चाहता हूं वह कह नहीं पा रहा हूं, फिर भी लिखने की इच्छा होती है।

मीडियम-मीडियम करके पहले बहुत हल्ला-गुल्ला कर चुका हूँ इसलिए अब उन बातों का ख़ास वज़न नहीं महसूस होता। कविता को मीडियम बनाऊंगा–यह बात दूर-दूर तक कहीं मेरे मन में नहीं आती। बस एक बात मन में आती है–इतने बरसों कलकत्ता में, माइथन में कुछ भी नहीं किया। फ़िलहाल और कुछ न सही, कम-से-कम कविता तो लिख पा रहा हूँ। इस लिख पाने का महत्त्व कम कैसे है? मेरे निकट जिस चीज़ का सृजन किया गया है उसकी कीमत से कहीं अधिक कीमत है सृजन कर पाने की। लगता है राजनीति छोड़ने के बाद से ही मैं एक्सप्रेशन के लिए किसी एक माध्यम की खोज में छटपटा रहा था। कभी नाटक, कभी टाउन-प्लानिंग में दिमाग़ खपाता रहा हूँ। चारों ओर की जकड़न

के कारण किसी में भी जी खोलकर मन नहीं लगा पाया। यहां कम-से-कम दो-तीन साल एक्सप्रेशन के क्षेत्र में जो मर्जी आयेगी एक्सपेरिमेंट कर सकूंगा। वही करने का मन है।

समझा नहीं पा रहा हूँ। यह सब ख़ाली मैदान में मौखिक बकबक करके समझाने का अभ्यास था, लिखकर अपनी बात कह नहीं पा रहा हूँ।

छोटे-मोटे अनुभवों की बात। बड़ी उम्र में मैडम माकोदियेत्स्का की पढ़ाई-लिखाई की बात, इम्पीरियल कॉलेज के मैथेमेटिक्स के अंधे प्रोफेसर की बात, हॉलैंड निवासी वाक के मुंह से अचानक शुद्ध बांग्ला की बात, फियेड्रा में माथा ख़राब कर देनेवाले मार्गरेट रलिंग्स के अभिनय की बात, चार्ली-जैकी कुगान की 'किड्' की बात–मन में जब-तब आनंद की तीव्र लहर पैदा कर देते हैं जिसका स्वाद लंबे अरसे से नहीं मिला था, उम्मीद भी नहीं थी कि मिलेगा।...इतना झंझट-झमेला करके सब कुछ छोड़-छाड़कर निकल आने तथा डेढ़ महीने तक रास्तों पर चप्पल घिसने का अर्थ समझ में आ रहा है।

मैं ठीक हूँ। अकेलापन मिटा नहीं है, कलकत्ते का आकर्षण कम नहीं हुआ है, मोटे तौर पर यह देश अच्छा नहीं लग रहा है–फिर भी मैं ठीक हूँ। पता नहीं, हो सकता है मैं बदल गया हूँ। लगता है बचपन की तरह अब भी पांच मिनट का आनंद सप्ताह भर की बोरियत को दूर कर देता है। इसके अलावा पिछले आठ-नौ वर्षों में नाना तरह के दुख, कष्ट सहने की आदत पड़ गयी है। इसीलिए लंदन में खापड़खेदा की पुनरावृत्ति की कोई संभावना नहीं है।

डायरी

3.3.58

...अप्रैल में पेरिस जाने का इरादा छोड़ दिया है। जुलाई में गाड़ी से योरोप घूमने का एक प्रस्ताव आने पर कल वही तै कर लिया। उसमें पेरिस देखने का प्रोग्राम भी है। पता है वह मुझे तुष्ट नहीं करेगा, वह होगा झुंड में टूरिस्टों की तरह देखना। जानता हूं उससे मेरा मन नहीं भरेगा लेकिन दोनों करने लायक़ न अपने पास पैसा है न छुट्टी।

अभी सोम से शुक्र तक कॉलेज रहता है–एक्स्ट्रा क्लास वगैरह मिलाकर। फ्रेंच शनिवार को। सब दिन काम से ठसा। कविता लिखना छूटा, अच्छा ही हुआ। वैसे रतजगा बराबर चल रहा है।

...कॉलेज से छुट्टी मिलने पर आज थोड़ा इधर-उधर यूं ही घूमता रहा। बहुत दिनों बाद अचानक लिखने की इच्छा हुई। और दिनों जो लिखने की इच्छा होती है, वह नहीं। आज कुछ अलग टान, अलग स्वर था–तेज़ झांझ के स्वर जैसा। मूड भी कुछ उसी तरह का था। सो यहां आने के बाद से आज तक जो नहीं किया था, वह किया। एक छोटी शीशी ब्रांडी ख़रीद लाया। आधी शीशी ख़ाली करके तुम्हें लिखने बैठा हूं। तनिक भी नशा नहीं हुआ। सोचता हूं बाक़ी भी गटक जाऊँ। उससे भी कुछ होगा नहीं। बड़ी शीशी ख़रीदना ठीक रहता। इसी में तो प्रायः अढ़ाई रुपये स्वाहा हो गये।

अच्छा नहीं लगता। पीकर भी कुछ नहीं होता। समझ रहा हूँ कि यह नशा मुझे कभी नहीं चढ़ेगा–बेकार पैसा-ख़र्च।

...रात के ग्यारह बीस। ब्रांडी की शीशी ख़ाली हो गयी। एक पन्ना फुलस्केप ऊटपटांग चित्रकारी से भर गया। पांच लाइन डायरी लिखी गयी, दो सिगरेट जलकर राख हुई। पुरानी कविताओं में से कुछ दुबारा पढ़ी गयीं।

बांझ रात। लगता है मेरी सारी क्षमता चुक गयी है, मुझसे अब और कुछ पार नहीं पड़ेगा। मन-प्राण अवसाद से भरा है फिर भी नींद नहीं आ रही। नगद तीन शिलिंग नौ पेंस की ब्रांडी कहां समा गयी, पता ही नहीं चल रहा। अक्षर दुरुस्त, लिखावट एकदम सीधी। थोड़ी भी टेढ़ी-मेढ़ी होती तो समझता पैसा कुछ तो वसूल हुआ।

घबड़ाना मत। यह रोज़ की बात नहीं है। मुश्किल क्या है कि दूर से चिट्ठी के माध्यम से पूरे व्यक्ति को समझना होता है। इसीलिए चिट्ठी लिखते समय आदमी का मूड जैसा होता है, उसके अनुसार उसका रूप बदलता रहता है।

चिट्ठी अच्छी न लगे तो दोष अच्छी न लगनेवाली ब्रांडी को देना, वैसे उस बेचारी का क्या दोष!

डायरी

3.3.58

ब्रांडी से नशा नहीं हो रहा। शीशी क़रीब-क़रीब ख़ाली हो गयी। काग़ज़ पर आलतू-फालतू लिखने की व्यर्थ चेष्टा। कविता भी चुक गयी।

आज यह अशांति क्यों? उससे भी चिंता की बात यह कि इस अशांति को कायम रखकर इससे आनंद पाने की विकृत इच्छा क्यों? यह अशांति क्या सृजन में सहायक होगी? नहीं, अब तक कुछ भी तो नहीं लिख पाया।

सिगरेट जल रही है। ब्रांडी ख़त्म हो रही है। इसके अलावा और कुछ नहीं हो रहा है। आज तीसरा मार्च है। विलायत आने के बाद पहली बार शराब पीने के अलावा और कुछ भी तो ऐसा नहीं किया जिससे नाम हो, वाहवाही बटोरूँ।

नाम! हाय अहम्। दुनिया के करोड़ों-करोड़ों लोगों में से एक आदमी अपने टूटे-बिखरे जीवन के अंतिम हिस्से में पहुंचकर नाम का सपना देख रहा है। और उसका सम्बल क्या है? आसपास के परिचित कुछ लोगों का स्नेह, शुभेच्छा या शायद थोड़ा-सा प्रेम।

13.3.58
शायद इसी की ज़रूरत थी। अहम् के स्वप्न को लेकर जब ज़्यादा कूद-फांद करता हूँ न, तब इसी तरह का डंडा काम आता है। मनु की आज की चिट्ठी से चाहे और कुछ हुआ हो या नहीं, अपनी असलियत पहचानने में मदद मिली, यह स्वीकार करना ही होगा।

चिट्ठी

13.3.58
कानु,
कभी-कभी रोज़मर्रे की रूटीन, एकरसता, बहुत तकलीफ़ देती है।...तब बंधी-बंधायी ज़िंदगी से अलग कुछ घटित होने की प्रतीक्षा में मन छटपट करता रहता है—अचानक कुछ नया करने की इच्छा बलवती होती है। आज उसी स्थिति में हूँ।

...मन में कुछ उलझन चल रही है, जिसे पूरी तरह समझ नहीं पा रहा। डायरी में लिखने का मन नहीं कर रहा। कविता के द्वारा कुछ कहने की कोशिश करता हूं, पर वह भी नहीं हो पा रहा।

...पुराने दिनों की निस्सारता बड़े वेग से प्रगट होने लगती है। इसका मतलब यह नहीं कि यहां की ज़िंदगी बड़ी सारमयी हो उठी है। बस इतना है कि पहले अपने निष्प्राण होने को स्वीकार कर लिया था। एक तरह का क्लीव resignation कि 'यह ऐसे ही होता है'। अब फिर से adolescence की

अशांति कि यह ऐसे ही क्यों होगा? फिर नये सिरे से प्रश्न—मैं हूँ क्यों? क्या करने के लिए हूँ? बिना कुछ किये दिन काटने की बात को मैं स्वीकार नहीं कर पा रहा।

तथापि इन तीखे प्रश्नों से जूझने के लिए यौवन-सुलभ illusion का संबल मेरे पास नहीं है। चारों ओर का limitation बहुत साफ़ नज़र आने लगा है, अपनी क्षमता पर बहुत कम आस्था रह गयी है। दस तरह के झमेलों का बोझ। अपने में डूबे रहने की फुर्सत कहां है। बोझविहीन, बंधनविहीन स्थिति में टटोल-टटोलकर खोज-खोजकर नया रास्ता ढूंढ़ निकालने की न शक्ति हैं, न साहस और न ही मौका। हां, सवाल ज़रूर है कि न ढूंढ़ निकालने से चलेगा कैसे? इसीलिए कुछ सालों का जो मौक़ा मिला है, उसमें अतिरिक्त खींचतान चल रही है। रात पर रात जागरण। पढ़ाई-लिखाई बंद। सांसारिक कामों के प्रति बेपरवाही।

क़रीब दस दिन पहले एक कविता लिखी थी। कविता अच्छी नहीं बनी पर लगता है आज की मनःस्थिति के अनुकूल है। तुम्हें कविता लिखकर भेजूं यह बात गले के नीचे नहीं उतर रही फिर भी लगता है शुरू और अंत की कुछ पंक्तियों को बाद देकर यदि बीच का कुछ हिस्सा लिख भेजूं तो यहां के—ख़ासकर आज के—मुझको शायद थोड़ा जान पाओगे।

दिन के चक्रवात में झोंक दिया अपने को
दिन के कर्मस्त्रोत में बहा दिया सपनों को
सामने का पथ भूला, पीछे की क्षति-विक्षति
वह भी भूला।
घूम रहा निरुद्वेग आवर्तन में
रच रहा जीवन की शेष गति।
पीछे क्यों खींच रहे
चक्रावर्ती लहरों में आज तुम?
कहां ले जाना चाह रहे मुझे तुम
उल्टी ओर जानेवाले ज्वार में?
जंगल से ढकी तटभूमि विस्मृति की निद्रा में सुप्तप्राय
छेड़ क्यों रहे उसे?
ले जाना चाहते क्यों दिन के प्रकाश में
चाहते क्यों रचना नव प्राण?
इस निष्ठुर जागरण में?

रवींद्रनाथ की नक़ल लग रही है न? सो तो है पर केवल कविता। आज का मैं तो रवींद्रनाथ की नक़ल नहीं हूँ? सिर चकरा देनेवाले आज के प्रश्न, जीवित रह पाने की यंत्रणा तो रवींद्रनाथ की समस्या नहीं है न? मुझमें यदि अपनी बात अपनी भाषा में, अपने तरीके से कहने की क्षमता होती तो शायद बहुत से प्रश्नों का समाधान हो जाता। वह नहीं कर पा रहा, इसी की तो पीड़ा है, agony है।

डायरी

14.3.58
बहुत...बहुत अस्थिर हो उठा हूं। लगता है केंद्र से विच्युत हो गया हूँ। कविता लिखने की स्वाभाविक इच्छा पर ज़बरदस्त आघात हुआ है। उससे भी बड़ा आघात लगा है अहम् को, अहंकार को, आत्मतृप्ति को। पर यह बात स्वीकार करने को मन राजी नहीं।

चिट्ठी नहीं लिख पा रहा। लिखने का मन नहीं कर रहा।

24.3.58
आत्मतृप्ति! अहंकार, अहम्! जीवन का सबसे बड़ा दुश्मन। यह तथ्य वेदांत की टीका और भाष्य घांटे बिना भी समझ में आ रहा है।

चिट्ठी

26.3.58
मनु,
...योरोप जाना मोटा-मोटी तै हो गया है। फ़िलहाल जानेवाले चार हैं। सुकुमार, गोपालकृष्ण, डॉरिस और मैं। बंगाल, आंध्र और ब्रिटेन। कृष्ण मेरा दोस्त है, वाइ.एम.सी.ए. में परिचय हुआ था। विज्ञान में डॉक्टरेट है, कोलंबो प्लान में आया है, रिसर्च कर रहा है। उम्र केवल 25 वर्ष। लंदन में जो भी नहीं देखने लायक़ है, वह सब देख चुका है। डॉरिस अच्छी लड़की है। शक्ल-सूरत और बुद्धि दोनों से सरल। तीन-पांच में नहीं, जो करने को कहा जाता है कर देती है। लगता है सुकुमार से प्रेम करती है। पेरिस में डॉरिस और सुकुमार तंबू का पहरा देंगे, मैं और कृष्ण आउट। बात तै हो गयी है।

ईस्टर की चार दिन की छुट्टी है, शुक्र से सोम। वेल्स घूमने की भी बात है सलिल वगैरह के साथ। इसमें कोई मेम साहब नहीं होंगी—बी. ई. कॉलेज के चार मुस्टंड और पांचवां मैं। रुपयों का स्वाहा। यह यात्रा भी गाड़ी किराये पर लेकर होगी। बहुत सोचता हूं कि कुछ पैसा जोड़ूं पर होता ही नहीं। क्या करूं, बोलो तो? हिसाब करते-करते ही जिंदगी कट जायेगी क्या? आज तनख़्वाह मिली। पहली बार घर रुपया भेजा। आज से ज़िम्मेदार गृहस्थ हुआ। पर रोज़ रुपया उड़ाने का कोई-न-कोई ख्याल मन में आता ही रहता है।

डायरी

29.3.58

यह सचमुच की चाह है या विकृतिजन्य उत्तेजना? यह क्या वही बाइस वर्ष की उम्रवाली दीन-दुनिया को भुला देनेवाली पगली चाह है?

पता नहीं। वार्धक्य को स्वीकार नहीं कर पा रहा हूँ। मन में आता है—बूढ़ा होने के पहले तीव्र प्रकाश की एक झलक की तरह जलकर मर जाऊं। प्रकाश में तिल-तिल करके जलना और नहीं।

3.4.58

कल्याणीयासु

कल्याणीयासु—
तुम्हारे साहचर्य का प्यासा मन
दौड़ा क्यों आज तव ओर कौन जाने।
जिस रात
बुलाते तारक-पुंज अपने पास
जिस रात
करती हवा कानाफूसी
वाणी अनजानी
जिस रात,
काली आंखें छलकातीं मन की चाह
जानी-अनजानी

उस रात
मन में नहीं आतीं तुम।
उस रात
परिचित घर को छोड़ मैं आता हूं
बाहर रुक जाता हूं
मन करता है पैर धीरे से बढ़ाने का
भय को भगाता हूं

मन करता है आंखें मूंद बिना देखे कूद पड़ूं
अंधेरे रूपी काले जल को कंपित कर
डूब जाऊँ अपरिचित पाताल में
परिचित आंखों की ओट।

कल्याणीयासु!
आत्मा जिज्ञासु पर आती न तुम्हारे पास
सिर पर बोझा उठा प्रश्नों का
उत्तर की आशा में।

तुम्हारे पास शांति है, है कल्याण
और है तुम्हारे पास क्लांति का अवसान
स्निग्ध विश्राम में।
इसीलिए दिनांत में जब
आंखों में उतरता अलस आवेश
जब नहीं रह जाती प्रश्नों की कोई रेश
जब घना अंधकार और घना होता है
आलोकित कमरे के उनींदे निराले में
उस समय खोजता तुम्हें हूं मैं
पूरे अंतर से, कल्याणीये!

संभव है किसी एक दिन
पुराने घर की दीवारों से परे
नया मन बहक जाये

युक्तिहीन चाह के नशे में।
मुक्तिबीन मुखरित होगी रात दिन
गाने के नशे में।
पाने की चाह से भरी होगी शून्यता।

कल्याणीया,
मेरा उड़ंतू मन
इस अकूल में क्या तुम्हें भूल जायेगा?
शायद वैसा ही हो।
शायद तुम हो ही नहीं
जानी-पहचानी धरती से परे
नदी के उस पार।

झूठी आशा पाली नहीं मन में।

फिर भी मन में आता है
अचीन्हा आकाश जब चीन्हा हो जायेगा
अनजानी भाषा का लेनदेन पूरा होगा
तब भी क्या भेंट नहीं करोगी
बहा ले जाने को अपनी शांति की बाढ़ में
संग-हीन मन की थकान को, कल्याणीये?

चिट्ठी

4.4.58

मनु,

पिछले चार दिनों में नौ सौ माइल गाड़ी में। क्या देखा, कहां-कहां गये यह सब मैप लेकर मिलाये बिना बोलना संभव नहीं। इसके ऊपर वेल्स के अधिकतर नाम का तो उच्चारण ही नहीं होता।

गाड़ी में यात्रा करने का एक मज़ा है। सबका मिलकर किसी एक के पीछे लग जाना, जिस समुद्र के बायीं ओर होने की बात थी उसका रास्ता भूलकर बायें के बदले दाहिनी ओर दर्शन। फिर किस भौगोलिक कारण से यह भूल हुई,

इसकी वैज्ञानिक खोज के बारे में बहस करते-करते सोलह मील उत्तर के बदले दक्षिण की ओर बढ़ जाना, रात ग्यारह के बाद ख़ाली पेट, घोड़ा बेचकर सोए शहर में रहने की जगह खोजना, शुभेंदु के डॉक्टर दोस्त के अस्पताल के कमरे में चोरी-चोरी ज़मीन पर बिछी दरी पर सो जाना और सुबह-सुबह चोरों की तरह उठकर अपना रास्ता पकड़ना (इस देश में इस तरह मेहमानवाज़ी करना ज़बरदस्त अपराध माना जाता है--माइथनी पद्धति के अभ्यस्त हमलोग सहज़ ही यह नहीं समझ पाते), दिन-रात पागलों की तरह गाड़ी से तीन सौ मील की यात्रा करके रात डेढ़ बजे लंदन पहुँचना--यह सब मज़ा है। लेकिन हमलोग घूमने को जो समझते हैं, यह उससे भिन्न है। फिर भी बहुत सारी नयी चीज़ें देखीं, बहुत कुछ जाना, समझा--यह तो मानना ही होगा।

डायरी

10.4.58

आज की मनःस्थिति में न कविता मिल रही है न कोई कलकत्तावाला। न ही मिल रहा है पढ़ना-लिखना, घूमने का नशा--कुछ भी नहीं। आज की मनःस्थिति के रूपाकार में कोई साज-सज्जा नहीं, आज की चाह किसी मनोवैज्ञानिक आवरण से ढकी नहीं।

...आज की दरार को न कोई अतीत का स्वप्न भर पा रहा है, न ही भविष्य का। आज का दिन, आज की रात, जीवंत है, वर्तमान है।

चिट्ठी

19.4.58

मनु,

स्ट्रैटफोर्ड-ऑन-ऐवन से लौटा रात दस बजे। हॉस्टल की ओर से बस और टिकट का इंतज़ाम किया गया था सो मौक़ा छोड़ा नहीं। वह रुपया तो ख़र्च-खाते गया ही, कल शाम साढ़े नौ शिलिंग में शेक्सपियर के कम्प्लीट वर्क्स की एक प्रति ख़रीद डाली सो ऊपर से।

जगह बहुत सुंदर है। मकानों की अपनी खासियत है, थियेटर हॉल सुंदर है, ऐव़न नदी के पास। नदी में राजहंसों का झुंड का झुंड।

यहां वसंत आ गया है। आज लौटते समय एक ऐसा सूर्यास्त देखा जैसा पिछले छह महीनों में नहीं देखा था। विलायत के आसमान में आज अपने देश के रंगों की बहार का कुछ-कुछ आभास मिला।

रोमियो एंड जूलियट? सभी अच्छे थे ख़ासकर जूलियट और नर्स। पर रोमियो होपलेस था। जात्रा-मार्का चिल्लाना। खुद तो डूबा ही, जूलियट को भी डुबाया। इतना ही नहीं, कुछ दूर तक नाटक को भी डुबाने की चेष्टा की। लेकिन डाइरेक्शन और सेटिंग अपूर्व थे।

वैसे, अब और अच्छी तरह समझ में आ रहा है कि मार्गरेट रलिंग्स क्या चीज़ थीं। जूलियट बहुत अच्छी थी शायद इसीलिए याद आ रही है पर फियेद्रा ने इससे भी अच्छा काम किया था, बहुत-बहुत अच्छा।

5.5.58

मनु,

पिछले कई दिनों एकदम धुरीविहीन अवस्था में रहा। धुरीविहीन से मेरा क्या मतलब है, यह समझाने चला तो कम-से-कम दस पन्ना रंगना होगा। तब भी शायद समझा नहीं पाऊंगा, क्योंकि बहुत कुछ समझने के बावज़ूद मैं खुद ही पूरी बात नहीं समझ पा रहा हूं।

...रात साढ़े आठ। बाहर बहुत उजाला है। नौ-साढ़े नौ के पहले आजकल अंधेरा नहीं होता। तुम्हें चिट्ठी लिखने बैठा तो हूं पर इस समय जो स्थिति है उसमें यही उचित है कि पांच मिनट भी समय मिले तो ड्राइंग लेकर बैठूं।

...मेरे कामकाज का ब्योरा तुम्हें कितना ही बिखरा-बिखरा लगें, मेरे मन की अवस्था की तुलना में वह कुछ भी नहीं है। माथे में सौ चरखी (नागरदोला) एक साथ एक सौ चक्कर काट रही हैं। जीवन में अनेक विचित्र-विचित्र अनुभवों के बाद इस उम्र में अकेले रहना। जो बातें पहले मन में आती थीं, वे नाना तरह के झंझट-झमेलों की व्यस्तता में कहीं एक कोने में अनजानी पड़ी रहती थीं। इस समय साधारण-सी बात, साधारण-सा मनोभाव भी धकियाकर ऊपर आ जाता है और अपना वास्तविक रूप दिखला जाता है। अपने को अपने से छिपा नहीं पा रहा हूं। जितना देखता हूं, उतना ही आश्चर्य होता है, हैरान होता हूं, परेशान होता हूं। फिर भी यह कहने का मन नहीं करता कि—न देखता तो अच्छा रहता।

अपने आपको इस नये तरह से जानने की बात कविता के माध्यम से कहना चाहता था। पहले लगा गाड़ी ठीक रास्ते पर है। उसके बाद एक समय लगा कि

मैं जो कहना चाहता हूँ वह मेरी कहने की क्षमता से कहीं आगे की बात है। तब छटपटाया हूँ। कितनी कोशिशें कीं–छंद बदलकर, भाषा बदलकर, टेकनिक बदलकर–जिससे अपनी बात कहने के लिए उपयुक्त अभिव्यक्ति पा सकूं। पर मिली नहीं। तथापि ये कविताएं मेरे वर्तमान मानसिक परिवर्तन का प्रमाण रहेंगी।

...यहां रहते कभी-कभी लगता है अनकही बातें कलेजे पर पहाड़-सी भारी पड़ी हैं, इन्हें उतारे बिना मुक्ति नहीं।

...जीवन में दुख कम नहीं भोगा। बहुत-सी बातों की तुम्हें जानकारी नहीं है, तुम कल्पना भी नहीं कर सकतीं। कानु तुमसे ज़्यादा जानता है, लेकिन सब वह भी नहीं जानता। उस समय कई बार निराशा की स्थिति में सोचता था–ऐसा न होकर ऐसा होता तो मेरा जीवन अन्य तरह का हो सकता था। बहुत बार दांत पर दांत बैठाकर चीखा हूं–ऐसा क्यों नहीं हुआ?

आज लगता है–उस समय दुख, ज्वाला, यंत्रणा पायी उसी की बदौलत बाद में वे बहुत सारी चीज़ें मिलीं जो उनके बिना न मिलतीं। मैं कविता नहीं लिख रहा (यद्यपि इस बीच ऐसा बहुत कुकर्म कर चुका हूं जिससे यह बदनामी मिलेगी ही)--यह मेरी वर्तमान उपलब्धि है।

18.5.58

मनु,

आज का दिन ख़राब रहा। अब पूरा एक महीना बाक़ी है, 19 जून को परीक्षा है। पढ़ाई अभी भी शुरू नहीं कर पाया हूं। ड्राइंग चल रही है। अंदाज़न तीस घंटे की ड्राइंग और बाक़ी है।

पिछले सप्ताह बहुत खटा हूँ। जागरण रोज़ ही हो रहा है। केवल कल शनिवार की रात तीन बजे के बदले एक बजे सो गया था–बिजली की रोशनी में ड्राइंग करते-करते आंखें दुखने लगी थीं।

आज सारा दिन इधर-उधर में बीता। एक बंगाली संस्था की स्थापना के उत्सव में गया था। गाना-बजाना हुआ, पांच साल की एक बच्ची ने नाचा। सब मिलाकर अच्छा ही था। डॉक्टर वाके प्रोग्राम में थे। उन्होंने एक रवींद्र संगीत सुनाया।

...बीच-बीच में मन दुखी होता है कि जीवन में कुछ भी नहीं कर पाया। असल में अहम् छिपे-छिपे अपनी प्रतिष्ठा की खोज करता रहता है। कुछ कर

पाने की सामाजिक स्वीकृति की खोज करता रहता है। कभी किसी विरल मुहूर्त में जब अपने अहम् को थोड़ी देर के लिए भी परे रख पाता हूं, तब लगता है–जो कुछ करणीय है, सब आदमी के लिए ही तो। तब फिर उसमें स्वीकृति मिले न मिले, प्रतिष्ठा हो न हो, क्या फर्क पड़ता है। यदि जीवित रहकर अपनी जीवन धारा के आसपास वाले लोगों का थोड़ा भी अभाव दूर कर सका तो वह भी तो कुछ करना ही होगा। राजनीति कर नहीं पाया। सृजन का मीडियम नहीं। पढ़ना-लिखना स्वभाव में नहीं। तब भी जीवन के सारे मूल्य चुक तो नहीं गये हैं। मैं जीवित हूँ, इससे कम-से-कम कुछ लोग तो खुश हैं ही–वह चाहे मेरे कारण हों चाहे स्वयं अपने। यदि इतना भी रहा तो ज़िन्दा रहने का अर्थ खोज निकालूंगा।

मेरे मरने से तुमलोग दुखी होगे, यह विचार मृत्यु से जीवन की ओर टानता है।

28.5.58

मनु,

शनि से बुध। इसका इतिहास–लगातार जागरण–तीन-साढ़े तीन बजे तक तथा कलम-स्याही-ब्रश और रंग। पर सब कुछ केवल काम का इतिहास नहीं है। एक रात सिंह जी के साथ अड्डा मारने में कटी। सारे लंदन में सिंह जी एकमात्र ऐसे व्यक्ति हैं जिनके साथ हंसी-मज़ाक तथा आलतू-फालतू बातों के अलावा और बातें भी की जा सकती हैं। इसी बीच और एक चीज़ आ घुसी है–सिनेमा।

...विलायत में देखने की ढेरों चीज़ें हैं। कुछ हैं जहाँ अकेले जाकर अच्छा नहीं लगता और कुछ ऐसी हैं जहां अकेले ही जाया जा सकता है। थोड़ी-थोड़ी दोनों ही देखी हैं–दूसरीवाली ज़्यादा। अब लगने लगा है कि एक अच्छे सिनेमा में अच्छा अभिनय देखने जैसा आनंद और किसी चीज़ में नहीं मिलता। कम देखता हूँ क्योंकि समय और पैसे दोनों का अभाव है। इसलिए जब कभी कोई अच्छी फिल्म देख पाता हूं तो मन विमलानंद की अनुभूति करता है।

कल सब पुरानी ड्राइंग पूरी करके कॉलेज में सबमिट करने गया था। उसमें से एक लौटा दी–यह बनाओ, यह जोड़ो आदि के साथ। एक और को देखकर भला-बुरा कहा–ड्राइंग पूरी करके रंग करके लाने से लाभ? अब चर्चा के बाद बदल भी न पाओगे। कैसे कहता मैंने जान-बूझकर यह किया था। हजम कर गया।

...अब सात दिन बाद अर्थात् कॉलेज के नोट पर नज़र डालने के बाद बतला पाऊंगा कि पास होने की कोई आशा है या नहीं। बिना कुछ जाने मन में धारणा है कि पास तो कर ही जाऊंगा क्योंकि फेल होने की बात गले की नीचे नहीं उतर रही।

...अभी फ़िलहाल बड़ा दुखी हूँ। कम-से-कम एक बार 'आहा, बेचारा!' तो कह देना।

डायरी

7.6.58

लंदन के मौसम में वसंत का स्पर्श मिलने लगा है। चूंकि यहां ठंड पड़ती है इसलिए वसंत का पता भी चलता है। ऑफ़िस की खिड़की से आनेवाली मीठी-मीठी हवा, हॉस्टल के बाहर फिट्ज़राय स्क्वायर के छोटे मैदान में हरे रंग की बहार...पीछे बहुत दूर छोड़ आये पुराने जीवन के एक कण को उड़ाकर ले आती है। दूर होने की पीड़ा नहीं होती वरन् सुखद-स्मृति का आनंद मिलता है।

सब कुछ के साथ लिप्त है एक तीव्र चाह। यह चाह लंदन आने के बाद नये सिरे से पैदा हुई हो, सो नहीं। इसका जन्म बहुत सालों पहले किसी आदिम दिन, किसी आदिम क्षण में हो चुका था, जिसका सन्-तारीख़ पता लगाना, आज संभव नहीं।

मनोविज्ञान के अनुसार इसका एक सहज अर्थ लगाया जा सकता है लेकिन उससे प्रश्न की समाप्ति नहीं होती। मूल खोज लेने से ही उसकी सभी शाखा-प्रशाखाओं की कहानी स्पष्ट नहीं हो जाती। शाखा-प्रशाखा के जटिल विस्तार में मूल का बहुत छोटा-सा अंश होता है।

दिनों-दिन, सालों-साल अहम् का अभियान चल रहा है। हर संपर्क की कसौटी के पत्थर पर अहम् की परीक्षा हो रही है। कसौटी की आवश्यकता क्या वहीं समाप्त हो जाती है? शायद नहीं। इस खोज-पूछ का अंत नहीं। यह मेरी अपनी स्वीकृति है—दूसरों के सामने अतः अपने सामने भी।

भयंकर अकेलेपन में विदेश में दिन कट रहे हैं। खुद अपने निकट, निपट अकेला। अकेले अपने साथ बातें किये जाना। पुरानी आत्मस्वीकृतियों के नाना रूपों में डुबकी लगाकर अविराम खोजे जाना। स्वीकृति, अस्वीकृति, ज्ञान, अज्ञान, अनुभव, वंचना—सब में एक बंधे-बंधाये उबाऊ स्वर में मैं...मैं और मैं। अहम्...अहम् का अंत नहीं। अहम् मरता नहीं।

इस अहम् को क्या गला टीपकर मार डालना चाहता हूँ? क्यों? यह अधिकार मुझे किसने दिया? अहम् के अलावा इस लंबे जीवन में और पाया क्या? क्या जाना? क्या सीखा?

अहम् को स्वीकारना?

चिट्ठी

8.6.58

मनु,

और दस दिन बाकी।

...कभी आंखों के सामने अंधेरा छा जाता है तो कभी लगता है—पढ़ने को और कुछ नहीं बचा। कभी बड़े मनोयोग से देर रात तक पढ़ता हूं तो कभी सिनेमा देखता हूं, अड्डेबाजी करता हूं। पढ़ूँ या फांकी मारूं, चिंता करूं या बेपरवाह रहूं, एक चीज़ बराबर बनी रहती है—परीक्षा का मानसिक दबाव—साथ ही परीक्षा के बाद के जीवन का स्वप्न भी। परीक्षा के बाद के तीन महीने जीना चाहता हूँ। जो मर्जी आये करूं, बहुत पढ़ूँ, बहुत कुछ देखूं, बहुत जानूं—कम-से-कम इस पल तो यही सब मन में आ रहा है।

आज दोपहर हॉस्टल के हॉल की गैलरी में बैठकर दो घंटे तक गाने-बजाने का रिहर्सल देखता रहा। टेलिविज़न पर एक प्रोग्राम देने के लिए रिहर्सल की ख़ातिर किसी दल ने हॉल भाड़े ले रखा था। क़रीब डेढ़ दर्जन उर्वशी, रम्भा, घृताची थीं। अधिकांश का पहरावा गर्मी का हल्का, घरेलू ढंग का था अर्थात् गंजी या शर्ट और जांघिया। जांघिया कहा क्योंकि हाफ पैंट से भी यह अधोवस्त्र डेढ़ बित्ता छोटा था। यह सब देखे बिना क्या 'ब्रिटेनेर लोकल गवर्नमेंट' मुखस्थ किया जा सकता है? वर्णन शायद भद्र नहीं हुआ, अतः सॉरी, आंख मत तरेरना।

लेकिन एक चीज़ देखने लायक़ थी—टीमवर्क। दो बजे से छह बजे तक क्या परिश्रम किया। एक ही चीज़ बार-बार। परिचालक सर्वोपरि। पूरी डिसिप्लिन—मुंह लटकाये 'किसी तरह जान छूटे' वाला रिहर्सल नहीं—बीच-बीच में हो-हल्ला, हंसी-मज़ाक भी चलता रहा। लड़के-लड़कियों के परस्पर व्यवहार में यहां किसी तरह के संकोच का प्रश्न नहीं उठता लेकिन एक बार भी, रत्तीभर भी छिछोरापन नज़र नहीं आया। काम के समय बस काम और कुछ नहीं।

...हॉस्टल में नोटिस टांगा गया है। पंद्रह जून माल-पत्तर उठाकर चले जाने के लिए। मैंने एक चिट्ठी दी है। परीक्षा के पहले हिलनेवाला नहीं।

जुलाई के बाद मेरी यहां की ज़िंदगी में बहुत हेर-फेर होनेवाला है। जीवन बड़ा नीरस हुआ जा रहा है। हॉस्टल छोड़ने के बाद अकेलापन और बढ़ेगा, पता है। कुछ दूर तक उस अकेलेपन को शायद चाहता भी हूँ। पढ़ना चाहता हूं, लिखना चाहता हूं। वैसे अकेलेपन के अनेक लाभ हैं। बस: बीच-बीच में, महीने में एक दिन या हफ्ते में एक दिन बड़ा कष्ट होता है। अब उसका क्या उपाय है? उस तरह का periodic साथ देने को मुझे यहां कौन मिलेगा।

...हैंस को न्योता देकर विलायत खां का सितार सुनवा दिया। हैंस रोटेर–मेरे वही दक्षिण अमरीकी दोस्त। बहुत पैसा ख़र्च हो गया। बड़ी मुसीबत है। लोगों से मिलने-जुलने चलो, थियेटर या कनसर्ट सुनने जाओ, घूमने जाओ, किताबें ख़रीदो–मतलब इतनी दूर आना सार्थक करना चाहो तो, पैसा चाहिए, जो फ़िलहाल मेरे पाकेट में नहीं हैं। और जो है वह निकट भविष्य में कम ही होगा, बढ़नेवाला नहीं। यूरोप यात्रा और कॉलेज की फीस, दोनों मिलाकर अक्टूबर में दो बार मुंडन होनेवाला है।

17.6.58

मनु,

कल तुम्हारी 'आहा! बेचारा!' मार्का चिट्ठी मिली। तुम्हारा 'आहा बेचारा!' व्यर्थ गया। मुंह लपेटकर बिलकुल ही नहीं पड़ा हूं। शनिवार को सिनेमा देखा, रविवार को कनर्सट सुना और अभी फ़िलहाल पढ़ाई-लिखाई एकदम बंद करके बैठा हूं। आगे पढ़ने का मन नहीं है, केवल परीक्षा देना चाहता हूं। वह मौक़ा मिलेगा या नहीं, पता नहीं। कल रात से हल्का बुख़ार हो रहा है।

रोज़ की तरह ऑफ़िस आया हूं पर रोज़ की तरह कोई काम नहीं किया। अभी लंच का समय है। इस मामले में यथारीति सस्ते कैफेटेरिया में न जाकर थोड़ा रद्दोबदल कर दिया है। अभी बैठा हूं एक पब में–गाय की सैंडविच और ब्रांडी लेकर। कल हॉस्टल के दोस्त डॉक्टर पॉल को अपने इलाज़ का भार सौंप दिया। वे अच्छे डॉक्टर हैं। केवल नाड़ी ही नहीं पकड़ी वरन् अपने घर से ऐस्पिरिन लाकर, अपने लेमन स्क्वाश में घुलाकर, अपने हाथों मुझे पिलाकर गये और ब्रांडी का प्रेस्क्रिप्शन लिख गये। रात में दुकान बंद हो गयी थी नहीं तो वह

भी लाकर शायद पकड़ा जाते। इसीलिए आज दोपहर में ब्रांडी में ऐस्पिरिन घुलाकर ले रहा हूं।

यह मत सोचना कि परीक्षा के पहले यह चिट्ठी भेजूंगा। वह करना होता तो बुख़ार की बात लिखता ही नहीं। वैसे यदि परीक्षा सामने न होती तो इसे बुख़ार मानता भी नहीं।

...रविवार को कनसर्ट सुनना अचानक ही हो गया। हमलोगों का हॉल भाड़ा लेकर बाहर के किसी दल का सिमफनी आरकेस्ट्रा हो रहा था। कौतूहलवश टिकट का दाम पूछने गया। बिना मांगे दो फ्री टिकट पकड़ा दिया–पंद्रह शिलिंग का। परीक्षा सामने होने पर भी ऐसा मौक़ा कोई छोड़ता है भला? बिथोवन की सेकेंड सिमफनी बड़ी अच्छी लगी। लेकिन पकड़-पुकुड़कर जिसे साथ ले गया था, वह इंटरवल में भाग लिया। सिंह बाहर था, बाद में सुनकर उसे अफ़सोस हुआ।

22.6.58

परीक्षा ख़त्म हुई। ओरल बाक़ी है पर वह जहन्नुम में जाये। उसकी चिंता कौन करता है। परीक्षा में न बैठ पाने की आशंका से मुक्ति मिली। मिलेगी नहीं? तीन दिन केवल ब्रांडी और ऐस्पिरिन पर रहा। अब रात होते-होते ब्रांडी न लेने से शरीर कसमसाता है।

परीक्षा के दो दिन पहले से रतजगा बंद, पढ़ाई भी क़रीब-क़रीब बंद। परीक्षा ख़त्म होते ही रात में जागना और यहां-वहां भटकना शुरू हो गया। बुख़ार-वुखार कहां गया, कौन जाने। कल क्या किया, पता है? आधे घंटे से ऊपर परम आनंद में तैरा। बुख़ार की महौषधि। (आंख मत तरेरना–परीक्षा पूरी हो चुकी है)। यहां तैरना मिक्स्ड है, कम उम्रवाली युवतियां भी उसी पुल में कूदती हैं। पहले सोचा था–इससे मन में ज़रूर विकार पैदा होगा। कुछेक मिनट बाद खुद तैरने के आनंद में उधर देखना ही भूल गया। हम छह जवान एक साथ थे। दो साहब, तीन बंगाली और एक सिंहली।

तैरने के बाद लंच, एक साथ, हल्ला-गुल्ला करते हुए। दोनों अंग्रेज लड़के अच्छे थे। यहां आने के बाद अंग्रेज़ों के संबंध में जो ख़राब धारणा बनी थी, वह इन लोगों को देखकर कुछ दूर तक मिटी। पहली बार ऊपरी शुष्क भद्रता के साथ-साथ मित्रता का अनुभव भी हुआ।

उसके बाद बैटरसी पार्क–फन फेयर। खूब ज़ोर की बरसात होने लगी। मैं भी महानंद के साथ भीगा।

...अर्थ का बड़ा अभाव है। योरोप मेरा बारह बजा दे रहा है। ऐसी छुट्टी अर्थाभाव में बितानी होगी, यह सोचकर अच्छा नहीं लग रहा।

...गर्दन पर नोटिस की तलवार लटक रही है--कोई उपाय करना होगा। अब खुद बनाने-खाने के दिन आ रहे हैं। हे भगवान! तुम यदि होते तो...!

परीक्षा दे रहे हो? पढ़ रहे हो? 'आहा!' पढ़ो।

1.7.58

क्लांत

क्लांत-क्लांत– मैं बहुत क्लांत हूँ।
व्यर्थ प्रश्न यों ही रहने दो।
मिटती घनी मूक छाया में
मुझे अभी केवल सोने दो।
क्या करना है बातों का अंबार लगाकर?
और बताओ क्या मिलना है
बीज तर्क के यूँ फैलाकर?
मैं विवेक से ऊब गया हूँ
आज बहुत ही क्लांत हुआ हूँ।
सूने निर्जन की छाया में
मुझे अकेला सोने दो बस।
ज्ञात मुझे इस धरा-गर्भ में
छिपा अभी भी जाने क्या-क्या
पर मेरी संधान-साधना, क्लांत हुई है।
धरती की जड़ता का बोझा
अभी और है
पर मेरी प्रयत्न करने की
शक्ति आज तो क्लांत हुई है।

मृत्यु-तीर पर
जीवन की आशा में बैठी
सतत प्रतीक्षा, क्लांत हुई है।
जाओ, अपने प्रश्न साथ ले
तर्क विवेक सभी ले जाओ।

सोने दो मुझको
छाया के घोर गभीर लोक में
मुझको सोने दो—मैं बहुत क्लांत हूँ।

चिट्ठी

7.7.58

मनु,

मैं पास हो गया। ख़ाली पास नहीं, धूम-धमाके से पास हुआ हूं। बहुत अच्छे नंबरों से—पास मार्क्स के ऊपर ढेर नंबर मिले हैं। अर्थात् inefficient प्रमाणित हो गया हूं। 40 प्रतिशत की जगह 63 प्रतिशत। पढ़ाई की थी, अच्छे नंबर कैसे न मिलते। तुमलोगों की तरह फांकीबाज तो हूं नहीं? घोर कलियुग है—फर्स्ट नहीं हो पाया—एक म्लेच्छ लड़के ने बाज़ी मार ली। थियरी में मुझे उससे आठ नंबर ज़्यादा मिले पर ड्राइंग में मात खा गया। अगले साल पढ़ाई आधी कर देनी होगी, इस बार बेवकूफ़ों की तरह बहुत ज़्यादा कर डाली।

इस देश का स्टैंडर्ड क्या है, यह मोटा-मोटी समझ में आ गया।

कल बी. बी. सी. स्टूडियो गया था। लंदन कॉलिंग एशिया नाम के एक प्रोग्राम में। चीज़ इंटरेस्टिंग थी। ऊपर से फ्री कॉफी और सैंडविच मिली। सैंडविच बहुत अच्छी थी। मैं सस्ते काफे में जो खाता हूं, वैसी नहीं। कुछ और उदरस्थ करने की इच्छा थी पर भीड़ में कर नहीं पाया।

यहां आजकल भयंकर गर्मी है। सच कह रहा हूं, विश्वास करो। क़रीब-क़रीब 80 डिग्री।...कल ऑफ़िस में मेरे मुंह से निकल गया—बड़ी गरमी है। एक ने कहा—किसने कहा? कलकतिया ने न? मैंने कहा—क्या करूं, तुमलोगों के bloody winter की आदत पड़ गयी है।

...कानु मेरी थीसिस के बारे में कुछ नहीं कर रहा है। सबजेक्ट का नाम जानना चाहता है। अरे, वह तो मैं भी चाहता हूं उससे। उसकी सबसे ज़्यादा ज़रूरत तो मुझे है।

11.7.58

मैं चाहता हूं जाना, जाने के पार
दूर बहु दूर खो जाने को

खुद को कर पार, उस पार।

मैं चाहता हूं खोजना
मूंद कर आंखें
अनदेखे अनजाने अबूझ संशय को।

मैं भाग जाऊंगा
अस्तित्त्वहीन दूर देश को
बिन-चुकाये एक भी उधार को।

मैं चला जाऊंगा पकड़कर भूल पथ
सीमाहीन किसी मुक्त उपनिवेश को।

मैं तैर जाऊंगा
बिना कुछ देखे
सम्मुख बिना कुछ रखे
भूलकर पीछे छोड़ जाऊंगा थमने को।

मैं बढ़ा जाऊंगा
अपने ही दबाव में
पीछे के ठेलों से त्रस्त
खोजता अपने को।

अरे, 'मैं' लिये कौन-कौन हो वहाँ?
ज़िंदा हो?
कब्र के पथरीले खांचे में
नींद में ऊंघ रहे हो क्या?

यदि लूट लेना हो चाहते
फांकी और छुट्टी
तो भाग लो झटपट
मैं की दीवार फांद
भाग लो।

चिट्ठी

15.7.58

मनु,

आज का दिन और दिनों जैसा ही था पर एक छोटी-सी घटना घटी है। पिछले तैंतीस वर्षों के सिर पर एक पैर रखकर दूसरा आज चौंतीसवें में रखा।

आज मंगलवार। शुक्रवार सुबह विदेश-यात्रा। साथ ही मेरा गृहत्याग भी। अभी भी बहुत कुछ समेटना है। और कोई चीज़ नहीं, काग़ज़ समेटने में बहुत समय लग जाता है। कुछ काग़ज़ हैं जिन्हें निर्ममतापूर्वक फाड़ नहीं पाता पर जिन्हें रखने में बिना मतलब बोझा बढ़ता है, उनके चक्कर में फालतू बहुत समय भी नष्ट होता है।

घूमने जाने के पहले होनेवाले उत्साह का अनुभव नहीं कर पा रहा हूं। कुछ महीनों पहले जब अकेले पेरिस जाने का प्रोग्राम बनाया था, तब के उत्साह की याद करके आश्चर्य हो रहा है। उम्र के साथ-साथ जो मिला उसके साथ घुलमिल जाने की क्षमता नष्ट होती जा रही है।

...लौटकर आने पर लंदन के किसी ऐसे इलाक़े में खो जाऊंगा जहां कोई और बंगाली न हो। जहां तक होगा किसी को वहां का पता-ठिकाना नहीं दूंगा, अज्ञातवास।

...कविता लिखना अभी भी चालू है, बीच-बीच में। कॉपी के पन्ने भर रहे हैं।

36, पंडोरा रोड,
लंदन, नार्थ वेस्ट–6

11.8.58

मनु,

योरोप से लौटने पर तीन चिट्ठियां मिलीं। उनमें तुम्हारी चिट्ठी नहीं थी। ज़बरदस्त गुस्सा आया। घर-विहीन मैं पागलों की तरह अपने लिए आश्रय की खोज में भटक रहा था, इसलिए तुम बच गईं। गनीमत हुई, शनिवार को तुम्हारी चिट्ठी मिल गयी।

इस बार देने की ढेरों खबरें हैं। सत्रह दिन में तीन हज़ार मीलों की यात्रा का एक इतिहास है। मन में है कि बाकायदा सिलसिलेवार उसे लिखूं पर जानता

हूं, अंत तक लिखना होगा नहीं, फिर भी इसी वजह से चिट्ठी में भी नहीं लिख पा रहा हूँ।

...लौटने के बाद के कई दिन बहुत ख़राब बीते। बड़ी थकान लेकर लौटा था। गाड़ी ख़राब होने और अन्य कारणों से आख़िरी दिन न खाना हो पाया न सोना। वैसे में कमरे की खोज में लगा। न मिलने पर लाचार होकर बहुत ऊंचे भाड़े पर (मेरी सामर्थ्य के अनुपात में।) एक महंगे होटल में ठहरा। ख़ैर, इस समय जहां बैठकर चिट्ठी लिख रहा हूं, वह एक बड़ा-सा कमरा है। चारों ओर की दीवार से सटाकर लगी खाट, टेबुल, आलमारी, मीटसेफ आदि। कमरा इतना बड़ा कि बीच में नाच किया जा सकता है। Y.M.C.A. के छोटे कमरे के बाद महादेश (योरोप) में आदिम गुहावासियों की तरह घुटनों के बल कमरे के भीतर घुसने की स्थिति में था। तंबू में घुटनों के बल घुसना होता है और कपड़े बदलने आदि कामों को बैठकर या लेटकर सलटाना होता है। होटल का कमरा भी तंबू से कुछ ख़ास बड़ा नहीं था। इसीलिए फ़िलहाल लग रहा है जैसे किसी महल में हूं।

यहां रास्ते सूने हैं। घर के सामने थोड़ी-सी जगह में हरियाली है। छोटे बच्चे दिखलाई पड़ते हैं। रविवार को चाय के लिए ट्यूब से दो मील जाना पड़ता है।

गया था, इसीलिए कह रहा हूं। अर्थात् शहर के केंद्र West End के बदले अब शहर के सीमाने का निवासी हूं। वैसे यह शहर का अंतिम छोर नहीं है। इसके आगे भी मीलों-मीलों शहर है पर इसमें थोड़ा चरित्रगत अंतर है। ऑफ़िस के लिए ट्यूब का रास्ता आधे घंटे का–पास ही कहा जायेगा। वैसे इस भाड़े में ऐसा कमरा पाने का सोचा भी नहीं था, क़िस्मत अच्छी थी, मिल गया। बाड़ीवाले अच्छे आदमी लगते हैं, अभी ख़ास बात नहीं हुई है। दो लड़कियां हैं, घबड़ाओ मत, दोनों दस के नीचे हैं। पर नीचे के तल्ले में एक अमेरिकन लड़की ने कमरा भाड़ा ले रखा है, उसकी उम्र संदेहजनक एरियावाली है। जिस दिन कमरा देखने आया था, मकान मालकिन मिसेज़ बिलिटर ने परिचय करवा दिया था, उसके बाद आज तक उसका चेहरा नहीं देखा। इस देश में सालभर रहने के बाद भी अपरिचित रहा जा सकता है। मेरा ही दुर्भाग्य।

अब अपनी घर-गृहस्थी की बात। सुबह ब्रेकफास्ट बनाता हूं। दो दिन बाद खाना बनाना शुरू करूंगा। आज बाज़ार करना शुरू हुआ। गृहस्थी के लिए ज़रूरी चीज़ें जैसे चाय, कॉफी, चीनी आदि ख़रीद ली है। रोज़ाना डेढ़ पाइंट अर्थात् क़रीब सवा सेर दूध की फर्माइश कर बैठा हूं। फलस्वरूप पॉकेट और पेट दोनों की स्थिति ठीक नहीं।

घर को लेकर मुसीबत में पड़ने के बावजूद दोस्तों से अपने आसपास देखने को नहीं कहा। अभी जो मिला है, वह मेरे परिचित इलाक़े से काफ़ी दूर है। अच्छा लग रहा है, कम-से-कम फ़िलहाल।

डायरी

16.8.58

कल और आज। आशा और निराशा के बीच एक हास्यकर खेल। अकेलापन? हां, अकेला लगता है। चाह? हां, चाह है। और क्या है? विराट पृथ्वी पर हज़ारों देश। करोड़ों आदमी। आदमी। जीवों में अन्यतम जीव। प्रकृति के घटनाचक्र के फलस्वरूप बुद्धि का अधिकारी, दिमाग़ के भूरे भाग में कुछेक परतें ज़्यादा। उन कुछेक परतों के कारण ही सुख-दुख, आशा-निराशा, चाहना-पाना, प्रेम-घृणा-निष्ठुरता आदि अर्थात् सब मिलाकर अर्थहीनता। एक हास्यकर अर्थहीनता। बाक़ी प्राणियों की अनुभूतियां दिन के प्रकाश की तरह स्पष्ट होती हैं, मनुष्य की अनुभूतियां मनोजगत के विकार के कारण जटिल। बेमतलब जटिलताओं के कारण बेमतलब दुख। सभी का जन्म दिमाग़ के उस भूरे जटिल अंश के कारण ही होता है।

मैं बादल सरकार। जीव-जगत के मनुष्य नामक करोड़ों-करोड़ों जीवों में से एक। तथापि इस विपुल ब्रह्मांड और अनंत काल में मुझसे अधिक ज़रूरी तथा मूल्यवान और कुछ नहीं। कहीं नहीं। न पहले था न बाद में होगा।

'मैं'। और मुझे घेरे कई और 'मैं'। उनके प्रयोजन, उनकी आशा, उनके स्वप्न, उनकी कल्पना, उनकी अनुभूति आदि में मेरा अस्तित्त्व स्वीकृत है, मेरा मूल्य निर्धारित है। इतने छोटे से सीमाबद्ध कोष में सीमाबद्ध मूल्य के बल पर मैं इस विराट ब्रह्मांड में अपना स्थान खोजता फिर रहा हूं, अपना काम खोजता फिर रहा हूं।

ये सब बातें दिमाग़ में आने के बाद और कुछ बाक़ी नहीं रह जाता। मेरा अस्तित्त्व एक चींटी, एक जीवाणु के अस्तित्त्व की तरह तुच्छ है। मेरा जीवन असीमकाल में क्षणमात्र है। मेरा सारा काम, चलना-फिरना, हंसना-रोना, काम-आराम-परिश्रम सब तुच्छ हैं, अर्थहीन हैं, मूल्यहीन हैं। यदि यही सच्चाई है तो फिर मैं हूं क्यों? काम क्यों करता हूं? कुछ भी करने के पहले दस बार

सोचता क्यों हूं? कुछ करने के बाद पछताता क्यों हूँ? मेरे किसी काम से स्वयं मेरे और मेरे आसपास के मुट्ठीभर लोगों के अलावा किसका क्या आता-जाता है!

फिर भी यह बात कही नहीं जा सकती। कितना भी बड़ा सत्य हो माना नहीं जा सकता। आसपास के चौहद्दीबद्ध सामान्य संसार के साथ अपने मन के मानदंड का तालमेल बैठाकर चलना होगा। निर्धारित करना होगा अपना काम, अपना दाम, अपने सुख-दुख की अनुभूति।

20.8.58

पृथ्वी की तुलना में, विश्व ब्रह्मांड की तुलना में, समय की तुलना में जीवन कितना-सा है? मनुष्य का अस्तित्त्व क्या है? फिर भी जीवन विराट है। उसकी विराटता को तौला नहीं जा सकता, उसकी गहराई को मापा नहीं जा सकता। उसके बारे में बातें शेष नहीं की जा सकतीं।

अनुवीक्षण दृष्टि से जाना है सृष्टि के विस्मय को
इसीलिए मेरे अज्ञानास्त्र से विराट हुआ पराजित।

अनुवीक्षण दृष्टि? इसीलिए इसे स्वीकार कर लेना होगा? इसके सिवा क्या और कोई गति नहीं? प्रकृति के ध्वंसकारी हाथों से बचकर जीवन की कोई स्थिति नहीं?

मैं क्या हूँ? अच्छाई, बुराई, बुद्धिमत्ता, ज्ञान, अज्ञान, जानकारी, बचपन आदि से समन्वित एक साधारण तथापि विराट जीवन।

बूढ़े समुद्र की नियमहीन दुनिया की अंधी पहेली मैं।
सुंदर-असुंदर से गढ़ी पृथ्वी की रहस्यमयी मूर्ति मैं।

अंधी। यह अंधापन ही क्या सबसे बड़ा हो उठेगा? केवल दृष्टि के अभाव में क्या विराट जीवन व्यर्थ चला जायेगा? केवल दृष्टि के अभाव में?

हटाओ जीवनदर्शन। डायरी केवल जीवनदर्शन नहीं होती। डायरी मेरी ख़ातिर है। मेरे चाहने और पाने का इतिहास। साथ और अकेलेपन की कहानी, शक्ति और दुर्बलता का रोज़नामचा।

अकेलेपन ने सृष्टि का एक उत्स खोल दिया था। अकेलापन सोचने की ओर उन्मुख करता है। जीवन के मूल की ओर दृष्टि को घुमाता है। भार केंद्र को डगमगा देता है। आंखें खोल देता है। हर शिरा का शिरोभाग तीखा धारदार बना देता है।

साथ ही शांति देता है। संतोष देता है, तृप्ति देता है। भविष्य के लिए छोटी-मोटी आशाएं पैदा करता है, सपने संजोता है। धोखा-धड़ी के सूक्ष्म अनुभव को नष्ट कर देता है। अंतर की दृष्टि विराट के मूल से हटकर उसके डाल-पत्तों के कोने-अंतरे में अटक जाती है।

लंदन डायरी की पहली कॉपी अकेलेपन (निस्संगता) की सीमा पर दुकेलेपन (संग) की आशा में पूरी हुई। संग नहीं, केवल संग की आशा में। संतुष्टि। शांति। भार केंद्र का प्रत्यावर्तन। सृष्टि-शक्ति का विलोप।

एलेन।

एलेन क्या कोई मानवी है? या केवल एक प्रतीक? संग का प्रतीक? नये संपर्क का प्रतीक? प्रयोजन पूरा करने का काल्पनिक उपलक्ष्य?

चिट्ठी

22.8.58

मनु,

...पड़ोसिन से ज़्यादा बातचीत करने को तुमने मना कर दिया है, सो मैं तुम्हारे हुकुम का पूरी तरह पालन कर रहा हूं। दिन बीते केवल एक बार चाय का मग हाथ में लिए रोज़मर्रे के सुख-दुख की दो-चार बातें करता हूं, बस।

मेरी पड़ोसिन भी एम. ए. कर रही है। इसी कारण बातचीत और कम होती है। चाय ख़त्म करने के दस मिनट बाद 'got to work' कहकर उठ जाती है। पर यह 'got to work' कहने में दिन-पर-दिन जैसे कातरता बढ़ती जा रही है। चाय के साथ अड्डेबाज़ी का विशेष माहात्म्य है, ख़ासकर भारतीय परंपरा में। आज got to work कहने में दो घंटे का समय लग गया।

अढ़ाई पन्ने के बाद 'योरोप भ्रमण' रुक गया। लगता है उससे महत्त्वपूर्ण और बहुत कुछ कहने को है। योरोप भ्रमण बहुतेरे लोग कर चुके हैं, कर रहे हैं और भविष्य में करेंगे। बादल सरकार ने वहां क्या देखा, यह पृथ्वी के इतिहास की कोई उल्लेखनीय घटना नहीं होगी। तुम्हारा क्या ख़याल है?

कविता? अभी भी लिखता हूं। उसकी आदत-सी पड़ गयी है। लौटने के बाद क़रीब पांच लिख डाली हैं। एक भी अच्छी नहीं लगी। पुरानी कविताओं को उलटता-पुलटता रहता हूं, अचानक दो-एक अच्छी लग जाती हैं। पर अपने मन में वही आता है कि औरों को अच्छी नहीं लगेंगी।

ऑफ़िस में काम कम, सोचना ज़्यादा होता है। किस विषय पर? कुछ भी। दिवास्वप्न। जीवनदर्शन। बुरी बातें। सब कुछ।

जीवनदर्शन ही ज़्यादा रहता है। कभी-कभी लगता है, भूमा के साथ मिलन होने में ज़्यादा देरी नहीं। सामने के मोड़ पर पहुंचे और तत्त्वलाभ करतलगत होगा।

एक बजा। आज शुक्रवार है इसीलिए काफ़ी दिनों बाद एक बजाया। सुबह उठने की जल्दी नहीं रहेगी—हॉस्टल की तरह ब्रेकफास्ट मिस नहीं हो जायेगा। पर हां, बाज़ार करना होगा। रविवार को सिंह को न्योता दिया है, खाना बनाकर खिलाना होगा। भात बनाऊंगा और निरामिष तरकारी—सिंह कट्टर निरामिषाहारी है। मुंह क्यों बा दिया? अरे सब कुछ पड़ोसिन के भरोसे, खाना एक साथ बनाया जायेगा।

पर इसका यह अर्थ मत लगाना कि पड़ोसिन से ज़्यादा मिल-जुल रहा हूं। यह तो केवल खाना बनाना सीखने के लिए है।

23.8.58

रात के बारह बजे हैं। रात और दिन की चरम परिणति। जीवन के एक अत्यंत छोटे अध्याय की समाप्ति। सोने के लिए जाने के क्षण दिन की बात ही बड़ी हो उठती है, वह दिन जिसे अभी-अभी पार किया है।...फिर इस एक दिन से बात किसी और दिन पहुंच जाती है। फिर और अनेक दिन। अतीत के दिन या भविष्य के दिन। अतीत का स्मृति-स्वप्न या भविष्य का आशा-स्वप्न। इस एक दिन की छोटी-सी बात—संपूर्ण बात का एक छोटा-सा खंड—अतीत और भविष्य के अनेक अनुभवों, अनेक संभावनाओं के साथ गुंथ जायेगी। फिर कहीं नींद आयेगी। आज धीरे-धीरे कल की ओर बढ़ेगा। पीछे छोड़कर आया एक दिन अनेक-अनेक दिनों के साथ मिल जायेगा।

मेरी बातों से लग रहा होगा कि आज का दिन कुछ ख़ास था। ऐसा कुछ नहीं। बस इतना कि आज का दिन सप्ताह के अन्य दिनों से भिन्न था—आज शनिवार था। छुट्टी का दिन। जो मर्ज़ी आये करने का दिन।

पहले सिनेमा देखता था, सड़कों पर चक्कर काटता था। आज इनमें से किसी का मन नहीं था। अब मुझे घर अच्छा लगता है। यह मेरा कमरा है। हॉस्टल के कमरे से ज़्यादा अपना। बाहर निकलने की इच्छा न होने पर घर में ही रह सकता हूं। ब्रेकफास्ट-डिनर के लिए नीचे जाना ज़रूरी नहीं। लंच के लिए

बाहर जाये बिना भी काम चल सकता है। घर में आग है, पानी है, खाना बनाने का सामान है, किताबें हैं।

ग्यारह बजे बिस्तर छोड़ा। बारह बजे नाश्ता किया। उसके बाद बाज़ार। सोचा था नहाऊंगा लेकिन यहां के नहानघर की नल ख़राब हो गयी है। मिसेज़ बिलिटर ने अपने बाथरूम में नहाने को कहा, पर मेरा मन नहीं किया। एक स्विमिंग-पुल चला गया। घूमते-घूमते एक लाइब्रेरी पर नज़र पड़ी। तुरंत भीतर जाकर मेंबर बन गया जो इच्छा रहने के बावज़ूद सालभर से नहीं कर पाया था। घर के पते का सबूत देना होता है, बस। पॉकेट से तुम्हारी चिट्ठी निकालकर दिखाया जिस पर मेरा पता था। उतना काफ़ी था। तीन किताबें लेकर घर लौटा। अधिक-से-अधिक छह ले सकता हूं (उपन्यास हों तो तीन), तीन सप्ताह रख सकता हूं, एक पैसा चंदा नहीं। Sartre, O'neill, Jean Cocteau–सब नाटक।

चार बजे लंच खाया–डबल रोटी, मक्खन, अंडा। उसके बाद शुरू किया ऐलबर्ट कामू का प्लेग (Plague), पड़ोसिन से मांग लाया था। छह बजे तक पढ़ा। उसके बाद सब दिन की तरह एला को चाय पीने के लिए बुलाने गया (एला नाम मेरा दिया नहीं है, दिया था एक बंगाली दंपती ने)। एला खाना बना रही थी अतः वहीं बैठकर कॉफ़ी-पान हुआ। अड्डेबाज़ी नहीं।

रात दस बजे रविओली (डिब्बाबंद खाना) और डबल रोटी का डिनर हुआ। फिर एला को चाय पीने को बुलाया। इस बार भी गपशप नहीं हुई।

तो यह रही आज की दिनचर्या। इन सबके बीच ख़बर केवल एक थी–एला यह घर छोड़कर हॉस्टल में रहने जा रही है–अगले महीने किसी दिन।

मैं अब जीवनदर्शी हो गया हूं। कुछ भी नहीं था, अचानक एक छलांग में अच्छा घर, अच्छी मकान-मालकिन, एला जैसी पड़ोसिन–यह सब मेरे जीवनदर्शन से मेल नहीं खा रहा था। यह सब जुटने की बात नहीं थी, ऐसा होता नहीं। पर अब काफ़ी दूर तक मेल-खाने लगा है। ऐसा ही होने की बात है, ऐसा ही होता है।

अतः निश्चिंती की सांस ली और फिर से प्लेग पढ़ने में जुट गया।

...पहले सोचता था मन बड़ा जटिल होता है। आजकल लगता है–ग़लत। सच पूछो तो मन बड़ा सरल होता है। लेकिन सरल है, यह हमारा अहम् सहज ही स्वीकार नहीं करना चाहता। इसीलिए हम सीधी बात को घुमा-फिराकर पेश करते हैं, सीधी चीज़ को अगल-बग़ल से देखते हैं। अहम् मनुष्य का सबसे बड़ा दोष है। और सबसे बड़ा गुण भी। अहम् के कारण दुनिया

निरर्थक हो जाती है तथापि अहम् न हो तो मनुष्य के जीवन का कोई अर्थ नहीं रह जाता।

हे भगवान! चिट्ठी में जीवनदर्शन की बातचीत करने बैठ गया। यह सब क्लाइने कंपनी के ड्राइंग ऑफ़िस के कल-कब्जेवाले परिवेश से उपजा दर्शन है। सीधे-सीधे कहना चाहें तो इसे व्यक्त करने की उपयुक्त जगह है डायरी के पन्ने और घुमा-फिराकर कहना चाहें तो कविता। चिट्ठी में इनका प्रवेश-निषेध, ख़ासकर शनिवार रात एक बजे।

रात एक बजे। सुंदर समय। वेस्ट हैम्पस्टेड में दो तल्ले (पहली मंजिल) के एक कमरे में बाक़ी दुनिया से कटे हुए। हॉस्टल के सामने का रास्ता इस समय, ख़ासकर शनिवार की रात को, पियक्कड़ों के गाने से गूंजता रहता था। वह भंग होता रातभर जागकर पढ़ाई करनेवाले परीक्षार्थियों की चप्पल की चटकार से जो बाथरूम जाते समय बरामदे में मुखर होती थी। यहां केवल अलार्म घड़ी की एक-रस छटपटाहट और दूर पर रेलगाड़ी की आवाज़, ये सब चुप्पी के अंश रहते हैं।

ध्यान से सुनने पर इस समय खुद को भी सुना जा सकता है। यह भी एलार्म घड़ी की तरह चलता है। एक क्रम से चलता है। अभी भी चल रहा है। घड़ी की ही तरह पुराना हो रहा है। कल-पुर्जे में मोर्चा लग रहा है। उसी की तरह आंखें खोलकर अपनी छोटी-सी दुनिया का जितना कुछ देख पा रहा है, उसे देख रहा है, अपने छोटे कमरे की तरह। कुछ दिनों बाद घड़ी को लिटाकर रखे बिना वह चलेगी नहीं। एलार्म घड़ियों का यही दस्तूर है। इसी तरह मेरी आंखें भी कुछ दिनों बाद बंद हो जायेंगी। चलता रहूंगा ठीक ही, बस देख नहीं पाऊंगा। छोटा कमरा भी नहीं। उस समय के चलने में न दर्द होगा न आनंद, आशा-निराशा कुछ भी नहीं। केवल कुछेक आदतों की समष्टि।

बालू के एक बड़े समुद्र में बालू का एक कण। पूरे को देखो तो कण पर ध्यान नहीं जाता। ध्यान देना हो तो कण को उठाकर पास लाना होता है, अनुवीक्षण यंत्र से देखना होता है, मापना होता है, उसकी गुणवत्ता का विचार करना होता है, रूप का विचार करना होता है। तब पता चलता है कि उस एक कण में कितनी विचित्रता है, कितना इतिहास छिपा है। बालू के समुद्र को भूले बिना यह वैचित्र्य या इतिहास अजाना ही रह जाता है।

इसीलिए कहा कि अहम् न हो तो जीवन का अर्थ नहीं रह जाता। कुछ देर पहले यह भी कहा था कि जीवनदर्शन के लिए चिट्ठी उपयुक्त नहीं।

डायरी

26.8.58

मैं खुश हूं।

ये शब्द आजकल कितने बरसों के अंतर-अंतर से बोल पाता हूं, पता है? इस बुढ़ापे में ऐसे कितने अवसर मिलते हैं?

27.8.58

रॉयल फेस्टिवल हुआ। बैले। एलेन। रोज़मेरी।

आज के दिन का समाचार।

आनंद के बादवाला दिन। मर्त्य में लौटने का दिन। मनुष्य मर्त्यलोक का जीव है। मर्त्य में न लौटना ही अस्वाभाविक है। मर्त्य में लौटने में आनंद नहीं, कल्याण है। आकाश आनंद है, पैर के नीचे की धरती मंगलकारी।

27.8.58, (रात एक बजे)

अबूझ अंक

ये पथरीले नयन विगत के
रहें चतुर्दिक पड़े, घूरते
बंधा छंद में
यह अनादि का खेल
रहे चलता अनंत तक।
बंधा प्रकाश-अंधकार के आवर्तन में
रक्तिम ध्वनि वह समय-काल की रहे गूँजती।
दिवा-रात्रि के खंड-खंड भी
एक सूत्र में हों अनुबंधित।
खो जायें अनजान दिशा में
भूत-भविष्य खोजते अपना ठौर-ठिकाना
मैं क्यों सोचूं—मैं तो वर्तमान हूँ।

क्या मिलना है–सूक्ष्म हिसाब लगा, संख्या गिन
उन प्रश्नों को हल करने की चेष्टा करके
हल जिनका है असंभाव्य?
क्या करना है सपनों के वायवी तंतु से
आगत के आंचल को बुनकर?
रात्रि-दिवस के मधुर छंद का
ताल कभी भी नहीं कटेगा।
फिर क्यों करते व्यर्थ सोच
जंजाल जमा क्यों करते मन के देवालय में?
बांध सको तो बांधो अपने हृत्-स्पंदन को
समय-ताल के साथ—
नहीं कुछ भी हो तब परवाह।

मन निर्बोध अबूझ अंक में
खोजे फिर भी उत्तर इनका
संख्या चक्र-राशि को भारी
करता रहता इनका बोझा।
दीर्घ हिसाब शून्य दिखलाता
फिर भी मन स्वीकार न करता
अल्प दिनों की छोटी गणना
इसीलिए तो लाइन टाना।

इसीलिए तो प्रकृति-पत्र पर
बाल-सुलभ अक्षर में देखो,
लिखे जा रहा
जीवन की भाषा मैं अब भी।

डायरी

29.8.58

एला ने आज स्टुअर्ट के बारे में बतलाया।...

चिट्ठी

1.9.58

मनु,

तुम्हारी चिट्ठी मिलने से मन की हृत। शांति बहुत दूर तक वापिस मिली। यद्यपि जली-कटी काफ़ी है (आदत कहां जायेगी?) तथापि भले आदमियों का गुण देखना चाहिए, दोष नहीं। इसलिए उन सब को एक ओर सरकाकर केवल सबसे अच्छी बात याद रखी है—इतनी अच्छी चिट्ठी कैसे लिखते हो?

हृत शांति लिखा क्योंकि दो दिन पहले साली का पत्र आया था। उसकी कुछ लाइनें थी—'अच्छा, तुम चिट्ठी में इतना सब कैसे लिखते हो, मुझे बता सकते हो? मैं तो समझ ही नहीं पाती कि इन सब बातों से कोई कैसे तीन-तीन पन्ने रंग सकता है। तुम बड़े बहादुर हो...तुम जो बातें अनायास लिख डालते हो, हमें लगता है उनमें क्या रखा है, उनको क्या लिखें। खाने जा रहा हूं, आज गरमी है, आज शुक्रवार है आदि-आदि बातें हमलोग क्यों नहीं लिख पाते, बोलो तो।' एक ज़बरदस्त चांटा। चिट्ठी के अंत में लखनऊ की नक्क़ाशीवाले नगाड़े की एक चोट—'तुम्हारी चिट्ठी पढ़ना मुझे बड़ा अच्छा लगता है।' मैं मानकर चलता हूं कि तुम्हारा तात्पर्य इस अंतिम पंक्ति जैसा नहीं है। पहले ही कह चुका हूं भले आदमियों का भलापन ही देखना चाहिए।

...गृहिणी को लिखा था—नए घर में 'प्रतिष्ठित' हो गया हूं। जवाब में उन्होंने लिखा—'इस चिंता के मारे मेरी नींद कभी नहीं उचटी' क्योंकि वह गुण मुझमें थोड़ी अधिक मात्रा में ही है। पर हां, मैं 'ज़्यादा सुप्रतिष्ठित' न हो जाऊं, यह भय उन्हें थोड़ा जाग्रत रखता है।

यह तै करके कि 'आज सोमवार' ये शब्द आज एकदम नहीं लिखूंगा, कलकत्ता की बात से ही चिट्ठी का एक पन्ना पूरा भर डाला। बाक़ी के दो पृष्ठों में ग़लती से यदि 'आज ऑफ़िस गया था' लिख ही बैठूं तो सालीजी की तरह मारने न दौड़ना। उसकी उम्र अभी कम है। हमारी-तुम्हारी उम्र का पत्थर (खोदने की ज़रूरत नहीं) तो घिसघिसाकर सपाट हो चला है, क़रीब-क़रीब लुप्त प्राय। अब प्रेम-पत्र में दो-एक जगह चावल की दर का जिक्र आ जाये तो कोई ताज़्जुब नहीं।

पर हां, मज़ा किया था हॉस्टल के दिलीप डॉक्टर ने। मुझसे उम्र में दो साल बड़ा होगा। डाक-ख़र्च की चर्चा हो रही थी, बोला—'मैं बीबी-बच्चे-बाबा सबको एक चिट्ठी में ही सलटाता हूं।' मैंने कहा—'लिफ़ाफ़ा सवा शिलिंग का आता है,

---

* छीनी हुई

मैं एयरलेटर पर लिखता हूं।' वह निर्विकार भाव से बोला–'अरे, मैं भी तो एयरलेटर ही लिखता हूं। हूं। सुनकर तसल्ली हुई कि मेरा यौवन अभी भी बरक़रार है।

...दो दिन पहले केवल पंद्रह मिनट बैठने का तै करके आई एला पूरे तीन घंटे बैठी रही। उसी दिन स्टुअर्ट के बारे में बातें हुईं, और बहुत-सी बातें भी जो व्यक्तिगत थीं, जो 15 दिन के परिचित व्यक्ति से नहीं की जातीं। बहुत सारी बातें–उसकी भी, मेरी भी।

आश्चर्य हो रहा है? मुझे भी होता है। उसे भी होता है। फिर भी मन को लगता है, उससे बहुत कुछ कह सकता हूं, वह समझेगी। शायद एला को भी ऐसा ही लगता हो। हो सकता है मेरी तरह उसे भी थोड़ा अकेला लगता हो। वैसे स्टुअर्ट है पर स्टुअर्ट की बात किससे करे। फिर अभी स्टुअर्ट स्वीडन गया है, पंद्रह दिनों का लंबा विरह।

विरह का रोना-धोना ही हमारी बातचीत का मुख्य आधार रहता हो सो नहीं। जो होता है वह एक साथ मिलकर अपने को समझने की चेष्टा। उसमें अपने अनुभव एवं जानकारी की चर्चा के साथ-साथ ऐलबर्ट कामू या थॉमस ऐलबेयर/वुल्फ की बातें भी मिली रहती हैं।

सच पूछो तो विदेश आने के बाद से पढ़ाई-लिखाई या यहां के देशों के भौगोलिक परिचय के अतिरिक्त कोई और सचमुच की जानकारी हासिल हुई है तो वह एला की मैत्री के माध्यम से ही। 'मैं अच्छा हूं' इतनी बड़ी बात अभी भी नहीं लिख पा रहा हूं पर हां, डायरी में एक दिन लिखा था–'मैं खुश हूं।' उस दिन एक ऐसा काम किया था जिसका पूरा कृतित्त्व एला का था। उसके पीछे पड़ने से एक कहानी लिखी थी–पूरी। कहने की ज़रूरत नहीं कि अंग्रेज़ी में। पढ़कर एला बोली–'Your're a good story-teller'। उसे घिस-मांजकर चमकाने की धुन उसे लगी। लिखना मेरा काम था–पूरा हुआ। दोहराना मेरी घूंटी में नहीं। बहुत-सी बातें बाक़ी रह गयीं पर पन्ना ख़त्म।

डायरी

4.9.58

...आज इंटरव्यू देने गया था। पता है काम नहीं होगा। बाक़ी दिन छुट्टी। करने को कुछ है नहीं, इसीलिए लगता है न जाने कितना कुछ करने को है। मूल्यवान दिन यों ही बर्बाद करने से नहीं चलेगा। ऑफ़िस वाले दिन की तरह एक और बर्बाद होनेवाला दिन नहीं।

इसी कारण दिन पूरी तरह बर्बाद हुआ। दो कविता, दो बात। फालतू बात फिर भी बात। एला के साथ बात। क्या बात? कोई बात नहीं। इसीलिए अस्थिर हूं। मन अस्थिर है। एला चली जायेगी। तै है। सोमवार को चली जायेगी। दिन भी अब तै है। उसका कमरा ख़ाली हो जायेगा। उस कमरे में मैं जाऊंगा, जानी बात है। बहुत अच्छी तरह जानी बात।

वैसे कोई नुकसान नहीं है। एला के प्रेम में नहीं पड़ा हूं। टेबुल के दोनों सिरों के बीच की दूरी अटपटी नहीं लगती। बात करना—अपनी। उसकी बात को अपनी भाषा में समझना। साथी। मित्र। साथ।

साथ बड़ी चीज़ होती है। न होने पर भी दिन कट जाते हैं पर होने पर अच्छा लगता है। सबसे ख़राब लगता है—होकर भी न होना। होकर चले जाना।

चले जाना? पर साथ तो रहेगा। रहेगा? नहीं। मुझे पता है नहीं रहेगा। रहता नहीं। कभी नहीं रहता।

दुख होता है? हां, होता है। व्यक्तिगत दुख? किसी व्यक्ति के लिए दुख? लगता नहीं। व्यक्ति नहीं, साथ। साथ व्यक्ति नहीं होता। साथ एक यंत्र है। बात करने का यंत्र, बात सुनने का यंत्र। अपनी बात अपने कानों सुनना। प्रतिध्वनि होने की ज़रूरत होती है नहीं तो अपने कानों तक लौटती नहीं। साथ प्रतिफलित होने का यंत्र है। व्यक्ति यंत्र नहीं होता।

...लिखूंगा नहीं। आज रहने दिया जाय। आज अस्थिर है। मन बहुत अस्थिर है। एला चली जायेगी इसलिए नहीं। साथ नहीं रहेगा, इसलिए भी नहीं। आज मन अपने को लेकर अस्थिर है। अपने तैंतीस वर्षों की पीड़ा और झंझट-झमेलों के मारे अस्थिर। आनेवाले अनगिनत वर्षों की पीड़ा और झंझट-झमेलों के मारे अस्थिर। बहुत ज़्यादा अस्थिर है।

'I have neither youth, nor age
But as it were, in an after-dinner nap
Dreaming of both.'

चिट्ठी

10.9.58

मनु,

अब क्या कहूं। ऑफ़िस से लौटा तो तुम्हारी चिट्ठी मिली। उस समय ज़ोर से भूख लगी रहती है। सोचा, खाना चढ़ा दूं, फिर आराम से खोलूं। खाना माने आधा

उबला अंडा और एक तरह का सूप जो पानी में घोलकर गरम किया और छुट्टी। पर इतना सुख क़िस्मत में कहां था। देखा एक पाउंड मटर सूखकर मुरझा रही है। शनि-रवि को आशीष की मेहमाननवाज़ी में ख़रीदी थी। पर दो दिन उन्होंने ऐसा चक्कर खाया और खिलाया कि एक बेला सैंडविच और एक बेला उबला अंडा खाकर दोनों जनों को वीक-एंड गुज़ारना पड़ा। मटर छोड़कर फूलगोभी को ज़रा देर देखा, सोचा फूलगोभी है बाबा, एक शिलिंग दाम। वह यदि ख़राब हो गयी तो? टमाटर भी देखा तो चुचुक रहा था। समझ में आया कि नुक़सान बचाना हो तो आज ही तरकारी बना लेना चाहिए। फलस्वरूप भूख को दबाकर चिट्ठी ही पहले खोल लिया।

उसके बाद अब जाकर कहीं खाना बनाने, खाने और बर्तन आदि धोने का काम निबटा। मेरे खाने में मसाले का मतलब नमक और गोलमिर्च। उसी से तरकारी बनी। बड़ी अच्छी बनी थी।

रोज़ की तरह परसों ऑफ़िस से घर लौट रहा था। बहुत ख़राब लगा। अकेले-अकेले चाय पी। कल रात ग्यारह बजे के पहले घर ही नहीं लौटा। लौटने पर पता चला सिंह ने फ़ोन किया था। वह कान्टिनेंट जा रहा है, बीस को लौटेगा। कुछ दिनों के लिए निश्चिंत हुआ। एकदम अकेला।

लगता है इसकी ज़रूरत थी। बहुत दिनों से अकेला रहा ही नहीं हूं। प्रायः हर शाम पढ़ाई को लेकर या पढ़ाई को फांकी देकर एला ने गप्प मारी थी। राजनारायण बसु और शिवनाथ शास्त्री की आत्मकथा पढ़कर उसकी थीसिस के लिए पाइंट ढूंढ़े। 'सहज पाठ' पढ़ाया। डांटा। उसकी डांट सुनी। इसके अलावा थी रोज़मेरी। उसके बाद आया आशीष। रविवार को उसे बिदा करके एला, स्टुअर्ट, रोज़मेरी और मैं–आख़िरी गप्प-गोष्ठी। उसके बाद रात बारह से दो बजे के बीच रोज़मेरी और मेरे हाथों संगीत शास्त्र का श्राद्ध सम्पन्न हुआ। सोमवार को सुबह दाढ़ी बनाते-बनाते खिड़की से देखकर हाथ हिलाया। स्टुअर्ट ने हिंदी में कहा–फिर मिलेंगे।

फिर मिलेंगे। तुम लोगों के साथ भी एक दिन फिर मिलेंगे। इन दो दिनों ऑफ़िस में हर समय देश लौटने की बात मन में घूमती रही है।

...जिस दिन रात में एला स्टुअर्ट की बात कर रही थी, उस दिन दोपहर में मैं ऑफ़िस में बैठा अपने बीते जीवन के बारे में सोच रहा था। फलस्वरूप मन के तारों का सुर व्यक्तिगत सुर के साथ बंधा था। मैं खाट पर लेटा था। एला कुर्सी खींचकर खाट के पास बैठी थी, टेबुल पर कोहनी और दोनों हाथ की मुट्ठी में गाल। उसकी छोटी आंखें मुट्ठियों के दबाव में और छोटी हो गयी थीं और

दीवाल पर टिकी थीं। वह एकदम बच्ची-सी दिख रही थी। स्टुअर्ट और उसके चरित्र में इतना अंतर है। स्टुअर्ट संयत है, शृंखलाप्रिय है। उसके चेहरे पर कोई भाव नहीं आता-जाता। उसके मुंह से अपने बारे में बातें नहीं फूटतीं। वह जो करता है, निःशब्द करता है। कब क्या करने का तै कर रखा है, इसका अंदाज़ ही नहीं लगता। अचानक पता चलता है कि उसने इस बीच एक और भाषा सीख ली है। कितनी हुईं? अंग्रेज़ी, फ्रेंच, जर्मन, डेनिश, इटैलियन, रशन, हिंदी...और भी कई हैं। बांग्ला, संस्कृत चालू हैं। म्यूज़िक पर दो दिन चर्चा होने के बाद चुपचाप रोज़ दो घंटा प्यानो पर प्रैक्टिस शुरू कर देता है, किसी को भनक भी नहीं लगती।

और एला चंचल, भावुक, किसी भी बात पर उत्तेजित हो सकती है। उत्तेजित स्वर में बातें कर सकती है। अपने अनुभव को दूसरे चार जनों के साथ बांटना चाहती है। ज़बरदस्त खुश हो सकती है और उतनी ही गुमसुम भी हो सकती है।

एला खुद को छिपाकर रखना नहीं जानती। कोई किताब, फिल्म, कविता, दृश्य यदि अच्छा लगा तो उसके बारे में उच्छ्वसित कंठ से ढेरों बातें कर डालती है। उसके बाद सामान्य कंठस्वर में कहती है–"It's very good" यह हुआ उसके अनुभव का संक्षिप्त सार–"It's very good, really good."

लेकिन स्टुअर्ट एला को सोचने को प्रेरित करता है। इस ढंग से एला ने पहले कभी नहीं सोचा था। यह उसके जीवन का प्रथम प्रेम नहीं है पर इस तरह की अनुभूति पहले कभी नहीं जगी थी। इसके पहले कभी किसी और के लिए कॉलेज से भागी-भागी नहीं आई थी। किसी और के साथ पूरी ज़िंदगी काटने की बात भी मन में नहीं आयी थी कभी। और, किसी और के साथ भारतवर्ष जाकर काम करने का सपना भी नहीं संजोया था।

स्टुअर्ट उसे स्वीकार है–जैसा है वैसा ही। दोनों में कितना अंतर है, वह जानती है। इस अंतर की बात एला ने ही मुझे बताई है। लेकिन क्या स्टुअर्ट भी उसे स्वीकार कर पायेगा–जैसी है वैसी ही?

पता नहीं। एला को नहीं पता। स्टुअर्ट के साथ कभी व्यक्तिगत बातें हुई हैं? बच्चों की तरह करुण स्वर में एला का उत्तर होता है–hardly anything. उसके स्वर से लगता है अभी ही रो पड़ेगी।

लेकिन एला को इतना पता है कि स्टुअर्ट को वह अच्छी लगती है। हो सकता है उसे प्यार भी करता हो लेकिन इससे अधिक और कुछ नहीं जानती। केवल प्रेम से ही क्या चल जायेगा? और कुछ की ज़रूरत नहीं होगी? इतने अंतर

के बावजूद एक-दूसरे को ग्रहण करना, एक-दूसरे के व्यक्तित्त्व की विशिष्टता को स्वीकार करते हुए ग्रहण करना—केवल प्रेम में यह सब होता है? या, क्या यही प्रेम होता है?

'प्रेम नाम की कोई एक चीज़ होती है, इसे तो स्वीकार करते हो तुम?' लगता है मेरे उत्तर पर एला का बहुत कुछ निर्भर करता है। मैं कौन हूँ? कोई नहीं। एक व्यक्ति जिसके साथ केवल दो सप्ताह पहले परिचय हुआ है। फिर भी वह जानना चाहती है। उसे शायद लगता है कि मैं झूठ नहीं बोलूंगा। खुद जाने बिना गढ़कर या किताबी बात उसे नहीं बतलाऊंगा।

उस दिन तुम्हारे बारे में, कानु के बारे में बहुत-सी बातें की थीं। हो सकता है सारे दिन के चिंतन का नतीजा रहा हो। हो सकता है बिस्तर पर लेटा था इसलिए। लेटे हो तो छत के पलस्तर पर दोनों आंखों को विश्राम मिलता है, एकांत मिलता है। टेबुल पर आमने-सामने बैठने पर श्रोता की आंखों और सामने की दीवार मन को अटकाये रखती हैं, वैसे में सब बातें नहीं कही जा सकतीं।

रात दस के बाद होश आया। ध्यान आया कि बात एला और स्टुअर्ट की हो रही थी, एला-मनु-कानु की नहीं। लज्जित हुआ। एला बोली—बताकर अच्छा किया। मुझे यह सब जानने की ज़रूरत थी।

इसके दो दिन पहले रोज़मेरी आई थी। उसके भी दो दिन पहले एक शाम को एला से मेरी अपनी बातें हुई थीं। उस दिन अपने कहानी-लेखन की चर्चा के प्रसंग में उससे बंगाल की एक साधारण लड़की की बात की थी। अनुभूति बंगाली, भाषा अंग्रेज़ी, बात अवश्य ही अटपटी रही होगी। फिर भी एला बोली लिख डालो।

अगले दिन ऑफ़िस के रफ काग़ज़ पर पेंसिल से यों ही लिखे पृष्ठों से नज़र उठाकर उसने कहा था—You are a good story-teller. It's really good.

यह एक तरह का self-realisation था—सीधी-सादी भाषा में अहम् की तुष्टि। फिर भी इस तुष्टि का एक अच्छा पक्ष भी है। लगता है मैं भी कुछ कर सकता हूं। उससे यह चेतना भी जागती है कि कुछ करना होगा। एक तरह का दायित्वबोध उपजता है।

ऐसा ही एक दिन और हुआ था, इसके बहुत दिनों बाद एक शाम को। उस शाम को नहीं, उसके बादवाले दिन—जब एला ने कहा—'कल तुमसे बातें करके मेरा बड़ा उपकार हुआ। समझ में आ रहा है कि मुझे अमेरिका ही लौटना होगा, वहीं काम करना होगा।'

यह एक बड़ा स्वीकार था। यह स्वीकार अचानक चौंका देता है, आंखों में उंगली डालकर दिखा देता है कि तुम जो कहते हो उसे सत्य प्रमाणित करने का पूरा दायित्व तुम्हारा है।

एला ने कहा था कि अपने देश के लोगों के साथ वह मेल नहीं बैठा पाती। उसे लगता है किसी और देश में वह बहुत कुछ कर पायेगी, जिसे अमेरिका में करना बेकार है, अमेरिका में करके आनंद नहीं मिलेगा। मैंने विरोध नहीं किया था, केवल अपनी बातें बतायी थीं।

उस समय लंदन में नाटिंग हिल से निग्रो लोगों का हिसाब-किताब बराबर किया जा रहा था, उनके किये का दंड दिया जा रहा था। उन दिनों जगह-जगह दिवालों पर गो बैक निगर्स लिखा दिखता था। उसके दो दिन पहले अपने देश में एक आदमी के मृत्युदंड को लेकर एला बहुत परेशान थी। उसका अपराध–उसने दो डॉलर की चोरी की थी। गुस्सा-भरी आंखों से देखते हुए एला ने कहा था–यह बताने की ज़रूरत नहीं कि उस आदमी की चमड़ी काली थी।

इसीलिए उस शाम कहा था–'यदि तुम समझती हो कि अपने देश में तुम दो-चार लोगों को भी अपनी तरह के सोच में ढाल सकोगी तो तुम्हारा स्वदेश लौटना ही उपयोगी होगा।'

नाटिंग हिल में पुलिस ने शांति बहाल कर ली है। इस देश का एक भी व्यक्ति खड़ा नहीं हुआ। हर शनिवार की शाम धार्मिक संगठनों के कार्यकर्ता कुख्यात सोहो क्षेत्र में खड़े होकर घंटों-घंटों लेक्चर झाड़ते हैं और दुर्बल चित्तवालों को पापमार्ग से लौटाने की चेष्टा करते हैं। नाटिंग हिल में उनमें से किसी ने खड़े होकर नहीं कहा कि–किसी का गला काटना पाप है। कलकत्ता के दंगा के समय हिन्दू-मुसलमान दोनों ने एक साथ दल बनाकर–चाहे कितना भी छोटा दल रहा हो–मुहल्ले-मुहल्ले में गला फाड़कर चीत्कार की थी कि किसी का गला काटना पाप है। उन्हें कहने का अधिकार था, वे उसी देश के निवासी थे। नाटिंग हिल में मेरे भाषण देने से कुछ नहीं होता, लेकिन ख़ास अंग्रेज़ होने से होता। इसीलिए एला से कहा था कि तुम स्वदेश लौट जाओ।

मैं भी स्वदेश लौटूंगा, यह मेरे लिए स्वाभाविक है। इसमें कोई बहादुरी नहीं होगी क्योंकि बड़ी-बड़ी बातें बाद दे दें तो भी मुझे तो स्वदेश लौटना ही होगा। एला न लौटे तो भी चलेगा। वह कहीं भी रहे सुखी रहेगी, आनंद पायेगी। फिर भी उसने कहा–तुमसे बातें कीं, भला हुआ। समझ में आ रहा है कि स्वदेश लौटकर काम करने की ही ज़रूरत है।

एला की इस बात से मुझे ज़बरदस्त चोट पहुंची है। लग रहा है मुझे उस तरह कहने का अधिकार नहीं। लग रहा है जैसे कुछ खोखली बातें उठाकर मैंने यों ही उसके सामने रख दी थीं, जिन्हें उसने बहुत दामी बातें मान ली। मैंने उसे ठगा है। मेरे स्वदेश लौटने के आकर्षण के पीछे छिपा है अपने प्रिय लोगों से मिलने का आकर्षण। हो सकता है लौटने के बाद मैं सारा जीवन अकर्मण्यता और निराशा में फंसा रह जाऊँ। मैंने जो कहा, एला ने जिस पर विश्वास किया, उसमें कितना मेरा अपना था, क्या ठीक-ठीक बता सकता हूं?

शुक्रवार को लौटने पर आशीष की चिट्ठी मिली—उसी रात आने की पक्की ख़बर। पुतुल की चिट्ठी खोलते ही गुलाब की कुछ पंखुरियां झड़ पड़ीं। चिट्ठी की पहली लाइन—आज उनतीस तारीख़।

पंखुरियों को टेबुल पर सजाकर चिट्ठी हाथ में लेकर बैठा था। तब तक खाना बनाने में हाथ लगाया नहीं था, चिट्ठी भी नहीं पढ़ी थी कि एला आ गयी। इधर मेरे बुलाने का इंतज़ार न करके वह खुद ही आ जाती थी। कभी मैं खाता रहता, वह बक-बक करती रहती। रोज़ की तरह आज भी बोलते-बोलते कमरे में घुसी।

अत्यंत उत्साह में हाथ हिला-हिलाकर कभी कुर्सी के ऊपर बैठकर, कभी उकड़ू बैठकर, कभी हत्थे पर सवार होकर अख़बार में छपे किसी एक लेख के बारे में अनर्गल बोलती गयी। भूल गयी कि मैं अख़बार नहीं पढ़ता। वह सोचती है—चूंकि मैं उसकी बातें समझता हूं इसलिए वह अपनी सारी अनुभूतियों और जानकारियों की बात बिना किसी भूमिका के मुझसे कर सकती है—समझने की ज़िम्मेदारी मेरी।

पंद्रह मिनट बाद मैंने कहा—अब बस करो। तुम्हें पता होता कि जिस बारे में तुम इतनी देर से लेक्चर झाड़ रही थीं, उसमें मेरी रत्ती भर रुचि नहीं, तो इतना न बोलतीं। मुझे खाने दो। मेरी बातों से, वह तिलभर भी न लज्जित हुई न ही उसका उत्साह कम हुआ। केवल बोली—मुझे भी खाना है। मैं बोला—अति उत्तम। खाना यहीं बन जाये। दौड़ी-दौड़ी अपने कमरे से सूप या कुछ और ले आयी। मैंने अंडा उबालने के लिए पानी चढ़ा दिया। फुरसत मिलने पर कहा—इजाज़त हो तो बीबी की चिट्ठी पढ़ लूं। इतनी देर तो तुमने समय दिया नहीं।

कहकर दुख हुआ। हाथ में अंडा लिये एला रुक गई, भाषण तुरंत थम गया। ज़रा देर की चुप्पी के बाद बोली—I am sorry. Awfully sorry. उसका चेहरा देखतीं। देखने लायक़ था।

कहा—प्लीज़, इस तरह दुखी मत हो। वैसा होने से मुझे दुख होगा कि तुमसे कहा क्यों? उससे अच्छा कि चिट्ठी पढ़ डालूं।

चिट्ठी पूरी होने के बाद धीरे-धीरे बोली—मुझे ध्यान नहीं रहता कि सुबह तुम डाक आने से पहले ऑफ़िस चले जाते हो। मैंने सोचा हमलोगों की तरह तुम भी सबेरे ही चिट्ठी पढ़ चुके होगे।

उस दिन एला का भाषण आगे चालू रहता, इसकी संभावना कम थी। इसीलिए राजनारायण का आत्मचरित लेकर मास्टर जी बनकर बैठ गया—तब तक के लिए जब तक आशीष नहीं पहुंचा।

शुक्रवार को रोज़मेरी के छुट्टी लेने की बात थी, पर ले नहीं पायी। घूमने जाने के लिए पैसे जुटाने की ख़ातिर उसे extra काम करना पड़ा। शनिवार शाम और रविवार छुट्टी होती है। सोमवार को सुबह-सुबह वह और एला लेक डिस्ट्रिक्ट, हिचहाइकिंग करके जायेंगी। अतः इस शनि-रवि को ही हमारे एक्सपेरिमेंट करने का अंतिम मौक़ा था। हमारी गप्प-गोष्ठी का भी। लेकिन दो दिन आशीष के साथ यहां-वहां भटकते निकल गया। शनिवार को आशीष चार्ल्स लाउटन का नाटक देखने चला गया। मैं पहले देख चुका था इसलिए नहीं गया। लौटा नौ बजे। सारा दिन ज़बरदस्त भाग-दौड़ा में बीता था फिर भी सोचा, रोज़मेरी हो तो थोड़ी देर गपशप की जाय।

इस एक्सपेरिमेंट का आइडिया मेरा था। एला तो पागल है, सुनते ही नाच उठी। और रोज़मेरी को भी अपनी जैसी मानकर उसे भी नचाया। रोज़मेरी म्यूज़िशियन है। डर्बीशायर में अपने मां-बाप के साथ ज़िंदगी तबाह करने को तैयार नहीं थी, सो एक स्कॉलरशिप का इंतज़ाम करके यूनिवर्सिटी में म्यूज़िक पढ़ रहीं है। आगे पढ़ना चाहती थी पर इस साल ग्रांट नहीं मिली। इसलिए पढ़ाई छोड़कर मां-बाप के पास लौट रही है। इसी में समझदारी लगी। लायंस की कैफिटेरिया में टेबुल साफ़ करने का काम करके वह दिन फिरने की प्रतीक्षा में है। दिन के 12 बजे से रात 11 बजे तक की मेहनत। प्यानो के दर्शन तक नहीं। ऐसे में आश्रय भी गया।

रोज़मेरी एला की एकमात्र अंग्रेज़ मित्र है। एला को अच्छा लगा कि रोज़मेरी ने उसे इस बारे में बतलाया। अंग्रेज़ों में आत्मसम्मान की भावना ज़बरदस्त होती है, अपनी ओर से उन्हें कुछ भी ऑफर करने में मुसीबत आ सकती है, ख़ासकर यदि वे ग़रीब हों।

एला उसे घर खींच लाई। ज़बरदस्ती ले आई। बिलिटर परिवार बहुत भला है, एला उन पर अत्याचार करती रहती है। मैंने भी तो दो दिन आशीष को रखा।

लंदन के दूसरे मकान मालिक ऐसा होने पर नोटिस दे देते हैं। मेरे कमरे में रोज़मेरी से पहली भेंट हुई कॉफी के कप पर। उसके दो दिन बाद एला के बुलाने पर उसके कमरे में जाना हुआ। भारतीय संगीत का एक रेकॉर्ड है, उसे समझाना था। हैंस के साथ भारतीय शास्त्रीय संगीत का तर्पण अवश्य किया था किंतु संगीत में उसकी रुचि शौकिया थी। पर यहां तो एक संगीतज्ञा हैं, इन्हें धप्पा देना होगा। ऊंचे गले से विरोध किया। एला बोली—कम-से-कम शब्दों का अर्थ तो समझा सकते हो।

अच्छा, शास्त्रीय संगीत की बात कोई समझा सकता है भला? पर क्या करता? लाचारी में राग-रागिनी, पूरबी-भैरवी, आलाप-ताल इत्यादि के बारे में बोलना शुरू किया। स्केल, ऑक्टेव, टोनैलिटी—ये सब तो ग्रीक भाषा की बातें हैं, कोमल-तीव्र यह रोज़मेरी को समझ नहीं आता इसलिए गाकर भी बतलाया। मरता क्या न करता।

उदयशंकर की 'कल्पना' का पहला म्यूज़िक याद है? उसे रोज़मेरी ने पलभर में दुर्बोध्य पाश्चात्य संगीत की स्वर-लिपि में नोट कर लिया।

उस दिन पहली बार एक्सपेरिमेंट की बात दिमाग़ में आयी। पुराने रागों को पाश्चात्य संगीत के सांचे में ढालकर क्या नयी रचना की जा सकती है? यदि की जा सके तो कैसा रहे?

लेकिन बाद में समय नहीं मिला। वह रात साढ़े ग्यारह बजे लौटती है। शुक्रवार को आमतौर पर छुट्टी रहती है पर इस बार वह भी नहीं ली। शनिवार को आशीष को थियेटर तक छोड़कर जब लौट रहा था तो, घर के सामने के रास्ते पर देखा, दोनों तुरंत निकली ही थीं।

हटाओ भी। मन किया घर जाकर थोड़ा लेटूं। एला बोली—वे दोनों टहलने और कॉफी पीने निकली हैं। चूंकि थीसिस का पहला अध्याय पूर्व निर्णय के अनुसार छुट्टी पर जाने से पहले पूरा कर चुकी है इसलिए फुर्ती में है (कब किया? सारी शाम तो अड्डा मारती है)।

थोड़ा इधर-उधर किया, सोचा दाल-भात में मूसरचंद क्यों बनूं! फिर चला ही गया।

काफ़ी देर तक चलाया। बहुत खुश थी एला सो हम तीनों की बातें वह अकेली ही बोलती रही। एक मकान के स्थापत्य को लेकर उत्साह से बातें कीं। कॉफी घर में दोनों के बीच लॉरेंस को लेकर चर्चा छिड़ी, एक ओर होने के कारण आधी बात मैं सुन ही नहीं पाया। चुपचाप बैठा रोज़मेरी के कप में पड़ी ब्लैक कॉफी को ताकता रहा और यहां-वहां की फालतू बातें सोचता रहा।

ब्रिटिशर्स में भद्रताबोध ज़बरदस्त होता है। एला को इन सबसे कुछ लेना-देना ही नहीं। अचानक देखा—रोज़मेरी ने बात का रुख़ मेरी ओर मोड़ दिया है। कैसे उसने एला के भाषण का रुख़ घुमाकर मेरी टाउन प्लानिंग और स्वदेश लौटने की प्लानिंग की ओर मोड़ा, यह समझने की उस समय न शारीरिक स्थिति थी न मानसिक पर हां, इतना ज़रूर समझ में आया कि रगों में ब्रिटिश कूटनीतिज्ञ रक्त न होने से ऐसा करना बहुत कठिन होता। टाउन प्लानिंग से स्लम्स, वहां से सरकार की ओर। रोज़मेरी ने भारतीय शासन-व्यवस्था को समझाने की मांग की। जो विषय खुद मेरी समझ से बाहर है उसे समझाऊं कैसे? एला ने एक बात से मेरी आपत्ति उड़ा दी—उस दिन कह रहे थे इंडियन म्यूज़िक के बारे में कुछ नहीं जानते पर पूरे दो घंटे लेक्चर झाड़ा। लौटते समय सेंट्रल गवर्नमेंट और स्टेट गवर्नमेंट की बात शुरू की। एला ने अपर हाउस आदि के बारे में प्रश्न करना शुरू किया तो बात बंद कर दी, एकदम। उसके बाद हिन्दू देवी-देवता की बात शुरू हुई। मेरे लिए अधिक सहज था। पूजा के समय दुर्गा के पीहर आने की बात समझाने लगा तो एला ने दूसरी ओर दौड़ लगा ली। रोज़मेरी से कहा—एला के लिए किसी एक विषय पर देर तक ध्यान एकाग्र रखना कठिन होता है। रोज़मेरी ने एला से पूछा—आर्किटेक्चर या बिल्ली? नाचते-नाचते लौटकर न जाने क्या समझाने लगी—तभी एक ढालू गली उसे मिल गयी। गली अंधेरी थी अतः उसमें घुसकर नया रास्ता ढूंढ़ निकाले बिना एला को चैन नहीं। रास्ता अंधेरा था, साथ ही पथरीला। एला चली नाचते-नाचते, रोज़मेरी लंगड़ाते-लंगड़ाते और मैं लड़खड़ाते-लड़खड़ाते।

रविवार को साढ़े आठ बजे आशीष को स्टेशन पहुंचाकर घर लौटा तो देखा—एला के कमरे में पूरा अड्डा जमा हुआ है। स्टुअर्ट भी विराजमान है। एक मग चाय लेकर बैठा। 'रेखो ना' तथा 'राखो ना' आदि बांग्ला भाषा के जटिल शब्दों को लेकर स्टुअर्ट से विचार-विमर्श हुआ। उसके बाद संगीत। ऐसे ही मुसीबत थी, ऊपर से स्टुअर्ट, जिसे काफ़ी जानकारी थी। राग-रागिनीवाली चर्चा बीच में छोड़ दी गयी थी। उसे पूरी कर डालने के इरादे से रोज़मेरी काग़ज़-पेंसिल लेकर बैठ गयी और मुझसे गाने को कहने लगी। मेरे आपत्ति करने का कारण समझकर स्टुअर्ट और एला को वहीं छोड़ रोज़मेरी उठकर मेरे कमरे में आ गयी। उसके बाद क़रीब दो घंटे तक बागेश्री-पूरबी, कोमल-तीव्र, पल्ली संगीत चला। रात पौने बारह बजे एला के हल्ला करने पर अड्डा उठा।

इस घर का अड्डा भी उठ गया।

आज भी रात पौने बारह बजे हैं। घर निस्तब्ध है। बिलिटर परिवार और मैं। एला ने कमरा छोड़ दिया है पर दो-एक दिन आकर अतिथि की तरह रह सकती है। रोज़मेरी का कुछ ठीक नहीं। फिर कोई और किरायेदार आयेगा। कोई गंभीर अंग्रेज़ या ऊंची पढ़ाई करके उन्नति की कामना करनेवाला कोई भारतीय युवक।

उसके पहले ही कॉलेज खुल जायेगा। ठंड शुरू होगी। उस अंधेरे में ऑफ़िस में पैर रखना, अंधेरे में ही निकलकर कॉलेज जाना, दो घंटा लेक्चर सुनना। एला का बकवास भरा लेक्चर नहीं, आवश्यक तथ्यों से भरपूर सारगर्भित लेक्चर। वही टिप-टिप करती बरसात, अंतर तक बेधनेवाली तीखी हवा, खून जमा देनेवाली बरफ़। ड्राइंग, थीसिस, पढ़ाई, परीक्षा, नौकरी और अकेलापन (निस्संगता)।

केवल तीन सप्ताह। आंधी की तरह एला चली गयी। विलायत की पहली मित्र। हो सकता है अंतिम भी।

हैंस, जॉन, मैडम माकोवियेत्स्का आदि के साथ दोस्ती शुरू हुई है पर अभी तक दाना नहीं बंधा है। एला की दोस्ती ने दाना बंधने की परवाह नहीं की थी। कनेक्टिकट और बंगाल के दो व्यक्तियों ने वेस्ट हैम्पस्टेड के एक छोटे से कमरे में अचानक पाया था कि उनमें अनेक समानता है। अनेक अंतर भी और समानता भी। उम्र की परवाह किये बिना दोनों मित्र हो गये थे। शायद दोनों ने परस्पर एक-दूसरे का काफ़ी उपकार भी किया था। आज समझ में न आने पर भी हो सकता है दस साल बाद आये।

एला गई, इसका दुख नहीं। एला के साथ कभी भेंट न होती तो उसके साथ, कभी भेंट न होने की संभावना का दुख समझ ही नहीं पाता। लेकिन मन में उसका अभाव बना रहता। लंदन में प्रारंभिक जीवन के असंतुलन की बात सोचकर अभी बड़ी शांति मिल रही है। लौटकर कह पाऊंगा—मकान, घर, ट्यूब रेलवे, गिरती बरफ़ आदि के साथ ही एक व्यक्ति को भी देखा था, जाना था—थोड़े समय के लिए ही सही पर देखा था, जाना था।

19.9.58

मनु,

...पहले का अकेलापन तक़लीफ़ देता था। प्रायः शारीरिक कष्ट। अब का अकेलापन अलग तरह का है। तक़लीफ़ अवश्य होती है लेकिन वह कोई बड़ी

बात नहीं, एकदम नहीं। उल्टे इस अकेलेपन का बहुत बार स्वागत ही करता हूं जो पहले कभी नहीं कर पाता था। मैं केवल सोचता हूं, सोचता हूं और सोचता रहता हूं। कोई भी बात बड़ी हो या छोटी, उस पर सोचता ही रहता हूं। कभी-कभी कुछ नया समझ में आता है, नया जान पाता हूं। कभी-कभी अपने मन का, अपनी चिंताओं का गुलाम बन जाता हूं। जिस समय जो विचार, जो दृष्टिभंगी अधिक प्रबल होती है, उस समय उसी में डूब जाता हूं, और सब कुछ ढक जाता है। मानो एक के बाद एक लाल, नीला, हरा चश्मा बदलता जा रहा है, किसी भी चीज़ का सही रंग नज़रों की पकड़ में नहीं आ रहा। लिखने चलता हूँ तो लघु-गुरु का ध्यान नहीं रहता, ख़ासकर तब जब लिखने पर कोई प्रतिबंध नहीं रहता।

...बाहर बरसात और घनी रात। आधी रात।

मन को आज किसी तरह स्वाभाविक स्वर पर नहीं ला पा रहा हूं। कविता लिखने बैठता तो शायद आज कुछ लिख डालता। बात करने का मौक़ा मिलता तो शायद बहुत कुछ कह डालता।

डायरी

20.9.58

अकेलापन।

बातें करना चाहता हूं। किसी बहाने मिसेज़ बिलिटर से कुछ बात कर आऊँ? कौन-सी बात? केवल बात। कुछ भी।

सारे दिन लेटे-लेटे ओ'नील पढ़ा। सिंह ने कहा था आयेगा। पर बात नहीं रखी। बाहर नहीं निकला। सड़क पर और एकरसता लगती है, और अकेला लगता है। घर पर फिर भी किताबें हैं, काग़ज़-कलम हैं। दुकान के मुर्दा शो-केसों से तो ये बेहतर साथी हैं।

शाम का यह समय बड़ा अटपटा लगता है। रोशनी जलाने लायक़ अंधेरा अभी नहीं हुआ है फिर भी धुंधलका है। ऐसे में ज़्यादा अकेला लगता है। लेटा रहूंगा। सामने बैठे किसी के साथ बातें करूंगा। अंधेरा गहराता जायेगा। चेहरा अच्छी तरह दिखेगा नहीं। एक धुंधले से आकार से बातें आती रहेंगी। बातें जो उजाले में मुंह से नहीं निकलतीं।

कमरे में रोशनी नहीं जलेगी, अंधेरा रहेगा। खिड़की के दोनों चौखट फीके पड़कर धीरे-धीरे अंधकार में विलीन हो जायेंगे। उसके बाद रास्ते की बिजली की

रोशनी जल उठेगी। वह रोशनी कमरे के दूसरे कोने में बैठे बात करनेवाले के चहरे पर नहीं पड़ेगी।

उसके बाद बात ख़त्म होने को आयेगी। रोशनी जलाई जायेगी। मिचमिचाती आंखों से एक-दूसरे की ओर देखकर बेवकूफ़ों की तरह हंसेंगे। बेवकूफ़ी भरी तथा निकटता का आभास देनेवाली हंसी। किसी को निकट पाने की स्वीकृतिवाली हंसी।

उधर के मकान में एक-एक करके रोशनी जलने लगी है। पर्दे की ओट में ढके एक-एक परिवार का अपना-अपना संसार, अपनापन। रास्ते की सार्वजनिक रोशनी अभी भी नहीं जली है। क्या लिख रहा हूं, ठीक से दिख नहीं रहा है। रोशनी नहीं मिल रही है। अब उठूंगा। रोशनी जलाऊंगा। पर्दा खींच दूंगा। ओ'नील को लेकर तकिया ऊँचा करके उधर की ओरवाली खाट पर लेट जाऊंगा। पर्दा खिंचा रहेगा। मेरा अपनापन और कोई नहीं देख पायेगा। नहीं जान पायेगा।

27.9.58

उस पार

पानी में डुबा-डुबा
पैर रख इस पत्थर से उस पत्थर पर
नदी पार हो गया।

उस ओर आड़ में जंगल की
लुका-छिपी खेलते रोशनी-अंधेरे की
आंके-बांके पथहीन पथ पर
बढ़ा चला गया मैं
पीछे बिना देखे।

इधर जो बैठा है,
जल के इस ओर
वह मैं ही हूं।

मेरा ही कुत्ता खोज रहा
पलातक गंध का इशारा
शिकारी बातास में।

मेरे ही बल्लम में कांपती
सांप की प्रतीक्षारत कराल जिह्वा।

मेरे ही विषाक्त नयन खोज रहे
उस पार के जंगल में
पत्तों की छलनी में छांकी
प्रकाश की परतें
—जिस पथ पर अभी-अभी चला हूं मैं
पैर रख इस पत्थर से उस पत्थर पर
पानी में डुबा-डुबा।
नदी पार की है मैंने।

डायरी

27.9.58

अस्थिरता। सतत अस्थिरता। कुछ करना होगा। क्या, पता नहीं। अंधेरा शहर। अंधेरी दीवार। ठंडी शीतल दीवार। ठंडी शीतल रात में जड़ता का नागपाश। जानवर की तरह पिंजरे में क़ैद।

यह लंदन शहर है। ठंडा शहर। इसकी ईंट के किसी टुकड़े में भी सहानुभूति नहीं है, इसके एक भी चेहरे पर मित्रता की झलक नहीं है। ठंडे पत्थर की बहरी दीवार।

इस लंदन ने मुझे अकेलापन दिया है। अपने में डूब जाने का अखंड अवसर। अकेले मन का साथ। इस लंदन ने मुझे सबसे पहले प्रकाश का रास्ता दिखलाया। चारों ओर ठंडी दीवार में बंद करके, काग़ज़-कलम की दरार से मुझे अपना प्रकाश दिखलाया।

...मुझे पता है आज की अस्थिरता का विशेष कारण एला है। एला का लौट आना।

एला में एक तरह का ड्रामा है, एक आशातीत बात है। हमारे साथ उसके संपर्क के इतिहास की वह सबसे मज़ेदार बात है। उसके साथ परिचय होना एक ड्रामा था। उस समय स्टुअर्ट का न होना ड्रामा था। चिट्ठी पाने की आशा पूरी तरह छोड़ देने के बाद एक पोस्टकार्ड का आना ड्रामा था ख़ासकर जिस दिन जिस स्थिति में वह आया। उसके बाद शुक्रवार रात पौने एक बजे खिड़की के कांच पर कंकड़ मारने की आवाज़ भी ड्रामा थी।

ड्रामा बहुत अच्छा लगता यदि हर ड्रामा के पीछे-पीछे एक ऐंटी-क्लाइमेक्स न आता। यह भी शायद ड्रामा का ही हिस्सा था।

मुझे पता है मैं एला के प्रेम में नहीं पड़ा हूं। क्यों नहीं पड़ा हूं, यह पता है। इसके पहले जब प्रेम में पड़ा था, तब क्यों पड़ा था, यह भी पता है। दोनों के पीछे कारण एक ही था। मेरा अहम्। अहम् की तृप्ति न होने तक प्रेम का स्वीकार संभव नहीं। अपने पूरे सोच को मैं जैसे दिन की रोशनी की तरह साफ़ देख पा रहा हूं।

एक विशाल कल्पना-प्रासाद। उसका आधार भी कल्पना और दीवाल तथा ऊपरी चूड़ा भी कल्पना। काग़ज़ के घर की तरह उसे एक जगह से उठाकर दूसरी जगह बैठाया जा सकता है। बैठाया है। आगे भी बैठाऊंगा।

सच्चा प्यार जब आया था तब उसे समझ नहीं पाया था। समझना चाहा भी नहीं था। उसे बनवास दे दिया था। मन को वह कुछ अतिरिक्त ही लगा था। इतना ही नहीं, अपराध-बोध भी हुआ था।

स्वयं को सांत्वना देता हूं कि वह आज भी है। आज जो बचा है वह है अहम् के गुब्बारे में कल्पना की खोखली हवा। उसके साथ खिलवाड़ करके इस बुढ़ापे में बचपन की खेलने की अधूरी साध को पूरी करता हूं। और बुढ़ापे के अहम् को शांत रखता हूं।

चलते-चलते सभी तो एक जगह रुक गये हैं। एक जगह खड़े-खड़े चल रहे हैं। क्या मैं अभी भी चल रहा हूँ? या मैं भी खड़े-खड़े चलने की कल्पना में चल रहा हूँ?

रात ठीक बारह बजे

रिन्...

बहुत दिनों से तुम्हें लिखा नहीं। बहुत दिनों से तुम्हारे बारे में सोचा नहीं। तुम्हारी ज़रूरत नहीं पड़ी।

बहुत दिनों तक तुम्हें पहचान् भी नहीं पाया। समय-असमय जब ज़रूरत पड़ी, तुम्हें बुलाया, तुमसे बातें कीं, तुम्हारा साथ पाया। तुम्हें पहचानने की चेष्टा नहीं की। अच्छी तरह पहचानना नहीं चाहा।

आज भी नहीं चाहा है। पर लगता है तुम्हें जान लिया है, बिना चेष्टा किये ही जान लिया है।

तुम्हें पता है, मैं तुम्हें सबसे ज़्यादा प्यार करता हूं। इस तरह किसी 'मनुष्य' को प्यार नहीं किया जा सकता। तुम मनुष्य नहीं हो इसीलिए तुम्हें इतना प्यार कर पाया। तुम्हें प्यार करके निश्चिंत हुआ। तुमसे प्यार करने में कोई विरोध नहीं, कोई नुकसान नहीं, कोई डर नहीं। तुम्हें प्यार करने में शांति है। तुम्हें प्यार करने में आनंद है। कारण, तुम्हारा प्रेम ख़ालिस है, उसमें कोई मिलावट नहीं। मनुष्य के प्यार की तरह उसकी कोई सीमा नहीं, कोई विभाजन नहीं, कोई विरोध नहीं।

तुम आग नहीं जलातीं। तुम बाढ़ नहीं लातीं। तुम दुनिया भर के काठ-कबाड़ और रक्त-मांस के ढेर में खो नहीं जातीं। तुम एकमात्र हो। तुम एकांत हो।

इसीलिए तुम थीं, इसीलिए आज भी हो। लेकिन आज बहुत बड़ा व्यवधान है। आज तुम्हें पहचान लिया है। न पहचानने का ज़बरदस्त बंधन आज ढीला पड़ने लगा है।

आज भी तुम हो। कल भी तुम रहोगी। लेकिन वह तुम, आज नहीं हो। अब तुमसे प्यार करने के साथ-साथ चलेगी तुम्हें जानने की यंत्रणा। प्यार में विष मिलाया नहीं गया है वरन् पूरा प्यार ही विष हो गया है।

आज तुम रहोगी, तुम्हें चाहूंगा नहीं। तुम्हें प्यार करूंगा और उसी कारण अपने से घृणा करूंगा। तुम्हें अपने से दूर हटाकर अंधकार के साथ एकाकार कर देने की जितनी चेष्टा करूंगा, उतने ही आवेग से तुम्हें जकड़े रहूंगा।

तुम यंत्रणा हो। तुम विष हो। मेरे मन का विष। मेरा मन। तुम 'मैं' हो।

एक ज़बरदस्त चक्रवात में जीवन, जगत सब डूब गये, केवल जगा रहा हूं 'मैं'। एक विराट सर्वग्रासी 'मैं'। एक हिंस्र भूखा 'मैं'।

आज का सीढ़ी पर का पदचाप का स्वर, आज का चिट्ठी लिखना-न लिखना, आज की अस्थिरता, आज की कविता, आज का रतजगा—सब तुम हो। सब मैं हूं।

सिगरेट की राख को जिस तरह ज़ोर से मसलकर राखदान में निःशेष कर दिया, उसी तरह गला टीपकर तुम्हें निःशेष नहीं किया जा सकता? तुम क्यों चिरकाल से हो? तुम क्यों चिरकाल तक रहोगी?

30.9.58

बुख़ार। सिर में दर्द। चिंता।

It is always so much easier to die than to go on living! That is probably why Man refuses to die, because it is too easy. To live–is to live by hope. Even in the worst misery imaginable, Man lives by hope, puts up with untold sufferings in the hope of a gleam of happiness in the future. The future–the symbol of hope, of life, of Man. Self preservation is an instinct in animals. To Man, it is a highly intellectualised process, abounding in complex intricacies–resulting in one single simple phenomenon, extraordinary and symbolic hope.

It is desire that drives a man, and hope that sustains him. Desire is the motive force, hope is the stabilising element. Desire raises questions, goads him from one place to another, makes him angry, restless, forever searching and questing, forever discontented and wanting more. Hope makes him carry on, from one question to another, without ever finding an adequate answer. Desire is strength, hope is peace. Desire is life, hope is living, Desire is death, hope is denial of death.

And Desire plus Hope is Man.

MAN.

That deadly enemy of Nature. Never really believing in God and 'the other life', never submitting to 'supernatural forces', always relying upon his own limited strength, own limited span of life, refusing to die, refusing to accept death as the carrier to the 'eternal life', clinging to this short, petty, sordid life for all it is worth. Man is the eternal fighter. With two weapons–Desire and Hope.

चिट्ठी

1.10.58

मनु,

आज सुबह तुम्हारी चिट्ठी मिली। सुबह चिट्ठी मिलने का विलास आमतौर पर इस मकान में नहीं नसीब होता। पर टेलीपैथी जैसी किसी वस्तु के प्रभाव से तुम्हारी तरह मैं भी शय्याशायी हूं–और उसी इन्फ्लुएंजा से।

परीक्षा के समय का बुख़ार ब्रांडी और ऐस्पिरीन की सहायता से दबा रहा। बाद की मौजमस्ती का समय भी निकल गया। बुख़ार वैसे ही दबा रहा। इस बार

भी डॉक्टर के यहां न जाता तो दिन वैसे ही कट जाते। लेकिन हर महीने मोटी रक़म भरता रहूं और यहां की सोशल सेक्योरिटी सर्विस का कोई लाभ न उठाऊँ, यह बात समझ में नहीं आ रही थी सो नाम दर्ज कराने गया। फलस्वरूप डॉक्टर ने फ्लू बतलाया, साथ ही दो दिन का विश्राम और कड़वी दवाएं सेवन करने का फ़रमान जारी कर दिया।

मैं शय्याशायी नहीं हूं। उठता हूं, चलता-फिरता हूं, खाना बनाता हूं, खाता हूं। सचमुच शय्याशायी होने पर अस्पताल में भर्ती होने के सिवा हम जैसों के लिए दूसरी जगह नहीं। फिर भी बुख़ार आने पर अपने यहां जो नवाबी चलती है, उसका अभाव खटक रहा है। वैसे आमतौर पर इस देश में जो व्यवस्था होती है उससे मैं बहुत अच्छी स्थिति में हूं—ईर्ष्यायोग्य। मिसेज़ बिलिटर दिन में पांच बार खोज-ख़बर लेती हैं, दुकान से चीज़-सामान ला देती हैं, कल पुडिंग दे गयी थीं—इन देशों में ऐसा होना विरल है। एला ने कल बेड-टी दी थी, दवा ख़रीदकर ले आयी थी, आज लंच ख़रीदने गयी है—अतः खाना बनाने की छुट्टी।

एला पिछले शुक्रवार की रात लौटी। रात पौने एक बज़े खिड़की पर ढील लगी तो दरवाज़ा खोल दिया। चाभी ले जाते भूल गयी थी। उसके साथ भेंट कम ही होती है, बातचीत तो नहीं के समान। कारण, स्टुअर्ट साहब लंदन में ही हैं। वैसे आमतौर पर उनके सामने नहीं पड़ता, बचाता हूं।...विलायत आकर नई परिस्थिति को स्वीकार कर लेने की क्षमता अद्‌भुत् मात्रा में बढ़ गयी है। यहां किसी चीज़ की आशा नहीं करता। कुछ मिलता है तो खुशी होती है, नहीं मिलता तो थोड़ी देर में ही स्थिति को स्वीकार कर लेता हूं।

पिछले डेढ़ महीने में ओ'नील, सार्त्र, आंद्रे जीद, कामू आदि का काफ़ी कुछ पढ़ा। इस समय हाथ में है थॉमस मान का मैजिक माउनटेन, सात सौ पृष्ठों की किताब, टी. बी. सैनिटोरियम की पृष्ठभूमि में लिखी। बुख़ार में ज़्यादा देर पढ़ा नहीं जाता। कुछ देर पढ़ता हूं, कुछ देर चिट्‌ठी या और कुछ आलतू-फालतू लिखता हूं, ज़्यादा देर सोचता रहता हूं।

बरसात हो रही है। नया कुछ नहीं, पिछले तीन दिनों से हो रही है। ठंड, पानी से चिपचिपा, आधा-अंधकार लंदन। इसके बाद और भी ठंड, और भी बरसात, बरफ़ ; थीसिस, परीक्षा। अगली जुलाई के पहले अच्छा कुछ भी नहीं। यदि रुपया जुट जाता तो शायद परीक्षा ख़त्म होते ही समुद्र-यात्रा शुरू कर देता। पर रुपया जुटेगा नहीं। टाउन प्लानिंग की नौकरी मिलने की आख़िरी संभावना

परसों तक है। लंदन के बाहर। तनख़्वाह कम, ख़र्च ज़्यादा, झमेला ज़्यादा। फिर भी मिलेगी तो लेना होगा।

...बीच-बीच में कुछ लिखने की ज़बरदस्त इच्छा होती है। कविता से संतोष नहीं हो रहा है। कुछ और बड़ा चाहिए। अपने व्यक्तिगत जीवन का सब कुछ, सारी जानकारी का इतिहास खुलकर लिखने की इच्छा बहुत बार होती है। बीच-बीच में लिखता भी हूं। पता है अभी न लिखा तो जीवन में फिर कभी न लिखा जायेगा। लेकिन अपने जीवन के बारे में दिमाग़ में सब कुछ ऐसा अस्त-व्यस्त हो रहा है कि किसी तरह लिखने के लिए अपने को व्यवस्थित नहीं कर पा रहा हूं।

...एक कारण, शायद वर्तमान है जो रुकावट डाल रहा है। अतीत पीछे छोड़ दी गयी, ऊपर-ऊपर से देखी-जानी-गयी चीज़ तो नहीं है। अभी भी नाड़ी कटने के बाद अलग हो गये शिशु की तरह वर्तमान अतीत के गर्भ से अलग होकर स्वतंत्र रूप नहीं ले पाया है। इसीलिए अतीत की बातें लिखने बैठो तो वर्तमान अंधेरी छाया डालता दौड़ा आता है।

...बड़ा अस्थिर हो रहा हूं। लग रहा है लिखने को बहुत कुछ है, लिख नहीं पा रहा हूं। लग रहा है अंतिम मौक़ा निकला जा रहा है।

...बुख़ार चढ़ रहा है। लगता है कॉलेज नहीं जा पाऊंगा। परसों इंटरव्यू है।

...शाम छह बीस। कॉलेज नहीं गया। बुख़ार है क्या? पता नहीं। पर हां, खीझ है। अखंड समय लिये कमरे में लेटे रहो पर कुछ कर न पाओ—इसकी खीझ।

8.10.58

मनु,

...मुझे नई नौकरी मिल गयी। टाउन प्लानिंग। लंदन के बाहर—सरे (Surrey) काउंटी काउंसिल में। जगह— किंगस्टन-अपॉन-टेम्स नामक एक छोटा-सा शहर। मतलब दिन का काफ़ी समय और तनख़्वाह का एक बड़ा हिस्सा रेल भाड़े में जायेगा।

यह घर छोड़ूं या नहीं, यह अभी भी तै नहीं कर पाया हूं। लगता है देखने के लिए पहले महीने यहीं से डेली पैसेंजरी करूंगा।...एला फ़िलहाल इसी घर में रहेगी। संभवतः उसके पहले मैं ही घर छोड़ दूंगा। मिसेज़ बिलिटर नहीं

चाहतीं कि घर छोड़ूँ। यहाँ रहने के अनेक लाभ सुझा रही हैं। सही बात यह है कि ऐसा मकान-मालिक (या मालकिन) और नहीं मिलेगा। गया तो केवल ख़र्च के ख़याल से।

डायरी

11.10.58

आज लिख नहीं पा रहा हूं। अतीत में डूब नहीं पा रहा हूं। आज वर्तमान अधिक ज़ोर दिखा रहा है–अस्थिरता।

...मैं क्या अपने लिए कभी कुछ नहीं चाह सकता? मुझे कोई अच्छा नहीं लग सकता? किसी की ज़रूरत नहीं हो सकती मुझे? दूसरे मुझे कितना चाहते हैं, मेरी कितनी ज़रूरत महसूस करते हैं, मुझे कितना प्यार करते हैं–क्या यही हिसाब करते-करते मुझे सारा जीवन बिता देना होगा?

क्या मैं सदा ऐसा ही था? या आज उम्र के अंतिम छोर पर पहुंचकर छूंछे प्राणों चारो ओर अपनी प्रतिष्ठा की खोज में लगा हूं? अपनी अक्षमता में सार्थकता खोज रहा हूँ?...रुका हूँ, इसमें भी सांत्वना खोज रहा हूं–जैसे ज़िन्दा रहने का इंजेक्शन खोज रहा होऊँ।

चिट्ठी

13.10.58

मनु,

...कल स्टुअर्ट और एला को लेकर बांग्ला क्लास शुरू किया है। मास्टर के रूप में नाम हो गया है। स्टुअर्ट में भाषा सीखने की अद्भुत् क्षमता है। हिंदी जानने के कारण सुविधा रही है। स्टुअर्ट अगले साल जुलाई के आसपास इलाहाबाद यूनिवर्सिटी में हिंदी पढ़ने जा रहा है। एला भी जाने का ताल बैठा रही है। मेरी मानसिक स्थिति में अजीब-सी ख़िर्चड़ी पक रही है। लगता है जैसे एक संधिस्थल पर पहुंच गया हूं। लगता है जैसे कुछ जानने-समझने का समय हो गया है पर किसी तरह उसे छू-पकड़ नहीं पा रहा हूं।...सोचते-सोचते लगता है माथा फट जायेगा। सोच में भी कोई संगति नहीं है। बातें करने का मन करता है पर करूं तो किससे? इस समय की बात कविता में लिखना मेरे बस के बाहर

है। अब तक जिन बातों को लेकर लिखा है, आज वे किसी मतलब की नहीं लगतीं। डायरी लिखने की कोशिश की, हुआ नहीं। बुख़ार के पहले और बुख़ार के दौरान यों ही टुकड़ों-टुकड़ों में अपनी कहानी लिखने बैठा था। तीन दिन में तीन तरह का लिखना हुआ। फिर भी ज़बरदस्ती काफ़ी सारा लिखकर ही छोड़ा। कई दिनों पहले नये सिरे से फिर से लिखना शुरू किया है—पहलेवाला सब बाद देकर। बिना सोचे-विचारे पन्ना-पर-पन्ना रंगे जा रहा हूं। कलम दो मिनट को भी रुकी तो लिखना छोड़ देता हूं। लिखते समय तनिक भी सोचता नहीं कि अगली लाइन क्या लिखूंगा। जो लाइन मन में आयी, उस पर बिना विचार किये, उसके आगे-पीछे के संपर्क-सूत्र के बारे में बिना सोचे बैठाता जाता हूं। उलटकर देखता नहीं कि क्या लिखा। यदि कभी पूरा हुआ तो या तो यह मेरे जीवन का एकमात्र लेखन होगा, अन्यथा गैस की आग को समर्पित हो जायेगा। पूरा होने की आशा नहीं है, फिर भी यदि हुआ तो बादवाली स्थिति की संभावना ही अधिक दिख रही है।

बात करने लायक़ केवल एक व्यक्ति है—एला। लेकिन उसके साथ बात करने का समय नहीं मिलता। भेंट रोज़ होती है, बातें भी बहुतेरी होती हैं पर या तो स्टुअर्ट रहता है या नैन्सी। जब कोई नहीं होता तो बात होती है—कहने से विश्वास नहीं करोगी—उसकी थीसिस की। मैं इतिहास का इ नहीं जानता, बिपिन पॉल का बी भी नहीं जानता पर अपनी सारी समस्या लेकर वह मेरे पास आ जाती है। अंदाज़ से जो समझ में आता है, बोल देता हूं। उसका कितना नुकसान कर रहा हूँ कौन जाने।

...कल स्टुअर्ट के जाने के बाद रात बारह बजे थीसिस लेकर वह मेरे कमरे में आयी थी। आधा घंटा थीसिस की बात हुई। मेरा मन कल बहुत ही अस्थिर था। अपने को समझ नहीं पा रहा था, अपने को बरदाश्त नहीं कर पा रहा था। इसीलिए कहा—यदि समय हो तो थोड़ी देर और बैठो। उसके बाद क्या बकता रहा, पता नहीं। मन विचार, अस्थिरता, अपने को जानने और न जानने की पीड़ा, सबको ढेर सारी डांट-फटकार के साथ मिलाकर, सब उलझाकर अर्थहीन शब्दों में लपेटकर उसकी ओर फेंकता रहा। उसने कितना समझा, क्या सोचा, पता नहीं। लेकिन पिछले कई दिनों से अपने साथ अकेले रहने के कारण विचारों का और बोझ बर्दाश्त नहीं कर पा रहा था। भड़ास निकालकर हल्का लग रहा है। उस पर अन्याय ही किया शायद। उसकी उम्र तेइस है, अभी बच्ची है, impressionable मन। तैंतीस साल के मेरे जैसे मन का कूड़ा-कचरा डालने की जगह वह मन नहीं है।

एला कह रही थी–'You'll never stagnate'. विश्वास करने का मन करता है पर कर नहीं पाता। मैं जानता हूं, एला मुझे जो समझती है, मैं वह नहीं हूँ। कुछ खोखली बातों की फुलझरी को लेकर उसने शायद मेरा एक रूप गढ़ा है। वह रूप मिथ्या है तथापि उचित लगने पर भी इस मिथ्या को तोड़ने में अहम् आड़े आता है।...कल एला ने एक बात कही जो मेरे अहम् को सातवें आसमान पर पहुंचाने के लिए पर्याप्त है। लेकिन इसीलिए ज़बरदस्त डर लग रहा है। अपनी ख़ातिर, उसकी ख़ातिर। बोली–'You have come in my life at a crucial moment'. मैंने उससे कहा–'इस तरह की बातें मुझसे मत कहा करो।' वह केवल ज़रा-सा हंसकर बोली–'ज़्यादा कुछ नहीं कहा। इससे मेरा भला होगा या बुरा, यह भी नहीं जानती।'

रात एक बजे वह गयी। आज एक मिनट के लिए भी उसे अकेली नहीं पा सका। नैन्सी थी। नैन्सी उसकी अतिथि है, अमेरिकन, छह-फुटी, स्फूर्तिवाली, अदब-कायदे की परवाह न करनेवाली, चीखकर बात करनेवाली और अट्टहास करनेवाली एक लड़की।

...बुख़ार चला गया है। दिन कट रहा है।

31.10.58

Then why
To rot in soft content,
To keep alive in cloudy bed of peace,
Afraid of rough resounding death.
But tell me truly---

Is not the life I live
An empty death?
I loved
And renounced love,
To be with me,
To be with crushing death of pang.
To be in greater life.
Have I not paid the price to live
And to die
In burning splendour?
Then why in hell
Have I to keep alive
In neither life nor death?

चिट्ठी

31.10.58

मनु,

सोचा था परीक्षा को लेकर परेशान होगी। कल तीन चिट्ठी आई पर उसमें तुम्हारी एक भी नहीं थी, फिर भी तुम्हें माफ़ कर दिया था। जब रात ग्यारह बजे एला ने कमरे में आकर उत्साह में भरकर घोषणा की कि उसे लिखी तुम्हारी चिट्ठी का अधिकांश वह बिना किसी सहायता के समझ सकी–तो मन-ही-मन एक चिट्ठी का रफ प्रारूप बना लिया जिसकी पहली लाइन थी 'हां, न।' और इन दो अक्षरों के साथ ऊपर-नीचे दोनों ओर के दांतों को (अब पूरे नहीं रहे) पीसकर जितना संभव होता मन का आक्रोश मिला देता। एला से जब कहा कि 'तुम्हें लिखा, मुझे नहीं' तो सोचा था वह सहानुभूति जतायेगी। आमतौर पर एला का मन कोमल है। लेकिन दुर्जनों का प्रभाव क्या हवा के माध्यम से चिट्ठी के साथ भी पहुंच जाता है? एला ने दोनों हाथ उठाकर नाचना शुरू कर दिया, डांटकर रोक नहीं पाया।

बहुत बच गयीं तुम, शाम को तुम्हारी चिट्ठी आ गयी। उन्हें कॉफी पीने के लिए बुलाया था। उन्हें माने एला, स्टुअर्ट और रोज़मेरी को। रोज़मेरी आजकल यहीं है। नाक के सामने चिट्ठी घुमाकर कहा–इस चिट्ठी को मत पढ़ना। इसमें तुम्हारे बारे में न जाने क्या-क्या लिखा है। सुनकर बड़े उत्साह से पाठोद्धार करने में जुट गयी। स्टुअर्ट और मैं स्त्रियों के कौतूहल और भाषा-शिक्षा में उसके प्रयोग और प्रयोजनीयता के बारे में गंभीर आलोचना में जुट गये। रोज़मेरी कल सारी रात और आज सारा दिन बिस्तर में पड़ी रही, इसीलिए काली कॉफी हाथ में लिये ऊंघने लगी।

01.11.58

तेरह महीने पार हो गये। पिछले साल इस समय मेरी बेकारी अपने चरम पर थी। परसों सुबह साढ़े छह बजे उठकर दूसरी नौकरी के लिए डेली पैसेंजरी। मालकिन उठा देंगी, इसका भरोसा है। एला कहती है कि मैंने मिसेज़ बिलिटर के बाल-बच्चों की संख्या में वृद्धि की है। यह बात मैंने उनसे कह दी है और अनुरोध किया है कि भद्रतापूर्वक दरवाज़े पर हल्की-सी ठक्-ठक् करके निश्चिंत होने के बजाय कमरे में घुसकर मुझ पर पानी डालें। इस देश में किसी के सोने के कमरे में बिना इजाज़त घुसना–ख़ासकर पुरुष के कमरे में औरत और औरत

के कमरे में पुरुष का आना–उजड्डता माना जाता है। यही डर है। लेकिन बहुत से विलायती नियम-कानून इस घर में नहीं माने जाते। आज सुबह साढ़े आठ बजे चौंककर उठने पर कमरे में एला को पाया था। शनिवार को साढ़े आठ बजे मुझे जगाने के पाप से निवृत्त होकर कमरे में चुपचाप घुसकर दो टुकड़ा डबल रोटी चुराकर खाने का पाप भी उसने किया था।

...भारतीय इतिहास के बारे में जितनी शोध कर रहा हूं उतनी अपनी थीसिस के बारे में नहीं। स्टुअर्ट रोज़ पूछता है कि मेरा ऐतिहासिक शोधकार्य कहां तक पहुंचा।

...रोज़मेरी को एक स्कालरशिप मिली है। मैं इससे बहुत खुश हूँ। इस बार उससे मुलाक़ात कम होती है। असल में वह ज़्यादा बात नहीं करती। मैं भी ज़्यादा नहीं छेड़ता। यद्यपि वह अच्छी लड़की है पर खांटी अंग्रेज़ों से मैं हमेशा सतर्क रहता हूँ।

परीक्षा को लेकर तुम बहुत व्यस्त होगी पता है फिर भी एक बार मेरी ख़ातिर 'आहा!' कहना। पोर-पोर ठिठुरा देनेवाली इस भयंकर सर्दी में सुबह साढ़े छह बज़े से रात दस बज़े तक गुलामी करनी पड़ेगी। अपने यहां ऋतु का मतलब दो महीने, यहां साल के बड़े हिस्से में एक ही ऋतु रहती है।

डायरी

8.11.58

क्या लिख पाने का कोई संबंध अकेले रहने से है? साथी होने पर लिखा क्यों नहीं जाता? आनंद और तृप्ति होने पर भी लिखा नहीं जाता। लिखा जा सकता है अतृप्त होने पर, अटपटापन, अशांति और अकेलापन होने पर।

आनंद के बारे में लिखा जा सकता है। आनंद में होने पर नहीं लिखा जा सकता।

...बाख। चायकोवास्की। क्यों? अस्थिरता नहीं, परितृप्ति। क्यों? अभी तो सभी बाक़ी हैं। कुछ भी नहीं हुआ है। कुछ भी नहीं। पुराने से क्या होता है? पुराना क्या देगा? क्यों देगा? मिलने को क्या है? चाहने को क्या है? क्या है? बातें? क्या बात? बात निकलती नहीं। यह रंग। यह स्वर। बातों में होता है? बातों के अंबार में? ढेरों-ढेर बातों के अंबार में। बातें सजाना। बातें बुनना। जोड़ बैठाना, मिलाना। केवल अंबार...पहाड़। अनेक-अनेक पहाड़। रंग नहीं। स्वर नहीं। अनेक...अनेक पहाड़।

मन में क्या है? डुबकी लगाकर देखा नहीं जा सकता? खूब गहरे डुबकी लगाकर? नीचे खूब गहरे। काले-काले गहरे में। नीलिमामय नीचे गहरे। क्या है? फटे-पुराने, टूटे-फूटे, बदशक्ल-बेशक्ल टुकड़े-टुकड़े। ढेर सारे टुकड़े। ढेर नीचे।

बाख? चायकोवास्की? वहां नहीं हैं। वहां तक नहीं पहुंच पाते। वह बहुत नीचे है, बहुत गहरे।

सब कुछ काला...धुआं-धुआं...शून्य। काले-काले पहाड़। ना। गहराई। नीले जल की गहराई। पाताल की गहराई।

तब फिर आग में लिपटा स्वप्न क्यों? क्या होगा? आत्मवंचना।

आदमी को क्या होता है? आदमी क्या है? आदमी माने क्या? सब धुआं है। भाप है। बादल है। बादल नहीं, सफ़ेद बादल। धुआं। काला धुआं।

To be myself. To be my own self. Why can't I be? Who can be? I don't know. Don't ask me. Don't believe me. It's a great shame. All made up. All conjured up. Nothing is real. No substance. Nothing that can be touched and felt and be relied upon. Smoke.

Blast it!

Stop asking for. Stop desiring. Stop hoping. Hoping to get. To hell with getting! What can be had? What can remain? Why want? Why desire? Why go on in endless wanting, desiring, asking, not getting, getting, believing in getting? All ending at the same place. Going round and round and ending at the same place. Always the same place. Always going round and round.

...I feel hollow. Hollow and empty. I feel present. Neither the past nor the future. I feel caged. Caged in myself. A cage of impotence with great visions before my eyes. The sky in my eyes.

The sky.

चिट्ठी

16.11.58

मनु,

लिखने में देरी हुई। देरी का कारण मैं नहीं, मेरे दांत थे।

कई दिनों से दांतों में सूजन हो रही थी। शुक्रवार को नई नौकरी में नागा, डॉक्टर, अस्पताल, क्यू, दांत की जांच, एक्स-रे और अंत में कल दो दांत निकालकर नाटक की यवनिका। नाटक पूरा हुआ पर पर्दे के पीछे बहुत काम बाक़ी है। कल सुबह एकदम ख़ाली पेट रहना पड़ा (कहते हैं भरे पेट में गैस नहीं

ली जा सकती), नतीजा एक कप चाय भी नहीं मिली। आज कोई शारीरिक कष्ट नहीं है इसलिए पेट में हुताशन पूरे दम से प्रज्वलित है लेकिन दोनों जबड़े पास आने को एकदम तैयार नहीं सो दूध, सूप और ज़्यादातर कच्चे अंडे के सिवा पेट के हुताशन का शमन करने का और कोई उपाय नहीं। आशा है कल ऑफ़िस जा पाऊंगा पर वहां दोपहर में कैंटीन में गोमांस किस 'मुंह' से चर्वण करूंगा?

दांत उखड़वाने का पहला अनुभव। गैस लेने का भी। एक-एक सांस के साथ खूब मीठी गैस खींच रहा हूं। शरीर हल्का हुआ जा रहा है, डॉक्टर जाने क्या कह रहे हैं, समझ नहीं पा रहा हूं, 'पार्डन' कहने की चेष्टा करता हूं लेकिन मास्क के नीचे आवाज़ नहीं निकल रही है। डॉक्टर की आवाज़ कान में पड़ती है– फाइन, दैट्स फाइन। मैं आकाश में तैर रहा हूं पर होश पूरी तरह है। सोच रहा हूं–मरे! क्या होश में ही संड़सी लगायेंगे? गैस की नाकामी और दांत के डॉक्टरों की अरसिकता के बारे में मन-ही-मन अंग्रेज़ी में खूब उत्तेजक गरम-गरम भाषण तैयार कर रहा था कि कानों में शब्द आये–'Come along Mr. Sircar, you've had your teeth out'। अनिश्चित कदमों से बग़ल के एक कमरे में जाकर मुंह धोकर, खुली खिड़की से आती कुनकुनी हवा में गैस से मुक्ति और खून बंद होने के इंतज़ार में रुका। मेरे पास बैठी एक महिला रोये ही जा रही थीं, बूढ़ी नर्स उन्हें सांत्वना दे रही थी। मैं तब तक भी गैस से पूरी तरह मुक्त नहीं हुआ था, रोना थोड़ा ज़्यादा ही लगा। पांच मिनट बाद कुछ अंदाज़ लगा कि रोना क्यों आता है।

पिछले दिन डॉक्टर कह गये थे कि सुबह कुछ मत खाना और साथ में किसी को लाना। पहले आदेश का ठीक-ठीक पालन किया पर दूसरा एकदम ध्यान में ही नहीं रहा। रहने पर भी लाता किसे? दांत उखाड़ने के पहले डॉक्टर ने डांट लगाई–साथ में किसी को लाने को कहा था न? कहा–साहब, विदेशी छात्र हूँ, साथ लाने को मुझे कौन मिलता? साहब को दया आ गयी, बोले–वैसे कुछ ख़ास ज़रूरत नहीं पड़ती, पर हां, कोई फोन नंबर दे दो। बहुत लाचारी होने पर ख़बर कर दूंगा। घर का फोन नंबर देकर निश्चिंत हुआ और गैस कमरे में गया।

डॉक्टर ने ठीक ही कहा था। क़रीब बीस मिनट खुली खिड़की के पास बैठा रहा, गैस निकल गयी और खुद ही बाहर आ सका। रास्ते में चलने या ट्रेन में चढ़ने में कोई असुविधा नहीं हुई, ख़ाली ठंड के मारे दांत कांपने लगे थे पर ऊपर-नीचे के दांत तो एक-दूसरे पर बैठ नहीं रहे थे सो जीभ और ओंठों के ऊपर दंत-कंपन और फूले गालों की तुमड़ी लिए दुनिया भर के लोगों के बीच से होकर घर लौटा।

...रोज़मेरी कल चली जायेगी। आज सबको कॉफी पर बुलाया था। भारतीय आचार-व्यवहार की चर्चा हो रही थी। यहां आये बिना यह समझना बहुत मुश्किल होता कि हममें और इनमें कितना अंतर है। पुस्तक आदि के माध्यम से हम तो इनके बारे में बहुत-सी बातें जानते हैं पर इन लोगों को कुछ भी पता नहीं होता। अवाक् सुनते रहते हैं। रोज़मेरी बहुत नर्वस हो रही है। कहती है—ख़ाली लगता है कि मैंने कुछ ऐसा कर डाला है जो शोभन नहीं। वह एक विचित्र लड़की है। थैंक्यू के बारे में अपने यहां क्या सोचते हैं, यह उसे काफ़ी दिन पहले एक बार बतलाया था। एला के मुंह से सुना—तब से थैंक्यू बोलने के पहले हर बार वह सोचती है कि सचमुच मन से धन्यवाद दे रही हूं या नहीं। क्या मुसीबत है। इस देश में तो बिना सोचे-विचारे धन्यवाद दिया जाता है, न देने पर जात बाहर। मालूम है न वह क़िस्सा—एक बंगाली लड़के की अंग्रेज़ बहू ने पति से तालीम पाकर ससुर की चरणधूलि लेकर बड़े भक्तिभाव से उनके सिर पर ही अर्पित कर दी थी। यह क़िस्सा सुनकर लोग ख़ूब हंसे थे लेकिन रोज़मेरी का डर बढ़ गया है। यह भी संभव है कि रोज़मेरी कभी भारत न जाये। एला जायेगी पर उसे चिंता बहुत कम है। आज दोपहर ज़मीन पर पैर मोड़कर बैठने का अभ्यास करने के चक्कर में स्टुअर्ट के घुटनों में दर्द हो गया। बोला है—रोज़ नियमित अभ्यास करेगा। उकड़ू तो बैठ ही नहीं पाता, चेयर बनकर रह जाता है। भारतीय पाख़ाने का वर्णन नहीं किया, सुनकर कहीं जाने का इरादा ही न छोड़ दे। फिर उसकी चर्चा विलायती तहज़ीब के खिलाफ़ है।

ये कुछ लोग सचमुच बड़े भले हैं। काला होने के कारण इस देश में बहुत बार अप्रत्यक्ष अपमान सहना पड़ा है। उसके बीच इन लोगों का निस्संकोच सहज भाव से मिलना-जुलना बहुत कुछ देता है।

29.11.58

मनु,

दो परीक्षाएं दी हैं पर कैसी, यह नहीं लिखा। इसमें मुझे आश्चर्य नहीं क्योंकि तुम्हें क्या पता कैसी दी है।

...तुम्हारे लिए चिंता करने को मना न करतीं तो भी कोई नुकसान नहीं था क्योंकि वह मेरे बस की नहीं। मैं अपने को लेकर ही चिंतित हूँ और किनारा छोड़ जल्दी-से-जल्दी नदी के बीच पहुंच जाने के अभियान में जुटा हूं। कुछ दिनों बाद

निवृत्ति के सागर में शयन करके, शिशिर-बिंदुओं की उपेक्षा करके व्योम होकर स्थित हो रह पाऊंगा, ऐसी आशा है।

तुमने अपने लिए कई तीखे अंग्रेज़ी विशेषणों का प्रयोग किया है। दुनिया का मुकाबला करने का सौभाग्य (या दुर्भाग्य) मुझे तुम्हारी तुलना में कहीं अधिक मिला है। अतः स्वनिर्मित आदर्शों से स्वयं को विच्युत होते देखकर अब आश्चर्य नहीं होता। मेरी विच्युतियां बहुत पुरानी हैं और दीर्घ दिन व्यापी। तुम्हारी विच्युति नई-नई है अतः shock गहरा है। सच तो यह है कि तुम्हारी विच्युति से भीतर ही भीतर थोड़ा खुश भी हुआ हूं, वैसे ही जैसे चोर किसी साधु को चोरी करते देखकर होता है।

बातें कठोर लग रही हैं? क्या करूं, बोलो। मैं हाड़-मांस का आदमी हूँ। सपने बहुत देखे हैं, आज भी देखता हूँ लेकिन मेरे दोनों पैर ज़मीन छोड़कर ज़्यादा ऊपर शायद कभी भी नहीं उठे। ऊपर से कुछ और लगने पर भी मैं शायद कभी कानु की तरह idealist नहीं था, कम-से-कम उसकी तरह idealism को वास्तविक जीवन में उतारने की आंतरिक चेष्टा तो कभी नहीं की। वह क्षमता भी नहीं थी। कानु आदमी को आदमी ही मानना चाहता है तथापि आदमी से उसकी अपेक्षा ज़बरदस्त होती है, ख़ासकर जिस व्यक्ति को वह प्यार करता है।...लेकिन दुनिया के साथ मिलजुलकर शांति से रहने की उपयोगिता मुझमें उससे अधिक है। मैं दुर्बल जीव हूं, बिना तर्क किये compromise करके line of least resistence चुन लेता हूं। फिर भी खुद को चंगा रखने की दृष्टि से कानु जैसे शक्तिशालियों का साथ मेरे काम आता है। मुझे सुविधा यह है कि कानु के साथ मेरी दोस्ती निर्विरोध है। तुम्हारी तरह कानु से ब्याह करने की ज़रूरत मुझे नहीं पड़ी।

विवाह और मित्रता में विरोध है या नहीं, इस विषय पर थीसिस लिखने का ख़याल बीच-बीच में मन में आता है। आसपास अच्छी बिबलिओग्राफी तैयार है। अभी डिप्लोमा की थीसिस को लेकर थोड़ा व्यस्त हूं, अतः इस चित्ताकर्षक और ज्ञानोद्दीपक विषय को फ़िलहाल टाल रखा है।

...आजकल मैं बहुत आलतू-फालतू सोचता रहता हूं और उस कारण बीच-बीच में कुछ लिख डालता हूं। उससे नाराज होने या असंतुष्ट होने का पूरा अधिकार तुम्हें है पर भगवान के लिए उसे लेकर परेशान मत होना। हर चिट्ठी में या एक ही चिट्ठी की एक-एक लाइन के बीच तर्कसंगत तारतम्य या परस्पर विरोधी बात खोज निकालने में कोई बड़ी बहादुरी नहीं है, क्योंकि यह बिलकुल कठिन नहीं होता।

इसी बीच तुम यह भी कह रही हो कि मुझसे बात करके थोड़ी हल्की हो लेती हो। बात पर पूरा विश्वास न होने पर भी बात अच्छी लगती है। मैं किसी का कोई द्रदृम्नत्द्यत्ध्ङ्क उपकार कर सकता हूं, यह बाल-सुलभ स्वप्न फ़िलहाल मैं नहीं देखता।

बिना चेष्टा केवल मेरे अस्तित्त्व से किसी का कोई उपकार हो तो बहुत है।...काश, बिना सोचे-विचारे, बिना किसी चेष्टा के दुनिया के समस्यामूलक कामों (यथा थीसिस लिखना, परीक्षा पास करना) का समाधान भी यों ही हो जाता!

...'मेरे परिवार' से तुम्हारा क्या मतलब है, समझा नहीं। समझना उचित भी होगा, ऐसा नहीं लगता। मेरे चरित्र पर कटाक्ष नहीं है न?

दांत की ख़बर अच्छी ही है। तीन गये।...दाहिनी ओर के दांत भी गोलमाल कर रहे हैं। सामने के दांत से जो चबाया जा सकता है, वही खाकर ज़िंदा रह रहा हूं। आध्यात्मिक संचय बढ़ रहा है क्योंकि बाध्य होकर नज़र को गोमांस से हटाकर सात्विक मछली और अंडे पर अधिक रखना पड़ रहा है। अनाचार सांड़ की पूंछ (Oxtail) के सूप तक सीमित है।

खाना बनाना इतना ख़राब लगता है कि एला के न्योता देते ही खुशी-खुशी राज़ी हो जाता हूं। न्योता वह क़रीब-क़रीब रोज़ ही देती है। बदले में मैं जब न्योता देता हूं तो चीज़-सामान सब उसे ही सौंप देता हूं। उसी का खाना और उसी के कमरे में बैठकर निर्लज्जों की तरह खाता हूं। दुनिया में यदि लॉजिक होती तो एला और मिसेज़ बिलिटर को मुझे बहुत पहले इस घर से झाड़ू मारकर निकाल बाहर कर देना चाहिए था। उल्टे मैं यह घर नहीं छोड़ रहा हूं, यह सुनकर एला बोली--गुड और मिसेज़ बिलिटर ने भाड़ा कम कर दिया।

...एला तुम्हें पत्र नहीं लिख पायी कारण बांग्ला में लिखने की इच्छा और बांग्ला में लिखने की विभीषिका। तुमने इस बारे में खोज-पूछ की है जानकर उसका विवेक आहत हुआ, वह दुखी हुई। फ़िलहाल 'टुनटुनिर बई' (टुनटुनी की किताब) पढ़कर सियार, कछुआ और बाघ के माध्यम से अपनी बांग्ला भाषा की नींव मज़बूत करने में लगी है। शिक्षक के रूप में मैं निर्विरोध स्वीकृत हूं। यह मेरे अध्यापन के ऊंचे स्तर को प्रमाणित करता है। तुम ज़रूर मन-ही-मन कह रही होगी--आसपास कोई और बंगाली नहीं है न, इसीलिए बच्चू! पर तुम जैसे दुष्ट जो मर्ज़ी आये सोचें--यह सही नहीं है।

6.12.58

मनु,

लाल कॉपी खोलकर पाया, अंतिम कविता की तारीख़ है 8 नवंबर। एक महीना होने को आया।

पिछला एक महीना पहले के और अनेक महीनों से अलग था। पहले दिन का अधिकांश समय घड़ी देखते बीतता था...कब साढ़े पांच बजेगा। ज़रूरत से ज़्यादा काम न कर डालूं इस डर के मारे बीच-बीच में कंक्रीट की छत, सीढ़ी और खंभे में कितनी लोहे की छड़ें लगेंगी, इससे मन को हटाना पड़ता है। मन ख़ाली नहीं रहना चाहता, दुनिया की चिंताएं आ जुटती हैं। कभी घर लौटने के लिए ज़रूरी रुपयों का हिसाब, कभी तत्त्वचिंतन। फालतू काग़ज़ पर पेंसिल से घसीटना चलता रहता है, आंकी-बांकी रेखाओं से आदमी के चेहरे की आंकी-बांकी अस्पष्ट तस्वीर, कभी कविता।

वह जीवनधारा बदल गयी है। क्लाइने इंजीनियरिंग कंपनी के बदले सरे काउंटी काउंसिल का प्लानिंग ऑफ़िस। रात रहते सारी दुनिया को कोसते हुए बिस्तर छोड़कर दाढ़ी बनाना, नाश्ता करना, ट्रेन पकड़ना आदि एक के बाद एक निबटाकर दिन शुरू होता है कहानी की किताब पढ़ने से। ट्रेन में। किताब पढ़ने से मन की अस्थिरता कम होती है, शांति मिलती है। अपने को लेकर गंभीर तत्त्व-चिंतन के बदले किसी और के अनुभवों की दुनिया में शांति मिलती है। ऑफ़िस पहुंचने तक मैं क्या हूं, क्यों हूं, कहां हूं जैसे प्रश्नों से मन पूरी तरह मुक्त हो गया रहता है, दाहिने-बायें गुडमार्निंग-गुडमार्निंग करते सहज ही नक्शों की भीड़ में खो जाता है। कलम, ब्रश, रंग, स्याही आदि के खेल से शुरू करके चाय, चाय के बाद लंच, लंच के बाद चाय, चाय के बाद छुट्टी—समय सहज ही पार हो जाता है। घड़ी का कांटा अब घुरगुंडी खाते हुए नहीं बढ़ता। बहुत बार तो घड़ी की ओर देखना भी भूल जाता हूं।

उस दृष्टि से मज़े में हूं, सुखी हूं। दिन को यदि दिन की रोशनी के अनुसार माना जाय तो पूरा दिन और रात का काफ़ी हिस्सा कांच से घिरे एक काठ के कमरे में बीतता है। यह समय यदि इस तरह बेमालूम कट जाय तो फिर सुख का क्या कहना। किंतु उस सुख का लेखन से मेल नहीं। जिस समय सबसे ज़्यादा अकेला लगता है, मन अस्थिर होता है, सब बेस्वाद लगता है, उसी समय दिमाग़ की न जाने कितनी बातें पेंसिल की नोक के माध्यम से काग़ज़ पर उतरना चाहती हैं। इसीलिए अंतिम कविता की तारीख़ एक महीना पुरानी है।

...सोचा था तुम्हें कुछ क़िस्से सुनाऊंगा। क़िस्से जिनमें कोई विशेषता नहीं, जिनका सिर-पैर नहीं, जिनका कोई मूल्य नहीं। मूल्य है तो केवल तुम जैसे कुछ लोगों के लिए क्योंकि वे क़िस्से 'मेरे' हैं। और मूल्य है मेरे लिए क्योंकि वे क़िस्से 'मेरे' हैं।

किंतु क़िस्सा सुनाना और क़िस्सा लिखना दो अलग चीज़ें हैं। लिखने को शायद बहुत महत्त्व दे बैठा हूं मन में। मिस्टर बिलिटर का पागलपन, मिसेज़ बिलिटर का उस पागलपन को सम्हालना, एला, स्टुअर्ट, रोज़मेरी—लगता है इन सब पर लिखा जा सकता है बशर्ते लिखने की क्षमता हो। इनमें से हर व्यक्ति जीवंत है, अलग है—अपनी-अपनी अलग दुनिया में। उस दुनिया के कोने-अंतरे में बादल नाम के बाहर के एक आदमी का विचरण करना, कुछ-कुछ देख लेना फिर उनके साथ थोड़ी कल्पना को मिलाकर एक-एक चित्र खड़ा करना। पूरा सच नहीं पर जीवंत! भले ही मूल व्यक्ति से थोड़ा-बहुत अंतर हो।

...रोज़मेरी की काया आकार में न एला की तरह छोटी है न ही नैन्सी की तरह विशाल। रोज़मेरी दिखने में कैसी है, बताना कठिन है। अच्छी ही है। सिर पर सामने की ओर बाल थोड़ा कम है इसलिए बाल बनाने में कुछ इधर-उधर करने से चेहरा ही बदल जाता है, अतः निश्चित रूप से यह कहना कठिन है कि वह सुंदर है या नहीं।

रोज़मेरी संगीत के बारे में चर्चा करते समय, श्रोता की ओर कम देखती है। कारपेट से हाथ की अंगुली और हाथ की अंगुली से कारपेट के बीच नज़र घूमती रहती है, हो सकता है अचानक एक नज़र श्रोता पर भी पड़ जाये। किसी अंग्रेज़ की आवाज़ की तरह आवाज़ नीचे पर्दे पर रहती है, कभी ऊपर नहीं चढ़ती। आलोचना जितनी गंभीर होती जाती है, एक अंग्रेज़ का स्वर उतना ही नीचे उतरता जाता है। तर्क या झगड़ा हो तो स्वर फुसफुसाहट भर रह जाता है। गायन की कौन-सी धारा सोलहवीं शताब्दी से किस रास्ते से होती हुई आगे बढ़ी है, किस समय कौन-सा रूपांतर हुआ है, स्केल-टोनैलिटी-बेसिक नोट को किसने कितनी दूर तक अनिवार्य माना है, धीरे-धीरे बोलती जाती है, थोड़ा रुक-रुककर, अंगुली, कारपेट और सामने की दीवाल के पार देखते हुए। यह रोज़मेरी सीरियस है, संगीत कॉलेज में शिक्षित, संगीत को अगांगीभाव से जीवन के साथ जोड़े रखनेवाली रोज़मेरी। लिंकन (शहर) में मां-बाप के पास लौटने की बात पर विशेष ध्यान न देकर लायंस के कैफेटेरिया में विराजमान रोज़मेरी। यह रोज़मेरी बागेश्वरी, पूर्वी सुनकर काग़ज़ पर नोट कर लेती है, पाश्चात्य स्वरों के साथ मिलाकर देखती है, भारत की शासन-व्यवस्था

के बारे में जानना चाहती है, देवी-देवता, तीज-त्योहार आदि की बातें सुनना चाहती है।

एक और रोज़मेरी जींस का स्लैक पहनकर एला के साथ हिच-हाइकिंग पर जाती है, रास्ते में एक दिन अचानक बैग खोलने पर पाती है कि पैसा ख़त्म हो गया है। रास्ते में चलते-चलते एक कॉफ़ीघर में बैठकर गाने लगती है, मुझसे तंबाकू लेकर जीवन की तीसरी सिगरेट बनाकर पीना शुरू करती है और खांसने के बावज़ूद ज़बरदस्ती अंतिम टान लेकर ही छोड़ती है, जलती सिगरेट हाथ से छूटकर गोदी में पड़ जाये तो उसे दोनों हाथों से उठाकर 'हेल्प' के लिए चिल्लाती है।

...रोज़मेरी के ब्रिटिश मन के अंतराल में शायद एक एला छिपी बैठी है। अचानक एक-एक शाम उस अंतराल को भेदकर सामने आ जाती है।

ऑफ़िस से घर लौटकर लगा रेडियो पर पियानो बज रहा है। सीढ़ी चढ़कर ऊपर आकर देखा, एला का दरवाज़ा पूरा खुला था, बोली—रोज़मेरी का पियानो सुन रही हूँ। उस दिन कहा था—अपना पियानो सुनाओ किसी दिन। शुक्रवार का दिन तै करके तीनों को न्योता दे दिया था।

इस बीच रोज़मेरी लिंकन जाकर टिन में खाना पैक करनेवाले एक कारख़ाने में काम कर आयी थी। अंत में स्कालरशिप मिल गयी। लौटकर मेरे बग़लवाला कमरा फ़िलहाल भाड़े पर ले लिया है। जिस शुक्रवार का न्योता दिया है उसके दो दिन बाद नये घर में चली जायेगी।

उस शुक्रवार को लगता है हवा में कुछ नशा-सा था। मेरा निमंत्रण माने पैक्ड फूड। फिर भी खाने की उन्नति की बात दरकिनार कर आधी बोतल शेरी लेकर घर लौट आया। वे सब आये। रोज़मेरी भद्र पोशाक में थी अर्थात् स्कर्ट में। एला अपने घर के कपड़ों में थी—जींस का मैला स्लैक्स, लाल चेकवाली स्काटलैंडी ढीली शर्ट (जो असल में स्टुअर्ट की थी), पैरों में मैला फटा केड्स जिनसे उंगलियां बाहर झांक रही थीं। स्टुअर्ट यथारीति लाल चेकवाली शर्ट में, बिना टाइ, बांह मज़बूत करने के लिए बांह पर चमड़े की पट्टी लगे कोट, काडराय के बदरंग चोगा जैसे पैंट में।

शेरी और रैविओली से उपजे एला के पागलपन के कारण वह शाम रोज़मेरी का वादन सुनने से अधिक टीन-एजर्स की नाच-संध्या में बदल गयी। रोज़मेरी को मजबूर हो स्कर्ट उतारकर स्लैक्स पहनना पड़ा, स्टुअर्ट और एला तो तैयार थे ही। केवल मेरा काला सूट एकदम बेमौजूं लग रहा था, क़रीब-क़रीब ईविनिंग सूट जैसा।

स्टुअर्ट के घर तक चलना, दौड़ना, नाचना, हो-हल्ला चला। उसके बाद स्टुअर्ट के पियानो पर रोज़मेरी एक के बाद एक संगीत बजाती रही। एला कारपेट पर चित सोयी हुई थी। थोड़ी देर पहलेवाला ज़बरदस्त हो-हल्ला पियानो के काले-सादे पर्दों पर नाचती रोज़मेरी की उंगलियों से निःसृत झरने के जल के कुलकुल शब्दों के साथ जैसे मिल गया हो।

मेरी उम्र हो गयी है। निरंकुश हो-हल्ला का अभ्यास भी साल भर से छूट गया है। समझ में नहीं आ रहा कि स्रोत किधर-से-किधर जा रहा है।

मैं और स्टुअर्ट भद्र गति से जितनी देर में नीचे उतरे, उतने में वे दोनों काफ़ी आगे निकल गयीं। देखा–एक मकान की बाहर की चहादीवारी का सहारा ले सिगरेट टान रही थीं। लगा दोनों में प्रतियोगिता हो रही थी कि कौन अधिक लुच्चों जैसी दिख रही है। रोज़मेरी के जीवन की चौथी सिगरेट।

रात दस बज़े। फिंचले रोड, वेस्ट एंड नहीं है, शुक्रवार होने पर भी रास्ता काफ़ी ख़ाली है। उसमें रात की चुप्पी को भंग करते हुए चार लोगों की चीत्कार, हंसी और फुटपाथ पर आवाज़ करते हुए भाग-दौड़। सामने के रेस्त्रां से एक बंगाली लड़का खाना खाकर बाहर निकला। उसका नीचे का जबड़ा आश्चर्य में झूल गया। कल रात आगरा होटल में जिस गंभीर, शांत, खल्वाट खोपड़ी व्यक्ति से उसने–'कैसे हैं?–ठीक तो?' कहकर हालचाल पूछा था, अगले दिन वह फिंचले रोड पर रात 10 बजे स्लैक्स पहने फालतू लड़कियों के साथ हल्ला-गुल्ला करता मिलेगा यह उसने सोचा भी नहीं था।

'कैसे हैं?–आज नहीं हुआ। जबड़ों पर काबू पाने के पहले ही हमारा दल आगे बढ़ गया। इधर-उधर चक्कर लगाने और इनसे-उनसे पूछने के बाद क़रीब साढ़े दस बजे दल एक नीची छतवाले बेसमेंट में उतर गया जहां नीग्रो आरकेस्ट्रा के शोर के बीच छोटे-छोटे टेबुलों पर बातचीत का गुंजन मुखर था। दो-एक जोड़े मरे-मरे से नाच भी रहे थे। हम तीनों बियर और एला ह्विस्की लेकर बैठ गये।

कमरे में अंधेरा-सा था। लड़के-लड़कियां दीवाल से सटकर बैठे थे, कहीं जोड़े में, कहीं दल में। दो-चार लोग आ-जा रहे थे, दो-चार नाच रहे थे। सब मिलाकर अजीब तरह का एक थकान-भरा वातावरण, मौज-मस्ती करने के नियमों का क़ानून-सम्मत पालन। रोज़मेरी और एला भी शांत हो गयी थीं, बातचीत थोड़ी, हंसी बंद। रोज़मेरी से पूछा–चुपचाप क्यों बैठी हो?

–और क्या करूं?

–मैंने सोचा था–नाचोगी।

चेहरे पर हल्की हंसी लाकर बोली–हां, प्लीज़। उसके बाद हताश बोली–मैंने सोचा था तुम नाचने को बुला रहे हो। वह खूब अच्छी तरह जानती है कि मुझे नाच बिलकुल नहीं आता।

कैसा लग रहा है–रोज़मेरी ने पूछा। बोला–लग रहा है, गिरजा में बैठा हूं, सब लोग एकाग्रचित्त से किसी गंभीर अनुष्ठान में भाग ले रहे हैं। बाद में वे सब इस बात को लेकर खूब हंसे। शायद उन्हें भी ऐसा ही लगा था। और भी हंसे थे बंगाली युवक के जबड़ा झूलने की बात को लेकर। हमलोग उस समय क्या कर रहे थे? कहा–शायद फुटपाथ पर नाच रही थीं।

घर लौटने पर बिलिटर साहब ने पूछा–कैसा रहा? एला बोली–बहुत अच्छा। बादल और रोज़मेरी के नाच की सब तारीफ़ कर रहे थे।

एला कॉफी पीने नहीं आयी, उसे नींद आ रही थी। स्टुअर्ट घर चला गया। रोज़मेरी आई। कॉफी के प्याले पर बात हुई ज्यां क्रिस्ताफ़, म्यूज़िक, मनुष्य के जीवन का मीडियम, भारतीय साहित्य की धारा आदि पर। हाथ की उंगली, कारपेट, दीवाल के उस पार देखते हुए, चुपचाप, रात एक बजे तक।

बाद में एक दिन एला बोली–रोज़मेरी कह रही थी कि बादल को किसी काम में जुट जाना चाहिए। उसमें ज़बरदस्त एनर्जी है, कुछ करने की झोंक है। सीरियसनेस है।

बात अच्छी लगती है पर रोज़मेरी की इस समझदारी के बारे में मुझे संदेह है।

बहुत दूर कहीं गिरजा का घंटा बज रहा है। पास के किसी मकान में कोई बांसुरी बजाने का अभ्यास कर रहा है। बीच-बीच में रास्ते से कुछ बातचीत की आवाज़, किसी गाड़ी के जाने का शब्द। अलार्म घड़ी की तेज़ टिक्-टिक्। केरोसिन के बर्नर के सांस लेने की मीठी आवाज़।

स्नान नहीं हुआ है। आज न हुआ तो दो सप्ताह निकल जायेगा, निकल जाये, होगा अगले रविवार को। खाने का समय हो रहा है, बनाना होगा। एला के कमरे में इस समय वे लोग पढ़ रहे हैं–स्टुअर्ट हिंदी, एला टुनटुनी की किताब।

रात में सोने से पहले एला एक बार कमरे में आती है। प्रायः। पांच मिनट से ज़्यादा नहीं बैठेगी की घोषणा के बाद आग के पास कारपेट पर कुंडली मारकर बैठ जाती है, आधा घंटा-एक घंटा बाद चली जाती है। मैं सुबह उठने की चिंता लिये नाक तक कंबल तानकर सोचने लगता हूं। एला की बात, अपनी बात, दूसरों की बात, देश की बात, नींद की बात, नींद से स्वप्नजगत–तैरते हुए

से इखरे-बिखरे स्वप्न, सपने में सीढ़ी पर पैरों की आवाज़, दरवाज़ा खुलना–मिस्टर सरकार, इट्स हाफ पास्ट सिक्स।

थैंक यू मिसेज़ बिलिटर।

परसों अचानक एला बोली–हमें इतना कम समय मिलता है। लगा जैसे रात की नींद से चोरी किये गये थोड़े समय की बात कर रही हो। कुछेक महीने और...एला ने चालू रखा–उसके बाद परीक्षा देकर तुम हो सकता है किंग्स्टन चले जाओ, उसके बाद हो सकता है कुछ दिनों के लिए भारत या फिर...चुप हो गयी एला। इस तरह की बातें उसके मुंह से कभी नहीं सुनी थीं। खुद भी इस तरह अपने बारे में कभी नहीं सोचा था। नाना जगहों में नाना समय नाना लोगों के संपर्क में आया हूं पर समय बीते सब बिखर गया है, खो गया है। दो-एक लोग बचे हैं, आसपास हैं, पर ऐसा नहीं लगता कि उनसे सारे जीवन कभी और भेंट न होगी। एला शायद जीवन की पहली ऐसी मित्र है जिसके साथ एक साल निकल गया है और भविष्य में कभी भेंट होने की संभावना नहीं।

इतना कम समय मिलता है हमें, इतना कम।

मनु, मेरे जीवन में तुम लोग आज ल्रबे अरसे से हो। इतनी दूर आने के बावज़ूद हममें दूरी नहीं बढ़ी है, क्योंकि जानता हूँ फिर मिलेंगे। इस जानने का कितना महत्त्व है यह पहले नहीं समझ में आया था। यदि आज हम सब यह निश्चित रूप से जानते कि हम और कभी नहीं मिल पायेंगे तो क्या पत्रों के माध्यम से संपर्क रख पाते? साल-दर-साल? जीवन के अंतिम दिन तक?

पता नहीं। लगता है शायद नहीं। मित्रता के लिए अतीत की ज़रूरत होती है, अतीत का अनेक लंबा संपर्क, जानना, पहचानना। साथ ही भविष्य की भी। भविष्य न हो तो वर्तमान भी नहीं रह जाता, अतीत भी धीरे-धीरे दिनों और सालों में विलीन होता जाता है। शायद यही अच्छा है नहीं तो प्रियजनों की मृत्यु के शोक को आदमी सह न पाता। आत्मरक्षा के लिए प्रकृति द्वारा प्रदत्त एक हथियार है।

एला के साथ मेरी मित्रता के पीछे लंबे अरसे की पक्की बुनियाद नहीं है। होती तो भी मूल रूप में कोई गुणगत अंतर नहीं होता। भारतवर्ष से एला एक दिन जहाज पर सवार होकर लौटेगी, उसके बाद चिट्ठियों की संख्या कम होने लगेगी और उसमें हमारी मित्रता भी विलीन होती जायेगी।

ये सब साधारण बातें है, स्वाभाविक हैं। फिर भी पहले समझ में नहीं आयी थीं। आज पुरानी बातें नये सिरे से समझ में आ रही हैं।

...अब इस समय क्या लिखा जा सकेगा? एला आकर कारपेट पर बैठ गयी है–पैराफिन लैंप के सामने घुटने मोड़कर बैठकर तुम्हें बांग्ला में चिट्ठी लिखने की असाध्य चेष्टा में लीन। इस समय वह एक छोटी बच्ची-सी दिख रही है।

18.12.58

मनु,

चिट्ठी न आने के कारण जितना ज़्यादा नाराज़ होने की बात थी, उतना हो नहीं पाया। ऑफ़िस से एक घंटा पहले निकलकर डेंटिस्ट के घर गया था। जाते साथ इधर-उधर की बातों में उलझाकर एक और दांत उखाड़ दिया। लौटकर आधा उबला अंडा खाकर डॉक्टर के आदेशानुसार चित होकर लेट जाने का इरादा था। देखा बचे अंडे सब गायब। अर्थात् एला खा गयी थी। निश्चिंत हुआ। एला घर में नहीं थी। यदि लौटती है तो मुझे खिलाने का नैतिक दायित्व उसका होगा और न लौटी तो हरी मटर तो है ही अर्थात् हर स्थिति में खाना बनाने से छुट्टी।

एला आई। मुझे खिलाया। अंडे के अलावा और भी बहुत कुछ खिलाया। रोज़मेरी भी आयी थी। आराम नहीं हुआ। इंजेक्शन का असर दूर होने पर जब तक निकाले गये दांतों के विरह में मसूड़ों में दर्द नहीं शुरू हुआ तब तक अंग्रेज़ी भाषा की शुद्धता और अशुद्धता को लेकर बहस करते समय काट दिया। दर्द कम होते ही डॉक्टर की एक गोली खाकर जो सोया सो आज सुबह साढ़े नौ बजे उठा हूँ। ऑफ़िस में फोन किया–दांत नहीं रहा, सारी रात नींद नहीं (सरासर झूठ), सारी सुबह नींद (पूरा सच), अब ऑफ़िस आ रहा हूं। सुनकर साहब बोले–तक़लीफ़ है तो छोड़ दो। फिर भी जाऊंगा। काम के बारे में मेरा विवेक सदा जाग्रत रहता है।

फलस्वरूप तुम्हारी चिट्ठी शाम के बदले सुबह ही मिल गयी। पर यह क्या? छिः। परीक्षा ख़त्म होने के बाद ऐसी बातें? परीक्षा ख़त्म होने के बाद यदि यही हाल होता है तब हमारे स्वदेश लौटने जैसी मामूली बात पर तो तुम चार-पांच दांत ज़बरदस्ती उखड़वाकर कहोगी–बादल दा, तुम आ गये। बैठो। चाय के लिए दुकान पर बोल आये हो या मैं ही बनाऊँ?

पहलेवाली चिट्ठी पढ़कर तुम्हारा मुंह चिढ़ाने का मन हुआ और कानु बोला–बहुत अच्छा लिखा है। क्या लिखा था यह एकदम भूल गया हूं। ज़रूर तुम्हारे बारे में कुछ डैमेजिंग रहा होगा नहीं तो कानु को अच्छा क्यों लगता?

...इस बार का बड़ा दिन ज़बरदस्त रूप से सामाजिक होगा, पिछले बार के हॉस्टल के बड़े दिन की तरह निर्वैयक्तिक (impersonal) नहीं। 24 को एला के कमरे में डिनर, 25 को बिलिटर लोगों के साथ, 26 को संभवतः रोज़मेरी के घर। 27 को आइस शो–यह बिलिटर-कन्याओं को मेरी ट्रीट होगी। पहली जनवरी को नये साल की शुरुआत होगी डेनटिस्ट के यहां (कौन जाने एक और दांत निकल जाये), लेकिन इसे ठीक बड़े दिन के प्रोग्राम में नहीं डाल सकता। 17 जनवरी को ऑफ़िस में क्रिसमस पार्टी है।

सामाजिकता के कारण पॉकेट थोड़ा हलका हो रहा है। मैं और मेरे अल्ला जानते हैं कि यों ही मेरा पॉकेट कितना हलका है।

डायरी

27.12.58

शीशे में अपना चेहरा देख रहा था। आंख के ऊपर-नीचे काफ़ी कालापन आ गया है। आंखें दोनों पूरी खुलतीं नहीं, खूब लंबी लगती हैं। नाक के दोनों ओर दो रेखाएं ओंठ की ओर उतर आयी हैं। माथे के नीचे बीच में भृकुटि। भौंहों का स्पष्ट संकेत मिलता है। बाल बहुत ऊपर हैं, दोनों ओर पके बाल चमक रहे हैं। सब मिलाकर चेहरे पर एक अलग तरह की कठोरता है। बड़े होने का प्रमाण।

...मन में जो है वह क्या लिखना चाहता हूं? क्या लिख पाऊंगा?

क्या पता। शायद न लिखना ही अच्छा होगा।

पिछली शाम। सोफ़ा, चेयर, किताबों से भरी ताक, ग्रामोफोन, पियानो, रोज़मेरी। एला, स्टुअर्ट, अमिया। मैं।

You are restless to-day Badal.

रेस्टलेस? क्यों? रवींद्रनाथ का अनुवाद? बड़े दिन के उपहार का पागलपन–भरा आइडिया?

...एला ने भूल की। एला समझी नहीं। उसने समझा मैं नाराज़ हो गया हूँ। विचित्र बात। बुद्धू है वह। भूल करती है।

भूल न करती तो क्या अच्छा लगता? नहीं। नहीं लगता। मुझ में आये परिवर्तन, मेरी रेस्टलेसनेस की ओर एला का ध्यान जाता है। भूल की, इसी से समझ में आया कि वह ध्यान देती है।

समझ में आकर भी क्या हुआ? उससे क्या आता-जाता है?

संबंधों की दृष्टि से भविष्य का ही महत्त्व अधिक है। अतीत मूल्यवान है किंतु असल है भविष्य। संबंधों में इतना subjective element होता है?

यह सब नयी जानकारी है। नयी जानकारी कष्टदायक होती है फिर भी अच्छी होती है।

धत्तेरे की। दुनिया भर की फालतू...

टेबुल पर लाल बनात का पुराना कवर। तीन दिन पहले टेबुल साफ़ किया था, फिर किताब, कॉपी, चाय के कप, चीनी के ठोंगे आदि से भर गया है। एक ओर एक पैकेट तंबाकू, एक साबुन और एक डायरी–जेन-पैडी द्वारा दिया गया उपहार। मैंटलपीस पर बड़े दिन की शुभेच्छा के साथ आये फोटो-चित्र आदि, अभी भी चक-चक चमक रहे हैं। बड़े दिन की सजावट मेरे कमरे में इस लंबे ताक तक सीमित है–रंगीन काग़ज़ की कुछ ज़ंजीरें, पीछे दीवाल पर समान अंतर पर लगा क्रेप काग़ज़ का फीता आयना के ठीक नीचे। इस फीते से ही चेहरा बदल गया है। लगाकर खुद ही मैंने अपनी पीठ ठोंक ली थी। दूसरों ने भी ठोंकी थी। आयना के दोनों ओर दो पवित्र डालें, कांटेदार पत्तों और छोटे लाल फलों से भरी। ये दोनों बाद में लगायी थीं। एला के कमरे में बच गयी थीं, लाकर लगा लिया।

एला का कमरा ही पहले सजाया था, जिस दिन वह स्टुअर्ट के साथ ऑक्सफोर्ड गयी थी। 24 तारीख़ को उसके कमरे में पार्टी होने की बात थी सो अपना कमरा सजाना बेकार था। एला, स्टुअर्ट, रोज़मेरी, अमिया और मैं–पांच लोग। पांच लोगों का यह गुट अब तै है, कहीं भी न्योता हो तो यही पांच जन होते हैं।

...साल के किसी एक दिन को विशेष मान लेने का अद्भुत् आनंद बचपन के साथ-साथ ख़त्म हो गया। पिछले साल बड़े दिन के दिन हॉस्टल में ब्रेकफास्ट से शुरू करके डिनर तक बांग्ला और हिंदी में गप्पें मारते, हंसते-हंसाते बड़े आनंद में कटा था। अगले दिन दियासलाई का एक डिब्बा ख़रीदने के लिए दो मील पैदल गया था। रास्ता एकदम ख़ाली, सुनसान। बड़ा दिन पूरा होने पर ऑफ़िस गया था।

इस बार का बड़ा दिन भी पूरा हुआ। तेईस तारीख़ को लंच से शुरू करके आज बिलिटर लोगों को भेंट में आइस शो दिखाकर घर पहुंचकर पूरा किया। आलमारी में बोतल में नीचे थोड़ी-सी ह्विस्की बची है, उसे ख़त्म करके सब कुछ पूरा हो जायेगा। टुकड़े-टुकड़े में कुछ बातें, दो-एक खंडित दृश्य, संभव है दो-एक सुर भी–बड़े दिन की परिधि से बाहर अगले कुछेक दिनों तक धुनी हुई रुई

की तरह इधर-उधर उड़ते रहेंगे। अधिकांश उड़ते-उड़ते खो जायेंगे, दो-एक टिके रहेंगे, हवा-पानी के प्रभाव से बदरंग होकर और मन की धूल-मिट्टी में मिलकर एकाकार हो जायेंगे।

क्या रहेगा? कौन रहेगा? कैसे पता चले? आज जिन चीज़ों की ज़्यादा याद आ रही है शायद वे ही जल्दी विलुप्त हो जायें। आज किनकी याद आ रही है, यह भी ठीक से नहीं पता। बहुत लोग हैं। एला है। स्टुअर्ट है, रोज़मेरी है। अमिया की डांट है। मिसेज़ बिलिटर हैं। जेन, पैडी। पिछले कई दिनों से जेन, पैडी सबसे ज़्यादा छायी हैं। काग़ज़ की ज़ंजीर, होली ट्री की डाल, बड़े दिन का रोशनी से सजाया पेड़, इन कई दिनों के लिए भाड़े पर लिये टेलीविज़न पर हैरी बेलाफौंट का गाना, पियानो के काले-सफ़ेद पर्दों पर रोज़मेरी की उंगलियों का खेलना और चमकती आंखें। रोज़मेरी की आंखें। रोज़मेरी का घर एक अलग दुनिया है। किताब के ताकों से भरी दीवार, नरम सोफ़ा, पियानो, कारपेट आदि के साथ घुली-मिली एला, रोज़मेरी, अमिया। वहां मैं हूँ पर बहुत दूर। वे हैं फिर भी मैं अकेला हूँ। पांच हज़ार मील की दूरी। अचानक सिमटते-सिमटते न जाने कहां विलीन हो गयी है। कमरे की गंध में जैसे कलकत्ता की हवा मिली हुई है, जैसे अभी दरवाज़ा खोलकर कोई परिचित अंदर आ जायेगा। नहीं वह भी नहीं, परिचित कोई नहीं। ख़ास कोई नहीं। एक समग्र वातावरण आबहवा। पुराने दिनों के अनेक लोग, अनेक निकटता। अनेक प्रेम, स्नेह, प्रिय होना, निकट होना हवा में व्याप्त है। जो कमरे में घूम रहे हैं, बैठे हैं, बात कर रहे हैं, वे भी निकट हैं। फिर भी बहुत दूर...बहुत-बहुत दूर। उन्हें नहीं पहचानता। उन्हें छूता नहीं। उनके साथ बातें करता हूँ। बातचीत की लाठी से अंधों की तरह ठोंक-ठोंककर अनुभव से समझने की चेष्टा करता हूं, पहचानने की चेष्टा करता हूँ। फिर भी इस कमरे में वे मेरी नज़रों में 'वे' नहीं हो पाये हैं, विशेष नहीं हो पाये हैं। उनकी बातों का ख़ास अर्थ नहीं है। कुछ व्यक्ति। जीवंत व्यक्ति। पुराने लोग, पुराने जीवंत जीवन के साथ ढलंगकर-मिलकर एकाकार हो जानेवाली एक नशीली ऊष्ण आबहवा। उनींदे थके मन को ढके एक अलौकिक पर्दा भर।

'तुम आज इतने अस्थिर क्यों लग रहे हो, बादल?'

पता नहीं क्यों। अस्थिर नहीं। मन में बड़ी शांति है, मन आविष्ट है। इसीलिये बैठने का मन नहीं कर रहा। बैठ नहीं पा रहा। बात करते हुए हल्ला-गुल्ला बकवास करके एला, रोज़मेरी और अमिया को परेशान किया, रोज़मेरी की चुप्पी तोड़कर, शराब पीकर, सिगरेट फूंककर अंत में अपने कानों में अपने ही गले

का स्वर सुनते-सुनते थककर रुका। 26 तारीख़ को रोज़मेरी के कमरे में मन आविष्ट और पैर अस्थिर थे। एला क्या सोच रही है, पता है। भूल सोच रही है, यह भी पता है। भूल मिटाकर क्या होगा? उसकी भूल भी तो अच्छी लग रही है। एला समझ रही है कि मैं उस पर नाराज़ हूँ। वह सोच रही है कि पिछली रात की उसकी बातें मेरे मन का बोझ बनी पड़ी हैं। एला चाहती है कि मैं उसे भूल न समझूं। ऐसा सोचकर वह मुझे भूल समझ रही है। समझे। अच्छा लग रहा है। अच्छा क्यों न लगे?

रवींद्रनाथ की कविता का अनुवाद करना सहज नहीं। शब्द ढूंढ़े नहीं मिलते। 'अमृत' की अंग्रेज़ी क्या होगी–नेक्टर? एकदम बेकार शब्द। सब बर्बाद हो जाता है। केवल एक शब्द के कारण पूरी कविता बर्बाद हो जाती है। वह कविता भी अच्छी नहीं है 'मुक्त बातायनप्रांतें'–कोई माने होता है इसका? केवल छोटी कविता है इसलिए शुरू किया–जल्दी से करना है, ज़्यादा समय नहीं है। 'दुखेर आंधार रात्रि बारे बारे एसेछे आमार द्वारे एकमात्र अस्त्र तार देखेछिनू'। अस्त्र माने? weapon? सर्वनाश। Again and again came the dark night of misery and knocked at my door, the only weapon that I saw–ना। I found her armed with the distorted pretensions of suffering–यह कविता हुई या पारितोषिक वितरण में भाषण? ए प्रान, रातेर रेलगाड़ि, गाड़िभरा घूम रजनी निझूम–यह लंबी है पर सहज है। सोचने का और समय नहीं है। केवल दो घंटे बचे हैं।

Your ominous silence. मेरी ominous silence। सब मिलाकर हास्यास्पद बचपना। एला का बचपना कि उसने सोचा। मेरा बचपना कि उसका सोचना अच्छा लगा।

रोज़मेरी में क्या बचपना नहीं है? जब हैप्सिकार्ड पर गोल्डबर्ग वैरियेशंस सुनती है, तब नहीं लगता कि वह है। ग़लत सोचा था। वह असल में सुंदरी है। केवल सुंदरी नहीं, असामान्य सुंदरी। उसका चेहरा देख पा रहा हूं। थोड़ा पास से। ग्रामोफोन की ओर थोड़ा झुका। हलकी-सी हंसी, बीच-बीच में हल्का-सा सिर हिलाना। ज़रा-सी भृकुटी। बाल आज पूरा कपाल ढके हैं।

अमिया को कैसा लग रहा है, क्या पता। उसे क्या म्यूज़िक अच्छा लगता है? या भद्रतावश सुन रही है। नहीं, लगता है अच्छा ही लग रहा है। उसके चेहरे पर कोई शिकायत नहीं, ऊब नहीं। उसे अच्छा लग रहा है। संगीत न भी हो तो हमारा साथ तो अच्छा लग ही रहा है। अमिया के भाई नहीं है। भाई दूज का टीका नहीं कर पाती। कलकत्ता जाने के बाद आपका टीका करूंगी। अमिया अभी

भी आप*। बोलती है। कान पर पानी क्यों लगाया? सिर गरम हो रहा है? और शराब गटकिए। यह ज़हर क्यों फूंकते हैं, बतलाइये तो? अपने को स्मार्ट दिखाना चाहते हैं? वैसा करना अच्छा लगता है?

ए प्रान रातेर रेलगाड़ि दिलो पाड़ि।

एकदम फालतू अनुवाद हुआ है। भूल हुई। क्यों वह ख़याल दिमाग़ में आया। न आता तो बड़े दिन की रात उनलोगों को परेशान न करता। ख़ासकर एला के घर के अपने लोगों के साथ टेलीफ़ोन पर बात ख़त्म करने के ठीक बाद। करने के बाद ख़राब लग रहा है। सोचा–बहुत हुआ। इसीलिए रात भर रेकार्ड सुनने के बाद ही गुडनाइट कहा। सुबह रेकॉर्ड ख़त्म होते ही, बिना कुछ कहे, ज़रा-सा मुस्कुराकर बाहर निकल आया।. कमरे में टेबुल पर काग़ज़-कलम और संचयिता।* They say it has no mind, but they make their beds and trust their souls in the hands of the blind. Mind–blind. अनुप्रास की क्या ज़रूरत थी? न होने से ही अच्छा होता पर अब सोचने से क्या लाभ।

आज लाल टेबुलक्लाथ के ऊपर सफ़ेद काग़ज़ पर अंग्रेज़ी के अक्षर बड़े ख़राब लग रहे हैं। बेकार सब कुछ। नहीं, दो-एक लाइन बुरी नहीं हैं। आज अच्छी लग रही हैं। दो दिन बाद नहीं लगेंगी।

इतनी शराब मत पीया कीजिये। पीकर क्या होता है? मुझे पता है आपको पीना अच्छा नहीं लगता।

You sent a nice card to Rosemary.

कौन-सा भेजा था? याद नहीं आ रहा। दो चिड़िया? चीनी चित्र था। हां, वह कार्ड अच्छा था। रोज़मेरी ने New Poems 1958 दी। कविता की किताब क्यों दी? ताज्जुब है। पर एला को दिया पीला मोज़ा।

I can't understand Rosemary.I wish I could see what goes on in her head.

वह सब सोचने से कोई लाभ नहीं। एला सोच सकती है। एला रोज़मेरी के साथ बात कर सकती है। मेरे सोचने से कोई लाभ नहीं। एला रोज़मेरी स्टुअर्ट। रोज़मेरी स्टुअर्ट को अच्छी लगती है। कितना? पता नहीं। रोज़मेरी ने खुद को क्षमा नहीं किया है। लेकिन फ़िलहाल सब कुछ स्वाभाविक होने लगा है। एला ने बतलाया था। सब कुछ उसी के मार्फ़त जाना हुआ है। मुझे नहीं पता। कुछ भी नहीं पता।

---

* बंगाल में मित्रों या कहा जाय निकट के व्यक्तियों को तुम कहकर ही सम्बोधित करते हैं, आप नहीं। आप का प्रयोग गुरुजनों और बाहर के लोगों के लिए किया जाता है।

* रवींद्रनाथ ठाकुर का कविता संग्रह।

आज डायरी लिख रहा था। सब भविष्य के बारे में। हमारा संपर्क स्वतंत्र नहीं होता। भविष्य की चिंता उसे तोड़-मरोड़कर उसका स्वरूप बदल देती है। रोज़मेरी ने क्या अपना स्वरूप बदल लिया है? अवश्य ही। मैंने भी।

मैं? मैं क्यों? मेरी बात क्यों? मैं और कुछ नहीं चाहता। जो है उसे ही बचाये रखना चाहता हूं। जो है वही बहुत है, यथेष्ट, आशातीत।

क्या खुद को यंत्र बनाना पड़ता है? मैंने मनु को लिखा है कि मैं एला की बातें सुनने का यंत्र (मशीन) हूं। उसकी बातें समझ में न आने पर भी सुनता रहता हूं क्योंकि बातें करके उसका मन हल्का होता है। एला से एक दिन यह कह दिया था। बहुत नाराज़ हुई थी। That's an insult to our friendship* फिर भी बात पूरी तरह झूठ नहीं है। यही ठीक है। सब कुछ स्वीकार कर लेना। सब कुछ से बचकर चलना। कोई विरोध नहीं। निस्संकोच, बिना किसी चिंता के वह मुझसे बातें किये जा सकती है। ढेरों बातें। अभी भी बहुत बातें बाक़ी हैं।

...इन तीन गानों को स्वर रोज़मेरी ने दिया है। अद्‌भुत् हुआ है। ना, रोज़मेरी सुंदर नहीं है। यह पियानो बजाते समय समझ में आता है। उसकी चिबुक बहुत भारी है। दोनों आंखें ज़्यादा ही चमकती हैं। लगता है–किसी अतिनाटकीय दृश्य की नायिका हो। हम सबको भूल गयी है फिर भी दोनों आंखें चमकती हैं–लगता है इस दुनिया में नहीं है। अचानक कुछ बोल उठती है या हंसती है तब समझ में आता है कि इसी दुनिया में है। Frenzy . एला कह रही थी--Frenzy* एला ठीक ही कह रही थी।

रोज़मेरी के घर इतना अच्छा क्यों लगा? अच्छा खाना खिलाया, इसलिए? या घर सुंदर है, इसलिए? या पियानो बजाया, इसलिए? हो सकता है। लेकिन कुछ और भी था। एला बोली–we've enjoyed it, each in his or her own way. सच। मेरा तरीक़ा उन्हें नहीं मालूम। किसी दिन मालूम होगा भी नहीं। मुझे भी ठीक से नहीं मालूम।

अच्छा लगा? ना। इन सबके अलावा कुछ और भी था पिछले इन कई दिनों में। जेन, पैडी, मिसेज़ बिलिटर–एला-रोज़मेरी से भी ज़्यादा, कुछ और। वहां कोई विरोध नहीं। स्वाभाविक ढंग से ही नहीं है। एला-रोज़मेरी के साथ संपर्क में भी विरोध नहीं। स्वाभाविक ढंग से? शायद नहीं।

...मैं क्या थक गया हूँ? एला के साथ संबंध के भार के कारण? लेकिन क्यों? उसके साथ बातें करना तो सत्य है, यथार्थ है! कहानी लिखने को लेकर बातें, किताबों के बारे में बातें, आदमियों के बारे में बातें, जीवन के बारे में बातें।

उस समय तो व्यक्ति की बातें मन में नहीं आतीं? तब फिर अकेले होने पर क्यों व्यक्ति को खींच लाता हूँ?

लगता है अब थोड़ा-सा समझ पा रहा हूँ—रोज़मेरी के कमरे की हवा में नशा जैसा कुछ था। एक निर्वैयक्तिक जीवनयात्रा। निर्वैयक्तिक पर हठात् उस दिन रोज़मेरी के कमरे में, किताबों में, सोफ़ा में, कारपेट में, पियानो में व्यक्ति बिखरा हुआ था। दूर खड़े होकर, अपने सोफ़े पर पसरे अपने आपको देख पा रहा था, कोई और होकर किसी और की आंखों से। बहुत सारे और। वे सभी जीवंत थे। उन सभी ने मुझे इस तरह देखा। उन लोगों द्वारा देखे गये अपने टुकड़े-टुकड़े चित्र को मैंने उस दिन अलग-अलग देखा। छोटे-छोटे टुकड़ों का पहाड़ बन गया था उस दिन। एला ग़लत थी। यू आर रेस्टलेस। ओमिनस सायलेंस। एला मुझे बाहर से देख रही है। समझने की चेष्टा कर रही है। उसी तरह जैसे पहले भी बहुतों ने देखा है। अमिया ने देखा है। समझने की चेष्टा की है कि मैं पीता क्यों हूं। वह मुझे बुरा आदमी नहीं मान पाती पर मेरा पीना उसे अच्छा नहीं लगता। मेल नहीं बैठा पाती। इसीलिए देखती है।

सोफ़ा पर पसरा मैं अपने आपको देख रहा हूं। टुकड़ों-टुकड़ों में। अनेक होकर। उनमें से कोई इस ओर नहीं है। रोज़मेरी रसोई में है। उस ओर से बीच-बीच में उनकी बातचीत की आवाज़ आ रही है। एला की आवाज़ टूटी-टूटी, बिखरी-बिखरी और बहुतों की आवाज़ के साथ मिलकर इधर के कमरे में सोफ़ा पर आराम से अधलेटे एक निस्पंद नीरव शरीर के आसपास मंडरा रही है। इधर एक अलग दुनिया बन गयी है, भीड़ भरी, जीवंत आदमियों की भीड़, व्यक्तियों की भीड़।

रात का एक बज गया है। नीचे की बची ह्विस्की का आधा हिस्सा लेकर बैठा हूं। पहली चुसकी से गला जल रहा है। निर्जला (बिना पानी) ह्विस्की। सिगरेट जलाना होगा।

इतना क्यों पीते हैं?

मनु सुने तो क्या वह भी यही पूछेगी?

...दूसरों की बहुत-सी बातें समझ में आती हैं, सब नहीं।

ह्विस्की पीना मामूली बात है, इसका कोई महत्त्व नहीं। लेकिन और बहुत सारे काम। मैं क्या खुद अपने को समझता हूँ? इन तीन दिनों की यहां की बातें मनु को लिखने की इच्छा थी पर कहां लिख पाया। अपनी अन-समझी बातें, अनजानी अनुभूतियां, चेतना, आनंद, यंत्रणा आदि को घुमा-फिराकर लिखता रहा। शाम को डायरी में जो लिखना शुरू किया था, वही बातें चिट्ठी के पन्नों

में घसीटी जाने लगीं। ये पन्ने कलकत्ता नहीं भेजे जा सकते। ये बहुत ही व्यक्तिगत हैं। ये डायरी में ही दबे पड़े रहें। हो सकता है एक दिन कानु-मनु पढ़ें। तब मैं भी पढूंगा। तब ये सब बातें पुरानी हो गयी होंगी, हो सकता है तब और अच्छी तरह समझ सकूंगा। हो सकता है हंसू। या सोच-विचार करूं। आनंद मिलेगा। दुख होगा। तब भी याद आयेगी अनेक घटनाहीन, एक जैसे उबाऊ दिनों के बाद विलायत में बड़े दिन के ज़बरदस्त हो-हल्ले में बिताये उन तीन-चार दिनों की। एला के साथ रात ढाई बजे तक बातें करना, रोज़मेरी को रवींद्रनाथ का अनुवाद भेंट देना, अमिया को चिढ़ाना, मिसेज़ बिलिटर के साथ हाथ में ह्विस्की का गिलास लिये रात डेढ़ बजे तक गप्पें मारना, जेन-पैडी के साथ बैठकर टेलीविज़न देखना, हैरी बेलाफांट का गाना, गोल्डबर्ग वैरियेशंस, रोज़मेरी का पियानो, स्टुअर्ट की गाड़ी में पीछे का ठंडा अंधेरा कोना।

तुम अस्थिर हो बादल।

अस्थिर कैसे न होऊं? दिन-पर-दिन, साल-पर-साल लगातार एक जैसी स्थिरता तुमने भोगी है एला? भोगने की उम्र अभी नहीं हुई है तुम्हारी। कभी भोगना न पड़े तुम्हें। तुम बहुत कुछ नहीं जानतीं एला। बहुत कुछ भूल जानती हो। वही अच्छा है। तुम्हें सब कुछ बताना भी नहीं चाहता। जो है, वही ठीक है। तुम मुझे बहुत दिनों तक याद रहोगी। बहुत-बहुत दिनों तक। तुम जब नहीं रहोगी, जब चिट्ठी नहीं लिखोगी, तुम्हारा चेहरा भूल गया होऊंगा, तुम्हारी बातें भूल चुका होऊंगा, तब भी याद रहेगा—विलायत जाकर बहुत-बहुत दिनों बाद अस्थिर हुआ था। हो पाया था।

चिट्ठी

30.12.58

मनु,

कल टेबुल पर तीन चिट्ठियां रखी थीं, ऊपर एला के श्रीहस्ताक्षरों में लिखे ईर्ष्यापूर्ण शब्द—You lucky dog.

इस बीच ज़बरदस्त बड़ा दिन बीता। सोचा था इन तीन-चार दिनों का क़िस्सा एक लंबी चिट्ठी में लिखूंगा। शुरू भी किया पर दिमाग़ साफ़ नहीं था अतः थोड़ी देर बाद एक कहानी के बदले ऊटपटांग डायरी-मार्का लेखन होने लगा। चार पन्ने लिखने के बाद यह बात समझ में आयी। उन पन्नों को डायरी में घुसाकर नये सिरे से तुम्हें लिखने बैठा हूं।

...तुम सपना देखती हो कि तुम लंदन आयी हो, कल रात सपने में मैं भी कलकत्ता गया था।

1.1.59

शुभ नववर्ष।

सबसे पहले पिछले साल शुरू की गयी सपने की कहानी इस साल पूरी करूं। तुम लोगों को खोजते-खोजते देखा एक जगह दीनेन का विवाह हो रहा है। ख़ाली बदन, उपरना ओढ़कर ब्याह करने बैठा है लेकिन चेहरा दाढ़ी से भरा है। पास में घूंघट में ढकी दुलहिन, जिसका चेहरा नहीं देख पाया। दीनेन ने हाथ हिलाकर स्वागत किया। सोचा—अच्छे समय से पहुंचा हूं पर कानु-मनु सब किस जहन्नुम में बैठे हैं? यहीं होने की तो बात थी। परिचितों में दिखलाई पड़ीं कानु की बूआजी। पूछा—कानु कहां है? (मनु कहां है नहीं पूछ पाया। क्या करूं, सपने पर तो अपना बस नहीं)। उन्होंने पूछा—कौन कानु? कानु-मनुवाला कानु? सुनकर ताज़्जुब हुआ। धीरे-धीरे समझ में आया कि मनु के पति के अतिरिक्त कानु की एक स्वतंत्र व्यक्ति के रूप में परिचिति नहीं रही। हंसी भी आई। हां-हां, वही कानु जो मनु का पति है। उसे ही खोज रहा हूं। लेकिन खोज-खाज करने पर भी वह मिल नहीं पाया। मिसेज़ बिलिटर ने बाधा डाल दी।

इस दौरान साल पूरा हुआ। मन में आ रहा है—सन् 1957 में आया था, अब 1959 आ गया।

नया साल स्काटलैंड का उत्सव है, इंग्लैंड का नहीं। छुट्टी भी नहीं है। फिर भी लंदन में स्काटलैंड मूल के बहुत लोग रहते हैं, चाहे इस कारण हो या कि इस कारण कि युवा लोगों को मौज-मस्ती से मतलब होता है, ब्रिटिश और स्काच से नहीं—ट्रैफलगर स्क्वायर में रात बारह बजे नये साल का स्वागत करने के लिए अपार भीड़ जुटती है, हो-हल्ला, नाचना-गाना होता है। पिछले साल हॉस्टल से पैदल का रास्ता था, दल बनाकर सब गये थे, मैं नहीं। इस बार यदि अंतिम गाड़ी मिस की तो इस ठंड में छह मील पैदल चलना नहीं तो टैक्सी से आना, दोनों में से कोई भी स्थिति लुभावनी नहीं थी फिर भी सोचा चलो जितना हो देख ही लूं। पाया, असली मौज-मस्ती शुरू होती है बारह बजे के बाद अतः बहुत कोशिशों के बाद तीन-चार चक्कर खाकर किसी तरह भीड़ से बाहर निकला। उस ट्यूब स्टेशन के दरवाज़े में घुस पाना असंभव होगा, देखकर पिकैडली स्टेशन की ओर जान छोड़कर दौड़ा। बड़े रास्ते पर बीच में नाच हो रहा है, लड़के जल्दी-जल्दी

लड़कियों को पकड़कर चूम रहे हैं, लड़कियाँ तार स्वर में चीखती-हंसती-खिलखिलाती उसका आनंद ले रही हैं, रास्ते में ही लोग बोतल मुंह में लगाकर सीधे टान रहे हैं, पुलिस जी-जान से सम्हालने की चेष्टा कर रही है, चारों ओर आकाश-बातास में मदिरा की मीठी-मीठी तीखी गंध।

क़िस्मत से आधा मिनट रहते अंतिम गाड़ी पकड़ ही ली। पीछे के दबाव से भीतर पहुंच गया और इंच भर जगह में सैंडविच होकर खड़ा हो गया। रात पौने एक बजे किसी चरित्रहीन व्यक्ति की तरह चुपके-चुपके जल्दी से ताला खोलकर दबे पांव ऊपर जाने की फ़िराक़ में था कि फटाक से दरवाज़ा खोलकर बैठकख़ाने से (ड्राइंगरूम) गृहस्वामी बाहर निकले। मुझे देखकर नाचते-नाचते गर्दनिया देकर कमरे के भीतर ले गये। टेलीविज़न चालू था। एला, स्टुअर्ट और दोनों बच्चे तक एकदम जगे हुए थे। बच्चों के हाथ में औरेंज स्क्वाश का गिलास था। गृहस्वामिनी ने गिलास में जितनी विशुद्ध ब्रांडी भरकर पकड़ाई, उसे 'मेडिकेटक' मानना कठिन था।

पेट ख़ाली था। प्यास भी लगी थी। लंबी चुसकी लेते ही पहली बार दिल-खुश होने की अनुभूति हुई। माथा हल्का हो गया। लगा, इतने से भार को ढोने के लिए इतने चौड़े कंधों की क्या ज़रूरत थी। यह देख गृहस्वामिनी ने झटपट गिलास ख़ाली करवाकर फिर से भर दिया। गृहस्वामी ने चाय बनाई। एक बजे के बाद बच्चों को सोने के लिए भेज दिया गया। चाय के बाद एक और डोज़। आपत्ति की तो गृहस्वामिनी बोलीं–पी लो, कल नहीं मिलेगी। गृहस्वामी बोले–मैं उठाकर तुम्हें कमरे तक पहुंचा दूंगा। और कुछ ख़ास नहीं हुआ, कई बिस्कुट खा लिये। कहना चाहता था leaving पर मुंह से निकल रहा था meeting–ऐसा ही दो-एक जिह्वा-स्खलन। अंग्रेज़ी व्याकरण भी बीच-बीच में कठिन हो उठती है।

तीन बजे के बाद बिस्तर पर। क़रीब तीन घंटे बाद सुबह का नॉक। गृहिणी आज मेरे लिए ही इस समय उठी थीं, मुझे जगाकर फिर सोने चली गयीं।

ऑफ़िस में दिन जैसे-तैसे कटा। उसके बाद डेनटिस्ट। दांत पर विचित्र-विचित्र कल-पुर्जा लगाकर खोद-खादकर फिलिंग हुई। एला के कमरे में भोजन, बांग्ला की क्लास। उसके बाद एक चिट्ठी पूरी करके यह दूसरी तुम्हें लिखना शुरू किया है। आज नौ बजे सो जाना ठीक था पर बजा है साढ़े दस। एला एक बार दो मिनट के लिए आई थी (रही दस मिनट), हुक्म दे गयी–इस चिट्ठी को ख़त्म करके सो जाना, बीस मिनट का समय देती हूं। कहा–सो नहीं होगा। मनु

को आज लिखना ही है नहीं तो गुस्सा हो जायेगी। एला बोली–मनु जानती तो वह भी चिट्ठी छोड़कर तुम्हें सोने को ही कहती।

अचानक यह बात बहुत अच्छी लगी। लगा एकदम सही। बोला–इसीलिए उसे बताऊंगा नहीं। वह बोली–मैं लिख दूंगी। बोला–वही करो। मेरे लिए वही सबसे अच्छा होगा।

उसके बाद...देखो तो, खुद ही यह पुराण लिखने बैठ गया।

...पर आज सचमुच यह पूरा नहीं हो पाया। कल आउटडोर है, बहुत चक्कर काटना होगा। रास्ते की किसी चाय की दुकान में पूरी करने की कोशिश करूंगा। आज सात घंटे न सो पाया तो मर जाऊंगा। उम्र तो हो रही है न?

सारे दिन नहीं हो पाया। रात दस बजे। एला वगैरह को बांग्ला पढ़ाकर अभी ही ठंडे कमरे में लौटकर आग जलाकर बैठा हूँ। कल छुट्टीवाला शनिवार है सो बारह बजे तक सोऊंगा।

...क़रीब एक साल तक कुछ नहीं पढ़ पाया था। पिछले अगस्त महीने से यह अच्छा काम करने लगा हूं। इससे कितना लाभ हो रहा है, यह तुम समझ नहीं पाओगी। अकेलेपन के साथ बहुत सारी मानसिक बीमारियां लगी रहती हैं। इन बीमारियों को दूर भले ही न किया जा सके पर इन्हें दबाये रखने की सबसे कारगर दवा है–किताब। वर्तमान नौकरी पढ़ने के लिए डेढ़ घंटा समय देती है, ट्रेन में।

पिछले कई दिनों से ख़र्च देकर एला के सर खा रहा हूं। ख़र्च होटल से आधा पड़ता है (भगवान जाने पूरा भी पड़ता है या नहीं), बनाने का झमेला नहीं और खाना भी अच्छा मिलता है। स्टुअर्ट के और मेरे बर्तन धोने की बात है लेकिन आराम से भूल जाता हूं। याद भी रहता है तो अंत में एला दया करके हमें बख़्श ही देती है।

डायरी

2.1.59

एक साल और। एक नया साल और।

और अनेक-अनेक साल यों ही बीत जायेंगे। यदि जीवित रहा तो विलायत के इस अध्याय की ओर बहुत दूर से देखूंगा। आज की सारी जानकारी, शिक्षा, अस्थिरता आदि को दूर से देखूंगा। जैसे आज पीछे बहुत दूर छोड़ आये एक अन्य जीवन की ओर देखा करता हूं।

किसी एक दिन को अलग करके देखने से क्या मेरे पूरे जीवन को जाना जा सकेगा? आज के एक दिन को? सारे दिन के सारे आनंद, चेतना, अनुभूति, सारे दुख, खीझं, पीड़ा, हताशा, आत्मप्रवंचना, सारी कल्पना, सपने, आशा आदि को?

2.1.59 (रात 11: 45)

बोधिसत्व

निद्रा के स्निग्ध औदार्य ने
दी है शांत चेतना प्रभात की।
दीपान्विता रात बहुत दूर
नींद के उस पार
सपनों की ओट में।
चेतना में डूब गयी कामना
शेष हुई सूर्य की वंचना भी
ताराओं के साथ अब।

सुबह मैं ज्ञानी, मैं ध्यानी
मैं स्तब्ध मैं समाहित बोधिसत्व---
देखा है निज को
आकाश बनकर दूर से,
क्षुद्र, विवर्ण, असंपूर्ण लेकिन
स्पष्ट।

दिन के आरेवाले चक्के से खंड-खंड हुआ मैं
अब अनेक हूं
रात की नकली रोशनी में मुखर।

पूर्ण आवर्तन में मेरा जीवन
मेरे दिन को आलोकित करतीं
रात की फुलझड़ियां
टुकड़े-टुकड़े होता है
सहस्धाराओं के उज्ज्वल ध्वंस में

भस्म हो जाता है।
अंधकार निद्रा में सपनों से सादी
कुहासा की हवा में
नीरव ज्ञानी बुद्ध की आगामी घोषणा।

2.1.59
(रात साढ़े बारह बजे)

तब क्या मैं नीरव हो लूँ?
तुमको क्या स्वीकारूं
बाधा-बंधन हीन नीरव भाषा में
हारी आशाहीनता में?
तुम्हारे लिए लाऊँ क्या पूजा सामग्री
भक्ति का जलार्घ्य, क्लीवत्ता के अचल थाल में?

तुम्हें प्यार करके
गिनता रहूं शून्यता का मूल्य मैं
सरल प्रकाश में?
आच्छादन बुनकर क्या ढांक दूं तुम्हें मैं
प्रवंचक छाया-वास में?
तुम आत्मा पृथ्वी की

अनिश्चय में उपहास में विस्मय के
औ', नृशंस हंसी में
तुम्हारा स्वरूप लुप्त।
तुम करतीं दूर धुधुआं
विभ्रम जादू-संचार
विकीर्ण कर आलोक

तब क्या मैं नीरव हो लूं
अंध हो जाऊं मैं
अनासक्त समाधि की ओट में?

डायरी

3.1.59

रिन, आज रात बहुत अकेला लग रहा है।

अब बहुत बूढ़ा हो गया हूं रिन, तुम्हारी बात ख़ास याद नहीं आती। तुम्हारी ज़रूरत पड़ती है बहुत, फिर भी तुम्हारा नाम याद नहीं पड़ता। बस, यह भरोसा है—तुम्हें पास रखने के लिए सोचने की आवश्यकता नहीं, कोई कष्ट नहीं उठाना पड़ेगा, कुछ त्याग भी नहीं करना पड़ेगा। सालों-साल यदि पल भर के लिए भी तुम्हारी याद न आये तो भी पता है, जिस पल तुम्हें पुकारूंगा, तुम्हारा उत्तर मिलेगा—यह रही मैं। इतने दिन भुलाए रखने के बावजूद तुम्हारी हंसी में, तुम्हारी आंखों की छाया में इतने दिन भुलाए रखने का आभास भी नहीं मिलेगा। न होगा कोई मान-अभिमान, न दोषारोपण और न ही कोई शिकायत।

अनेक-अनेक साल पहले इसीलिए तुम्हें बुला लिया था। जीवन में जब पहली बार प्यार करना सीखा, तब तुमसे परिचय हुआ। प्रेम कभी अकेला नहीं रहा सिवाय पहले कुछ दुर्लभ क्षणों को छोड़कर। इसीलिए उन पहले कुछ क्षणों के अलावा तुम मेरे जीवन में प्रतिष्ठित हो—प्रेम को अकेले में पाने के लिए।

खापड़खेदा वाले अकेले दिन काफ़ी पहले बीत चुके हैं। तब की तरह अब सारे दिन, सारी रात तुम्हारी ज़रूरत नहीं पड़ती। एक समय, काफ़ी बड़े हो जाने के बाद, लगा था कि अब तुम्हारी ज़रूरत नहीं पड़ेगी। लगा था कि अपने ऊपर भरोसा कर सकूंगा। प्रेम की सीमा-रेखा निश्चित कर पाऊंगा।

शायद बहुत दूर तक कर भी सका हूं। नहीं तो हर समय तुम्हें पुकारता क्यों नहीं? कभी-कभी, जैसे आज की रात, लगता है कि इस समय पहले से भी ज़्यादा तुम्हारी ज़रूरत है। बहुत ज़्यादा।

जो लोग तुम्हारी तरह नहीं हैं, जो रक्तमांस के आदमी हैं, उनके साथ मिला-जुला हूँ, बातें की हैं, दोस्ती की है, उनसे प्यार किया है। उनका प्यार पाया भी है, जितना पाया जा सकता है। उसके बाद अकेले बैठकर सोचा है। रक्त-मांस के शरीर को घेरे कल्पना का जाल। या पूरी-की-पूरी कल्पना ही—कल्पना के पोशाक की भीड़ में आदमी न जाने कहां खो गया है। इन सबके साथ जो संबंध है उनमें तुम्हारा थोड़ा-सा अंश मिला है, पर पूरी तुम नहीं। पूरी कभी नहीं। उस समय तुम्हारा ख़याल नहीं आया था पर तब भी तुम थीं। खुद को नज़रों की ओट में रखकर तुमने अपना थोड़ा-सा अंश उन सबमें मिला दिया था।

लेकिन आज क्यों तुम्हें यह चिट्ठी लिखने बैठा हूं? एक बात पूरी तरह समझ में नहीं आ रही है। जो कहना चाहता हूँ वह एकदम भूल-भाल, बेवकूफ़ी भरी बातों जैसा हो रहा है। तुम जानती हो रिन, मैं अभी क्या सोच रहा हूं। तुम सब जानती हो क्योंकि तुमने मेरे सिवा और किसी को नहीं जाना है।

आज लिख नहीं पा रहा हूं। लेकिन लिखना चाहता था। यहां कोई नहीं है। यहां कल्पना के आधार पर कल्पना रूप लेती चलती है। अपरिचित व्यक्ति को लेकर। अपरिचित आदमी से केवल आंखों-देखा आकार भर मिलता है, उसी पर कल्पना की कारीगरी शुरू होती है। सिनेमा में देखे प्रेम का एक छोटा-सा चित्र, अलग होने की यंत्रणा का छोटा-सा साक्षात्, और भी कितना कुछ। यदि कुछ नहीं मिलता तो फिर कल्पना, विशुद्ध कल्पना। तब तुम अपनी समग्रता में रहती हो।

रिन, तुम मेरा समस्त अभाव हो। मुझे जो मिला है या जो मिलता है उसके लिए मैं तुम्हारे पास नहीं जाता। जब मिलना शेष हो जाता है तब मैं तुम्हें चाहता हूं। जो कुछ नहीं मिलता, वह सब तुम होती हो। जो अभाव मिटा नहीं होता, मिटता नहीं, जीवन में कभी किसी दिन जिसका मिटना संभव भी नहीं, वह अभाव तुम मिटाती हो। तुम्हारी सीमा नहीं है। न ही है वार्धक्य, क्षय या विकृति। तुम्हारी मृत्यु नहीं। तुम्हें खो देने का कोई भय नहीं।

रिन, शायद तुमने सुना हो कि मैं आजकल कविता लिखता हूं, या कहा जाय कि कुछ दिनों से लिखने की कोशिश कर रहा हूं। अब और कविता नहीं लिखना चाहता फिर भी बीच-बीच में लिखता हूं। बाध्य होकर लिखता हूं। जो बात कहना चाहता हूं उसे और संपूर्ण, स्पष्ट तथा निश्चित रूप देना चाहता हूं। दे नहीं पाता। डर लगता है। मैं बहुत-बहुत सीमित हूं। अनेक संपर्क से, अनेक दायित्व से सीमित हूँ। अपने गहन अंधकार में खोज-बीन करने का साहस यदि मैं जुटा भी लूँ तो किसी दूसरे की शांति भंग करने का साहस नहीं होता। उन लोगों ने जब जाने-अनजाने अपना एक-एक अंश मेरे सामने खोलकर रख दिया था, तब मुझ पर विश्वास किया था। मान लिया था कि मैं उसे अपने कोटर में रखूंगा, दुनिया भर में उजागर करता नहीं फिरूंगा। वह विश्वास मुझे बांधे रखता है। इसलिए कविता के माध्यम से विकृत रूपाकार में जितना कुछ कह सकता हूं, कहने की चेष्टा करता हूं।

यह चेष्टा और कितने दिनों तक कर पाऊंगा, पता नहीं। अभी ही सब कुछ स्तब्ध हुआ जा रहा है, लेकिन कहने की इच्छा दिनोंदिन प्रबल हो रही है। सजा-

बजाकर बनावटी वेश में नहीं, वरन् खुलकर। सच बात कहना वैसे, जैसे जाना है, देखा है, अनुभव किया है।

चिट्ठी

8.1.59

मनु,

थीसिस लेकर बैठा हूं। पहला अध्याय काफ़ी सारा लिखा था। जो लिखा था वह सब रद्द करना होगा। उत्तेजना में खूब बढ़ा-चढ़ाकर इतिहास लिखने बैठ गया था। इंडिया ऑफ़िस लाइब्रेरी में भर्ती होकर (एला की सहायता से) कुछ पढ़ाई-लिखाई भी की थी। लेकिन कलकत्ता का इतिहास कितना भी आकर्षक हो, उसे टाउन प्लानिंग की थीसिस में नहीं चलाया जा सकता।

...तुम लोग ठंड में तक़लीफ़ पा रहे हो, जानकर चौंक पड़ा। आज सुबह से इस देश में सचमुच की हाड़ कंपानेवाली ठंड शुरू हुई हैं। एक दिन नाम को बरफ़ गिरी थी, एक दिन पाला, मतलब रास्ते में जमा हुआ पानी। जल्दी ही अच्छी तरह बरफ़ गिरने की उम्मीद है। हो सकता है कल सुबह ही उठने पर सब कुछ सफ़ेद दिखे।

अपनी दुख गाथा काफ़ी सुना सकता था पर थोड़ी-थोड़ी करके पहले की चिट्ठियों में सुना चुका हूं। दुख अधिकतर शारीरिक है–जो अपने भाग्य में है। मानसिक अवस्था का ठीक अंदाज़ नहीं लगता। कभी लगता है बहुत ख़राब है, कभी लगता है बहुत अच्छी है। और कुछ न सही, अलग-अलग तो होती है। बहुत दिनों से मन पर फफूंद जम रही थी, इस तरह की सफ़ाई बहुत ज़रूरी थी। कलकत्ता के रोज़मर्रे की छोटी-मोटी बातें बहुत बड़ा रूप लेकर प्रबल हो उठती हैं और अनुपात गड़बड़ा जाता है। दूर आना, नया अनुभव, नया परिवेश बहुत से अनुपात-बोध को लौटा लाते हैं। वैसे कुछ एकदम नयी अनुपातहीनता की सृष्टि भी करते हैं।

आजकल जेन गुडनाइट कहने आने पर कुछ गप्प कर जाती है। मेरे कमरे की बड़े दिन की सजावट को खोला। उसके बाद लगता है फेंकने का मन नहीं हुआ। फ़िलहाल मेरे पैताने बैठकर मेरी रद्दी काग़ज़ फेंकनेवाली बास्केट को सजा रही है–इस भरोसे है कि डैडी नीचे हैं, उन्हें पता नहीं चलेगा।

...आजकल अपने आपको ज़्यादा लक्ष्य कर पा रहा हूं। पहले बहुत-सी लज्जाजनक या अटपटी बातें छिपी रहती थीं, अपने आप ही वे एक भद्र पोशाक

तैयार कर लिया करती थीं। अपने आपको फांकी देने की ख़ास ज़रूरत नहीं पड़ती थी।

इस देश में मन बहुत सक्रिय रहता है। छोटी-मोटी बातों में उलझे रहने का अवसर नहीं मिलता। केवल एक outlet--सोचना। मन में ही मन का चक्कर काटते रहना—और कोई सहारा नहीं।

उदाहरण देने से शायद बात अच्छी तरह समझ पातीं। लेकिन लिखकर उदाहरण देना कठिन है, उसमें ग़लत समझने की आशंका है। फिर भी बताता हूं। कल्पना करो--इन पंद्रह महीनों में हैंडशेक की फार्मेलिटी के अलावा किसी को स्पर्श नहीं किया है, किसी बच्चे को भी नहीं। बड़े दिन के दो दिन पहले बिलिटर लोगों के कमरे में टेलीविज़न देख रहा था। कारपेट पर बैठकर। जेन मेरे पीछे कुर्सी पर बैठी थी। मेरे आराम के ख़याल से उसने मेरा सर अपनी गोद में लेकर मेरे कंधों पर अपने हाथ रख लिये। अचानक जैसे पहली बार लगा—इन पंद्रह महीनों में दुलार भरे स्पर्श की पहली अनुभूति हुई हो।

तुमको यदि यह कोई कष्ट की बात लगे तो भूल होगी, असल में यह कोई ख़ास बात नहीं है—केवल एक नई अनुभूति मात्र। पुरानी बहुत सारी चीज़ें बिना चाहे ही मिलती रही हैं, उनका अभ्यस्त हो चला था, आबहवा की तरह उनका अस्तित्त्व कभी ध्यान में ही नहीं आ रहा था—यह नये तौर पर उसके मूल्य का स्वीकार था और यह समझने की चेष्टा कि इस अभावबोध को दूर करने के लिए मन को किन दिशाओं में कितना काम करना पड़ता है।

जो कुछ लिखता हूं, लिखने की सोचता हूं, वह इस अभावबोध के बिना शायद नहीं हो पाता। बहुत-सी चीज़ों को उनके मूल तक देख पाता हूं, अचानक एक-एक समय जैसे बिजली की कौंध-सी होती है और न समझ में आनेवाली बात साफ़ होने लगती है--वह भी शायद इस अभावबोध के कारण ही जिसे मैं मन की अस्वाभाविक सक्रियता कह रहा था। ठीक सक्रियता भी नहीं, अनुभूति प्रवणता। जैसे बहुत सारे तंतु अपने को ढीला छोड़कर ऊंघने का अवसर न पा तीखे बन गये हों।

9.1.59

जो कहा था, वही हुआ। आज सुबह सब बरफ़ से सफ़ेद। रात में बरफ़ पड़ी है लेकिन इस समय झकाझक धूप निकली है। साफ़ फीके नीले आकाश में सफ़ेद बादल। और भयंकर ठंड। गाड़ी के चक्कों और लोगों के चलने के कारण रास्ते

की बरफ़ गल गयी है। ऑफ़िस के सामनेवाले मैदान में घास के बीच-बीच में सादा दिख रहा है। बरफ़ देखने में बहुत सुंदर लगती है। मैले-गीले मकान, रास्ते आदि सफ़ेदी का नयी चमक से झकझक करने लगते हैं।

...पहले ऑफ़िस में फांकी मारकर कविता लिखा करता था, आजकल घर लौटने के लिए पैसों का हिसाब करता हूं। पैसों के इस हिसाब का क्या अंत नहीं? आने के पहले एक साल यही किया। अब लौटकर नौकरी खोजने की बात मन में आते ही यहां आने के बाद के पहले छह सप्ताह की याद आती है। लौटूंगा तो हाथ में कौड़ी भी न होगी।

अभी तो ऐसे ही सोच रहा हूं। कलकत्ता लौटने पर हो सकता है समझ में ही न आये कि लौटने के लिए इतनी छटपटाहट क्यों थी। अतीत की एक बात अच्छी है कि ख़राब बातें भूल जाती हैं। कोई भी अच्छा लगना पूरी तरह अच्छा नहीं हो पाता जब तक कि वह अतीत का हिस्सा नहीं बन जाता।

जब सर पर काम का बोझ लदा हो, समय को लेकर ज़बरदस्त टानाटानी चल रही हो, तब यदि थोड़ा-सा समय मिलता भी है तो वह नष्ट ही होता है। आज शाम से रात दस बजे तक यही हुआ। इतनी देर मिसेज़ बिलिटर के साथ गप्पें मार रहा था। कुछ देर पैडी के पल्ले पड़कर टेलीविज़न देखा। एला-स्टुअर्ट कोई थे नहीं। अब खाना बनाना होगा, इस चिंता के साथ नीचे गया था--कुछ पता चले शायद। चाय का ऑफर मिला। कहा--चाय नहीं पीऊंगा, खाना होगा, भूख लगी है। नतीजतन सब कुछ वहीं सलटा। जेन और पैडी में दौड़ा-दौड़ और तर्क-वितर्क करके तै हुआ कि मुझे क्या खिलाया जाय। मैंने कहा--क्यों फालतू हंगामा करती हो? जेन बड़ी स्पष्टवक्ता है, सीधे कह दिया--because we like you.

चिट्ठी

22.1.59

कानु,

...तुम्हारी कोई खोज-ख़बर क्यों नहीं है?...आज तक पता नहीं कि सोशियो इकॉनमिक सर्वे की सामग्री मिलेगी भी या नहीं। अर्थात् कलकत्ता को लेकर लिखी जानेवाली मेरी यह थीसिस चलेगी भी या नहीं।...

और इंतज़ार नहीं कर पाया। कई दिनों रात-दिन खटकर अपनी थीसिस का एक रफ, बहुत ही रफ, पहला ड्राफ्ट--कनक्लूज़ंश को बाद देकर--पूरा कर डाला। अपनी तारीफ़ में आप ही मगन हूं। एला ने अपने दोस्तों के बीच कहा है--

थीसिस लिखनी हो तो बादल की तरह। एक रविवार को मेरे कमरे में आया और बैठकर दो चैप्टर लिख मारे। उसके मित्र लोग इतिहास में पी-एच.डी. कर रहे हैं, चैप्टर सुनते ही उनका माथा चकरा जाता है, उतना सोचते-विचारते नहीं—एक शाम में दो चैप्टर। क्या चीज़ है बाबा? ख़ैर जो भी हो, तबीयत ठीक नहीं है का बहाना बनाकर ऑफ़िस गोल करके इंडिया ऑफ़िस लाइब्रेरी में बैठकर सेनसस के क़रीब छह वाल्यूम पर ज़बरदस्त खटनी की है। एला इस बात से भी मुग्ध है। वे लोग क़रीब पिछले दो सालों से प्रायः रोज़ ही लाइब्रेरी जाती हैं, धीरे-धीरे काम करती हैं। मुझे पता है, इस छुट्टी के अलावा अप्रैल के पहले और छुट्टी लेने का मौक़ा नहीं मिलेगा इसलिए दो दिनों में जितना हो सके कर डालना है।

...इसलिए मनु की इस एक लाइन से कि—एक दिन सत्येन बाबू से मिलने गयी थी पर भेंट नहीं हुई—मेरी घबराहट बढ़ी ही है, कम नहीं हुई है।

और ख़बरों में थीसिस का काम मोटा-मोटी अच्छा ही लग रहा है। परीक्षा और कॉलेज के प्लान, प्रोजेक्ट, ड्राइंग आदि की तुलना में थीसिस पर मेहनत करना मेरे मन को अधिक अनुकूल लगता है। लाइब्रेरी में बैठकर काम करना, 'मैं भी रिसर्च स्कालर हूं' का गर्व-बोध, सेंसस में ढेरों नये-नये आइडिया (भविष्य में कभी कुछ बहुत महत्त्वपूर्ण लिख पाऊंगा की कल्पना), पास के टेबुल पर एला के होने और लंच-चाय आदि के समय अकेले न होने की खुशी, और सबसे ऊपर लाइब्रेरी के बाद कॉलेज गोल करके एला के साथ काफे और पब में कॉफी-मांस-भात-ह्विस्की सेवन करते हुए रात दस बजे तक अड्डा मारना (स्टुअर्ट का कहीं खाने का न्योता था)—खूब आनंद आया। अब इन सबके बाद कल सुबह-सुबह उठकर ऑफ़िस जाना होगा यह ख़याल ही मन को एकदम ख़राब कर दे रहा है।

दूसरी ख़बर—मेरे यूरोप-भ्रमण के दो साथी सुकुमार और डॉरिस पिछले शनिवार को विवाह बंधन में आबद्ध हो गये। बराती बनकर विवाह में रजिस्ट्री कराने में और दोपहर की वेडिंग पार्टी में शरीक हुआ। विलायत की यह पहली पार्टी थी। उसी दिन शाम को दूसरी पार्टी भी थी—ऑफ़िस की क्रिसमस पार्टी। एसेक्स से सरे अर्थात् पूर्वी लंदन से पूरा लंदन पार करके पश्चिमी लंदन-किंगस्टन। सारे दिन में सात गिलास मद, तीन कप कॉफी, अठारह सिगरेट और केवल सैंडविच-केक-संदेश से उदर—पूर्ति।

तीसरी ख़बर—पिछले सोमवार को एक और दांत गया। उसे लेकर चार हुए।

चौथी ख़बर—सोने चला, बारह बजा।

23.1.59

अचल

पत्थर के चिकने वक्ष को
जलधार चंचल हाथों दुलराती है
पत्थर अनमना-सा देखता सुदूर में।

जो कुछ अनायास मिल जाये
उसे छोड़ आगे बढ़ जाना,
पत्थर के लिए बस इतनी सी बात है
अनदेखे स्पर्श का खेल चले
आंखों की स्वीकृति नहीं होती है उसमें।

मैं तो धार नहीं हूं झरने की
किनारे पर खड़ा सीधा जड़ के सहारे
बोझा ढोता रहता शाखा-प्रशाखा का।
झरना तुम्हारी प्रसारित आंखें,
पीछे न लौटने की, आगे बढ़े चलने की झोंक,
तुम्हारी सचल तरलता—
सभी हैं दान सपनों का
भविष्य की वायवी वार्ता।

शीर्ष पर उम्र का कंपन है
जड़ों पर जानने का गुरु भार,
मैं भी हूं देखता सपने नवीनता के
चपल चंचलता के।

चिट्ठी

28.1.59

मनु,

...कानु को डांटते हुए एक चिट्ठी दी है इस बीच। ज़रूर मिली होगी तभी पागलों की तरह परसेंटेज निकालने में लगा है। इससे मैं अंदाज़ लगा सकता हूँ कि वह कितना गुस्साया होगा।

...एला को अब थीसिस में पूरी तरह लगना होगा अतः फ़िलहाल कुछ समय के लिए बांग्ला क्लास बंद। आजकल अड्डेबाज़ी नहीं के समान होती। पिछले सप्ताह दो दिन लाइब्रेरी में बुरी तरह खटा हूं। पास के टेबुल पर बैठी एला मुझे ईर्ष्याभरी नज़रों से देखती रही। ओंठ बिचकाकर बोली–दो दिन की बात है न, इसीलिए। हमारी तरह दो साल होता तो पता चलता।

...रोज़मेरी, जहां तक पता है, अभी अस्पताल में ही है।

...कविता की दूसरी कॉपी भी उस दिन भर गयी। गिनकर देखा कुल तिरासी हो गयीं।

29.1.59

...कल से ज़बरदस्त कुहासा हो रहा है। यहां के लोग गर्मी-ठंडक-बरसात, सब बर्दाश्त कर लेते हैं पर यह कुहासा उन्हें फूटी आंख नहीं सुहाता। क्यों, इसका कुछ कारण समझ में आता है। दिन हो, रात हो, अंधे की तरह सड़कों पर चलना। किसी के पैर की आवाज़ सुनाई पड़ती है, गाड़ी की आवाज़ आती है पर दस हाथ की दूरी तक आये बिना कुछ दिखलाई नहीं पड़ता। अंधेरी रात बहुत देखी है, वह अलग बात है। ज़्यादा अंधेरे में कुछ दिखायी नहीं पड़ता पर थोड़े अंधेरे में पास की चीज़ दिखलाई पड़ती है, दूर की चीज़ धुंधली होने पर भी उसका आभास मिलता है। लेकिन यह कुहासा एक दुर्भेद्य सफ़ेद अंधकार होता है और मैं एक फीके प्रकाश के छोटे से चक्र के रूप में चला जा रहा हूं। आदमी, रास्ते की रोशनी, दुकानों के साइनबोर्ड धीरे-धीरे इस सादे अंधकार से प्रगट होते जाते हैं। फिर दस हाथ पीछे एक और सादी दीवाल में सब भूतावली तमाशे की तरह विलीन होते जाते हैं। थोड़ी देर बाद नाक सुड़सुड़ाने लगती है, गला खुसखुसाने लगता है, मिज़ाज गीले कपड़े के टुकड़े की तरह नम हो जाता है, दुनिया में कहीं कोई चीज़ अच्छी भी है, यह बात मन में टिकना ही नहीं चाहती।

6.2.59

मनु,

लंदन और उसके आसपास देखने को बहुत कुछ है पर उन्हें देखे बिना ही लौट जाने की संभावना अधिक है। ख़ासकर यहां के पार्क। वे इतने सुंदर हैं कि उनमें अकेले जाओ तो मन ख़राब हो जाता है इसीलिए जाना बचा जाता हूँ। इन लोगों

ने इतने सुंदर पार्क बना रखे हैं पर ठंड के मारे साल में 8-9 महीने लोग वहां जा ही नहीं पाते। आज सारा दिन आउटडोर ड्यूटी में घूमा हूं, ठंड के मारे बहुत तक़लीफ़ हुई। शरीर में नहीं, हाथों में। प्लान पर पेंसिल घिसते समय मुझे अपना सस्ता पुराना दस्ताना खोलना पड़ता है। ज़बरदस्त जलन होती है हाथों में और मन-ही-मन दुनिया को गरियाता रहता हूं।

बग़लवाले कमरे में आये भले आदमी से केवल एक दिन एक मिनट के लिए भेंट हुई थी और केवल तीन शब्द का संवाद।...मिसेज़ बिलिटर नये किरायेदार से थोड़ी निराश हैं क्योंकि आलस्य, गंदगी, अड्डेबाज़ी आदि जैसे मेरे गुण उसमें कम हैं।

...बारह बजे। पानी चढ़ाया है। नहीं, चाय-कॉफ़ी नहीं। गरम पानी की बोतल। न जोड़ों में दर्द है न पेट में—केवल विशुद्ध ठंड। बरफ़ जैसे ठंडे बिस्तर का दंश कम करने के लिए। यह मुझे ख़रीदनी नहीं पड़ी—दयावती एला का दान।

20.2.59

सिगरेट जलती है

तांबई सुनहली तंबाकू
सादे काग़ज़ में लपेटकर
लालच की आग से सांटता हूं
पूरे कमरे में, दीवालों से घिरी हवा में
नीली आभावाला धुआं तैरने लगता है।
फीकी राख जमा होती है
टूटी राखदानी में।
हर दम के साथ होनेवाली परम तृप्ति।
टानता हूं सिगरेट सोचता हूं मैं।
टानता हूं और, फिर उड़ता है धुआं और
दुनिया की अजूबी बिखरी-बिखरी चिंताएं
मंडराती हैं चारों ओर।
टानता हूं और, सोचता हूं और
और सिगरेट जलती रहती है।

उसी दिन की तो बात है

वे सब थे।
बिदा दी थी मुझे सबने हिलाकर हाथ
कोने से पकड़कर, डुलाया था रूमाल।
स्टेशन छूटने पर
सिगरेट जला ली थी मैंने।
यहां की, वहां की
बिखरी-बिखरी बातों को
धुएं के छल्लों में उड़ा दिया मैंने।
कितनी ही बार तो
छोड़कर गया हूं
पास में रहा हूं तब भी
मानो मैं नहीं था। तैर गया हूं नीलाभ धुएं के साथ
बिखरी-टूटी चिंताओं को लिये दिये
दूर की हवा की ओर।

उन्हें भी पता है।
शायद रोये हों गुस्से में। दुख में।
फिर भी है माना—यह यात्रा विदेही है—
वास्तव नहीं। सत्य नहीं।
यह मात्र यात्रा है धुएं की। ऐसे ही होता है।
अभी उसी दिन तो। कितने दिन हुए होंगे?

चिट्ठी आती है।
स्याही के साथ नीरव
बुलावा रहता है।
काम पूरा हो चला। धुएं की मौज में
सोचता मैं—अब तो जाना है।
समय तो हो गया
प्रवास के दिन हुए पूरे।
तंबाकू ख़त्म होती है।
फिर ख़रीद लाता हूं।
फिर धुआं टानता हूं।

उधर घर है। उधर वे सब हैं।
उधर दिनों की गिनती है
कब पास पहुंचूंगा।
धुआं तो हवा है,
उलटी-पुलटी चिंताओं का ढेर
कतार की कतार।
कितनी पास जा सकता हूँ?
बहुत कुछ धुआं हो चुका राख भी हुआ काफ़ी
थोड़ी तंबाकू है शेष, तभी
आग भी जलती है अभी
तभी पास जाना है
धुआं हो, राख हो, जो कुछ भी शेष हो।
ऊंघता आवेश।
सिगरेट जलकर शेष।
सुनहली तंबाकू फिर लपेटता काग़ज़ में

धुआं उड़ता है नई सिगरेट का।
फिर भी गनीमत है
तंबाकू ख़त्म हो जाये यदि
दुकान में मिल तो जाती है और।

20.2.59

वह मैदान

तब भी आओ चलें
गुलाबी संध्या के साथ
मिला दें दो-चार बातें।
फुटपाथ पर
ट्राम में भीड़, काम की बिना काम की।
काली मंदिर में ज़ोर से बजता है
धूनी के धुएं के घूंघट में ढाक।
पुरानी ट्राम के चक्के लोहे की रेल पर।

तब भी आओ चलें
जो हो, दो-चार बातें कहो
चक्के की आवाज़ में मोड़कर।

थोड़ा आगे जाकर
हरियाली का आभास मिट्टी का ढेर
मैदान में पसरी गुलाबी गोधूलि।
मैदान की घास में, मिट्टी में
मिली हैं ढेरों पुरानी बातें
आवश्यक अनेक चर्चा।
वहां हैं पुराने दिन-उम्र की सूचना,
वहां हैं बुनी
तरल दिनों की अनेक कथा।

वर्षों की रगड़ खा-खा
बात तो पुरानी होती
वही बात फिर-फिर आती
फिर भी चलो बैठ लें दो क्षण
मिट्टी लिपटी हरी घास पर
कर लें बातें यहां वहां की
बैठें कुछ पल पास-पास हम
हवा गुलाबी में।

27.2.59

चूर्ण

चकरी का आवर्तन तो है छंद बंध
मैं लाया हूं बिखरे नभ में एक नशा
अज्ञ हवा में मिला चेतना का विष, फैला
अनजाने छंदों में मान मनौवल थोड़ा।
किंतु भाषा तो है प्राचीन
कहानी क्षतविक्षत, बलहीन

रोशनी की रेखा है क्षीण
समाधि की जड़ता का यह नागपाश
है घेरे चारों ओर
वहीं पर मुझे जलाकर आग चिता की
करना है आलोक।

× × ×

मैं दिभक्त, मैं अनुखंडित हूं
चूर्ण कणों से बंधा हुआ मैं।
बूढ़ी सदी आज भी बैठी कान लगाये
पृथ्वी चूर्ण किंतु अपराजित।

1.3.59

फिर भी निष्कृति नहीं

नहीं, नहीं है निष्कृति।
भींगा मन औ' क्षुधित दोपहर
खंडित दिन।
निर्जन निद्राहीन रात्रि है।
मैं हूं

शेष अभी हूं–जाग्रत भी हूं।
सब है स्मरण
अभी तो जीवन बहुत शेष है।
रहा अभी तक जो वह अब भी...
दूर-दूर–बहु दूर-दूर तक रहता
सब तो मेरा ही है और मैं यही।
फिर भी निष्कृति नहीं।

मैं उड़ रहा श्रांति पंख पर
फैला डैने
मुझे निरन्तर घुमा रहा है
चक्का काम-काज का भारी

गुरु गंभीर चर्र-चूँ करता।
झूठ बात के ख़ाली गुब्बारे में
भरता फूंक-फूंककर हवा। हाय, पर
फ़िर भी निष्कृति नहीं।

तुमसे है अज्ञात नहीं कुछ।
तुम परिचित हो उन बातों से
सब बातों से
जो निज संग मधुर झंकृति का रव ले आतीं।
और प्रकाश, नशा ले आतीं
स्वच्छ रंगे वस्त्रों के नीचे सड़ा-गला शव उसे ढांकतीं।
तुमसे है अज्ञात नहीं यह सत्य कि
जो कुछ है समक्ष
वह जीर्ण पुरातन धागे में गूंथे फूलों का हार
तुमको है यह ज्ञात
कि मेरे जीवन का अवसान यहीं
मैं हूं मृत अपने में ही।

फिर भी क्यों तुम बात एक ही
बार-बार कहते कि चलो तुम
और चलो, है निष्कृति नहीं मिली
अब तक भी।

चिट्ठी

5.3.59

मनु,

...पिछले मंगलवार को प्रोजेक्ट जमा देकर पहली सीढ़ी पार। अब अगला आकर्षण (?) थीसिस। उसके बाद परीक्षा, आज नोटिस टांग दी है। तीन जुलाई को गंगास्नान।

9.3.59

मनु,

तुम्हारी और कानु की चिट्ठी एक साथ मिली। तुम्हारी पहले खोला। उसमें यह लाइन पढ़कर कि कानु की चिट्ठी में पास की ख़बर है, उसकी चिट्ठी खोला पर हडबड़ी में कुछ न पाकर कुछ देर तक इसमें उसमें चक्कर लगाता रहा।

...असल में मनु, हमलोग (हमलोग ही कह रहा हूँ क्योंकि मेरी परीक्षा में तो अभी देरी है) छात्र ही भले। मैं उतना पढ़ता नहीं इसीलिए, नहीं तो तुम लोगों को दिखा देता...एला को खूब बढ़ा-चढ़ाकर बता दिया है। हमलोग कलकत्ता के विद्वानों में से हैं, इस बात का प्रचार करने में कोई त्रुटि नहीं रख रहा। जुलाई तक यह भाव बनाये रखा जायेगा, उसके बाद–छोड़ो बेकार की बातें।

...देर से चिट्ठी लिखने का कारण एला है–कानु के (और संभवतः तुम्हारे भी) इस संदेह को एला को बता दिया। एला बोली–पिछले दो सप्ताह में मेरे साथ तो केवल एक दिन गप्प की है, बतलाओ तो असली व्यक्ति कौन है? मुसीबत देखो। विदेश आकर भी झाड़ू-बेलन से मुक्ति नहीं।

...ठंड की ख़बर बढ़िया है। यहां एक कहावत है–मार्च के महीने में भेड़ के बच्चे की तरह प्रवेश करने पर शीत का मौसम सिंह की तरह प्रस्थान करता है। फ़रवरी के अंत से गर्मी मार्का धूप गरमी का ज्ञो खेल खेल गयी है, उससे तो लगता है यह ठंड अपना सिंह-विक्रम दिखायेगी। क़मरे में फिर से आग जलने लगी है, सुबह हाथ जमने लगा है, और रात में बूढ़े-बीमार की तरह गरम पानी की रबर की बोतल को शय्या-शायिनी बनाकर सो जाता हूं।

10.3.59

...जगह किंगस्टन। समय लंच। आज ठंड कुछ कम है। सामने के संकरे मैदान में मैली मिट्टी के बीच-बीच में थोड़ी-थोड़ी घास। लगता है ठंड की ठिठुरी हरियाली के बीच कहीं-कहीं ताज़ी हरियाली। सामनेवाला घना पेड़ अभी भी मुंडित वेश में है। लेकिन गेट के पास दोनों ओर के गमलों में दो-चार बैगनी फूल दिखे। कैंटीन से खाकर निकलते समय घूघू (एक पक्षी) की आवाज़ कानों में पड़ी। लंदन शहर में पक्षियों की बोली कम सुनाई पड़ती है, किंगस्टन में यहां-वहां ऋतु का कुछ-कुछ असर दिखलाई पड़ रहा है। लगा, बहुत दिनों से बाहर नहीं निकला हूं। योरोप की उस यात्रा के बाद कहां निकल पाया।

16.3.59

संख्यातत्त्व

संख्यातत्त्वविदों का कहना
जनसंख्या बढ़ रही निरंतर
दबी जा रही धरती जिसके विपुल भार से।
संख्यातत्त्वविदों का कहना यह भी–
चिंता नहीं। बिपदा आई नज़र तो तुरत
लौट सकेंगे अणु-परमाणु अमीबा युग में
बड़ी कृपा आज के इस वैज्ञानिक युग की।

पर मैं तो हूं मनुज क्षुद्र। ज्ञान की
इतनी बातें घुसतीं सिर में नहीं
तथापि प्रश्न अनेक काटते चक्कर मन में जब-तब–
धरती मिलती है सागर में
औ' सागर जा दूर क्षितिज में लीन हो रहा
उस विस्तीर्ण सौरमंडल में
इस पृथ्वी का तुच्छ ठिकाना...
कहां खो गया?
पृथ्वी का अस्तित्त्व–दो क्षणों का यह जीवन
क्या है?–एक विलास मात्र
इस सतत उच्छरित जीवनधारा
और काल की अनंत गति का।
जीवन का इतिहास, क्षणिक
आकस्मिक संयोजन-भर तो है।
धरती का यह अर्थहीन नव-स्पंदन
केवल दान कुछेक क्षणों का ही तो।
उस अनंत गणना में मैं हूं
मात्र धूल के कण-सा
संज्ञाहीन, तुच्छ, साधारण।
ठीक युधिष्ठिर ने समझा था
बक-रूपी उन धर्मराज के प्रश्नों को...

जीवन का मर्म वही था।
जीवन की इस सतत प्रवाहित
उच्छल धारा की गति को
है मृत्यु कर रही बेताला—
यह कहना कितनी बड़ी भूल है।

एक मृत्यु क्या कर सकती है
प्रखर प्राणधारा को बाधित?
फिर भी मानव मूढ़
सोचता इसी तरह है।
मानव के इतिहास-ग्रंथ में
नहीं लिखी है गयी
और कोई घटना विस्मयकर इससे।

डायरी

23.3.59

रिन, आज रात में भी तुम? तुम्हारा हिसाब-किताब तो एक-एक करके चुकता करता चल रहा हूँ। बूढ़ा हो रहा हूं। तुम्हारे साथ कब तक यह बचपना चलेगा?

चिट्ठी

24.3.59

मनु,

पिछली दो चिट्ठियाँ कैसा 'माल' थीं, मुझे पता है इसीलिए, तुम्हारे गुस्से से ताज़्जुब नहीं हुआ। यह चिट्ठी भी शायद वैसा ही 'माल' होगी।...मन पर बड़ा दबाव है। कॉलेज, थीसिस वगैरह के अलावा भी बहुत-सी व्यक्तिगत चिंताएं, विचारों का दबाव। इस चाप को एक तरह से अकेले ही सम्हालना पड़ता है। इस विषय में किसी से बात नहीं कर पाता। केवल इतना ही नहीं, अपने देश में जिन साधारण बातों से, बीच-बीच में राहत मिलती थी या फिर किसी के साथ चुपचाप बैठे रहने से जी हल्का होता था, वह यहां नहीं हो पाता। एला तो है, उसके साथ बात होती भी है (वह भी कभी-कदास) लेकिन अधिकतर उसकी बातें।...उसके

लिए मुझे समझना, ख़ासकर आज की मेरी समस्याओं, मेरे वर्तमान जीवन में सामने खड़े प्रश्नों आदि को समझना संभव नहीं। बड़े आग्रह से उसे समझाने बैठता हूँ पर समझा नहीं पाता, वह ग़लत समझ जाती है, अतः बाद में अपने को समेट लेता हूं। सोचकर अपने ऊपर गुस्सा भी आता है कि अपनी बात करने गया ही क्यों था?

इसलिए अकेला ही रहता हूं। अकेले ही सोचता हूं।...थकान लगती है। शारीरिक थकान, रतजगा करने, सुबह-सुबह उठकर ऑफ़िस जाने-आने और थीसिस का काम करने की थकान। मानसिक थकान भी रहती है—लेकिन उसका रूप अलग होता है। वह थकान लंबे अरसे तक चलनेवाली एकरसता की थकान नहीं। इधर-उधर भटकते-बहते रहने की थकान नहीं। कलकत्ता में बीच-बीच में वैसी थकान होती थी—दिन बिताने की थकान, लेकिन वह नहीं। यह थकान है ज़बरदस्त चिंतन की थकान, खोजने की थकान, उत्तर पाने के लिए खोज करने की थकान। इतनी थकान, अस्थिरता और अकेलेपन के बावजूद मैं अभी जीवंत हूं, सजग हूं, ऐसा भारत में पिछले बहुत वर्षों में नहीं हुआ था।

इसमें संदेह नहीं कि विलायत आने से मेरा उपकार हुआ है। एक पल के लिए भी मन में नहीं आता कि—आया क्यों था। लंदन में पैर रखते साथ रोज़ी-रोटी के लिए डेढ़ महीने तक जो भीषण कठिन संघर्ष करना पड़ा, दिनोदिन भीड़ में रहते हुए भी बंधु-बांधवहीन जिस अकेलेपन से लड़ाई करना पड़ा, अभी भी दैनंदिन काम से शुरू करके मानसिक समस्या, अंतर्द्वन्द्व आदि सब कुछ को जिस तरह अकेले ही सम्हालना पड़ता है, अपने आप में ही समझना-समझाना चलता रहता है—इन सबकी शायद मेरे जीवन को ज़रूरत थी। अब जैसे समझ में आ रहा है कि देश में पिछले दस साल में झेले गये बहुत से अंधकारमय दिनों का भी अवदान रहा है मेरे जीवन में, जिसकी उस समय दूर-दूर तक कल्पना भी नहीं की थी।

अब कुछ भी विशुद्ध पीड़ा के रूप में नहीं आता वैसे ही जैसे कुछ भी विशुद्ध आनंद के रूप में नहीं आता।...तुमने किशोरावस्था की तीव्र अनुभूतियों के साथ इस समय के उत्तेजनाहीन मनोभावों की तुलना की है। मैंने भी की है। पर शायद मेरा करना अलग तरह का है। तुम्हारी चिट्ठी पढ़कर लगा जैसे तुम एक पछतावे भरी नज़र से अतीत को देख रही हो, जैसे अफ़सोस कर रही हो कि हाय, अतीत का कुछ भी अच्छा आज नहीं रहा, जो है सब ख़ाली, सब शून्य।

पता नहीं, लगता है तुम वर्तमान और अतीत दोनों के साथ अन्याय कर रही हो। अतीत सब समय अच्छा लगता है। जिस तरह वर्तमान के सुख पर नज़र

नहीं जाना चाहती उसी तरह वह अतीत के दुख को भी नज़रंदाज किये रहती है। क्या कभी ध्यान में नहीं आया कि कहीं यात्रा पर जाने पर वहां की किसी सुखद घटना से मिलनेवाला आनंद किसी तरह अपने विशुद्ध रूप में मन में नहीं आता, छोटे-मोटे झमेलों को साथ लिये-दिये विशुद्ध आनंद में बाधा डालता रहता है। लेकिन लौटकर आने के बाद जैसे-जैसे दिन बीतता है, लगता है–उस यात्रा में कितना मज़ा आया था। तब तक छोटे-मोटे झमेले मन से धुल-पुंछ गये होते हैं, लेकिन छोटी-मोटी बातें, हंसी, गंध, शब्द आदि के साथ घूमने-फिरने के दिनों का जो संबंध होता है वह बीच-बीच में अपनी झलक दे जाता है। वे सब केवल सुखद अनुभूतियां होती हैं, दुखद प्रसंगों का उनके बीच कोई स्थान नहीं होता। वर्तमान से अतीत की ओर बड़े चाव से देखना, अतिरिक्त अतीतानुराग लिये खो दिये गये क्षणों और वंचित अनुभूतियों को निहारते रहना यही स्वाभाविक मनोभाव है, और सबसे आसान भी। इससे किसी प्रकार की क्षति-वृद्धि नहीं होती, क्षति-वृद्धि होती है उसी में डूबे रहने में।

कौन जाने, हो सकता है यह मनोभाव भी बड़ा मूल्यवान हो। काश, वर्तमान को भी अतीत की तरह देख पाता! ख़राब बाद देकर केवल अच्छा, दुख बाद देकर केवल सुख को यदि छानकर अलग कर पाता तो सिद्ध पुरुषों की निर्विकार प्रशांति की कब्र में भूमानंद सुख में आराम से सड़-गलकर निःशेष हो जाता। न ज़रूरत होती कुछ चाहने की, न अर्थ रह जाता कुछ मानने का–और इसीलिए, न जीवित रहने का। वह मृत्यु आराम की होती लेकिन उस आराम की ख़ातिर आज तक किसी सिद्धपुरुष से ईर्ष्या नहीं कर पाया।

इस सबसे जो हूँ भला। कष्ट यदि असह्य लगे और दृष्टि अतीत की ओर जाये तो जाये। हो सकता है कभी-कदास भविष्य की ओर भी चली जाये। अतीत जाना-समझा है, उसे झाड़-पोंछ कर दीवाल की कांच की आलमारी में सजाकर रख दे सकता हूं। अतीत तो अपनी चीज़ है, उस पर रंग-रोगन करके उसे अपनी मर्जी का रूप भी दे सकता हूँ। भविष्य एकदम अजाना है। उस ओर देखनेवाले एकमात्र चश्मे को मैंने नाम दिया है–आशा। कामू के अनुसार यह आशा इल्लॉजिकल है। आशा को पूरी तरह मिटाकर ऐबसर्ड अस्तित्त्व को स्वीकार करके ही सचमुच का जीवन जीया जा सकता है। कामू की तरह मुझे अभी तक ब्रह्मज्ञान नहीं प्राप्त हुआ है इसीलिए अन्य अनेक साधारण लोगों की तरह मैं भी बीच-बीच में तर्कहीन असाध्य आशा का हाथ पकड़ भविष्य की ओर दृष्टि डालता हूं। उतने से भी लगता है कि अभी जीवित हूं, जीवित रहने की ज़रूरत है और–कौन जाने–वह अच्छा भी हो।

...रोज़मेरी ने मुझे चार पन्ने की एक चिट्ठी लिखी है। (एला की बात पर विश्वास किया जाय तो रोज़मेरी ने अब तक अपनी इतनी बातें कभी उसे नहीं बतलायी हैं, संभवतः किसी को भी नहीं।) उन बातों की एक बात बीच-बीच में दिमाग़ में घूम जा रही है–I realise that there is no way but to accept total responsibility for one's own life and completely charter one's own course.

ईस्टर की चार दिन की छुट्टी है--इस शुक्र से सोम तक। लोग दल बनाकर भीड़ से दूर अकेले होने के लिए बाहर जाते हैं, या फिर अकेलेपन से भीड़ में। पहले निकलने का प्लान था पर अब लग रहा है लंदन के अकेलेपन से बाहर के अकेलेपन में जाकर समय और पैसा दोनों बरबाद करने से फ़ायदा?

शैंकलिन, आइल ऑफ ह्वाइट

28.3.59

मनु,

अंत में कंधे पर झोला लटका निकल ही पड़ा। कहना चाहिए दोस्तों के आग्रह के कारण अधिक, अपनी इच्छा से कम। वृहस्पतिवार को ऑफ़िस का काम निबटाकर, थियेटर देखकर, स्टुअर्ट के कमरे में कॉफी पीकर घर पहुंचते-पहुंचते बज गये रात के बारह। बहुत दिनों की थकान जमा थी। मन कर रहा था सोऊं, लंबी तानकर बस सोता रहूं। निकलने का पक्का मन बनाये बिना यदि बिस्तर पर जाया जाये तो उसका परिणाम क्या होता है, पता था। साढ़े छह बजे नींद खुली तो करवट बदलकर फिर सो गया। घंटे-घंटे भर पर अधमुंदी आंखों से घड़ी के दोनों कांटों को देखता रहा, अंत में ग्यारह बजे गात्रोत्थान किया–पाया आकाश में बादल हैं। सोचा–जान बची।

दिन भर दाढ़ी नहीं बनायी, घर से बाहर पैर नहीं रखा। तीन-चार घंटे थीसिस घांटता रहा। एला कहीं निकली थी। लौटकर उसने लंच बनाया, हमलोगों ने खाया। साथ में डांट भी खायी। हारकर बोला–कल निकलूंगा। मिसेज़ बिलिटर मुझे अच्छी तरह जानती हैं कि मैं बिस्तर छोड़कर किसी भी हालत में हिलूंगा नहीं। शाम को खोज-ख़बर लेने आयीं कि खाने को कुछ नसीब हुआ या नहीं। गुड फ्राइडे, उस दिन सब कुछ बंद रहता है। कहा–एला ने खिलाया है। रात में एला वगैरह नहीं रहेंगे, पता था। मिसेज़ बिलिटर ने चाय पिलाने के बहाने पूरा खाना ही खिला दिया। बड़े आराम से सबसे वादा किया कि कल ज़रूर निकलूंगा, बशर्ते मौसम ठीक रहा तो। कमर में थोड़ा दर्द था,

एला से कहा तो बोली—अच्छा बहाना रहा। मौसम तो हम देख पायेंगे पर कमर का दर्द तो दिखेगा नहीं।

साढ़े छह बजे नींद खुल गई, आदत पड़ गयी थी। धूप भी अच्छी निकल आयी थी। बैग पिछली रात ठीक कर ही लिया था। कमर का दर्द कम नहीं हुआ था पर और रुकना संभव नहीं था। अतः सड़क पर।

जीवन में कभी हिच-हाइकिंग नहीं की थी। ट्रेन से किंगस्टन आया, मंथली टिकट था। वहां से बस से ऐंगलफील्ड ग्रीन। वहां ख़ाली बड़ा रास्ता है, वहीं से शुरू करने की बात थी। पश्चिम की ओर इंग्लैंड के मैप पर फैली टांग का अंतिम भाग डेवन कार्नवाल। लक्ष्य था डेवन पर एक दिन कम हो गया सो दिशा तो तै थी—पर गंतव्य का पता नहीं था। पहले-पहले रास्ते पर खड़े होकर अंगूठा दिखाना (ठेंगा नहीं, हिच हाइकिंग का यही संकेत है), बड़ा अटपटा लगा। जानकार लोगों का कहना है कि हिच हाइकिंग के लिए इंग्लैंड आदर्श देश है। दो घंटे से ज़्यादा कभी नहीं रुकना पड़ता। दो घंटा?

लेकिन क़िस्मत अच्छी थी। पांच मिनट में बोहनी हुई। ज़्यादा नहीं, क़रीब मील भर। दूसरी ओर जानेवाले यात्री थे। कोई परवाह नहीं। बोहनी हो जाने से भरोसा बढ़ गया। दूसरा मिला क़रीब दस मिनट में।

तीसरा मिलने में थोड़ी देर लगी फिर भी एक ज़ोरदार आदमी मिल गया। एक गपोड़िया जवान आदमी, चमचमाती नई खुली गाड़ी। झब्बा-झब्बी के बावज़ूद मैं ठंड से जमा जा रहा था। छोकरे की जवानी की गरमाई, कोट-ओवरकोट-दस्ताना, कुछ नहीं, केवल एक पूरे हाथ का जंपर, उसी की गर्मी में चला रहा था। बहुत बातें हुईं। बहुत दूर तक गये। उतारा एक एकदम सूनसान जगह में, सीधा ख़ाली रास्ता, गाड़ियां भी कम थीं। अंत में एक बुड्ढे ने गाड़ी में ले लिया। वह जा रहा था बोर्नमाउथ, दक्षिणी समुद्रतट पर। डेवन का त्याग किया। कहा—आइल ऑफ व्हाइट जाना है। देखा, इससे काफ़ी दूर तक बुड्ढे के साथ निकल जाऊंगा। बुड्ढा और भी गपोड़िया था। लिमिंगटन में मुझे स्टीमर लेना था। बुड्ढे के रास्ते में नहीं पड़ता था पर मेरी बात सुनी ही नहीं। काफ़ी घूमकर मुझे लेमिंगटन पहुंचा दिया, एकदम जहाज-घाट पर ताकि चलना न पड़े। तीन बजे के पहले ही व्हाइट द्वीप में पदार्पण हो गया। यरमथ।

ब्रिटेन एक छोटा द्वीप है, यह उससे भी छोटा, बच्चा-सा। पंद्रह मील लंबा, दस मील चौड़ा। स्टीमर पर सैंडविच खाकर लंच निबटा लिया था। सामने ही एक बस देखकर मन में आया—मुफ़्त में बहुत सैर की, अब थोड़ा पैसा ख़र्च करके भी करूं। यरमथ से शैंकलिन, द्वीप की एक ओर से दूसरी ओर। मैप में देखा

था, वेंटनर में समुद्र के किनारे पहाड़ है, लोगों से चर्चा भी सुनी थी। सोचा उन सब नामी जगहों पर गला काटनेवाली दरें होंगी इसलिए शैंकलिन में एक छोटा-सा कमरा किराये पर लेकर बस से चला गया वेंटनर।

जगह का दोष क्या है बताऊँ? अति सुंदर है। वेंटनर ब्राइटन नहीं है। मौजमस्ती के कृत्रिम साधन यहां कम हैं तथापि समुद्र में बनाया गया पीयर (pier) आंखों में बहुत खटका। लेकिन समुद्र के किनारे पहाड़ पर पैदल चलने के लिए ढेर संकरा रास्ता बना दिया है—मीलों, मीलों। इतनी जगह घूमने के लिए, बैठने के लिए, यह जानने के लिए कि रास्ते के अंत में क्या है, यहां तक कि ग़लत रास्ते पर जाने के लिए भी। अकेला थक गया। अकेले कोई ऐसी जगह आता है क्या?

लौटानी में बस में ऊपर बैठकर सारे रास्ते गाता रहा। भरपेट गोमांस-कॉफी ले चुका था। मन में आया तुम्हें कुछ लिखूं। लेकिन होटल का कमरा बहुत ही छोटा है। इसलिए काग़ज़-पत्तर लेकर चला आया हूं एक शराब के अड्डे पर। बीयर का पहली ग्लास ख़त्म करके दूसरा लेकर यहां तक पहुंचा हूं। समय रात के साढ़े नौ बजे।

सोचा था पैदल-पैदल घूमूंगा। लेकिन बुढ़ा गया हूं, अकेले-अकेले उतना उत्साह नहीं होता। दो रात रहने से होटलवाले कुछ सुविधा कर देने को कह रहे हैं। सोच रहा हूं, वही कर लूं। परसों सुबह कंधे पर झोला लटकाकर, समुद्र पार करके (लांघकर नहीं), फिर से अंगूठा दिखाते-दिखाते लंदन की ओर बढ़ चलूंगा। लंदन में कुछ दिनों बाद लगेगा—यात्रा में सचमुच बड़ा आनंद आया था।

...सब दृष्टियों से सोचो तो बाहर जाकर अच्छा ही किया। खड़े पहाड़, उसके पत्थर पर पछाड़ खाती लहरें, पहाड़ की चोटी से देखा छोटा-सा सजा-सजाया शहर, रास्ते में अंगूठे को अंगूठा दिखाकर भागती गाड़ियों की कतार—सब मिलाकर एक चित्र बनेगा जो धूमिल होते पुराने चित्रों के साथ धुआं बनकर एकाकार हो जायेगा। बहुत दिनों बाद, और दूसरे-दूसरे अच्छे दिनों के साथ याद आयेगा। बुरा नहीं, क्या ख़याल है? भौंह मत चढ़ाना, नशे में नहीं हूं। दो हाफ बीयरों में नशा नहीं होता।

29.3.59

सुबह से बरसात हो रही है। समुद्र के किनारे और पार्कों में घूम-घामकर एक पार्क के काफे में आकर बैठा हूँ। सोचता हूं एक बस पर सवार होकर द्वीप का लंबा चक्कर लगा लूं, बस की खिड़की से बरसात देखता रहूंगा, चुपचाप।

दोपहर। इतनी देर तक बरसात में घूमता रहा। समुद्र के किनारे तेज़ हवा की लहरों को देखा। लंच खाया। अढ़ाई बजे बस छूटेगी। विज्ञापन में लिखा है– grand mystry tour. बंधा-बंधाया गंतव्य ठीक करने में बहुत सारी बातें मन में आती हैं। उसके बदले इन लोगों के रहस्य के हाथों अपने को छोड़ देना ही ठीक लगा सो इनके हाथों अपने को सौंप दिया है–साढ़े पांच शिलिंग में। बरसात रुकने या कम होने का न कोई कारण समझ में आ रहा है न कोई लक्षण दिख रहा है फलस्वरूप लौटकर यहां के एकमात्र सिनेमा हॉल में घुस पड़ूंगा। एकमात्र है इसलिए सोच-विचार करने का झमेला नहीं है।

लंदन

1.4.59

मनु,

शैंकलिन शहर की कहानी पैंडोरा रोड की रात में लिखी जा सकती है या नहीं, यही सोच रहा था।...अंतिम दिन झमेलों में बीता। अब समझ में आया कि छुट्टी के शुरू में अंग्रेज़ क्यों खुश रहते हैं और उनकी दरियादिली भी चढ़ाव पर रहती है। लौटानी में बदमिज़ाजी के कारण तेज़ रफ़्तार में गाड़ी हांकते, रास्ते में खड़े अढ़ाई घंटे से अंगूठा दिखाते किसी अभागे की ओर नज़र भी नहीं डालते। अतः अभागे के भाग्य में ट्रेन, पॉकेट पर टान।

फिर भी मंगलवार को सुबह नींद खुलने पर शैंकलिन के होटल के कमरे की याद आयी। धरती के नीचे की सुरंग से स्टेशन तक पहुंचने के बदले समुद्र के किनारे के चढ़ाई-उतराईवाले रास्ते की याद करके अच्छा लगा।

चिट्ठी

5.4.59

मनु,

लगा, डाक विभाग की कृपा से क़रीब दो सौ मील दूर रहनेवाले किसी व्यक्ति के साथ मित्रता हो गयी हो। कम-से-कम ऐसा लग रहा था। फ़िलहाल नहीं लग रहा। ठीक-ठीक पता नहीं क्योंकि मेरी दूसरी चिट्ठी के बाद उधर से कोई सुनगुनी भी नहीं...।...उसकी बात नहीं जानता। उसे जितना देखा, वह कुछ टूटे टुकड़ों में था। कुछ खुद देखा, कुछ एला से सुना, कुछ उसकी चिट्ठी से जाना। इन सबके साथ उसका पियानो सीखना, उसका नर्वस ब्रेकडाउन, उसका

अस्पतालवास—इनको मिलाकर जो चित्र बना है उसको जोड़नेवाला मुख्य मसाला है—कल्पना। शायद मुझमें एक लेखक है लेकिन उसका पेशा लिखना नहीं है। वह लेखक जो कहानी लिखता है उसका पाठक वह स्वयं ही होता है—एकमेवद्वितीयम्। वहां समालोचना की गुंजाइश नहीं, स्तुति-निंदा का झमेला नहीं, वहां लेखक-पाठक में अद्भुत् संबंध होता है। मैं रोज़मेरी की कहानी जानता हूं, उतनी भर जितनी कहानी के लिए जानना उचित है। अच्छी कहानी कभी सब कुछ नहीं कहती। अच्छी कहानी को बाक़ी के लिए पाठक की अपेक्षा होती है। कहानी—उपन्यास नहीं। रोज़मेरी का उपन्यास नहीं, कहानी!

कभी-कभी तुम अचानक झाड़ग्राम के दो-एक लोगों की कहानी सुना डालती थीं। वे कोई उपन्यास नहीं होते थे। अपने-अपने अकेले जीवन में अवश्य ही उपन्यास होते थे लेकिन तुम्हारे लिए, तुम्हारे जानने की अनुभूति की सीमा में जितना कुछ पकड़ में आया था, वह केवल कहानी था। तुम्हारी बातों से जो व्यक्ति उभरते थे वे शायद असल लोगों से अलग होते थे, असली आदमी के खुदरा अंश। उससे उनके जीवंत हो उठने में कोई असुविधा नहीं होती थी। हो सकता है उसी तरह कभी रोज़मेरी की कहानी भी कह पाऊं। पर लिख पाऊंगा या नहीं, पता नहीं।

न लिख पाने का एक और बड़ा कारण है—मैं खुद।...जब लिखने बैठता हूं—ख़ासकर ऐसा कुछ जिसमें मैं स्वयं शामिल हूं—तब कभी-कभी अचानक लगता है कि यह सब किसी को तब तक समझाना संभव नहीं, जब तक स्वयं खुद को न समझा लूं। और फ़िलहाल अपने को समझाना, पहले से बहुत कठिन हो गया है।

...यहां स्वयं अपने साथ फांकेबाजी का रिवाज़ कम है। अपनी नज़रों में अपना आप यहां बहुत स्पष्ट होता है।

यह स्पष्टता ही मानो सब कुछ धुंधला देती है। जिसे देखता हूं, वह बड़ा अपरिचित लगता है। जो देखता है, वह बहुत ज़्यादा देख लेता है। पहले के देखने, पहले के जानने में जो सीधी-सादी सख़्त ज़मीन थी, वह बार-बार, बहुत बार देख लेने के कारण धीरे-धीरे वायवी हो चली है। पुराने आश्रय अब जैसे पकड़ में नहीं आते। सब मिलाकर आपस में गोलमाल होकर एक बिखरा-बिखरा 'मैं' का धुआं मरोड़ा खाकर-उलझकर ज़बरदस्त जिज्ञासा चिह्न के त्रिभंगी रूप में हवा में मिल गया है।

देखो न, रोज़मेरी की कहानी नहीं लिख पाया इसलिए बैठ गया अपनी कहानी लिखने। जहाँ कहने लायक़ एकमात्र बात है कि—अपनी बात कहना संभव नहीं।

12.4.59

मनु,

एला फ़िलहाल स्टुअर्ट के साथ स्काटलैंड में है, और सात दिन बाद लौटेगी।...रोज़ घर लौटा हूं, शुक्रवार रात साढ़े तीन बजे तक जगा हूँ लेकिन थीसिस को पिछले रविवार के बाद आज पहले दिन हाथ लगाया। क्या कर रहा था? जो करना उचित नहीं था और जो करने का कोई माने भी नहीं होता। एक फालतू नाटक लिखना शुरू किया है। जीवन में नाटक शुरू तो कई किये, पूरा दो-एक ही हो पाया, और सभी किसी विदेशी कहानी पर आधारित रहे। इस बार मूल्यवान समय नष्ट कर रहा हूं एक ऐसी चीज़ पर जो एकदम फालतू और हल्की है पर पूरी तरह स्व-कपोलकल्पित है। इसीलिए पूरा करना—चाहे जैसे भी हो—अपना कर्तव्य मानता हूं। किसे सुनाऊँ, यही कमी बहुत खल रही है—कोई नहीं है। अपनी रौ में कल अमिया से चर्चा कर बैठा। आशा थी शायद सुनना चाहे। लेकिन यह जानकर कि थीसिस पूरी करने के बदले नाटक लिख रहा हूं, ऐसा डांटा कि बस।

...तुम्हारी परीक्षा ख़त्म हो चुकी है इसलिए मेरी परीक्षा की बात उठाकर मुझे बुरा-भला कहना, तुम्हारी प्रवृत्ति की परिचायक है। कंडा और गोबर कंडे का पुराना हितोपदेश* पूरी तरह भूल जाने का समय अभी तुम्हारे लिए नहीं आया है लेकिन इस परीक्षा में यदि मैं पास हो गया तो किसी बाप का बेटा मुझे दूसरी परीक्षा के आसपास भी नहीं ले जा सकेगा।

...आज सुबह से बरसात हो रही है। घर से बाहर पैर रखा है केवल एक बार—लंच खाने के लिए। शाम को मिसेज़ बिलिटर खोज-ख़बर लेने आयी थीं कि जिन्दा हूं या मर गया। और 'ज़रा चखकर देखो' कहते हुए जितना खाना पकड़ा गयीं, उससे रात का खाना सलट गया। मैं बीच-बीच में आपत्ति करता हूँ—आप क्या समझती हैं कि मैं अपनी देखभाल नहीं कर सकता? वे कहती हैं—कर क्यों नहीं सकते। लेकिन कोई और देखभाल करे तो कैसा लगता है, यह ज़रा कलेजे पर हाथ रखकर बोलो तो। मिसेज़ बिलिटर दार्शनिक हैं। मनुष्य का जीवन, उसका भविष्य, औचित्य-अनौचित्य आदि को लेकर काफ़ी देर तक गंभीर व्याख्या होती रही। अच्छी लैंडलेडी बहुतों को मिलती हैं लेकिन अच्छी, बुद्धिमान, रसिक और दार्शनिक, इन सबका समन्वय मेरी तरह पाटा जैसी क़िस्मतवाले को ही मिलती हैं। गृहस्वामी काफ़ी दूर तक तालमेल बैठा लेते हैं, अत्यंत अच्छे आदमी हैं पर बहुत से मामलों में एकदम भोलानाथ हैं। इसीलिए हमलोग थोड़ा डरते-

---

* कंडा दीवार पर होने के कारण नीचे पड़े गोबर पर हंसता है पर जब सूखकर कंडा नीचे गिरता है तब गोबर उस पर हंसता है। अर्थात् अपनी स्थिति पर गर्व मत करो, नीचेवालों पर हंसो मत।

डरते चलते हैं। यह डर सार्वजनीन है...एला, मैं, जेन, पैडी और उनकी स्त्री, सभी के लिए।

14.4.59

मैं हूं सोच रहा

मैं हूँ बैठा सोच रहा
बस सोच रहा हूँ।
मैं हूँ खंडित एक उपकथा
एक शून्य, जो अभरणीय है।
जीवन मेरा ऐरो ही विलीन हो रहा।

चूर्ण हुई पृथ्वी के कण-कण
मिले धूल में
जिन्हें समय का सूप निरंतर
फटक रहा है
सार और निस्सार देखने।
पर क्या जीवन-बीज छिपा
इन धूलि-कणों में?
छोड़ो भी, क्या करना हमको
है भविष्य के बिखरे कण को
जोड़-बटोर सृजन करने की
इच्छा मन में पनपाने से।

मिट्टी अब यह बहुत पुरानी
सूना नभ–है व्यर्थ कल्पना
नये सृजन का स्वप्न देखना
सभी निरर्थक।
मैं बैठा हूँ सोच रहा। अब भी
वैसे ही सोच रहा हूँ–
मनुज एक खंडित अपूर्णता।

फिर भी मन क्यों बार-बार
है खोज रहा, है सोच रहा
उस पूर्ण मनुज की बात
आज भी?

चिट्ठी

28.4.59

मनु,

एला आयी थी कमरे में। बांग्ला की कॉपी दिखलाने। कॉपी देख लेने पर चली गयी। समय नहीं था।

...वे लोग बीच में दस दिन नहीं थे। उन दस दिनों में अनुभव किया, जैसे एला से काफ़ी दूर हो गया हूं। ये घटनाएं अचानक नहीं घटतीं, घटती हैं धीरे-धीरे। पता चलता है अचानक। और यह पता चलानेवाला माध्यम ही कारण लगने लगता है। असल में घटित होने की तो बात थी ही। जहां तक लगता है, एला भी ऐसे ही सोच रही है।

...अच्छा हुआ या बुरा, यह फालतू प्रश्न पूछने की उम्र बीत गयी। अच्छा लग रहा है या बुरा, यह अधिक संगत प्रश्न है पर अब वह बोध भी बहुत कम हो गया है।...अच्छे और जटिल यंत्र में जिस तरह अपने आप adjustment की व्यवस्था रहती है, हम लोगों के मन में भी शायद वैसा कुछ रहता है। उम्र होने पर, अनुभव होने पर वह और पोख्ता हो जाता है। लगता है विलायत आकर adjustment की यह क्षमता बहुत बढ़ गयी है। अवश्य ही इसे सिर्फ resignation कह सकती हो अर्थात् वार्धक्य!

12.5.59

मनु,

तुमलोगों के चिट्ठी-पत्र से कई बार बहुत घबड़ा जाता हूं। पुरानी ज़िंदगी से पूरी तरह कटा मेरा आज का मन एकदम भिन्न हो गया है। यहां मेहनत है, अकेलेपन की तक़लीफ़ है, और भी बहुत सारी छोटी-मोटी समस्याएं हैं—सब मिलाकर कम नहीं। पर चूंकि सब मिलाकर हालत कृत्रिम और अस्वाभाविक है, शायद इसीलिए उदासी नहीं है। वार्धक्य के शुरू में जो अवसाद कलकत्ता में अनुभव करता था, जो अवसाद बीच-बीच में तुम लोगों की चिट्ठी में उभरा होता है, वह यहां बैठे—

इतनी दूर से अलग तरह का लगता है। यहां लगता है जैसे इंजेक्शन की कृत्रिम प्रक्रिया द्वारा उम्र का मुंह कुछ दिनों के लिए उलटी ओर मोड़ दिया गया हो– ह-य-ब-र-ल के उदो-बुधो* की तरह। इसलिए यहां बैठे बहुत तरह के दिवास्वप्न मन में आते रहते हैं–जिसका एक बड़ा भाग 'भारत लौटकर यह करूंगा, वह करूंगा' जैसा होता है। जब यहां असह्य.हो उठता है तब भी लगता है कि देश लौटकर 'यह कर सकूं, वह कर सकूं' के लिए ही तो यहां इतनी मेहनत कर रहा हूं। दूरी और अलगाव के कारण पुराने जीवन के अनेक आशाप्रद चित्र उभरते हैं, कम-से-कम अभी। और ये चित्र चलान हो जाते हैं भविष्य के दिवास्वप्न की ओर–भविष्य में जब स्वदेश लौटूंगा।

अकेले कुछ भी करना मेरे स्वभाव में नहीं है। इसलिए मेरे 'यह करूंगा, वह करूंगा' में तुम सब शामिल रहते हो। दिवास्वप्न में–ख़ासकर बहुत दिनों बाद काफ़ी दूर की पटभूमि में देखे जानेवाले दिवास्वप्न में–एक सुविधा होती है कि वे जब तब अटपटे ढंग से बाधा खड़ी करने या ठोकर मारने के लिए सिर ऊंचा किये नहीं खड़े रहते। दूर से समस्याएं कभी भी बहुत कठिन नहीं लगतीं। तुम्हारी बातों में जब अवसाद पाता हूं, थकान पाता हूं, यहां तक कि ऊंघने या नाव की पतवार छोड़ देने जैसा तुरीय भाव देखता हूं, तब दूर होने के अहंकार के कारण मन में आता है कि एक-दो बार झकझोरकर मैं इन्हें दूर हटा सकता हूं। इस अहंकार पर हंसी आती है–ख़ासकर जब समझदारी के मूड में होता हूँ– लेकिन फिर भी अहंकार जड़ से जाता नहीं। मन में लगता है–जो 'मैं' कलकत्ता लौटेगा, वह एक तेज़ोमय 'मैं' होगा, तरुण 'मैं' होगा, मन को चंचल कर देनेवाली नाना प्रकार की परिकल्पनाओं से उफनता 'मैं' होगा, जिसके धक्के से कलकत्ता के अवसाद-ग्रस्त लोग यौवन के चांचल्य से भरकर थेई-थेई करके नाचने लगेंगे।

असल में दुनिया में इतनी तरह के काम हैं, जिन्हें मैं कर सकता हूँ फिर भी इतने दिनों तक मैंने उन्हें किया क्यों नहीं, इसका कारण खोजे नहीं मिलता। और कलक़त्ता में होने के ऐसे स्वर्ण-सुयोग के बावजूद (लंदन में बैठा मैं यह सोच ही नहीं पाता कि कलकत्ता में होने से अच्छा कुछ और भी हो सकता है) वहां के लोग चुप क्यों बैठे हैं, यह भी समझ में नहीं आता।

अतः जितने दिन ऊंघने को मिलें, ऊंघ लो। देश लौटने पर मेरा ऊंघना दो दिन में शुरू होगा या दो महीने में अभी तो पता नहीं पर वे कुछ दिन कठिन होंगे, तैयार रहना।

---

* पार्टी के दो नेताओं के निकनेम।

डायरी

18.5.59

When I don't get, I hate myself because I wanted.

रिन, अब तुम मर जाओ। बहुत दिन कट चुके हैं, काफ़ी उम्र हो चुकी है तुम्हारी। अब मरो। मर जाओ तुम। मरकर खुद को बचा लो, और मुझे भी।

अपने को ठगना मत, वह तुम्हारे स्वभाव से परे की बात है। यही उपदेश देने के लिए तुम लौटी थीं? मेरी नस-नस पहचानती हो क्या इसीलिए बार-बार मुझे मुंह चिढ़ाने के लिए आती हो?

चिट्ठी

20.5.59

मनु,

कल का पूरा दिन बहुत ख़राब बीता। कोई ख़ास कारण नहीं था। छोटे-मोटे बहुत से कारण थे जो ऑफ़िस में खिड़की की ओर मुंह करके बेकार बैठे यहां-वहां की चिंताओं के कारण बड़े लगने लगते हैं। उस समय उन्हें ठेलकर दूर नहीं किया जा सकता।

मन को यह समझाने में काफ़ी समय लगा है कि यदि अपना मन-मिज़ाज ख़राब हो तो दुनिया में किसी का उससे कुछ नहीं बिगड़ता, बहुत बार तो किसी को उसका अंदाज़ भी नहीं लगता। मिज़ाज चिड़चिड़ाता है तो चिड़चिड़ाये। यह चिड़चिड़ाना भीतर-ही-भीतर घूमता रहता है। बाहर उसकी ज़रूरत नहीं, बाहर उससे शर्म आती है।...जब थाली-कटोरी तानकर मारने की इच्छा होती है तब मौक़े के अनुसार हंस-हंसकर बातें करता रहा हूँ।...और घंटे भर बाद अपने कमरे में लौटने पर फिर वही थाली-कटोरी फेंकने की इच्छा होने लगती है।...अब कुछ-कुछ समझ में आता है कि अंग्रेज़ इतने भद्र क्यों होते हैं। समझ में आने पर अंग्रेज़ों पर दया आती है।

...जेन आयी। जेन मेरी बड़ी अच्छी दोस्त बन गयी है।...जेन और पैडी ने एकदम सीधे-सहज भाव से घोषणा की है कि मेरे फेल होने से उन्हें खुशी होगी क्योंकि तब मुझे और बहुत दिन विलायत रहना पड़ेगा।

...सबसे बड़ी ख़बर ही नहीं दी अभी तक। पिछले रविवार को रात अढ़ाई बजे मेरा थीसिस लिखने का काम निपटा। पिछला अध्याय पागलों की तरह लिखा है, क्या लिखा गया है, यह मैं ही जानता हूं।

...बहुत-बहुत दिनों से कविता नहीं लिखी। अच्छा भी नहीं लगता। सच बात को कविता में घुमा-फिराकर कहता हूं ताकि किसी को सच्ची बात का अंदाज़ न लगे। सच्ची बात ब्रह्मतालू के अंदर ही चक्कर लगाती रहती है, निकलने का रास्ता नहीं पाती। वे बातें न साहित्य होती हैं, न ही सुंदर। वे केवल सत्य होती हैं। बिना किसी लाग-लपेट के उस तरह की बातें कानु से करने की आदत थी, लगता है इसीलिए कभी-कभी यह मजबूरी असह्य हो उठती है।

...यहां आने के कारण मेरा काफ़ी सारा अतीत नष्ट हो गया है। इस बुरी तरह नष्ट हो गया है कि लगता है कि अब बचा ही क्या? लौटने पर मुझे पहचानोगी भी या नहीं, पता नहीं। इसके लिए विलायत ज़िम्मेदार नहीं पर हाँ, दूर आना काफ़ी दूर तक है। यह नष्ट होना शुरू हुआ था संभवतः सन् 1949 के मार्च महीने से। गांथनी-विहीन ईंट काफ़ी दिनों तक एक खड़ी दीवार का आभास देती रही। इस हिलाने-डुलाने के कारण शायद उसे बचाया नहीं जा सका।

डरना मत। मरूंगा नहीं। जो हो रहा है उसका होना ही अच्छा है।

1.6.59

पुनराय

वासना को इधर-उधर
उलटा-पलटा फिर से
सांटा सावधानी से
भूले हुए मन के सादे पर
सपनों की जलछप्पी।
इसके बाद हवा की दीवार पर
प्रतिष्ठित कर दिया उसे
पुराने को ढांक दिया रंगीन चकमक से।

घानी वापिस आयेगी
बात यह मालूम है इसीलिए

क्लांति का सुर जम जाता है मन की कुटिलता पर
यह है मात्र बार-बार आना-जाना
पुराने रास्ते पर

नये की फांकी चाहूँ अडिग प्रथाओं में।
रोशनी की आड़ में पर्वत का अधिकार,
और मैं बराबर
उसकी छाया की सांत्वना में
चित्र बनाने का रहस्य हूं खोजता
एक-रस चेतना में फीका रंग कविता का
पुनरावृत्ति उसकी अंतिम है पूंजी,
उसे हूं खोजता।

चिट्ठी

7.6.59

मनु,

आख़िरकार एला और स्टुअर्ट के 'वाग्दान' या इनगेजमेंट की ख़बर आफ़िशियली सुनी गयी।

...शुक्रवार को बिलिटर लोगों के यहां न्योता था। कई तरह के कारण थे। स्टुअर्ट की आसन्न भारतयात्रा, उनका वाग्दान, जेन का सांप्रतिक जन्मदिन और मिसेज़ बिलिटर के भाई द्वारा माल्टा से भेजी गयी ह्विस्की की बोतल। मुझे केवल ह्विस्की का पता था इसीलिए पैसा ख़र्च करके खाना निपटाकर लौटा। देखा, ज़ोरदार इंतज़ाम था। अवश्य ही जिस रेट से माल आदि उड़ा और उसमें जितना मेरा योगदान था उससे किसी को विश्वास ही नहीं हुआ कि मैं खाकर आया हूं।...ख़ूब नाचा। ख़ूब हंसा, ख़ूब हो-हल्ला किया।

ख़ूब नाचा सुनकर यह मत मान बैठना कि वह नशेवाला नाचना था। यह मेरा दूसरा नाच था, मिसेज़ बिलिटर द्वारा सिखाया गया। पहला नाच भी इसी कमरे में इन्हीं लोगों के बीच किया था, केवल उस दिन स्टुअर्ट नहीं था। स्टुअर्ट का नाच मुझसे कुछ ख़ास अच्छा नहीं। (एला ने एक बार चुपके से कहा था– मुझसे भी ख़राब और पूछा था कि स्टुअर्ट को चोट पहुँचाये बिना क्या मैं जल्दी-से-जल्दी नाच सीखने की उपयोगिता का प्रचार कर सकता हूं? सबसे मज़े की बात यह है कि स्टुअर्ट और सब मामलों में समझदार और मैच्योर है पर इस मामले में उसकी धारणा है कि वह अच्छा ही नाचता है।)

15.6.59

कानु,

मन-मिज़ाज इस बुरी हालत में है कि रात पौने बारह बजे भी चिट्ठी लिखने को बैठना पड़ा।

...थीसिस को लेकर सचमुच मेहनत की थी। परीक्षा पास करने के लिए इतनी मेहनत करने की कोई ज़रूरत नहीं, यह जानते हुए भी मेहनत की थी। थीसिस के आकार-प्रकार से भी मन काफ़ी संतुष्ट था। परीक्षा के लिए पढ़ाई शुरू की तो भी लगा कि वह ऐसा कुछ कठिन काम नहीं। लेकिन अभी तो यही लग रहा है कि यदि किसी तरह पास हुआ तो क़िस्मत के ज़ोर पर।

क्यों, पता है? यह थीसिस। इतनी मेहनत। सब करके कलकत्ता का इतिहास लिखा था, इकनामिक बैकग्राउंड देने की कोशिश की थी। फलस्वरूप ईस्ट इंडिया कंपनी वगैरह के बारे में बहुत-सी बातें लिखनी पड़ीं। भूल गया था कि यह विलायत है। सभ्य अंग्रेज़ों ने असभ्य भारतवासियों को सभ्य बनाने के लिए इतने दिनों जी-जान से कोशिश की--यह बात यदि कोई भारतीय अस्वीकार करे तो इनका नाराज़ होना स्वाभाविक है।

आज सोमवार। शनिवार को एक बजे के भीतर थीसिस जमा देना है। अगले सप्ताह परीक्षा। आज मेरी सुपरवाइज़र मिसेज़ ग्लास ने मुझे ढेर सारे टेकनिकल पाइंटों पर पकड़ा और कहा--जैसे भी हो उन्हें ठीक करना होगा। इस ठीक करने का मतलब हुआ क़रीब-क़रीब नये सिरे से थीसिस लिखना। या फिर ऑफ़िस से छुट्टी लेकर लाइब्रेरी में जाकर रतजगा करके पन्ने-पर-पन्ने इधर-उधर करके, पिन लगाकर जोड़-जाड़कर एक चीज़ तैयार करना (यद्यपि टेकनिकली थीसिस!)। मैं अच्छी तरह जानता हूं कि इस कमी को पकड़ने का मूल कहाँ है, मिसेज़ ग्लास ने भी उसे छिपाया नहीं। उनकी इतने दिनों की सहानुभूति और अच्छा व्यवहार आज अचानक hostile हो उठा है। मेरी स्थिति समझना तो दूर, मुझे पूरी बात तक नहीं कहने दिया।

यदि मिसेज़ ग्लास का यह हाल है तो दूसरे एक्ज़ामिनर क्या कहेंगे? इतिहास पढ़कर देखा। दोष मेरा ही है। साहब लोगों के देश में बैठकर साहबों के कॉलेज की थीसिस में 'rapacious and corrupt rule' को लेकर लेक्चर झाड़ रहा हूं।

पहला हिस्सा बाद देकर बाक़ी जमा देने से आराम से पास हो जाता लेकिन वह मेरी मानसिक क्षमता के बाहर है। अतः थोड़ा इधर-उधर करके उनके द्वारा लगाये गये पेंसिल के निशानों को रबर से मिटाकर बैठा हूं। शनिवार को भीड़

में जाकर जमा दे दूंगा, आगे जो भाग्य में होगा, होगा। यदि थीसिस में फेल हो गया तो देश लौटने में देर होगी, हज़ार तरह की असुविधा होगी, कष्ट होगा पर अपने तईं खुद ही लज्जित तो नहीं होऊंगा।

2.7.59

मनु,

आज वही दिन है।

पिछला सप्ताह अच्छा नहीं बीता। परीक्षा देने के बाद दुश्चिंता करना मेरे स्वभाव के विरुद्ध है। हो सकता है छह दिन में ही रिजल्ट आ जाये इसलिए उस नियम में व्यतिक्रम हुआ है। दो महीना इंतज़ार करना होता तो परीक्षा की चिंता मन से दूर की जा सकती थी। इसीलिए कल रात काफ़ी चक्कर मारने के बाद एक मिस्ट्री फिल्म में बैठ गया था। डेढ़ घंटे में आठ खून, बैठे-बैठे देखता रहा।

...मेरा थीसिस इंटरव्यू पौने पांच बज़े है पर छुट्टी ले ली है पूरे दिन की। इसी कारण ग्यारह बज़े चिट्ठी लिख पा रहा हूं। मेरे ऑफ़िस के बड़े साहब एक्सटरनल ऐक्जामिनरों में एक हैं...उनकी सेक्रेटरी मिस हचिंग्स मुझसे स्नेह करती हैं। बोलीं–बड़े साहब ने मेरी थीसिस पढ़कर 'जॉली गुड' कहा है। यह बड़े साहब का तकियाकलाम है फिर भी सुनकर बहुत दिनों बाद मन को थोड़ा भरोसा हुआ। तीन परीक्षकों में से यदि एक 'जॉली गुड' मानते हैं तो क्या दूसरे दो एकदम फेल कर देंगे? छोड़ो, अब कुछ घंटों की तो बात है।

...फ़िलहाल यहीं तक। इसे लेकर तीन चिट्ठियां अधूरी जमा हो गयी हैं। आज शाम की ख़बर के बाद सबको पूरी करके पोस्ट करूंगा। क्या ख़बर होगी क्या पता।

(शाम को)

पास हो गया, सबको ठेंगा दिखाकर। थीसिस में 65 मिला। जिस विषय को सबसे ज़्यादा जानता था–Town Planning Law–उसमें सबसे कम मिला–52। जिसमें फेल होने का डर था–Design–उसमें भी मिला 65।

...मिसेज़ बिलिटर को फोन करके बताया। खूब खुश हुईं। जेन से भी फ़ोन पर बात हुई। कहा–तुम्हें निराश करने के लिए दुखी हूं, मैं पास हो गया। जेन ने उत्तर दिया–नेवर माइंड।

...मत सोचना कि अकेले तुम्हीं पास हो सकती हो।

डायरी

10.7.59

रिन,

आज तुम्हें संबोधन किया तो केवल इसलिए कि किसी एक व्यक्ति को संबोधन करने की ज़रूरत थी। आमतौर पर जिस कारण तुम्हें बुलाता हूं, आज उस कारण से नहीं। आज 'तुम' की तरह तुम्हारी ज़रूरत नहीं।

परीक्षा हो गयी। पास हो गया। क़ायदे के अनुसार अब मौज और शांति में रहने की बात है। इसलिए ख़ूब आनंद और शांति में हूं। परीक्षा जैसी चीज़ों की ख़ासियत होती है कि सामयिक रूप से वे जीवन को एकमुखा बना देती हैं। यदि प्रश्न उठे कि मैं क्यों हूं तो तुरंत उत्तर मिलेगा—परीक्षा पास करने के लिए।

पास करने के बाद? और परीक्षा हो तो उसे पास करना। न हो तो? तो अभी की तरह आनंद और शांति। आनंद और शांति जिसकी प्रतीक्षा में परीक्षा के पहले का हर दिन कटा है। परीक्षा हो जाने के बाद पास-फेल की चिंता। पास करने के बाद आनंद और शांति की पहेली में इधर-उधर चक्कर काटते, घूमते उसी अंतिम परिणति पर पहुँचना—अब, इसके बाद?

जब परीक्षा जैसी जीवन की एक तुच्छ समस्या में अपने को डुबाये रखना ख़त्म हो जाता है तब मूल समस्या फिर से सिर उठाती है। क्यों हूं? हूं तो क्या कर रहा हूं? इतने दिनों क्या किया? इसके बाद क्या करूंगा? यदि करूं तो, क्यों? करके क्या होगा?

अपने को महत्त्वपूर्ण मानना आदमी का स्वभाव होता है। मेरा भी है। अपने लिए मेरा महत्त्व कम नहीं है। इसके अलावा नाते-रिश्तेदार हैं, हितैषी हैं, कुछ मूर्ख भी हैं—जो मेरे साथ एकमत हैं। काफ़ी दूर तक। एक स्वर से कह सकते हैं—तुम क्या कम हो? नाना लोग नाना ढंग से देखते हैं, नाना ढंग से बोलते हैं। कोई कहता है तुम पंडित हो गये हो—कई परीक्षाएं पास की हैं। कोई कहता है—तुम अच्छे आदमी हो, अड्डा जमा सकते हो, दूसरों को आनंद दे सकते हो। कोई और कहता है—तुम में अंतर्निहित प्रतिभा है। यह ठीक है कि प्रतिभा की दिशा का सही अंदाज़ फ़िलहाल नहीं लग रहा है पर एक दिन वह अवश्य ही प्रगट होगी—माता के दानों की तरह। कोई सीधे-सीधे कहता है—तुम क्या हो, कितने हो, वह सब नहीं जानता बाबा। बस, तुम अच्छे लगते हो और तुम्हारे अस्तित्त्व की वही चरम सार्थकता है।

जो, जो कहता है उस पर विश्वास कर लेता हूं। केवल जो ख़राब कहता है, उस पर गुस्सा आता है। मन में आता है—इसने मुझे समझा नहीं। जो कुछ नहीं कहता उस पर दया आती है—इसने मुझे पहचाना नहीं।

यदि इतना ही सत्य होता, तो झमेला मिट जाता। अपने ऊपर विश्वास भगवान के ऊपर विश्वास जैसा ही होता है—बिना झमेले, बिना सवाल जैसे-तैसे ज़िंदगी काट लेने के लिए पर्याप्त। लेकिन जब अपने सारे टुकड़ों को जोड़ता हूं, स्वयं अपने द्वारा और दूसरों द्वारा देखे अनेक टुकड़े और सोचता हूं कि इस सारे जंजाल का समन्चय जो मैं हूं, वह क्या है तो सब गोलमाल हो जाता है।

आज नया-नया खुद को देख रहा हूं, सो नहीं। बहुत दिनों से नाना रूपों में देखा है। अलग-अलग उम्र में, अलग-अलग जगहों पर अनेक लोगों के संपर्क में देखा है। रोज़ ही देखा है, जाना है। जान रहा हूं। अब तो जानना इतना अधिक जमा हो गया है कि वही अजाना लगने लगा है।

जीवित रहने के लिए मनुष्य को क्या विश्वास की ज़रूरत होती है? भगवान में विश्वास, आदर्श में विश्वास, काम में विश्वास, मनुष्य में विश्वास, विप्लव में विश्वास, अपने ऊपर विश्वास, प्रेम पर विश्वास? इनमें से कौन-सा विश्वास आज मुझमें है, क्या कह सकता हूं? जीवन में विश्वास? वह भी है क्या?

कलकत्ता हावड़ा कलकत्ता नागपुर कलकत्ता मायथन कलकत्ता लंदन। फिर कलकत्ता। फिर कहां, कौन जाने? सारा अतीत चक्के की तरह घूमता रहा है। तब भी चक्के की तरह नहीं। हर चक्कर पिछले चक्कर को छोड़ ऊपर उठ गया है—यही ट्रैजेडी है। जानने की ट्रैजेडी। पकड़ता हूं, जानता हूं, ख़त्म होता है, फेंक देता हूं। फिर पकड़ता हूं। एक आदमी की ज़िंदगी में कितनी नई घटनाएं घट सकती हैं? कलकत्ता से जितनी चिट्ठियां आती हैं, सब क्या इसी चक्र की पुनरावृत्ति नहीं हैं? सभी क्या आवर्तन के कारण क्लांत नहीं हैं? मैं भी क्या इस चक्के का ही अंश नहीं हूं? अंश नहीं होऊंगा?

तब भी एक असंभव आभावनीय घटना की प्रतीक्षा ख़त्म होने को ही नहीं आती। फिर भी मन ख़ाली हो तो लगता है, यही सब कुछ नहीं है। यही अंत नहीं होगा, कुछ-न-कुछ और होगा। कुछ ऐसा होगा जो पहले के सब कुछ को एक अप्रत्याशित प्रकाश में धुंधला कर देगा। एक-सा अबाध्य स्वप्न-देखनेवाला यह मन! नींद टूट जाने पर भी स्वप्न का असर मिटना नहीं चाहता।

जो कुछ पाने को है, सब पा चुका हूं। और पाकर हुआ क्या? घंटा। यह बात बुरी तरह सच है। और मिलेगा, और मिलने पर चार हाथ निकल आयेंगे, यह आशा भी उसी तरह मिथ्या है। अतीत और भविष्य में अभी भी छत्तीस का रिश्ता है, स्वप्न के कारण ही। भविष्य को फिराकर अतीत की ओर कर देने से ही स्वप्न ख़त्म होता है। या फिर स्वप्न ख़त्म होने पर ही वैसा किया जा सकता है। एक सौ अस्सी डिग्री का कोण, शून्य डिग्री का कोण बन जाता है। एक

धुंधले-से अजाने भविष्य की ओर मुंह बाये देखते हुए अनिर्दिष्ट होने के बजाय वर्तमान भी एक सुनिर्दिष्ट बिंदु हो जा सकता है। दूसरे ढंग से कहूं तो मर जा सकता है।

असल में मर जाना परम सुख की बात है। कितने ही लोग मरकर सुखी हैं। जो भी आगामी कल है, उन सबको बीते कल के सांचे में ढालकर, उनसे एकाकार होकर सुख से मर गये हैं। मुझे भी तो एक-न-एक दिन इसी तरह मरना होगा, तो फिर अभी ही क्यों न मर जाऊँ?

असल में जीवित रहने का अर्थ कितना-सा है? जीवित रहना भी तो एक तरह का आकस्मिक व्यापार ही है। आज मैं एक का पति, दो का पिता, कुछेक का मित्र और अनेक का परिचित हूं। मेरा वास्तविक अस्तित्त्व इन सबकी धारणा पर निर्भर करता है। आज यदि मुझे सिफलिस हो जाये या खून के अपराध में देश निकाला हो तो इतने सारे लोग एक बार कहेंगे–उसे जैसा सोचा था, वैसा नहीं था। तथापि सिफलिस होना या देश निकाला होना एक पूरे आदमी के जीवन का कितना-सा अंश है? वह पूरा सच नहीं था, बाद में जितना जानेंगे वह भी पूरा सच नहीं होगा। तब फिर व्यक्ति 'मैं' क्या कुछ अर्द्धसत्य और पूरी मिथ्या धारणा की समष्टि मात्र हूं?

लेकिन इस विचार विवेचना का कोई अर्थ नहीं। मैं क्या हूँ–इसका भी कोई अर्थ नहीं। क्योंकि मैं एक नहीं हूं। मैं बहु हूं। इसीलिए मुझे अलग-अलग लोग अलग-अलग रूप में देखते हैं। कोई ऊपर से देखता है, कोई नीचे से, बाक़ी सब नाना ओर से। तब जो प्रश्न खड़ा रह जाता है वह यह कि मैं किसलिए हूँ? यह भी नहीं, यह कि मुख्यतः किसलिए हूं?

सन् 1949 से पहले इस प्रश्न का उत्तर सहज था। बाद में सीधा-सहज न रहा हो पर खींच-तानकर कुछ कहा जा सकता था। यदि सन् 1949 का मार्च का महीना जैसा था वैसा न होकर मैं जैसी आशा करता था वैसा होता तो? मान लो यदि विप्लव ही होता तो? जैसा रूस में हुआ था? वैसा होता तो क्या होता? डिक्टेटरशिप ऑफ प्रोलेतेरियत होती। अर्थात् सूर्य राजा का एक नायकत्व होता। या फिर मेरा और कानु का। होने से ही क्या सारी समस्याएं ख़त्म हो जातीं? हुआ, तो क्या रूस की सारी समस्याएं ख़त्म हो गयीं? स्तालिन से क्रुश्चेव।

यदि वह भी न होता तो? क्या तभी सब कुछ होता? आम जीवन का ऊंचा मानदंड। उत्तम प्रस्ताव। प्रश्न की कोई गुंजाइश नहीं। लेकिन उसके बाद भी एक लेकिन रह जाता है। जैसा कि यहां देख रहा हूं–स्वीडेन में।

टायफायड-कालेरा दबा तो पोलियो। और हैं पश्चिमी मानसिक रोग। जीवन-संग्राम ख़त्म हुआ तो टेडि-बॉय की समस्या शुरू हुई। बोरडम और ennui उत्तेजना की तलाश में नाचघर में छुरी भोंकना। मरिजुआना और उलफेल्डेन रिपोर्ट। डेलीमिरर और डाइवोर्स अदालत।

असल में शांति एक बहुत बड़ा सवाल है। युद्ध नहीं–शांति। आम आदमी युद्ध चाहता नहीं फिर भी करता है। ज़रूरत पड़ते ही करवाया जाता है। अणु बम एक अद्‌भुत चीज़ है, फिर भी है तो। लेकिन पृथ्वी ख़त्म नहीं होगी। आणविक युद्ध होने के बावज़ूद। सबके मरने के पहले ही लोग कहेंगे–अब बस करो। क्योंकि मरना कोई नहीं चाहता। आणविक युद्ध हो तो भी। स्वाधीनता नामक विराट प्रश्न मृत्यु के सामने एकदम तुच्छ है। फिर आम आदमी के लिए आइडिया का क्या मोल है? मुट्‌ठी भर लोग जनसाधारण को भरमाकर क्या स्वाधीनता संग्राम, युद्ध और दंगा के लिए नहीं प्रेरित कर सकते?

वैसे आम आदमी में एक instinct होती है जिसे पूरी तरह धोखे में नहीं रखा जा सकता। वह प्रकृति द्वारा प्रदत्त है, वह है आत्मरक्षा की instisnct। प्रकृति का सेल्फ प्रिज़रवेशन का नियम मोटा-मोटी ठीक ही है। यद्यपि सेल्फ प्रिज़रवेशन की प्रवृत्ति के बावज़ूद मेगाथेरियम या डोडा चिड़िया अपनी रक्षा नहीं कर पाये। वह भी शायद प्राकृतिक नियम के अंतर्गत ही आयेगा। उसके ऊपर आदमी है जो प्रकृति के हर काम में अड़ंगा लगाना चाहता है। फलस्वरूप अमेरिका में निर्धारित समय से पहले ही बफैलो ख़त्म हो गये, आसाम में गैंडा ख़त्म हो गये। आदमी के भी ख़त्म होने की बात है, चेष्टा में भी कोई कमी नहीं है लेकिन वैसा हो नहीं पा रहा है क्योंकि यह लड़ाई आदमी-आदमी के बीच है। गैंडा मरा अपने से उन्नततर जीव के हाथों। आमतौर पर आदमी-आदमी में ऊँचे-नीचे का विशेष अंतर नहीं इसलिए मरते हैं केवल रेड इंडियन जैसे कुछ आदिवासी।

मनुष्य धीरे-धीरे दयालु हो रहा है–किसका कथन था यह? एच.जी. वेल्स का? क्या पता। कथन सत्य है तो एक दृष्टि से। आजकल इतिहास में मध्यकाल की बर्बरता के नाम पर हम जो कुछ पढ़ते हैं, वह अब नहीं रही। केवल फासीवाद कायम होने और युद्ध शुरू होने पर सामयिक रूप से दया को स्थगित रखा गया था। जीवन-यापन का मानदंड धीरे-धीरे ऊपर उठ रहा है–यह भी सच है। अवश्य ही उस क्षेत्र में ज़्यादा बढ़ा-चढ़ी होने के पहले ही काफ़ी सारा फंड अस्त्र-शस्त्र बनाने के लिए आवंटित कर देना बेहतर होगा। इसके अलावा बैलेंस बनाये रखने की ख़ातिर भी युद्ध की ज़रूरत कम नहीं।

संत्रासवाद कुछ दिनों बाद पूरी तरह अतीत की घटना हो जायेगा। रह जायेगा आभ्यंतरीन डेसपाटिज़्म।

यौवन में ये सब बातें लिखता तो अपने को खुद ही सिनिक मानता। मज़ा है, सिनिसिज़्म भी एक पॉज़िटिव वस्तु है—नास्तिकता की तरह। अविश्वास नामक वस्तु में वस्तुगुण है। उसे पकड़ा जा सकता है, छूआ जा सकता है और उसका सहारा लेकर खड़ा भी हुआ जा सकता है। लेकिन यदि विश्वास-अविश्वास का प्रश्न ही न रह जाये, तब क्या करणीय होगा?

रिन, यह याद ही नहीं रहा कि तुम्हें संबोधन करके शुरू किया था। उसकी कोई ज़रूरत भी नहीं थी। आज जो लिखने बैठा हूं, उसके लिए किसी सफ़ाई की ज़रूरत नहीं है इसीलिए इन बातों के अलावा और भी बहुत-सी बातें हैं, उनकी घोषणा न करने से भी चलेगा। अक्सर मन में तै करता हूं कि ट्रेन में, ट्यूब में, बिस्तर पर लेटकर, ऑफ़िस में बैठे-बैठे जो भी मन में आता है, सबको कलम से काग़ज़ पर सजाकर देखूं, कैसा लगता है। क्यों नहीं कर पाता, जानती हो? मुझमें एक बड़ा दोष है—लिखने के समय पाठकों के बारे में सोचने का। दूसरे पढ़ेंगे यह ख़याल मन में आते ही सब कुछ लिखने का साहस नहीं रह जाता। दूसरे पढ़ेंगे या मैं खुद ही उन्हें फाड़कर फेंक दूंगा, यह ख़याल भी मन में नहीं आता।

फिर सोचता हूं—लिखने को ऐसा है ही क्या? दूसरे पढ़ेंगे तो बदनामी होगी, इस डर सें जो कुछ नहीं लिखता, वह अपने तईं तो अजाना नहीं है। जैव (जीवन संबंधी) दृष्टि से सोचो। इसको लेकर लज्जा है तो दूसरों से। अपने तईं नहीं। दूसरों के सामने जिस बात की लज्जा है, उसे उनका ही दोष मानता हूं। खुद की विरक्ति है, खीझ है, थकान है लेकिन उसकी लज्जा नहीं। चूंकि यह अपनी भावना है अतः इसे सत्य मानता हूँ। सत्य है इसलिए स्वाभाविक है। अस्वाभाविक है तो इसलिए कि लोग सत्य को स्वीकार नहीं करना चाहते। यही कारण है कि हम परस्पर एक-दूसरे के लिए अस्वाभाविक होते हैं। शायद अपने तईं भी। अपने और दूसरों के कल्याण की ख़ातिर अपने ऊपर प्रतिबंध लगाना ही पड़ता है, लगाता भी हूं। लेकिन इसीलिए प्रतिबंध लगाना बड़ी बहादुरी की बात है, यह भी नहीं मानता या फिर यह भी नहीं कि प्रतिबंध होने से ही व्यक्ति या वस्तु विकट हो जाती हो।

ख़ैर, जो भी हो, आज रात वह सब लिखने की कोई ज़रूरत नहीं। आज रात लग रहा है वह भी विश्वास जमाने की एक चेष्टा जैसी ही है। अभी जिन बड़े-बड़े विश्वासों की बात लिखी है, उनके साथ बहुत तरह के खुदरा विश्वास

भी जुड़े हैं जो रोज़मर्रा के जीवन में काम आते हैं। गांजा में विश्वास और गंदगी में–मैले में–विश्वास उन्हीं के अंतर्गत आते हैं। पहला नहीं है, दूसरा बीच-बीच में जाग्रत होता है इसीलिए एक बार उसमें डूबकर कुछ दिनों के लिए मुक्त हो लेता हूं जैसे आज की रात मुक्त हूं। मुक्त माने पूरा निर्वाण–किसी विश्वास का झमेला नहीं।

देश लौटने के पहले कुछेक महीने हाथ में हैं। कुछ करने की इच्छा थी। जैसे फ्रेंच सीखना, ऐमेच्योर ड्रामा क्लब में भर्ती होना, किताबें पढ़ना, घूमना आदि-आदि। बिना कुछ किये भी दिन काटे जा सकते हैं। कुछ ख़ास फ़र्क़ होता है क्या?

चिट्ठी

15.7.59

मनु,

...असल में किसी के साथ ज़्यादा देर तक बात नहीं कर पाता। कहने को बात नहीं रहती।...लेकिन कभी-कभी बात करने की ज़बरदस्त इच्छा होती है। ज़रूरत भी होती है। अब और नहीं होगी। इतनी उम्र हो चुकी है कि आदत और परंपरा के चक्कर में पड़ गया हूं। लगता है जैसे अब नये दोस्त बनना संभव नहीं। एक पाइंट तक होता है। जैसे सिंह के साथ या एला के साथ। उसके बाद आगे नहीं बढ़ता। न बढ़ने पर भी वहीं रुका नहीं रहता। पहले दौर में मित्रता के कारण या अपने अकेलेपन के कारण जितनी बातें जिस तरह से कही थीं, उनका बोझ परिचय का दुर्बलसूत्र नहीं वहन कर पाता। लगता है बेवकूफ़ी की थी। बुरा लगता है। तब शायद इस मित्रता को स्थापित करने की चेष्टा या फिर जिसे मित्र बनाया है उसी पर गुस्सा आता है। यह गुस्सा असल में अपने ऊपर आता है इसीलिए इसे किसी और पर नहीं निकाला जा सकता। यह अपने ही भीतर घूमता रहता है और सब मिलाकर कभी-कभी ज़बरदस्त थकान लगती है।

विलायत में शुरू के दिनों में ख़ासकर इस घर में आने के बाद जीवन का एक खुला पक्ष भी अनुभव हुआ था–बहिर्मुखी पक्ष। अनेक दिशाओं में अनेक तरह से जैसे खुद को पसार दिया था–कम-से-कम वैसी चेष्टा की थी। अब अपने को धीरे-धीरे समेट ले रहा हूं। एक-एक दिन जैसे एक-एक ओर का प्रसार ख़त्म किये दे रहा हूं। बहिर्मुखी प्रसार का जो वास्तविक रूप होता है–सामाजिक संपर्क, उसे

यथासंभव कम कर रहा हूं। भेंट करना, चिट्ठी लिखना, फोन पर खोज-ख़बर लेना—सब छांटता चल रहा हूं। मन की तक़लीफ़ के कारण नहीं वरन् इसलिए कि इसकी ज़रूरत महसूस हो रही है, इसलिए कि प्रसार अब बेमानी लगने लगा है। मेरे दो मित्र हैं। पहला और मुख्य मित्र वेस्ट हैंपस्टेड पब्लिक लाइब्रेरी और दूसरा नेशनल फिल्म थियेटर।

परसों रात स्काटलैंड के लिए रवाना होऊंगा। बहुत छुट्टी बाक़ी पड़ी है तब भी केवल एक सप्ताह की ले रहा हूं। भरोसा नहीं कि वहां मित्रों का साथ इससे ज़्यादा अच्छा लगेगा। मेहर (स्काटलैंड में जिसके यहां जा रहा हूं) बहुत भला है। बुद्धिमान, रसिक और मुझसे बहुत प्रेम करता है। (क्यों, यह किसी तरह नहीं समझ पाया हूं)। लेकिन इससे ज़्यादा उसके पास रहने में डर लगता है।

वैसे मैं ही सबसे ज़्यादा मिलनसार माना जा रहा हूं। आजकल कानु का वाणप्रस्थ का सिद्धांत काफ़ी कुछ समझ में आने लगा है।

मेरी चिट्ठी अपना रोना रोने जैसी लग रही है क्या? यदि हां, तो समझना चाहिए कि मैं ठीक से लिख नहीं पाया हूं। यहां एक-एक दिन किसी एक दोस्त या एकाधिक दोस्तों के साथ गप्प-शप करके अड्डा मारकर लौटता हूं—लगता है जैसे शरीर का पोर-पोर दुख रहा हो। एक वायवी चेतना और अटपटापन लिये। 'क्या हुआ' और 'क्या होगा' जैसा मनोभाव रहता है। इसके बदले लेटे-लेटे कोई किताब क्यों नहीं पढ़ी?

पुनश्च : याद है? आज मेरे चौंतीस पूरे हुए।

डायरी

16.7.59

कल एक और जन्मदिन गया। और एक साल बुढ़ाया।...ज्ञान और स्वप्न। जितना जानता हूं, समझता हूं, हताश होता हूं, पहचान लेता हूं, उतना ही पता नहीं कहां से आशा और नये-नये स्वप्न आ जुटते हैं। शायद यही मेरे जीवन की चालिका शक्ति है। यथार्थ की हज़ारों ईंटों से बनी माथा ठोंकने लायक़ मज़बूत दीवार भी मेरे स्वप्नदर्शी मन की पूरी तरह हत्या नहीं कर सकती।

अपने अस्तित्त्व को क्या सदा दूसरे को अच्छा लगने की नरम गद्दी पर सावधानी से बचाकर रखना होगा? मैं क्या सदा दूसरों को अच्छा लगने के ज्वार-भाटे के साथ ऊपर-नीचे उठता-गिरता रहूंगा, तैरूंगा या डूब जाऊंगा? दूसरों के आग्रह पर जीवित रहूँगा या फिर मर जाऊंगा?

और कल्पना करूंगा, स्वप्न देखूंगा कि दूसरे आंख फाड़कर देख रहे हैं और मैं उनकी अवाक् दृष्टि के सामने आकाश भेदकर ऊपर, ऊपर उठता जा रहा हूं? दिवास्वप्न का जन्म क्या इसीलिए होता है? मेरा अस्तित्त्व क्या इसीलिए है?

28.7.59

छुट्टी बीत गयी। हाइलैंड गया। फिर लंदन। बुख़ार। ऑफ़िस का नागा।

...सब कुछ बड़ा पुराना, बड़ा असह्य लग रहा है। बहुत, बहुत ज़्यादा पुनरावृत्ति। बहरी दीवारों से चारों ओर घिरा हूं। मन बुढ़ा रहा है। आश्रय की खोज में है। कलकत्ता से लंदन, लंदन से फिर कलकत्ता। वहां भी आश्रय नहीं।

चिट्ठी

3.8.59

मनु,

तुम्हारी चिट्ठी मिली। उस बात को एक सप्ताह हो रहा है। उसके पहले का सप्ताह हाइलैंड में गुजरा। वहां जाने पर लंदन को भुला देना होता है, वह एक अलग दुनिया होती है।

और पिछले सप्ताह लंदन में बैठकर सारे नियम-कानूनों को तोड़कर एक और विचित्र-सी दुनिया की सृष्टि कर बैठा था।

संतोष आया था। अपनी पुरानी आदत के अनुसार, बिना किसी सूचना के।...उसे अपने कमरे में ठहराया। गद्दी-कंबल उधार लेकर एक और बिस्तरा लगाया गया। मंगलवार की रात को वह आया था, ऑफ़िस से बुध-वृहस्पति-शुक्र की छुट्टी ले ली। छुट्टी लेने का इससे अच्छा और कौन-सा मौक़ा मिल सकता था।

फलस्वरूप रोज़मर्रे का कार्यक्रम छह घंटा पीछे हो गया। सारी रात अड्डा। सारी सुबह सोना। दिन शुरू होता 2-3 बजे दोपहर में। जहां कहीं भी घूमने-देखने जाते, पहुंचने पर पता चलता अधिकतर जगहें बंद हो रही हैं। जाना तीन दिन टाल दिया गया फिर भी लंदन में वह कुछ ख़ास नहीं देख पाया। पर इसका उसे दुख हुआ हो ऐसा बिलकुल नहीं लगा (यद्यपि शिकायत

बराबर करता रहा)। अमेरिका में तीन साल बिताने के बावजूद वह टूरिस्ट नहीं बन पाया।

यहां किसी पुराने दोस्त के मिलने पर कितना अच्छा लगता है, यह संतोष के आने पर काफ़ी दूर तक समझ में आया। अचानक जैसे एकदम से सब कुछ याद आ गया—असल में यहां सही मानो में कोई दोस्त मिला ही नहीं। जो मिले, वे तुलनामूलक दृष्टि से मित्र थे।

...कल से फिर लगातार एक-रस ऑफ़िस। उसके जाने के बाद से अकेलापन दुगुना लग रहा है। अभी तो मन में यही आ रहा है कि पैसा होता तो इसी महीने देश लौट जाता।

डायरी

18.8.59

और एक मृत्यु।

क्या पता शायद इसे ही जीवित रहना कहते हैं। यही शायद जीवित रहने की चरम सार्थकता है। शांति। Contentment, तृप्ति।

जो व्यक्ति थोड़ा ज़्यादा निकट आ जाते हैं, उनका असली चेहरा क्या मैं ही सपनों में लपेटकर रखे रहता हूं? या वे ही मुझे ठगते हैं?

20.8.59

बहता हूं मैं

बहता हूं मैं आस्तिक की दीनता लिये।
तृण के ऊपर डाल भार सारे जीवन का बहता मैं।
कोहरे की सादी साँसों ने
छिपा लिया है कूल-किनारा।
इस प्रवास में जाना मैंने एक तथ्य है
मेघों के उस पार
स्वर्ण से मंडित दिखता राजपाट
औ' ताराओं के पार
डूबते-उतराते स्वर्गों की छाया
सब है मिथ्या।

तुमसे विनय—
सांत्वना झूठी देना छोड़ो
मन से दूर निकाल फेंक दो
आस्था औ' विश्वास युगों का।
स्वयं डूबकर देखो कितने गहरे में है धरती का तल।
मानव है चल
और साथ ही विस्मयकर।
झूठे पत्थर की दीवारों पर भी
गढ़ लेता पातालपुरी में
राजपुरी वह।

7.9.59

...लग रहा है कलकत्ता लौटने पर वहां की हालत पहले से बुरी मिलेगी। वह शायद कलकत्ता का दोष नहीं होगा। कलकत्ता कहने से मेरा मतलब है मैं, मेरा परिवार और मेरे यार-दोस्त। यह उनकी उम्र बढ़ने का दोष होगा। थकान पर तुम लोगों का एकाधिकार नहीं है, उसमें मेरा हिस्सा भी है। असल में बुढ़ापे में अचानक पुराने परिवेश से छिटककर दो-तीन साल के लिए यहां चले आने से, बुढ़ापे के कुछेक पक्षों को कम-से-कम ठेल-ठालकर दूर रखा गया है। लगता है कलकत्ता लौटने पर सब मिला-जुलाकर पूरी तरह बूढ़ा हो जाऊंगा।

...एक पेड़ को बड़ा होते देखा है? ऊपर की ओर नयी-नयी डालें निकलती हैं, और नीचे की ओर पुरानी डालें धीरे-धीरे मरने लगती हैं, सूखकर झर जाती हैं। कभी-कभी आंधी में दो-एक नयी डालें गिर जाती हैं, उसकी पीड़ा बहुत दिनों तक सालती रहती है। सन् 1949 के मार्च महीने में एक ऐसी ही आंधी आयी थी। उसके बाद से केवल नीचे की ओर की दो-एक डालों के सूख जाने की अनुभूति हुई। कितनी डालें इस तरह सूख गयीं, पता ही नहीं चला। दूर आने पर वे डालें टूट गयी हैं, आसानी से टूट रही हैं—यह रोज़ ही पता चल रहा है। नयी डाल निकलने के दिन भी शेष होने को आये। अब तो जो बची हैं उन्हें जहां तक, जब तक बचाया जा सके, बचाये रखने की ही चेष्टा है।

यदि ये बातें काव्य जैसी लग रही हों तो माफ़ करना। कविता लिखना काफ़ी दिनों से बंद है। चिट्ठी में उपमा का आडंबर पुरानी ख़राब बीमारी का बचा-खुचा रूप समझो।

एला कल सुबह रवाना हो रही है। कुछ अपने काम के कारण और कुछ उसे छोड़ने की ख़ातिर, कल छुट्टी ले ली है।...

कल बहुत काम है, बहुत दौड़-भाग होगी। इसलिए अब चिट्ठी बंद करके सोने चलूं। उल्टा पन्ना ख़ाली छोड़ दिया अच्छे मन-मिज़ाज (या फिर अच्छी ख़बर) के लिए।

8.9.59

...बहुत माथापच्ची के बाद, जोड़-तोड़ बैठाने के बाद आज जहाज का पक्का टिकट हाथ में आया। नोटिस दे दिया है। 28 सितम्बर को नौकरी की मियाद पूरी होगी। 29 को लंदन छोड़ रहा हूं। अद्भुत् संयोग देखो, इस 29 सितम्बर को ही दमदम से उड़ा था दो साल पहले। लेकिन उस बार पहुंचा था 19 घंटों में, इस बार लगेगा तीन सप्ताह से भी ज़्यादा। यदि कोई दुर्घटना न हुई तो (और सच मानो, दुर्घटना का अंत नहीं है। रोज़ ही कुछ-न-कुछ लगा रहता है) 22 अक्टूबर को कलकत्ता पहुंचने की आशा है।

यह सब करने के चक्कर में कुछ बेकायदा काम भी हुआ है। कई ऐसी घटनाओं के कारण जिनके बारे में सोचा भी नहीं था–(ऐसा ही होता है) नगद रुपयों की कमी पड़ गयी। क़िस्मत से बहुत ही नेक और बेवकूफ़ मकान-मालिक मिले हैं जो एक एकदम अपरिचित व्यक्ति पर विश्वास करके, मैं जो मांगता हूं, उधार दे देते हैं। यह सब यात्रा के ठीक पहलेवाले दिन चुका पाऊंगा जब ऑफ़िस से बक़ाया रक़म मिलेगी।

...एला को टिलबेरी पर चढ़ा आया आज। ठीक जहाज़ पर नहीं, कस्टम के दरवाज़े तक। अब तक मां दुर्गा का नाम लेकर समुद्र में तैर रही होगी।

लंदन से पेरिस जा रहा हूं। दो दिन। उसके बाद सीधे रोम। दो दिन। उसके बाद मार्सेइ। रास्ते में नीस में ट्रेन बदलने के लिए 4 घंटा रुकना होगा सो फ्रांस का रिवियेरा भी देखने को मिलेगा। टूर को थोड़ी और लंबी करने का मन था पर पैसा बचाने के चक्कर में वह हो नहीं पाया। जहाज़ में जिस 'किलास' में जा रहा हूं वह टूरिस्ट क्लास से भी नीचे का क्लास है। भाड़ा बेहिसाब सस्ता। लगता है गोदाम में ले जायेंगे। ले जायें, कुल 11 दिन की तो बात है। बंबई में तीन दिन रुकना ही होगा क्योंकि मझली दीदी ने कहा है–न रुके तो कहा-सुनी नहीं, हाथापाई हो जायेगी। सब कर-कराके भी कालीपूजा (दिवाली) के पहले पहुंच जाने की उम्मीद है। तैयार रहना।

डायरी

12.9.59

...एक निर्विकार क्लांति। सब कुछ पनियल एकरस हो गया है। अपने को स्वीकार करना, अपने 'साधारणपन' को स्वीकार करना आदमी के लिए सबसे कठिन काम होता है। एक और फालतू की बात कही। सबसे कठिन–घंटा!

रोमांटिक रस की स्पिरिट में भिगाकर रखी मृत-देह अब सूखकर चुचुक गयी है। वह अब मन को आकर्षित नहीं करती। पुराना जीवन म्यूज़ियम से मॉर्ग (ठंडा शव गृह) में पहुंच गया है।

...फिर कलकत्ता। आज शनिवार है, उनलोगों को ख़बर मिली होगी। हो सकता है सोमवार को मिले। फिर कलकत्ता। कुछ नहीं बदला है। बहुत बदल गया है–किंतु सब मिलाकर औसतन नहीं के समान भी हो सकता है। कुछ फुटकर अर्थहीन समस्याओं को फिर मिटमाट करना होगा। वही पुराना अर्थहीन अनुमान और मिथ्या जिनकी कोई ज़रूरत नहीं थी, न है। फिर भी शांति बनाये रखने के लिए करना होगा। शांति बड़ी ज़रूरी चीज़ होती है। एक देश से एक-दूसरे देश की लड़ाई छिड़ जाती है। उस गंदी लड़ाई को हम सिर चढ़ाकर स्वाधीनता आदि के साथ जोड़ देते हैं और व्यक्तिगत जीवन में अपने आसपास के कुछ लोगों के साथ शांति बनाये रखने की चेष्टा में चूड़ांत झूठ को पूरी ज़िंदगी कायम रखते हैं।

मैं एक मनुष्य हूं। करोड़ों-करोड़ों मनुष्यों में एक। मेरे जीवन का झूठ करोड़ों-करोड़ों लोगों के जीवन का झूठ है। कभी-कभी जानवर का जीवन अधिक वांछनीय लगता है।

मार्बिड, सिनिक वगैरह कह-कहकर ज़्यादा शोर-शराबा करने की ज़रूरत नहीं। सत्य बातों को कल्पना की रंगीनी में लपेटकर इतने दिन तो गुज़ार दिये, अभी भी गुज़र रहे हैं। लाभ क्या हुआ? यदि रंगीन आवरण की ज़रूरत ही हो, ऊपर का खोल उतारकर जीने का साहस न ही हो तो फिर कहने को कुछ नहीं रहा। लेकिन उसी रंगीनी को पूजने का मतलब?

थककर सो जाऊं? या हंसकर जीवन को उड़ा दूं? लगता है हंसना ही ठीक रहेगा। जीवन नाम की चीज़ इतनी...इतनी हास्यकर है कि हंसी दबाये रखने का कोई माने नहीं।

चिट्ठी

19.9.59

मनु,

इस बार तुम्हारी चिट्ठी का स्वर मन तर कर देनेवाला है। हम सभी अधमरे हैं। तुम आ रही हो तो आओ—बाक़ी बचा आधा मरना सब लोग एक साथ मिलकर कर लेंगे। यह सच है कि तुम्हारी भाषा ज़्यादा अच्छी है—कुछ भी हो, बांग्ला साहित्य की एम.ए. हो न। इन बातों को सुनकर मन-ही-मन कह रही होगी—विदेश में मौज कर रहे हो, आने पर पता चलेगा, बच्चू।

शायद। पहुंचने के बाद पता लगने पर उन बातों की चिंता करूंगा। पहुंचने के बाद नौकरी की चिंता, दुनिया की चिंता, देश की, जीवन की, मानव जाति की चिंता से मुक्त रहकर नाना प्रकार के दुर्भाग्य और समस्याओं को भूलकर कम-से-कम सात दिन क्या हो-हल्ला नहीं किया जा सकेगा? यदि सात दिन ज़्यादा लग रहा हो तो कम-से-कम तीन दिन?

शनिवार (24 अक्टूबर) को तुम्हारे घर पर एक अड्डा शुरू करने की इच्छा है जो ख़त्म होगा रविवार को रात में।

...एला सुंदरी इस समय लाल सागर में होंगी। एला की अंतिम सूचना के अनुसार। उनके विवाह की तारीख़ जून से खिसकते-खिसकते फ़रवरी पहुंच गयी है—मिसेज़ बिलिटर का पक्का ख़याल है कि एला इलाहाबाद में सितंबर में ही वह काम निबटाकर कलकत्ता हनीमून मनाने जायेगी। और उनके अनुसार—वैसा न करने में तुक भी क्या है?

...इस बार कटी लाइनों को पढ़ने की चेष्टा करना भूल गया था। अभी अच्छी तरह देखा और पाया—'यहां आने पर हो सकता है नया कुछ न पाओ।'

बचपन में तुम्हारी उम्र कम थी (बचपन में सभी की उम्र कम होती है)। उस समय धमका-धुमकूकर तुम्हें ठीक रखा जा सकता था। अब तो कुछ कहते ही मुंह बिचकाकर बोलोगी—काश, तुम समझ पाते बादल दा! बादल दा का भी अब बचपन तो रहा नहीं। झट सब समझ-बूझकर कहेंगे—हां, ठीक ही तो! कानु कमबख़्त को हुआ क्या है? वह भी ढीला पड़ गया है क्या? चिट्ठी तो कभी भूलकर भी नहीं लिखता। अब तो लौट ही रहा हूं, यह जानकर और भी नहीं लिखेगा।

...शाम को टामस कुक की गाड़ी सामान ले गयी। एक छोटा सूटकेस और बैग लेकर यहां आया था। आज गया एक बड़ा-सा ट्रंक और वह पुराना सूटकेस। साथ में जायेगा एक और सूटकेस और बैग। सब किताब, काग़ज़-पत्तर वगैरह।

...अपना अधूरा नाटक पिछले सप्ताह अचानक पूरा कर डाला है।

चिट्ठी

27.9.59

बीच में और एक दिन। जाने के पहलेवाला वैक्यूअम शुरू हो गया है। सब कुछ रेडी, मिलना-जुलना भी आज दोपहर में ख़त्म। रुपया-पैसा मिल जाने के बाद अंतिम दिनवाला देना-लेना भी कर दिया। नतीजतन मन एकदम ख़ाली...इतने दिनों लगता था—बहुत दिनों से इस देश में हूं। कलकत्ता धुंधला-सा लगता था। अब लौटने के समय लग रहा है—अभी उसी दिन तो कलकत्ता छोड़ा था। लंदन के इतने सारे दिन—नौकरी खोजने-पाने-करनेवाले दिन, कॉलेज-परीक्षा-थीसिस से भरे दिन, घूमने-घामने, गप्पें मारने, अच्छा लगने, बुरा लगनेवाले दिन सब जैसे एक साथ सिमटकर दो साल में एकरूप हो गये हैं। उसका आकार ख़ास बड़ा नहीं है। पुराने कलकत्ता और आनेवाले कलकत्ता के बीच में दो साल की एक चौखट जो अब पार हुई-सी लग रही है। कुछेक दिन बाद पीछे मुड़कर देखने पर यह चौखट और नीची तथा आरामदेह लगेगी—खापड़खेदा की तरह। मायथन की तरह। इस तरह के और अनेक छिटपुट प्रसंगों की तरह—closed chapters.

...विलायत आया था बहुत जोड़-जुगाड़ करके। वह परसों सुबह शेष होने जा रहा है। होनेवाला और कुछ नहीं रहा, और कुछ की आशा भी नहीं। यह एक sense दृढ finality है, विलायत finally अतीत हो गया। 'अभी भी हो सकता है' जैसी जितनी चिंताएं हो सकती थीं सबकी अंतिम समाधि।

...पेरिस-रोम दिमाग़ में नहीं है। यहां तक कि कलकत्ता भी उस तरह नहीं है। लंदन में गुडबाई हो चुका, यहां भी मूल खोजे नहीं मिल रहा। रात साढ़े आठ। एक काफे में डिनर खाकर हल्की रोशनी में चिट्ठी लिखने बैठा हूं। आज अंतिम बार नाना तरह की एनार्की की जगह पिकैडली का चक्कर लगाने जाऊंगा या नहीं, अभी भी ठीक नहीं कर पाया हूं। YMCA में हेमंत मुखर्जी गा रहे है, मुफ्त में। लेकिन वहां जाने की इच्छा कम है क्योंकि जिनसे बिदा ले चुका हूं उनसे फिर से भेंट होगी—बड़ा अटपटा लगेगा। जाने की उतनी इच्छा भी नहीं। नेशनल फिल्म थियेटर में पुडोवकिन की मदर चल रही है। देखने नहीं गया। मैं फ़िलहाल एक तैरता हुआ पदार्थ हूं। मूल रहित।...शायद पिकैडली ही जाऊं rootlessness के साथ, वही जगह मेल खाती है। नीयन रोशनी, लड़के-लड़कियों की भीड़। निर्वैयक्तिक। एनार्की का पीठस्थान।

फ्रांस

चिट्ठी

Besancon
7.7.63
मनु,
फ्रांस आये अभी एक सप्ताह भी पूरा नहीं हुआ है, लेकिन लग रहा है न जाने कितने दिन हो गये। दिमाग़ में कोई भी विचार ठीक से नहीं आ रहा।...एक होटल में एक पंजाबी लड़के के साथ रह रहा हूं। ख़र्च काफ़ी लग रहा है पर एकांत एकदम नहीं मिल रहा है। पंजाबी लड़का नया है, फ्रेंच एकदम नहीं जानता इस कारण और भी एकांत नहीं मिलता। कल सारा दिन उसे टेंट में बांधकर उसके साथ घूमता रहा। आज उसे समझा-बुझाकर अकेला निकला हूं।

इस समय ठीक बारह बजे हैं। सुबह दस बजे से यहां-वहां भटक रहा हूं। पर हां, यहां जगह-जगह सुंदर पार्क और बेंचें हैं। मज़े की गर्मी है, कोट हाथ में ले रखा है। एक पार्क में बेंच पर बैठा लिख रहा हूं।

सोच-विचार के नाम पर पिछले कई दिनों में रुपये का हिसाब प्रमुख रहा है। होटल का ख़र्च अढ़ाई सौ महीना। खाने-पीने का, सावधान रहने पर तीन सौ, न रहने पर दो हज़ार तक जा सकता है।...एक वक्त ब्रेड-सॉसेज पर हाथ साफ़ करता हूं। कमरा मिल जाने पर यह सब और व्यवस्थित हो जायेगा।...यहां कमरा मिलना बड़ा मुश्किल है। खुद खोजकर पाना असंभव है। इन लोगों का ही भरोसा है।

चिट्ठी एकदम घर-गृहस्थीवाली हुई जा रही है। अब और नहीं लिखूंगा। बड़ी सुंदर हवा चल रही है। उठने का मन नहीं कर रहा। रविवार है, हाथ में पूरा दिन है। सुंदर शहर। घूमने की इतनी जगहें। अकेले ही घूमना होगा।

...दोपहर में एक फ्रेंच सिनेमा देखना कैसा रहेगा? समझ में कुछ नहीं आयेगा पर उतनी देर फ्रेंच भाषा तो कानों में पड़ेगी। समय भी कट जायेगा। कलकत्ता में समय काटने के लिए उपाय खोजने की कल्पना कर सकती हो।

हमलोगों का स्कूल organised नहीं है। फ़िलहाल तो नहीं ही। पहले दिन (वृहस्पतिवार को) सारा दिन इधर-उधर करके एक घंटा क्लास हुआ। शुक्रवार को सुबह आठ से ग्यारह और दोपहर में एक से तीन पूरा क्लास मिला। उसमें एक घंटा लैबोरेटरी में कान में हेडफ़ोन लगाकर टेप-रेकार्डर पर सुनना था। ऐसा फालतू टेप रेकार्डर था कि समझने में ही घंटा कवर। एक प्रश्न का भी उत्तर नहीं दे पाया, लिखकर सबका दे सकता हूं। एक सुंदरी मैदमोयाज़ेल प्रोफेसर हैं। वे बारी-बारी से हर cubicle में connection लेकर सुन रही थीं कि कौन क्या जवाब दे रहा है। मेरी क़िस्मत, काफ़ी देर बाद जब मैं जवाब देने चला तो वे सुन रही थीं। 'त्रे बियॆं' (वेरी गुड) मंतव्य हुआ। उसके बाद और एक का भी उत्तर नहीं दे पाया। वह उन्होंने सुना नहीं।

...सब मिलाकर मज़ेदार लग रहा है। पिछली बार नौकरी की चिंता थी। उसके अलावा विलायत एकदम नया था। इस बार लग रहा है बहुत लायक़ हो गया हूं।

कल म्यूनिसिपल बाथ में स्नान किया। होटल में भी स्नान करने का पैसा लगता है।

...रात पौने नौ। होटल। बिस्तर। दिन में कितनी मील चला पता नहीं। दस मील से कम नहीं। Funicular–रेल पर चढ़कर पहाड़ के ऊपर गया था।

कल आठ बजे क्लास है। शनि-रवि दोनों दिन सवा आठ बजे नींद टूटी। कल क्या होगा, भगवान जाने। दोनों में मैं ही पहले उठता हूं।

10.7.63

नौ बाइ नौ का एक कमरा। एक अच्छा गद्दीदार बिस्तर। उस पर ढेर सारे लिहाफ़-कंबल। एक बड़ी आलमारी, ढेरों ताक लेकिन कोट टांगने की जगह नहीं। दराज़वाला एक टेबुल। दो बहुत छोटी कुर्सियां, काठ की। उस पर कांटी से अटकाई पतली गद्दियां। एक वाश बेसिन जिसमें ठंडा पानी। तीन ऐशट्रे। एक टेबुल लैंप। आयना। एक खिड़की जो आम आने-जानेवालों के रास्ते में खुलती है। वहां से होकर हर समय लोग आते-जाते रहते हैं। पास में बड़ा नेशनल हाइवे है–चौबीस घंटा गाड़ियां चलती रहती हैं। एक ओर एक अपना पायख़ाना है पर समुचित व्यवस्था न होने के कारण सफाई नहीं होती। उसका कुछ इंतज़ाम हो

रहा है, मदाम वियाल ने फ्रेंच में बताया तो, ठीक से समझ नहीं पाया। प्लास्टिक का एक बोल (bowl), एक गिलास, एक चम्मच। प्लास्टिक के डिब्बे जैसी एक चीज़, एक कमरा गरम करने की मशीन (कैसे चलती है, चलती भी है या नहीं, पता नहीं), एक तौलिया। एक काठ का कलमदान, जिस पर बाघ की मूर्ति खुदी है (खुदा जाने किस काम आयेगा) और—कहने से विश्वास नहीं करोगी, प्लास्टिक की रंगीन दंतखोदनी (टूथपिक) से भरा एक डिब्बा। काम की बहुतेरी चीज़ें नहीं हैं—जैसे खाने की प्लेट, कप-प्लेट वगैरह लेकिन टूथपिक हैं, ढेरों। क्यों, मुझसे मत पूछना। और भी हैं। आलमारी के ऊपर चीनी मिट्टी की एक बड़ी-सी सिंहमूर्ति। कुछ हैंगर भी हैं, उनमें से एक अभी-अभी टूट गया।

आज बहुत बरसात हुई। वाटरप्रूफ लाना भूल गया। भीगा। सोचा था पढ़ूंगा पर किसी तरह मन नहीं बैठा। पिछली बार से उम्र पांच साल बढ़ गयी है। नये कमरे का अभ्यस्त होने में बहुत समय लग रहा है। लगता है, एक रात की बात है, कल ही डेरा-डंडा उठा लेना है। पैंट का पॉकेट फट गया था, सिलाई की।

खोजने से शहर में और अच्छा कमरा मिल सकता था। जानबूझकर बाहर निकल आया। शहर से अंतिम बस क़रीब साढ़े सात बजे छूटती है। मिस हो गयी तो अढ़ाई मील का चढ़ाईवाला रास्ता। एकदम एकांत में रहने का अवसर-ही-अवसर। यहां लैंडलेडी एकदम अलग रहती हैं। बातचीत का कोई मौक़ा नहीं। वे और एक और महिला—संभवतः उनकी बेटी—एक दुकान चलाती हैं, कुछ दूर पर। बेटी को मैं दीदी कह सकता हूं। झूठ नहीं कह रहा, विश्वास करो।

बारीन ने अपने स्कूल का जो उत्तेजक वर्णन किया था, यहां उससे कुछ भी नहीं मिलता। लड़कियों के अनुपात में लड़कों की संख्या बहुत अधिक है। ज़्यादा लड़के अफ्रीका के हैं। और हैं जापानी, इंदोनेशियन, स्वीडिश, अमरीकी, हंगेरियन आदि। हमारे क्लास में लड़कियां दो हैं—एक जापानी और दूसरी फिनलैंड की।

...चारों ओर घूमने की ढेरों जगहें हैं। स्विटज़रलैंड सौ मील से भी कम है। लेकिन कहीं भी जाने का उत्साह नहीं हो रहा।

डायरी

18.7.63

फ्रांस। सत्रह दिन। एक जन्मदिन। एक जीवन। अड़तीस साल।

फ्रांस। सत्रह दिन। अड़तीसवें साल के सत्रह दिन। बहुत बड़े समुद्र में बहुत दिनों चलने के बाद एक टापू। उसके बाद फिर बहुत बड़े समुद्र में अनेक दिनों चलना। कितने दिन—पता नहीं। समुद्र है—पता है। जैसा समुद्र पार करके आया हूं।

...यह एक द्वीप है। पीछे नहीं, सामने नहीं, बीच में एक द्वीप। जो चलना हो चुका है, वह नहीं। जो चलना सामने है, वह नहीं। बीच में एक स्थिति है। एक अविच्छेद्य स्थिति।

पहले बहुत सोच-विचार कर चुका हूं। बाद में भी बहुत सोच-विचार करूंगा। आज सोचने से क्या होगा? चिंताहीन आज, स्थित आज।

18.7.63

द्वीप

एक के बाद एक दिन
और दिन, कितने ही दिन
बीत चुके और और ढेरों दिन
सामने तो तैर रहे।
बह जानेवाले दिन
फिर भी और और दिन
सामने तो बह रहे।
आज मैं यहां हूं
बहुत दूर, बहुत दूर
शुरू नहीं, शेष नहीं
बहना नहीं, चलना नहीं
स्थित मैं बीच में ठहरा हूं
एक भग्न होनेवाला द्वीप
उसमें मैं उतरा हूं।

आज मैं स्तब्ध हूं
मुखरता शेष, है कलरव सब शांत
उन्मुक्त डैना फैला उड़ने का सुख आज
चेन में बंधा है।

दिग्-दिगंत पार करके
और और कितने दिगंतों में कितनी बार
गया हूं मैं तो

और कितनी...कितनी दूर
लहरों पर बहते बहते
देखा इस द्वीप को
बहुत दूर आकर के आज हूं टकराया, बालूमय तट से।

धरती जब तक रहे
रहे न।

चाहता हूं धरती मैं
प्यार करता उसे मैं।
उसके बाद एक दिन जायेगी तो जाये वह
बहना तो होगा ही।

डायरी

24.7.63

तीन सप्ताह पार हो गये। वही शून्यता। अतीत का कुछ भी याद नहीं आ रहा। भविष्य का कुछ भी माथे में नहीं आ रहा।...देश लौटकर क्या करूंगा, पता नहीं। लौटने की भी इच्छा नहीं और न लौटने की बात भी नहीं सोच पा रहा।

...कोई उत्साह नहीं। कोई दायित्व नहीं। कोई प्रयोजन नहीं।

28.7.63

हैंस ने कहा था—it's always so easy not to care.

जानता हूं। जब करने की बात आती है तो यह खूब आसान लगता है। पर जब करने की इच्छा ही न करे तब और जब care करने की इच्छा करे तब? जब केयर न किया गया जीवन ख़ाली, अर्थहीन लगे तब?

30.7.63

पुतुल की चिट्ठी मिली...आज।...यही चिट्ठी।

...न जाने कैसा डर लग रहा है। चिट्ठी को बार-बार खूब ध्यान से पढ़ा। पहली बार पढ़ते समय दम जैसे बंद हो गया था। मनु जिंदा है तो? लेटा था।

टुनु की बात सोच रहा था। ...एक बार ज़ोर से चीखा भी conldn't this be spared? सत्य मेरा दोस्त नहीं था, उसके साथ मेरा कोई direct संबंध नहीं था। पर मनु! फिर से चिट्ठी पढ़ा। एक अजीब, अनजाना डर। मुझसे कुछ छिपा तो नहीं रही?

नहीं। बार-बार पढ़ा। कुछ छिपा नहीं रही। मनु जीवित है। कह रही है–ठीक है। कितनी ठीक है, पता नहीं। अस्पताल में है। ठीक नहीं भी हो सकती थी। हो सकता है इसी चिट्ठी में—

सोच नहीं पा रहा। डर लग रहा है। Terror! Almost, a panic! लग रहा है, मृत्यु को इतने पास से कभी नहीं देखा। कभी इतने स्पष्ट रूप में उसका अनुभव भी नहीं किया।

इसके बाद क्या करूंगा, कितनी ही बार सोचा है। इंग्लैंड, अमेरिका, अफ्रीका। आज लगता है जैसे मेरी कोई इच्छा नहीं। लगता है लौटना चाहता हूं। उन लोगों के पास लौटना चाहता हूं। जहन्नुम में जाये टाउन-प्लानिंग। खाने का जुगाड़ हो ही जायेगा। मैं अकेला नहीं रहना चाहता। मेरा तो कुछ रहा नहीं। I am spent up* केवल वे ही कुछ लोग हैं। यदि मुझसे पहले ही वे जानेवाले हों तो मैं पास रहना चाहता हूं। जो धक्का लगनेवाला हो उसे पास से सामने-सामने लगने देना चाहता हूं। जिन लोगों को मेरी ही तरह धक्का लगेगा, मैं उनके पास रहना चाहता हूं। इस तरह दूर बैठकर 'ख़बर' नहीं सुनना चाहता।

मेरी समझ में आ रहा है कि जो मुझे चाहते हैं उन्हें बाद देकर मेरे जीवन का कोई मूल्य नहीं। ऐसे ही मेरे जीने का कोई अर्थ नहीं। जीना है तो उन्हीं लोगों की ख़ातिर। मैं चाहता हूं वे जीवित रहें। जीने को और कुछ न हो तो मेरी ख़ातिर ही जिंदा रहें। ...उम्र काफ़ी हुई, काफ़ी ऐंडवेंचर कर लिया। और नहीं। आगे एक साथ रहना चाहता हूं। एक जगह। जो भोगना हो, एक साथ भोगना चाहता हूं। एक साथ ही मरना चाहता हूं।

...मृत्यु। मृत्यु को समझ नहीं पा रहा। भगवान को मानता नहीं। विश्वास नहीं हो पाता। लेकिन कोई एक ऐसी शक्ति है जिसके विरुद्ध कुछ कर नहीं पा रहा। मृत्यु। कितना ही बड़ा सर्वनाश क्यों न हो, मृत्यु के आगे किसी की कुछ नहीं चल सकती। कितना ही बड़ा अन्याय क्यों न हो, कुछ नहीं किया जा सकता। कुछ भी लौटाया नहीं जा सकता। लौटा लाना संभव नहीं।

मृत्यु होगी ही। कोई नहीं बचा रहेगा। एक-एक कर सभी मरेंगे। और एक-एक कर सब कुछ सहना होगा। धीरे-धीरे अकेले होते जाना होगा।

लेकिन एक व्यक्ति एक अन्य व्यक्ति के लिए बहुत कुछ होता है। तथापि क्या और उम्र हो जाने के बाद उतना नहीं रह जाता? तब क्या सब लोगों के बारे में मन निर्विकार हो जाता है? नहीं तो बूढ़े लोग बरदाश्त कैसे करते हैं?

जब तक (कोई) जीवित रहता है, लगता है (उसकी) मृत्यु को बर्दाश्त करना असंभव होगा। लेकिन यदि मृत्यु हो ही जाये तो बर्दाश्त करना पड़ता है। बर्दाश्त करना संभव हो ही जाता है।

6.8.63

पता नहीं। कैसा हूं यह भी नहीं पता। अच्छा नहीं लगता, यह सही है। लेकिन ख़राब भी तो नहीं लगता? वे लोग चिट्ठी नहीं लिख रहे। पता नहीं मनु कब लिख पायेगी।...लगता है जैसे संपर्क-सूत्र टूट गया हो।

क्लास कर रहा हूं। कभी-कभार घर में भी पढ़ता हूं। आधे उत्साह से फ्रेंच सीख रहा हूं। पूरे उत्साह से सीखने की इच्छा नहीं होती। क्लास के किसी के साथ दोस्ती करने की इच्छा नहीं होती। बचाकर चलता हूं। वे सब भी अपनी-अपनी रौ में रहते हैं।

शनि-रवि-सोम—लंबी छुट्टी। स्विटज़रलैंड जा सकता हूं। वीसा बनवाना होगा। उत्साह नहीं हो रहा। यहां रहकर भी क्या करूंगा? पता नहीं।

11.8.63

क़रीब डेढ़ महीने इस देश में कट गये।

भारत में रहने के दौरान अंतिम दिनों में जब सब कुछ धुंधला गया था, तब सोचा था कि बाक़ी के दिन पढ़-लिखकर गुज़ार दूंगा। लिखकर—पर क्या लिखकर? वहां लगता था, समय मिलते ही लिख पाऊँगा। सोचने को समय। लिखने को समय।

यहां तो समय-ही-समय है—सोचने को, लिखने को। पर होता क्यों नहीं? कितनी ही देर बिना कुछ किये चुप बैठा रहा हूं। क्या सोचा? बिना मतलब की आलतू-फालतू बातें। इसके बाद वहां जाऊंगा, क्या करूंगा—यही सब। रुपया कितना ख़र्च हो रहा है, कितना जमा हो रहा है—यही बात। इन बातों का अर्थ क्या है?

कल कानु-मनु की चिट्ठी आयी है। मनु दो-तीन महीनों के लिए लंगड़ी, टुनु सात-आठ महीनों के लिए। गृहस्थी, चक्र* आदि सब इधर-उधर। दुर्घटना। उलट-पुलट।

इन सबके बीच क्या सोचूं? भविष्य के बारे में क्या योजना बनाऊँ?

आज Colette का चेरी शेष किया। कल एक अंग्रेज़ मित्र के साथ Ronchamp गया था। उसके बाद बेलफोर्ट। रात में एक साथ खाना खाया। क़रीब 11 बजे तक अड्डा मारा।

फिर वही आत्म-प्रतिष्ठा की खोज? लेकिन और है भी क्या? स्कूल का वही अस्तित्त्व? उस दिन के अगले दिन ही 'बंजूर' और 'सा भा'।

बीस साल पहले का एक दिन, जिस दिन बी. ई. कॉलेज के हॉस्टल में पहली बार पहुंचा था। डाउनिंग ईस्ट के दो नंबर कमरे का वह कोनेवाला बिस्तर। वह भारी टेबुल। बड़ी खिड़की से दिखता टेनिसकोर्ट, उस ओर बैरक और थोड़ा-सा आकाश। एक ओर तालाब। बहुत अकेला लगा था। डायरी लिखी थी। अगले दिन भी। रोज़ रात में डायरी लिखता। लोगों के बारे में सोचता। कलकत्ता के लोगों के। और सोचता अपने बारे में।

उसके बाद मित्रता। वही आत्मप्रतिष्ठा। लगता है पहली बार सचेतन भाव से आत्मप्रतिष्ठा की उपलब्धि हुई थी। डायरी के पृष्ठों में दिनों-दिनों केवल अपने को लेकर बातें।

लेकिन आज ये बातें क्यों? कोई समानता है? बीस साल तो कट चुके हैं। बीस साल!

फ्रेंच सीखने में मन लगाओ। कोई एक चीज़ पकड़कर रखो। ऐसे नहीं चल सकता। फ्रेंच क्यों? पता नहीं। भविष्य क्या है? भविष्य नहीं है–'यह धरती अब हुई पुरानी, नभ है रिक्त, व्यर्थ परिकल्पना।'

मुझे जो कुछ कहना था, जो कुछ करना था, सब क्या समाप्त हो गया?

थोड़ी देर पहले लगा–शायद इस समय एक कविता लिख सकता हूं। काग़ज़ लिया। एक लाइन लिखा–

'मेरी रात पुकारे मुझको'

---

* बादल सरकार द्वारा स्थापित संस्था।

12.8.63

Hiroshima, mon amour

मन् आमूर। My love, मेरा प्रेम।

आज पैदल ही घर लौटा। बस में चढ़ने की इच्छा नहीं हुई। आसमान में बादल हैं। बरसात होने लगती तो मुश्किल में पड़ता। फिर भी पैदल चला। घर के पास आकर भी घर में नहीं घुस पाया। बीयर लेकर काफे के शोर-शराबे में बैठा रहा क़रीब आधा घंटा।

उसके बाद घर आकर अंधेरे में लेटा रहा। तंद्रा आयी। तंद्रा में सुना बरसात होने की आवाज़। बरसात फिर शुरू हो गयी थी। फिर शांत। उठना होगा। खाना होगा। साढ़े सात। एक सिगरेट और। और कुछ देर अंधेरे में बैठना।

रिन। रिन की बात। एक निर्मम क्षमाहीन स्थिति में रिन खोती जा रही है। खो जा चुकी है। जितनी बार खींचकर लाने की चेष्टा करता हूं, जितनी बार पकड़कर रखने की चेष्टा करता हूं—वह टूट-टूटकर, टुकड़े-टुकड़े होकर बहते-बहते चली जाती है, छोटी-छोटी लहरों में बुदबुदा बनकर विलीन हो जाती है।

काल्पनिक धरती में रिन की जड़ें हैं। अवास्तव क्षमाहीन धरती। उस मिट्टी का रस करुणाहीन है। जड़ें जीवित नहीं रह पातीं। उस मिट्टी के रस में अधिक दिन नहीं बच पातीं। सूख जाती हैं। उस रस में क्षमा नहीं है। उस मिट्टी में न सहनशीलता है, न सहानुभूति, न धैर्य।

मेरी सहनशीलता, मेरी सहानुभूति, मेरी स्थिरता, मेरी क्षमा, यहां तक कि मेरा प्रेम भी—कहीं और है। एक-दूसरे व्यक्ति के प्रति। एक-दूसरे रूप में।

जहां रिन है, वहां क्षमाहीन करुणाहीन चाह है। यदि दे सको—तो तुम रिन। यदि न दे सको, यदि देने में त्रुटि हो, कंजूसी हो, हिसाब-किताब हो तो तुम पर दया आयेगी, तुमसे स्नेह करूंगा, प्रेम करूंगा—लेकिन रिन बुद्बुद बनकर फिर पुराने तरल स्वप्न में विलीन हो जायेगी।

या फिर स्वप्न भी खो जायेगा। क्या अभी खोया नहीं है? स्वप्न की क्या उम्र नहीं होती? बुढ़ापा नहीं आता उसे? मृत्यु नहीं होती? स्वप्न क्या अविनश्वर होता है?

मनुष्य जब तक जिंदा रहता है तब तक क्या स्वप्न रहता है? जिंदा रहते हुए भी क्या निर्वाण नहीं प्राप्त होता? क्या निष्काम, निरभिमान, निर्विकार अस्तित्त्व नहीं आता?

Mon amour! Mais qu'est que c'est l'amour? Est-ce que ça existe? Est-ce que ca vit toujours?

Mais Rin–cest Un reve. Ca n'est pas un amour.

Oui, c'est un amour peut-etre, mais pas pour moi. Moi, je reve. Je revais. Je voulais. J'esperais. Je n'aimais pas.

Et Rin–c'est un reve, uu reve toujours. Et les femmes, qui voulaient etre Rin, qui pouvaient etre Rin, reivaient pour quelques moments, et alors, etaient mortes. Elles ne pouvaient pas porter le reve. Il etail toujouns trop lourd.

Et maintenant, c'est fini peut-etrepour inoi aussi. C'est fini peut etre–ce reve-la.*

डायरी

17.8.63

संतोष को चिट्ठी लिखी। वही lost soul. वही absurd man. वही man without hope.

लेकिन कल रात सपना देखा। दूसरी बार। इस बार काफ़ी देर तक। याद नहीं कर पा रहा हूं। लेकिन बीच-बीच में याद करने की चेष्टा कर रहा हूं। दोपहर हो गयी है, अभी भी बीच-बीच में चेष्टा कर रहा हूं।

...बहुत दूर तक कल्पना। और काफ़ी सारा विस्मय। क्यों? क्यों अच्छे लगे हैं ये लोग मुझे? अच्छे लगे हैं क्या? या सब मेरी कल्पना भर है? पता नहीं इसीलिए माथे में घूमते रहते हैं। इसीलिए सपने ज़्यादा आते हैं। वे असंपूर्ण हैं इसीलिए मन की ढेर सारी जगह घेरे हैं। जो संपूर्ण हैं वे क्या मर गये? इस विदेश में उन्हें खोजे पाता क्यों नहीं?

विदेश विच्छिन्न है। बिखरा-बिखरा-सा है। इसलिए जिस संपूर्ण को जाना है, समझा है, पाया है, उसके बाहर मन बार-बार चला जाता है। जिसे

---

* शिक्षार्थी की फ्रेंच–कमज़ोर, संभवतः भूल। जो-जो सीखा था, वह अब भूल गया हूं फिर भी अनुवाद की कोशिश कर रहा हूं–

मेरा प्रेम। लेकिन यह प्रेम क्या है? इसका क्या अस्तित्त्व है? यह क्या चिरकाल तक रहता है? लेकिन रिन–यह तो प्रश्न है, प्रेम नहीं।

हां, हो सकता है वह प्रेम हो, लेकिन वह मेरे लिए नहीं। मैं–मैंने स्वप्न देखा है। मैंने चाहा है। मैंने आशा की है। मैंने प्रेम नहीं किया।

और रिन–वह एक स्वप्न है, हमेशा का स्वप्न। जिन लड़कियों ने रिन होना चाहा है, रिन हो पायी हैं, वे कुछेक पल मात्र जीवित रही हैं, उसके बाद मर गयी हैं। वे स्वप्न को वहन नहीं कर पायीं। वह स्वप्न हमेशा ही बड़ा भारी रहा है।

और आज, शायद मेरे लिए भी वह शेष हो गया है। जो शेष हुआ है वह शायद वही स्वप्न था।

अभी भी समझा नहीं, पाया नहीं वह मन को व्याकुल करता है। अशांत बनाता है। मन स्वप्न देखता है। अभी भी स्वप्न देखता है। स्वप्न देखना कब थमेगा?

Besancon. France. मेरे दिन कट रहे हैं। मेरा समय कटा जा रहा है। कुछ कर नहीं रहा। काम का कुछ भी नहीं कर रहा। काम? क्या काम? काम की धारणा तो आज भी संपूर्ण नहीं हुई। मैं क्यों हूं? क्यों? क्या करने के लिए? कौन-सा काम करने के लिए?

कहानी सुनाऊँ? किसे? कौन-सी कहानी? लिखूं? किसके लिए? क्या लिखूँ? क्यों लिखूँ? किसी तरह समय काटने के लिए? वह भी क्यों? किसलिए?

बरसात हो रही है। सुबह से हो रही है। निकलना नहीं हुआ। तीन बजा। सपना याद नहीं आ रहा। लेकिन पास ही था। खूब पास। चिट्ठी का जवाब क्यों नहीं आ रहा? फिर से लिखूँ? नहीं। अभी नहीं। यदि नहीं लिखती तो न लिखे। सपना पूरा हो।

सपने ने क्या मुझे मार डाला है? या फिर सपने ने मुझे बचा लिया है?

फ्रांस

17 अगस्त, 1963

तुम्हें एक चिट्ठी लिखी थी—क़रीब एक महीना हो गया। आज तक जवाब नहीं मिला। हो सकता है वह चिट्ठी तुम्हें न मिली हो। या फिर किसी ख़ास कारण से उत्तर नहीं दे रही हो।...

कल रात तुम्हारा सपना देखा। इसके पहले एक दिन और देखा था, हल्का-सा आभास भर। कल स्पष्ट देखा। खूब स्पष्ट। काफ़ी देर तक देखा, काफ़ी देर तक तुम मेरे पास रहीं। खूब पास। अवाक् हो सोचता रहा, सपने में, इतनी पास क्यों? खिसक क्यों नहीं जातीं? चली क्यों नहीं जातीं? जाना ही तो ठीक रहता, क्यों?

नींद खुलने पर लगा—हां, ठीक ही तो। चले जाना ही ठीक रहता। पास तो आयीं नहीं, यह तो केवल सपना था। यह तो कल्पना की एक निरावरण निःसंकोच अभिव्यक्ति। स्वप्न।

वह अभिव्यक्ति क्या थी, कितनी-सी थी, सारी सुबह याद करने की चेष्टा करता रहा। कर नहीं पाया। केवल याद रहा—एक रास्ता। एक ख़ाली मकान।

एक उत्सव। खूब हल्ला-गुल्ला, बहुत सारे लोग, उन सबके बीच एक निकटता की अनुभूति। एक एकांत निकटता। उत्सव—पर वह ख़ाली मकान कहां से आ गया? वह सूना रास्ता। और वह अवाक् होना—तुम इतने पास क्यों? चली क्यों नहीं जातीं? हो सकता है सपने में भी पूछा हो—जाओगी नहीं? तुम कुछ बोलीं नहीं। केवल चेहरे की ओर देखा था। हंसी थीं। और थोड़ा पास खिसक आयी थीं।

आज सारा दिन बरसात हुई है। एक निस्तब्ध दोपहर। मेरे कमरे में, मेरी खिड़की में, सामने के बगीचे में हवा के झोंकों से झूमनेवाली हल्की डाल में, रास्ते में जाती गाड़ियों के सतत् शब्द में—एक गहरी निस्तब्धता। यदि धूप निकलती, यदि बाहर शहर में जाता तो इतनी देर में रात का सपना टुकड़े-टुकड़े होकर विस्मृति के प्रवाह में बह गया होता। जागृत मन स्वप्नदर्शी मन का मज़ाक उड़ाता। मज़ाक उड़ाता—यदि याद आता तो।

आज की बरसात, आज का न निकलना, आज दोपहर की निस्तब्धता यदि न होती तो तुम्हें चिट्ठी न लिखता।

लगा था, एकदम फालतू का दिन। निकलना नहीं हुआ। घूमना नहीं हुआ। जैसे कुछ भी न हुआ हो। लेकिन कल का स्वप्न और आज दोपहर की शीतल निस्तब्धता धीरे-धीरे दिन को सुंदर बना रही है। यह चिट्ठी वास्तव नहीं है। यह चिट्ठी अद्भुत् है। अकारण है। फिर भी लिख रहा हूं। लिखना अच्छा लग रहा है।

लगता है आज दोपहर में तुम आतीं तो अच्छा रहता। मेरे इस बिस्तर पर दीवाल की टेक लगाकर बैठतीं। मैं कॉफी बनाता। फिर मैं इस ओर दीवाल की टेक लगाकर बैठता—आमने-सामने। तुम हंसतीं। वैसे ही जैसे हंसती हो।

सोच रही हो प्रेम-पत्र लिख रहा हूं। नहीं। प्रेम-पत्र नहीं। यदि कहूं कि तुम्हारे प्रेम में पड़ गया हूं तो वह सच न होगा। यदि कहूं तुम अच्छी लगती हो तो वह सच होगा, लेकिन पूरा सच नहीं। यदि कहूं कि आज की दोपहर तुमसे बहुत सारी बातें करने का मन कर रहा है—अपनी बात, अपने जाने हुए लोगों की बात, यदि कहूं मन करता है तुम्हारे पास चुपचाप बैठे रहने का, तुम्हारी हंसी देखने का—तब शायद काफ़ी दूर तक बात सच होगी।

तुम तो मुझसे छोटी हो। बहुत छोटी। मैं बड़ा हूं, बहुत बड़ा प्रायः बूढ़ा। स्नेह करने का मुझे अधिकार है। लेकिन यह क्या स्नेह है? पता नहीं तो! यह तो प्रेम भी नहीं है। यह कोई नया भाव है, कोई नयी चाह। क्यों बड़ा होना चाहता हूं? क्यों चाहता हूं निश्चिंत निर्भरता?

बरसात रुक गयी है। शाम बढ़ रही है। दोपहर घट रही है। निकलना होगा नहीं तो खाना नहीं मिलेगा। कॉफी पी है। वां ब्लां का हल्का नशा कट रहा है। सपना खोता जा रहा है। सोचा था, बहुत सारी बातें कहूंगा, कहना रह गया।

18.8.63

कल बहुत आलतू-फालतू लिखा। ख़ैर कोई बात नहीं। कल पहली बार लगा कि मैं फिर से अपने स्वाभाविक रूप में लौट रहा हूं। लगा फ्रांस में कुछ लिख पाना एकदम असंभव नहीं होगा।

जब भी लिखने की सोचता हूं, लिखने के लिए कोई विषय वस्तु खोज निकालने की चेष्टा करता हूं, इंद्रजित् आकर बाधा डालता है। लगता है बड़ी बूआजी या राम-श्याम-जदु और नहीं लिखा जा सकेगा। तथापि बार-बार इंद्रजित् भी तो नहीं लिखा जा सकता। तो फिर क्या सब चुक गया? इंद्रजित् के बाद और कुछ नहीं रहा?

24.8.63

बीत गया। पहले बुधवार। फिर शुक्रवार। कुछेक दिन। अच्छे लगनेवाले कुछ मुहूर्त। दीपक के घर में एक रात। कुछेक शाम रिहर्सल। दो आंख चौंधिया देनेवाली तेज़ फ्लड लाइट।

लता वृहस्पतिवार को चली गयी। शुक्रवार के नाच को बाद दे दिया जाय तो बचा–एक लंगड़ा (एक टांगवाला) अनुष्ठान। एक गाना कच्चा रहा। लेकिन हुसैन भाई उतर गये। कैसिनो। पांच सौ लोग। आंखों को चौंधिया देनेवाली दो फ्लड लाइट। एक आदमी गा रहा है। स्टेज पर खड़ा। अकेला।

यह भी जैसे एक कल्पना हो। अवास्तविक। कुछ भी जैसे धरती को पकड़ नहीं पा रहा है। बह रहा है। कैसे तो बहा जा रहा है। मंगल की रात बह रही है। बुध की रात बही जा रही है। शुक्र की रात बह रही है।

लता वृहस्पतिवार को चली गयी। पाओला गयी। कोनिशी तो पहले ही चली गयी थी। आप्लावू आज चला गया। मैदमोयाज़ का क्लास ख़त्म हो गया। सभी चले जा रहे हैं।

उसके बाद मैं जाऊंगा।

लेकिन मैं अभी भी हूं। एक महीना और हूं। आज शनिवार। कल रवि। उसके बाद एक नया सप्ताह। एक नया महीना।

चिट्ठी

24.8.63

मनु,

...एक और अवास्तव सप्ताह गया। इस सप्ताह की रूटीन अन्य दिनों के एकरस जीवन से थोड़ी अलग थी, इसीलिए और भी अवास्तव लग रहा है।...कलकत्ता में 'मन' को लेकर माथा नहीं लगाता था। लगाने का समय नहीं मिलता था। इसके अलावा बातें करता था। बातें करते-करते मन को बह जाने देता था, बहकने देता था। यहां मन को बहकने नहीं दिया जा सकता। जाने कैसा एक कुहासा-सा इस कमरे में कुंडली मारकर घूमता रहता है। निकलने का रास्ता नहीं पाता। तथापि उसे जमा करके, अपने काबू में करके रूप नहीं दे पाता। न अपने अंदर न काग़ज़ पर।

कल रविवार है। बस से निकल पड़ा जाया बाहर, रास्ते पर, पहाड़ पर, किसी नये गांव, नये शहर की ओर। निकलूंगा नहीं। ऊंघूंगा। और जब बिस्तर छोड़ूंगा, निकलने का समय नहीं रह जायेगा। यह कमरा मुझे निकलने नहीं देगा। ख़ासकर कल। ख़ासकर इस सप्ताह के अंत में इस रविवार को। कुंडली मारकर बैठे इस गहरे भासमान कुहासा को बस में करने की चेष्टा करूंगा।

...आज 27 है। तीन दिन पहले जिस बात को जिस तरह कहना शुरू किया था, आज वैसे और नहीं कह पा रहा हूं। घटनाएं भी बड़ी साधारण हैं। यहां एक के बाद एक कई international soiree हो गयीं। अंतर्राष्ट्रीय जलसा कहा जा सकता है। घर दूर होने के कारण पहले दो नहीं देख पाया। तीसरा और अंतिम था पिछले बुधवार 21 को। यहां की एकमात्र भारतीय महिला लता के उत्साह के मारे कुछ भारतीय इकट्ठा हुए थे। लता पंजाबी है, पांडिचेरी में फ्रेंच पढ़ाती है, बांग्ला भी अच्छा बोलती है। उत्साह जितना है, सांगठनिक क्षमता उतनी नहीं। फलस्वरूप ले-देकर बहुत-सा दायित्व मेरे ऊपर पड़ गया। दीपक के स्टाक में कुछ बांग्ला पल्ली संगीत थे। लता का नाच। बुरा नहीं नाचती। गाना कोरस।

प्रोग्राम मोटा-मोटी जम ही गया। लता की भारतीय पोशाक से ही आधा मात। ऊपर से दीपक का धोती-कुर्ता-शाल। लता की ज़िद के मारे मुझे भी धोती-कुर्ता पहनना पड़ा—उधार लेकर।

वृहस्पतिवार को लता चली गयी। शुक्रवार की शाम को यहां के सबसे बड़े सिनेमा हॉल कैसिनो में तीन दिनों के कार्यक्रम से चुने हुए कुछ कार्यक्रम गणमान्य लोगों को दिखलाने का आयोजन किया गया। उसमें भारतवर्ष को भी मौक़ा मिल गया। लता नहीं, साड़ी नहीं, नाच नहीं। दीपक ने चाहा था कि मैदमायसेल चली गयी हैं इस बहाने प्रोग्राम को दबा दिया जाय। मेरी भी कुछ-कुछ ऐसी ही राय थी। पर दूसरे लोगों के मारे हुआ नहीं!

बहुत बड़ा स्टेज। सामने माइक भी था। बुधवार को कॉलेज के हॉल के बाद सब कुछ विशाल लग रहा था। आंख चौंधिया देनेवाली दो स्पॉट लाइट सामने लगी थीं।

जो कुछ हुआ उसको बताने से कोई लाभ नहीं।...ऊंचा स्केल पकड़कर दीपक के गाने का मैंने बारह बजा दिया। उतना ऊंचे न वह उठ पाया, न नीचे उतर पाया, बीच का एक स्केल पकड़कर बेसुरा-सा स्वर लगाया। बाद में पाया–इस बेसुरी लाइन को लोगों ने भारतीय संगीत का अंश मान लिया था।

दीपक, श्यामल और दुर्गा एक ही मकान में तीन कमरे लेकर रह रहे हैं। खाना बनाकर खाते हैं। प्रोग्राम के पहलेवाले दिन रिहर्सल के बाद घर लौट रहा था, वे लोग मुझे ज़बरदस्ती उठाकर ले गये। लता को भी। ढेर खाना बनाया। बड़ा सॉसपैन उलटा करके और दूध ढालकर ख़ाली बोतल से बेलकर पराठा बनाया।...रात डेढ़ बजे सोया।

...यहां जितना भी चाहता हूं कि अकेला रहूँ, बंगाली अड्डे की ज़रूरत जैसे ख़त्म ही नहीं होना चाहती। ख़ासकर दीपक का अस्थिर चंचल बचपना एक और ही तरह का वातावरण खड़ा कर देता है। दीपक दिन में दो बार चाभी खोता है, जब देखो तब यहां के समय के साथ पांच घंटा और जोड़कर कलकत्ता का समय निकालता है और फिर यह हिसाब लगाने बैठ जाता है कि नवविवाहिता वधू इस समय क्या कर रही होगी। जिस चीज़ पर भी हाथ पड़ जाता है उसे हिला-डुलाकर तोड़ने की ताक में रहता है। किसी बात पर पांच मिनट भी ध्यान स्थिर नहीं कर पाता। श्यामल बोलता कम है, बिना आवाज़ किये हंसता रहता है और दीपक को सम्हालता है। उन सबमें श्यामल सबसे ज़्यादा फ्रेंच जानता है लेकिन बोलता नहीं। उन लोगों के साथ की ख़ातिर नीचे दर्जे में भर्ती होना पड़ा। तीनों दुर्गापुर में एक साथ नौकरी करते थे। एक साथ आये हैं। एक साथ रहते हैं, खाते हैं, घूमते-घामते हैं।

अब मुझे भी टान रहे हैं।

...मिसेज़ बिलिटर की चिट्ठी आयी है। चिट्ठी इतनी अच्छी लगी कि क्या कहूं। बड़े दिन में लंदन आने को कहा है। स्टुअर्ट-एलेन अमेरिका गये हैं। वहां स्टुअर्ट को छह महीने के लिए पढ़ाने की एक नौकरी मिली है।

...तुम कैसी हो? प्लास्टर कब काटेंगे?

डायरी

25.8.63

जी-जान से लिखने की कोशिश कर रहा हूं। घंटे पर घंटा केवल यह सोचते बीत जाता है कि क्या लिखूं। आज सारा दिन नाटक की बात सोचता रहा। हल्का नाटक। फिर हल्का नाटक। लेकिन टिक नहीं रहा है। पकड़ में रख नहीं पा रहा हूं। क्या होगा? यही विराट प्रश्न कि क्या होगा? क्या होगा? क्या होगा?

इंद्रजित् को भूलने की चेष्टा कर रहा हूं। व्यायाम करने की तरह नियम से लिखना चाहता हूं। सांवादिक की तरह लिखना चाहता हूं पर लिख नहीं पा रहा हूं। समझ में आ रहा है कि मैं सांवादिक नहीं हूं। लिखना तै करने से ही मैं लिख नहीं पाता।

30.8.63

पृथ्वी

सारी पृथ्वी हंसकर बोली
समझ न पायी तुमको प्यारे।
सारी पृथ्वी!

मूक यंत्रणा यही
कि मैं हूं।
मैं हूं नहीं, किंतु मैं हूँ भी,
—इससे अधिक और क्या बोलूं।

नहीं समझ पायेगा कोई
सभी हंसेंगे
सारी पृथ्वी।

लेकिन मेरी हर जड़ को उखाड़कर
किसने बहा दिया मुझको
मेरी हर जड़ को?

किसने मुझे किया विच्छिन्न
किया विक्षिप्त
धरित्री से दुख-सुख की बोलो?

किसने मेरी परिचिति कर दी लुप्त
दिनोदिन?
इस पृथ्वी ने!
पृथ्वी जो हंस रही आज, कह रही कि
कैसे समझूं तुमको?
तुम तो नहीं, नहीं हो तुम तो।

डायरी

30.8.63
उसकी चिट्ठियां कल मिलीं। एक साथ दो-दो।

आज उत्तर लिखा। अभी ही ख़त्म की चिट्ठी। जो बात डायरी में लिखने की थी, उसे ही लिखकर चिट्ठी ख़त्म की। अपनी शांत आत्मनिष्ठ स्थिरता लिये। अपने अवास्तविक अस्तित्त्व से।

और डायरी खोलकर बैठने पर लिखने को कुछ नहीं दिख रहा।

वां ब्लां और कॉफी में क्या इतना अंतर होता है। आंखें मुंदी जा रही थीं। मैं बह रहा था। विचार प्रवाहित थे। मन बह रहा था। फ़िलहाल नींद अचानक टूट गयी है। लग रहा है रात अभी-अभी शुरू हुई है। सोने में अभी बहुत देर है। मैं क्या Vin से मन को पूरी तरह आच्छन्न किये दे रहा हूं?

सुना है अकेले-अकेले शराब पीने से आदमी शराबी हो जाता है। मैं तो अकेले ही पीता हूं। अकेले ही। इसीलिए कभी ज़्यादा पीना नहीं होता। आधा नशा होने पर ही रुक जाता हूं। लेकिन रोज़। रोज़ पीता हूं तब तक जब तक कि आधा नशा नहीं चढ़ जाता।

आज शुक्रवार है। कल शनि, परसों रवि। शनि-रवि।

रिन। एक स्वप्न। एक गहरा...गहरा स्वप्न। बहुत दिनों का स्वप्न। बहुत ज़्यादा दिनों का स्वप्न। बहुत ज़्यादा दिन।

30.8.63

दो कविताएं लिखीं अभी-अभी। एक के बाद एक। कविता जैसी दिखती हैं पर कविता नहीं हैं। लिखने के बाद सिर के नीचे हाथ रखकर पांच मिनट सोया। रात बारह बजे। पैर दोनों जकड़े जा रहे हैं।

2.9.63

अड़तीस। अड़तीस साल डेढ़ महीना। अभी भी बैठा हिसाब लिख रहा हूं। अभी भी सोच रहा हूं कि ठीक किस दिन पेरिस पहुंचने से सुविधा रहेगी। समय बीत रहा है। समय। यहां समय की क़ीमत नहीं। लेकिन अड़तीस। मैं तो अड़तीस का हूं। मेरे पास समय कहां है और?

फ्रांसोया सागां की उम्र हुई तीस।

ब्राक् पिछले शनिवार को मर गया। पिकासो वृद्ध हो गये हैं। कर्बुसियं भी।

हिसाब-हिसाब-हिसाब। गिन-गिनकर कदम उठाना। भविष्य की चिंता। वर्तमान गुज़रा जा रहा है। चला जा रहा है अतीत की ओर। हिसाबी बादल सरकार हिसाब करने में लगा है। और कोई बादल सरकार नहीं है क्या? कभी नहीं रहा? कभी होगा भी नहीं?

'Il en conte beaucoup d'avoir I'experience : il en coute la jeunesse.'*

I have had my share of experience. And I have lost my youth. It had cost me my youth. And for what? For what did I have my experience?

हिसाब करने के लिए?

जब इस शहर में पहले-पहले आया था तो समय किसी तरह कटना ही नहीं चाहता था। शनि-रवि बहुत लंबे लगते थे। अब समय नहीं मिलता। कल रविवार था। सारे दिन घर से बाहर नहीं निकला। इसी टेबुल पर बैठे बिता दिया। चिट्ठी नहीं लिखी। पढ़ा नहीं। चित्र बनाया। सोचा। लिखने की चेष्टा की। पत्रिका के बारे में सोचा। लगा बड़ी जल्दी दिन बीत गया। ग्यारह बज गया—कुछ भी नहीं किया गया।

---

* जानकार बनने की बहुत कीमत चुकानी पड़ती है। कीमत—यौवन। बाः सः 1989

दीपक लोग रोज़ बुलाते हैं। क्यों? क्यों जाऊँ? वे नाराज़ हो जायेंगे? उन्हें ख़राब लगेगा? तो इससे क्या आता-जाता है? मेरे पास और समय कहां है? मैं अड़तीस का हो गया हूं।

कहां से शुरू करूँ? शुरू से। धीरज नहीं। समय नहीं। इतिहास उठा लूं?

डूब जाऊं किसी एक विशेष मुहूर्त में, कुछेक व्यक्तियों में, निकाल लाऊं एक छानी हुई अभिज्ञता?

ख़ाली कमरा। आधा अंधकारमय कमरा। बाहर आंधी चल रही है। बाहर बड़ा ख़राब मौसम है। पर कमरे में स्तब्धता है, कमरे की स्थिरता बरकरार है। कमरा जो इस्तेमाल में नहीं लिया जाता। काठ के बड़े-बड़े तख्ते आड़े रखे हुए। लोहा-लक्कड़। पैकिंग बाक्स। गोदाम? नहीं, गोदाम नहीं। कुछ भी सजाकर नहीं रखा गया है। फिर भी एक तरह का मेल है। फिर भी जैसे एक तरह की जीवंतता का आभास है। कोई एक प्राण जीवित है जो इस अव्यवस्थित व्यवस्था में यहां रह रहा है। घर का यह कोना किसी एक के अस्तित्त्व का परिचायक है। उसका एकदम अपना कोना।

वे बाहर के हैं। इस कमरे में उनका प्रवेश अनधिकार है। बाहर के ख़राब मौसम से बचने के लिए उन्होंने यहां आश्रय लिया है। थोड़ी देर के लिए। इस कमरे के अपने अपनेपन को उन्होंने भंग किया है। बाहर के कलरव, बाहर की अपनेपन की छोटी-मोटी बातें, विवेचना, तर्क, बाहर के कर्म-व्यस्त अकिंचित जीवन को साथ लिये-दिये वे इस निर्जन दुनिया में आये हैं। वे बातें कर रहे हैं। वे इस घटना की दुर्गति की शिकायत कर रहे हैं। वे बहुत-सी छोटी-मोटी समस्याओं को लेकर माथा खपा रहे हैं। वे झगड़ा कर रहे हैं, फालतू बातों को लेकर। वे प्रेम कर रहे हैं—रोज़मर्रे का प्रेम।

वे पति-पत्नी हैं। वे आदमी-औरत हैं। इसी दुनिया के। बाहर की दुनिया के। इस कमरे के नहीं। यह कमरा बाहर का कमरा नहीं है। यह कमरा भीतर का है।

3.9.63

पुतुल की चिट्ठियां आज मिलीं। एक साथ दो-दो।

पिछली बार क्या लिखा था, याद नहीं। केवल इतना याद है कि उस चिट्ठी का चार पन्ना भरने में ज्यादा समय नहीं लगा था। वह चिट्ठी स्वतःस्फूर्त थी।

आजकल स्वतःस्फूर्त चिट्ठियां कहां लिख पाता हूं।

याद है लंदन में भी ठीक ऐसा ही हुआ था। मेरी किसी एक ऐसी ही चिट्ठी

का ऐसा ही उत्तर आया था। सहजभाव से जो कुछ कहा था सब तुड़-मुड़कर कैसा तो हो गया है।...एक आघात-सा लगता है। लगता है वह सब लिखने गया ही क्यों था। इसलिए कि उस समय लिखने की इच्छा कर रही थी। अच्छा लगा था। आज तो नहीं लिख पाया। शुरू करने के बाद यही बात बार-बार मन में आने लगी। तथापि उस बात को उठाने से अब क्या लाभ। और दुख देना। और दुख पाना।

तथापि सब कुछ भूलकर, सब कुछ एक दार्शनिक निर्विकार भाव से स्वीकार करके सहज चिट्ठी तो लिख नहीं पा रहा। चिट्ठी जाने कैसी बनावटी हुई जा रही है।

फिर एक उलझन में पड़ गया हूं। जितनी बार लगता है कि एक रास्ता है, जैसे थोड़ी रोशनी है उस ओर, उतनी बार फिर कोई धक्का मारकर एक गोरखधंधे में पटक देता है। रास्ता मिलता नहीं, मान भी नहीं पाता। न resolution न resignation.

ठीक इसी समय कनपटी पर एक गोल काली ठंडी वस्तु का स्पर्श अनुभव किया। एक ज़बरदस्त थकान। सोने की ज़बरदस्त इच्छा। इस चिंता और उपलब्धि के गोरखधंधे से मुक्ति पाने की इच्छा। मैं तो नहीं कर पाया। कुछ भी सजा नहीं पाया। सब गड़बड़ा गया। अनाड़ी clumsy दो हाथ। बहुत यत्न से महीन करके सुंदर करके बुनना चाहता हूं, लेकिन सब मोटा-मोटा भदेस होकर छिन्न-भिन्न हो जा रहा है।

न मैं छोड़ पा रहा हूं, न ही पकड़े रख पा रहा हूं। तो फिर क्या इसी गोल काले ठंडे स्पर्श की जीत होगी?

आज रात तो ऐसा ही लग रहा है। इसीलिए डर के मारे पुतुल को आज रात चिट्ठी नहीं लिखी। डायरी लेकर बैठा।

यह कमरा। विशाल मैदान के बीच स्थित इस कमरे की कहानी कल रात शुरू की थी। आज फिर लेकर बैठ नहीं पाया। आज फिर अपने को अलग नहीं कर पाया, ऊपर नहीं उठा पाया।

5.9.63

(रात सवा ग्यारह)

लिखे जा रहा हूं। कुछ सोच नहीं रहा। इससे आगे क्या लिखूंगा, कैसे आगे बढ़ूंगा, कैसे समाप्त करूंगा–कुछ नहीं सोच रहा। अपने ऊपर भरोसा करके लिखे जा रहा हूं। पहला दृश्य समाप्त हुआ आज। 26 पन्ने।

सोचा था कल निकल पड़ूँगा। पर निकलूंगा नहीं। स्कूल के बाद उसी काफे में जाकर बैठूंगा। वहां बैठकर आज काफ़ी सारा लिखा।

फ्रेंच पढ़ना नहीं हो रहा है। क्लास में पिछड़ रहा हूं। क्लास में मन नहीं लग रहा।

शुरू करना आसान है, ख़त्म करना आसान नहीं।

बिना कुछ सोचे छब्बीस पन्ने लिख डाला। टुकड़े-टुकड़े जुड़कर गाड़ी आगे बढ़ती गयी। लेकिन बढ़ना मेरे बस के बाहर हुआ जा रहा है। खाना-पीना करके वे लोग लौट आये हैं कमरे में। सामने सारी रात। लग रहा है जैसे कुछ भी प्रतिष्ठित नहीं हो पाया है। आज की रात की यह मुसीबत। आज की रात जानने की यंत्रणा, सत्य को स्वीकार करने की यंत्रणा। आज की रात सब कुछ तहस-नहस हो जायेगा। सब—माने क्या सब? छब्बीस पन्नों में उस 'सब' की क्या कोई स्पष्ट अभिव्यक्ति हो पायी है?

कोई उपाय नहीं। सब फाड़-फूड़कर फेंककर नया कुछ नहीं शुरू होगा। या तो यहीं रुकना होगा या फिर आगे बढ़ना होगा। आगे बढ़े तो या तो अति सत्य बात को अति स्पष्ट करके बोलना होगा और नहीं तो, सब कुछ अति कल्पना की बाढ़ में बहा देना होगा।

लेकिन मेरी कल्पना सत्य छोड़कर बाहर नहीं निकलना चाहती। आगे बढ़ने में डर लग रहा है।...यदि यह मान लूं कि यह आलेख मेरा अपना है, यह डायरी मेरी है, तब हिम्मत करके अंत तक पहुंच सकता हूं।

8.9.63
अभी-अभी 'सारारात्तिर' पूरा किया। इस समय रात पौने बारह। अच्छा लग रहा है। सोने चला।

चिट्ठी

8.9.63
मनु,
आज रविवार।...कल सोने गया पौने तीन बजे। और जागने की इच्छा थी, जागना अच्छा लग रहा था। लेकिन लगा शरीर पर ज्यादती हो जायेगी। ऐसी रात बड़ी अच्छी लगती है जिस रात लिखने बैठो तो जो लिखा जाता है वह आंखों के

सामने घूमने लगता है। लिख रहा था एक रात की बात। एक कमरे की बात। लग रहा था उस कमरे में मैं हूं। ऐसी ही एक रात। काफ़ी देर तक क्या लिख रहा हूं, इस बारे में सोचा नहीं। रुका नहीं। विचार नहीं किया कि क्या लिख रहा हूं, लेखन किस ओर जा रहा है। ऐसी रात में अपने लिए लिखता हूं। बाहर इसका क्या महत्त्व होगा, उससे जैसे कुछ आता-जाता नहीं।

लग रहा है, यह आलेख किसी को दिखाया नहीं जा सकेगा। तुम लोग जैसे दो-चार लोगों को छोड़कर। ज़्यादा ही अजीब-सा है। ज़्यादा ही अर्थहीन। लेकिन उस कारण से नहीं। बहुत निजी है। 'एबोंग इन्द्रजित्' से भी ज़्यादा। उसकी तुलना में कसावट बहुत कम है, बहुत बिखरा है, बहुत सीमित है। फिर भी लिख रहा हूं। लिखना पूरा नहीं हुआ है। पता नहीं कहां जाकर शेष होगा। शेष होगा भी या नहीं।

इस लेखन की चर्चा मैं विशेष करना नहीं चाहता। यह लेखन है या डायरी, यह भी नहीं पता।

सुबह सोते और बिस्तर पर लोट-पोट करते दस बजे के बाद उठा। सोचा था निकलूंगा नहीं लेकिन तब तक धूप निकल आयी।...रविवार को सुबह बस नहीं रहती। होने पर भी पैदल घूमता। यूनिवर्सिटी के रेस्त्रां में एक जन की पकड़ में आ गया। छुट्टी मिली क़रीब एक घंटे बाद। एक पार्क में बैठा। दो लाइन लिखी। लेकिन इस समय तो रात नहीं। उठकर चलना शुरू किया घर की ओर–चढ़ाई पर। हवा ठंडी है इसलिए धूप बड़ी प्यारी लग रही है। धूप के टुकड़े शरीर के रोम-रोम से जैसे भीतर उतरते जा रहे हैं। घर के पास पहुंचने पर बड़ा रास्ता छोड़कर एक और रास्ता पकड़ा।

सामने मैदान पर मैदान। खेत। ऊंचा-नीचा मैदान। यह रहा पहाड़, ज़रा दूर पर मैदान गायब। फिर दो-एक छोटे मकान और थोड़ी-सी हरियाली के बीच सिर ऊंचा किये एक लाइन पेड़ों की। रास्ता कोई भी सीधा नहीं, सब सांप की तरह बल खाते हुए। रास्ते में दो-चार लोग। बीच-बीच में दो-एक गाड़ी। एक खेत के कोने में एक चौखूटा पत्थर का आसन, किसी ने जैसे मेरे ही बैठने के लिए बना रखा है। घनी घास की मीठी सोंधी गंध, अपने बंगाल की घास की तरह। धूप का मीठा दुलार, यहां की धूप की तरह।

...यह जगह, ये सब रास्ते, ये सब मैदान मेरे घर के पास ही हैं। फिर भी मैं आता नहीं। यहां आने से अकेला लगता है।

आज उतना अकेला नहीं लग रहा। कई दिनों से ही अकेला नहीं लग रहा। लिखना साथ दे रहा है...काफ़ी साथ।

...पढ़ नहीं रहा कुछ भी। मन नहीं लग रहा क्लास में। पिछड़ा जा रहा हूं क्लास में। फ्रेंच में पहले जितना बोलना होता था, उतना भी अब नहीं होता। लोगों से कन्नी काट जाता हूं। लिखना छोड़कर फ्रेंच में मन नहीं लगा पा रहा।

सोमवार की रात शुरू किया था। शुक्रवार तक और कुछ नहीं किया।...तुम कैसी हो? तुम क्यों पड़ी हो? तुम्हारा प्लास्टर किया पैर, बिस्तर पर पड़ी तुम–यहां बैठे सोचने का मन भी नहीं करता।

...रात पौने बारह। अभी-अभी लिखना पूरा हुआ। अच्छा लग रहा है। सोने चला। अचानक ज़बरदस्त थकान लग रही है।

9.9.63

...नाटक पूरा कर दिया। अंत में आकर थोड़ी हड़बड़ी हो गयी। संभव हुआ तो अंत दुबारा लिख दूंगा।

...नाटक के बारे में कोई धारणा नहीं बना पा रहा हूं। एक कमरा, एक रात और तीन लोग–यही मेरा नाटक है। नाम दिया है 'साराराත्तिर' (सारी रात)। इसके सिवा और कोई नाम नहीं हो सकता। आकृति नाटक की है, प्रकृति नहीं। आकृति–तीन दृश्य, छप्पन पृष्ठ, इस हिसाब से बड़ा एकांकी कहा जा सकता है। प्रकृति–अभिनेय के बदले पठनीय अधिक। इसीलिए ब्रैकेट के वर्णन में केवल मंच निर्देश नहीं हैं, और भी बहुत कुछ है। इतना ही कह सकता हूं कि 'एबोंग इन्द्रजित्' की तरह यह भी मेरा अपना है।

मेरे नाटक में मुख्य रूप से पुनरुक्ति दोष माना जाता है। एक ही बात मैं बार-बार कहता हूं। वह आलोचना इस नाटक के बारे में और भी ज़्यादा हो सकती है। कारण, यहां पुनरुक्ति केवल हो नहीं गयी है, जानबूझकर की गयी है।

...लेकिन नाटक सुनाये बिना नाटक की समालोचना सुना रहा हूं।...नाटक जैसा भी हुआ हो, पूरा करके परम आनंद में हूं। कुछ भी शुरू करूँ, पूरा नहीं होगा, यह डर बना ही रहता है। यह पूरा हुआ।

...नाटक पूरा हुआ, खुशी हुई पर अब मन में आ रहा है–आज क्या करूंगा? अंत पढ़कर देखा, बदल नहीं पाऊंगा। जो लिख दिया सो लिख दिया।

एक ही बात रटे जा रहा हूं न? नाटक सुना क्यों नहीं पा रहा?...'बड़ो पिसीमा' जैसा नाटक और नहीं लिख पाऊंगा। मेरी हंसाने की क्षमता शेष हुई जा रही है। लेखन क्रमशः ज़्यादा नीरस, ज़्यादा गंभीर होता जा रहा है। और

वास्तविक घटना को वास्तविक रूप में लिखने की क्षमता भी ख़त्म होती जा रही है। लेखन रूपक का आकार ले रहा है, कविता का आकार ले रहा है। अजीब-सा, अटपटा-सा लेखन हुआ जा रहा है। और सबसे खतरनाक यह कि इतने रूपक और इतने आवरण के बावजूद सचमुच के लोग बहुत ज़्यादा स्पष्ट रूप में आ रहे हैं। लेखन निजी, बहुत अपना हुआ जा रहा है।

डायरी

12.9.63

उसकी चिट्ठी आज मिली। 10 तारीख़ की चिट्ठी आज ही मिल गयी।

बार-बार साराराात्तिर की बात मन में आ रही है। क्या लिखना चाहता था, क्या हो गया। न इधर का रहा, न उधर का। लग रहा है किसी बड़ी गहरी बात को लेकर एक खोखला खेल खेला। इस एक-रस शहरी जीवन को रोक रखने की दृष्टि से अच्छा खेल हुआ, लेकिन क्या उसका मुझे अधिकार था?

मेरा मन क्या एकदम नीरस हो गया है?

यह वृद्ध मेरी रचना है। यह वृद्ध मैं हूं।

To invoke. To invoke what? My muse? Rot! My old dreams? My past? All that had been sweet in my past? All that had been something worth being in my past?

But why invoke? Why don't they come themselves?*

मैं क्या सब कुछ कविता में उतार लाना चाहता हूं?

Why am I beating about the bush? Am I afraid about the truth? Why do I want to conjure up something which is not there? Why do I want to go on living a life which is not mine? For others? For them? But isn't it a staggering lie?

Yes, It is, That is why life is a lie. A big lie.**

---

* आह्वान करना? किसका? अपनी प्रिया का? बकवास। अपने पुराने सपनों का? अपने अतीत का? अतीत में जो कुछ मधुर था उन सबका? उन सबका जिनका मेरे जीवन में कुछ महत्त्व था?

लेकिन आह्वान क्यों? वे खुद क्यों नहीं आ जाते?

** मैं क्यों एक ही बात रटे जा रहा हूं? क्या मैं सच्चाई से डरता हूँ? मैं क्यों एक ऐसी चीज़ खड़ी करना चाहता हूं जो असल में है नहीं? मैं ऐसा जीवन क्यों जी रहा हूं जो मेरा नहीं है? दूसरों की ख़ातिर? उनकी ख़ातिर? लेकिन क्या यह सफ़ेद झूठ नहीं है? है, यह सफ़ेद झूठ है। इसीलिए जीवन मिथ्या है–सरासर मिथ्या।

अन्य व्यक्ति। अन्य व्यक्ति की दृष्टि। एक अन्य व्यक्ति की धारणा, कल्पना, स्वप्न। अन्य व्यक्ति की आशा, भरोसा, प्रेम, विरह, विच्छेद, दुख, यंत्रणा। ये बहुत-बहुत मूल्यवान हैं। बहुत दाम चुकाना पड़ता है। पर चुकाना ही पड़ता है। चुकाये बिना निस्तार नहीं।

और कुछ मेरा है ही नहीं है?

They love. I need love. They dream. And I thrive in dream. They want. They demand. They desire. Not me. But something they want me to be. Something they need me to be.

And I live to live-up to their dream, their desire. Because I want too.*

14.9.63

Lons-le-saunier हो आया थोड़ी देर पहले। आने पर चित्रा की चिट्ठी मिली।

सारे दिन की चिंता, दिन भर कंजूसोंवाला हिसाब-किताब–Chamonix जाऊं या नहीं, रुपये ख़र्च करूं या नहीं, घूमना अच्छा लगेगा या तक़लीफ़ होगी–इन सबने मन में अजब-सी कड़ुआहट ला दी थी। चित्रा की चिट्ठी से जैसे पल भर में मन बदल गया। कुछ दिनों पहले मदाम वियाल का छिछोरापन, फ्रांस के लिए प्रतिकूल भाव सब जैसे फ़िलहाल गायब हो गये। रास्ता पार होते समय रुककर गाड़ी को चले जाने दिया, गाड़ी-चालक तनिक मुस्कुराकर हाथ हिलाते हुए आगे बढ़ गया–अचानक यह सामान्य-सी भद्रता भी मन को अच्छी लगी। भूल गया मदाम वियाल की व्यावसायिक मनोवृत्ति, भूल गया Lons बस स्टेशन के एनक्वायरी ऑफ़िस की तीखी व्यंग्यभरी बातें।

क्यों ऐसा हो रहा है? क्यों ऐसा होता है? बार-बार क्यों? यह क्यों? क्यों? क्यों? मेरे मन का यह स्वप्न, यह काव्य क्यों बार-बार इतना प्रबल हो उठता है? क्यों मन करता है ऐसी ऊट-पटांग, बेसिर-पैर की चिट्ठी लिखने का?

उसकी चिट्ठी परसों आयी थी। कहीं जैसे शिकायत का स्वर था। जैसे एक अभाव का, छंद टूटने का। उसी समय जवाब देने का मन क्यों नहीं किया? पुतुल की चिट्ठी मिली कल। वही एक जैसी।

---

* वे प्यार करते हैं। मुझे प्यार की ज़रूरत है। वे सपना देखते हैं। मैं सपनों में समृद्ध होता हूं। वे इच्छा करते हैं। वे मांग करते हैं। वे चाहते हैं। मुझे नहीं। लेकिन यह कि मैं उनकी चाह के अनुरूप बनूं। ऐसा बनूं जिसकी उन्हें ज़रूरत है।
और मैं उनके सपने, उनकी चाह के अनुरूप बनने की चेष्टा करता हूं। क्योंकि मैं भी वही चाहता हूं।

चिल्लाकर कहने का मन करता है–तुमलोग दुख मत पाओ। पाओ भी तो बोलो मत। तुम लोग खुश रहो। तुम लोगों की खुशी के अलावा मेरा और कोई संबल नहीं। मुझे देखकर, मुझसे मिलकर, मेरे साथ बातें करके, मेरी चिट्ठी पाकर तुमलोग खुश होओ, आनंद पाओ। मेरे जीवन के वे क्षण जो मुझे अच्छे लगे हैं, जिनसे मुझे अच्छा लगने का आभास मिला है, उनके बारे में मुझे बतलाने दो। तुम लोग खुश होगे इसलिए ही मुझे बतलाने दो। तुमलोगों के आनंद से मुझे भी आनंदित होने दो और मेरे आनंद से तुमलोग खुश होओ।

पर आनंद तो है नहीं। आनंद बहुत थोड़ा है। उस अपरिपक्व कच्ची भाषा में चित्रा ने बड़ी सच बात कही है। दुख की बात क्यों करना? नहीं करना। कहने को रहता भी क्या है। लेकिन केवल वही क्यों? जब कह करके अच्छा लगे, हल्का लगे, न कहने से मन व्याकुल रहे, तब ज़रूर ही कहना। लेकिन जब खुशी हो–तब भी तो उसे व्यक्त करना ज़रूरी होना चाहिए। क्यों नहीं?

रात एक दस।

राम-राम करके चिट्ठी पूरी हुई।

यह मैं क्या कर रहा हूं? एक और स्वप्न-रचना?

अभी भी फाड़कर फेंक देने का समय है। लेकिन पता है, फाड़ूँगा नहीं।

15.9.63

मैं कहां पहुंच गया हूं?

एक अतीत। एक बहुत भारी अतीत। लेकिन मेरी दोनों आंखें किस ओर हैं? मैं क्या करना चाहता हूं? क्या करना होगा मुझे?

जितना सोच रहा हूं उतना ही ब्लैंक हुआ जा रहा हूं।

16.9.63

मैं कुछ भी खोजे नहीं पा रहा हूं। यहां आने के बाद से कुछ नहीं मिला। तथापि पुराने जीवन का कोई अभाव भी नहीं अनुभव हो रहा है। वे हैं, पता है। वे मुझे प्यार करते हैं, पता है। उनमें से एक-एक जन बहुत-बहुत प्यार करते हैं, यह भी पता है। लेकिन मुझे कोई खोजे नहीं मिल रहा है। किसी का अभाव कलेजे में मरोड़न नहीं पैदा कर रहा है।...

मरेगा नहीं। यह स्वप्न किसी तरह मरेगा नहीं। न मरेगा अहम्, न मरेगी युगों से चली आ रही आत्मप्रतिष्ठा की कामना।

क्या करूं अब? चिट्ठी लिखने की चेष्टा करूं? या फ्रेंच में मन लगाऊँ? या फिर बैठा-बैठा अपने स्वभाव से, अपने आप से, प्रकृति से, लड़ाई लड़ूँ? मन को ऐसा क्यों लग रहा है, वैसा क्यों नहीं लगता? ऐसा समझना उचित नहीं, ऐसा समझने से फलां के प्रति अन्याय होगा–यह सब करके क्या होगा?

Nature को मान लूँ? किसी में साहस है जो nature को पूरा-पूरा स्वीकार कर सके? हो सकता है कुछ लोगों में हो, मुझमें कितना है, पता नहीं। मेरी प्रकृति का सबसे बड़ा शत्रु है मेरा दायित्व-बोध। दायित्व। दूसरों को कष्ट न देना मेरा दायित्व है, लेकिन क्या ऐसा करके दूसरों को सुखी बना सकता हूं? खुद सुखी न हो कोई तो क्या उसे सुखी बनाया जा सकता है?

एक अपराधबोध। दायित्वबोध अपराधबोध की सीमा छूने लगा है। लगता है–नुकसान पहुंचाया है। मैंने नुकसान पहुंचाया है दूसरों को। बहुत बड़ा नुकसान। जीवन क़रीब-क़रीब बर्बाद कर दिया है।

जीवन की रक्षा करना मेरा काम नहीं है। मेरे बस का भी नहीं। मैं क्या आनंद दे सकता हूं? कैसे? अपने स्वभाव के विरुद्ध जाकर? लेकिन उस तरह आनंद देना क्या स्वाभाविक होगा? वैसा करके क्या कोई आनंद दे सकता है?

लेकिन आश्चर्य...आ रहा है। इतने दिनों बाद लिखते-लिखते, सोचते-सोचते लग रहा है जैसे उभर रहे हैं–कुछ चित्र। रूपाकार। स्मृति। सब आ रहे हैं।

मैं क्या चिट्ठी लिखूं? ना। अभी भी नहीं। आने दो। और आने दो। झूठी बातें लिखकर क्या होगा? सच उभरने दो। सच है कहीं ज़रूर। इतनी गहरी तीव्र अनुभूति मिथ्या नहीं हो सकती।

16.9.63

समाधिस्थ पेड़

मैं एक समाधिस्थ पेड़ हूं
भाराक्रांत
सहस्र शाखाओं के भार से
समाधिस्थ पेड़।

सहस्त्र शाखाओं की जटाएं
हुईं पिंगल-वर्णी आज।

ये सब
हरे वृंतों का विकास
हरे वृंतों की परिणति।
सीमाहीन तारुण्य की तीव्र अग्रगति ने
विश्वास नहीं किया वार्धक्य का
स्वीकारा नहीं कल्पना में भी मृत्यु को उसने।

ये सब
अविवेचना के रस से हुए पुष्ट
कठोरता की ली दीक्षा
आलोक की आशा में।

इसीलिए हरे वृंत
कुंठाहीन संचय के भार से
वृद्ध हुए उम्र की रात्रि में।
इस शाखा
इन सब वृद्ध शाखाओं की जटाओं को
आलिंगन में भर मैं
समाहित वाणप्रस्थ में
समाधिस्थ मैं, एक पेड़ हूं।

चिट्ठी

18.9.63

मनु,

किसी एक भारतीय ने विलायत आने पर एक बार ताज्जुब में कहा था--देखा यहां के बच्चे भी कैसे फराफर्र अंग्रेजी बोलते हैं?

आज दोपहर के ब्रेक में प्लस द ग्रांवेल की बेंच पर बैठे-बैठे देखा, दो बच्चे झगड़ रहे हैं। विशुद्ध फ्रेंच में। मुझे भी ताज्जुब हुआ था।

स्कूल सब खुल गये हैं। छुट्टियां बिताकर लोग लौट आये हैं। आज कई दिनों से रास्ते और पार्कों में बच्चे ज़्यादा दिखते हैं। यह शहर ज़्यादा बड़ा नहीं है इसीलिए अंतर समझ में आता है। लेकिन पेड़ के पत्ते बादामी होने लगे हैं, लगातार झड़ रहे हैं। बेंच पर बैठना हो तो गिरे पत्तों को झाड़कर बैठना पड़ता है। अभी भी मुंह उठाओ तो बादामी के बीच-बीच में हरा दिखता है। धीरे-धीरे सब हरे बादामी हो जायेंगे। बादामी पेड़ नंगी सूखी डालों को फैलाये खड़े रहेंगे। उसके बाद मैदान का हरा भी लुप्त हो जायेगा। केवल काफ़ी-काफ़ी दूर पर किसी बगीचे में एवरग्रीन का हरा दिख जायेगा—वह भी फीका, मटमैला—मानो इतने बादामी के बीच वह लज्जा के मारे ज़रा-सा ही सामने आ पा रहा हो। शीत। योरोप का शीतकाल।

अभी हेमंत ऋतु है। अंग्रेज़ी में कहते हैं—autumn is always sad.* शीतकाल में पेरिस ही भला। यहां की तरह वहां इतने हरे की प्रत्याशा नहीं रहेगी। पेरिस जाऊंगा और एक सप्ताह बाद।

डायरी

18.9.63

तुम्हें चिट्ठी लिखने बैठा था। कई दिनों से चेष्टा करते-करते आज बैठ पाया था। हां, चेष्टा। चेष्टा करनी पड़ी थी।

आलतू-फालतू कुछ लाइनें लिखने के बाद रुक गया। दिमाग़ में चकरी (नागरदोला) का चक्कर चालू हो गया। रिन नहीं। पहले रिन की असंख्य छवियां यों ही आसपास घूमा करती थीं। याद करने की चेष्टा नहीं करनी पड़ती थी—आज खोजे एक भी नहीं याद आयी। बार-बार कुछ ख़राब छवि, बुरी छवि सामने आने लगीं—कुत्सित, गड्ड-मड्ड होती, मटमैली।

एक और चित्र। इसप्लैनेड। ट्राम। कमर में दर्द।

कमरा। कमरा बहता नहीं। सोचा था बह जायेगा। सोचा क्या, चाहा ही था। लेकिन बहा नहीं। बहुत बड़ी मुसीबत आने पर भी कमरा बहता नहीं।

किसने कहा था? वृद्ध ने। मेरे 'सारारात्तिर' के वृद्ध ने। कहकर मानो छुट्टी कर दी थी, मानो शेष कर दिया था बहुत कुछ को। वैसे ही जैसे इंद्रजित् ने शेष कर दिया था बहुत कुछ को।

---

* हेमंत सदा उदास रहता है।

जो कहने की इच्छा नहीं होती, कहते डर लगता है, वह सब सामने खुलकर आ रहा है—केवल कविता की ओट का सामान्य-सा सहारा लेकर ही। बाहर आता जा रहा है और मुझे बूढ़ा बनाये दे रहा है—और और बूढ़ा।

तरुणों से कहनेवाली बात और जीवितों से कहनेवाली बात के बाद मेरे पास कहने के लिए कुछ रह नहीं जाता। मैं चिट्ठी नहीं लिख पा रहा।

वह बच्ची है। उपन्यास पढ़-पढ़कर उपजी बचकानी समझ के सहारे वह घर को पकड़कर रखने की चेष्टा करती है। उसके पक्ष में हैं दुनिया के सारा अनुशासन, प्रचलित सारी नीतिबुद्धि, मनुष्य के संपर्क-संबंध के सारे पूर्व-निर्धारित मापदंड। वह घर को मानती है, उसमें विश्वास करती है। व्यक्ति उसकी विचार-विवेचना से परे है, उसकी बुद्धि के परे है, उसकी चेतना के परे है।

जीत उसी की है। दुनिया उसी की तरह कम-उम्र है, उसी की तरह अपरिपक्व है। इसीलिए घर बना रहता है, बह नहीं जाता। मैं घर मानता हूं, घर में विश्वास नहीं करता। घर बहता नहीं।

इसीलिए मेरे मन में अपराध का भाव है, दायित्व-बोध-हीन होने का भाव है। मेरा सत्य है—आनंद का सत्य, आनंद के मूल्यबोध कीमत को महत्त्व देने का सत्य। यह दुनिया में चला नहीं। अचल। मैं हार रहा हूं। बार-बार हार रहा हूं।

मैं अपराध स्वीकार करता हूं। और जितना ही स्वीकार करता हूं उतना ही यह विकृत अपराध-बोध हमारे संपर्क को नष्ट किये दे रहा है। नष्ट किये दे रहा है मेरे आनंदबोध को। मैं बूढ़ा हो रहा हूं।

काशी। इसप्लैनेड। दार्जिलिंग। कमरा। इनमें मैं कहां हूं? इनमें से मेरे अजूबे सपनों के साकार होने की ज़िद कहां पूरी हो सकती है? हाँ, रिन सत्य है। जो भी हो रिन सत्य है। जहां तक होना संभव है। लेकिन मेरे स्वप्न तो संभावना की सारी सीमाओं का अतिक्रमण किये जा रहे हैं।

तथापि ये सपने चूर-मार होकर धूल में मिलनेवाले नहीं। धूल में लिपटकर वे फिर से नई शुरूआत करेंगे। फिर शुरू से शुरू। अजाने संपर्क से। जब तक अजाना जान नहीं लिया जाता, जब तक फिर से टूटकर टुकड़े-टुकड़े होकर धूल में बिखर नहीं जाता, तब तक यह हठधर्मी चलती रहेगी।

मैं मानता हूं पर मैं विश्वास नहीं करता। मैं मानता हूं पर मैं सम्मान नहीं करता, पूजा नहीं करता। मैं बंदी हूं लेकिन मेरी आत्मा की मुक्ति नहीं मरती। मुक्ति नहीं है फिर भी मुक्ति के अलावा और किसी चीज़ में मेरा विश्वास नहीं। मैं एक ऐसे प्रेम का सपना देखता हूं जो मुझे बांधेगा नहीं। जो प्रेम मुझे किसी अपराध की अनुभूति नहीं करायेगा। जो प्रेम अपने आनंद का पाथेय संग्रह करेगा

केवल प्रेम से ही। जिस प्रेम के लिए चुकाई गयी कीमत तुच्छ हो जायेगी, दुख नहीं होगा। सब दुख-कष्ट से परे आनंद के विचित्र जगत की सृष्टि होगी, सब दुख कष्ट से परे।

असंभव, असंभव, असंभव स्वप्न।

20.9.63
एक फालतू के विचार में रात दो बजे तक का समय कट गया। मॉनटाज़। आल्प्स। कुछ हुआ नहीं। बस शुक्रवार की शाम गयी।

27.9.63
शनिवार इक्कीस तारीख़ को बल्लभपुरेर रूपकथा लेकर फिर से बैठा। पांच पन्ना लिखकर छोड़ दिया गया नाटक। उसके बाद से लिखता जा रहा हूं। पेरिस जाना रविवार तक के लिए टाल दिया है ताकि नाटक पूरा कर सकूं। अपने ऊपर और विश्वास नहीं कर पा रहा। रुकने में डर लगता है। एक चोट में पूरा कर डालना चाहता हूं जहां तक संभव हो। रुका तो डर है नाटक पूरा नहीं हो पायेगा। डर लगता है।

तब भी पूरा नहीं हुआ। परसों जाऊंगा। आज और कल।

चिट्ठी

28.9.63
मनु,
सत्रह घंटे और इस शहर में हूं। कल दोपहर पेरिस के लिए रवानगी।

आज सुबह अचानक निकल पड़ा था। काफ़ी घूमा। अच्छा लगा। मन में आया–इतने दिनों तक इस शहर में घूमा क्यों नहीं? फिर तो कभी आना होगा नहीं।

...तुम अब थोड़ा चल-फिर पा रही हो न? तुम्हें एक काम दूं? मुझे कुछ तथ्यों की ज़रूरत है। जैसे–

1. बारह भुइयां में से कोई क्या कभी उत्तर बंगाल में रहा? यदि हां, तो कहां?

2. कवि जयदेव का समय।
3. चंडीदास, विद्यापति आदि का समय।
4. श्री चैतन्य का समय।
5. केदार राय आदि का दमन करने मानसिंह किस सन् में आये थे? वे उत्तर बंगाल भी गये थे क्या?
6. यदि कुछ कवि बारह भुइयां से पहले के समय के हों (जयदेव शायद हों, क्यों?) तो उनकी प्रेम कविता की दो-चार पंक्तियां। नारी का रूपवर्णन या प्रशंसा हो तो अच्छा रहेगा। और यदि जयदेव पहले के युग के हों तो उनकी 'त्वमसि मम जीवनम्' पूरी। यदि और कोई कवि इस युग के पहले के हों तो उनके नाम और इसी तरह की उनकी कविताओं की कुछ पंक्तियां।

आश्चर्य हो रहा है? सोच रही होगी फ्रांस में बैठा मैं अचानक बंगाल के इतिहास पर शोध करने में क्यों उलझ गया हूं। शोध नहीं। इन सबकी ज़रूरत उस नाटक के लिए है जो अभी लिख रहा हूं। लंदन में देखी एक विदेशी फिल्म की कहानी को लेकर एक नाटक शुरू किया था। प्रायः ज़बरदस्ती। हल्का हास्य नाटक। पांच पन्ना लिखने के बाद बढ़ा ही नहीं। कुछ दिनों बाद तक यों ही रहा, फिर लिखा 'साराराात्तिर'। उसके बाद कुछ दिनों तक ज़बरदस्त ब्लैंकनेस में बीते, फिर से उस अधूरे नाटक को लेकर बैठा हूं। इस बार भी ज़ोर करके ही सही पर आगे बढ़ा हूं। इस तरह नाटक लिखने का मूड नहीं बनता, हंसी भी नहीं आती, फिर भी लिखे जा रहा हूं। मानो जैसे भी हो, पूरा करना ही है। क़रीब सौ पन्ने लिख चुका हूं। और एक दृश्य बाक़ी है। लगता है नाटक का मूल झमेला पार हो गया है, जहां आकर आमतौर पर मेरा नाटक रुक जाता है—काफ़ी दिनों के लिए। लेकिन अंतिम दृश्य में भी झमेला कम नहीं है। इस बार जहां गाड़ी अटकती है, ज़्यादा सोच-विचार नहीं करता, जगह ख़ाली छोड़कर आगे बढ़ जाता हूं। नतीजा, अंत होने पर भी नाटक असमाप्त रह जायेगा।

'साराराात्तिर' लिखने जैसा अनुभव इस बार के लेखन में बिलकुल नहीं है। तब भी समय रुका हुआ था इसीलिए अच्छा लग रहा था। अब ब्रेक पड़ रहा है, पता नहीं पूरा होगा भी या नहीं। फिर भी सौ पन्ना लिख चुका हूं इसलिए पूरा होने की संभावना है—कैसे भी हो। यह 'समावृत्त' से भी ख़राब होगा, गारंटी दे सकता हूं।

ऐतिहासिक नाटक होगा, यही सोच रही होगी, क्यों? जी नहीं, वह नहीं। फिर भी बारह भुइयां के समय के इतिहास और काव्य की थोड़ी ज़रूरत है।

...उम्र बढ़ गयी है। पेरिस जाने का मन तो है पर फिर जीवन-यापन में बदलाव, अनिश्चितता—यह सब अच्छा नहीं लग रहा। असल में लगता है बड़े घरेलू किस्म का इंसान हूं, बदलाव अनुकूल नहीं होता। तथापि मेरा जीवन देखकर लोग इससे ठीक उल्टा कहेंगे। सोचेंगे, मैं बड़ा adventurous आदमी हूं। यहां काफ़ी लोग ऐसा ही मानते हैं, ख़ासकर नौकरी छोड़कर आने की कथा सुनकर। उन्हें तो पता नहीं कि भीतर-ही-भीतर मैं क्या सोचता हूं।

...पांच साल पहले पेरिस में जितना interest था, आज उसका अता-पता ही नहीं मिलता।

...तुम्हारा बनाया जंपर पहनकर ही तीन महीने काट दिये। बहुत अच्छा है, घुटनों तक गरम रखा जा सकता है। बांह मोड़ ली है फिर भी कुर्ते की बांह की तरह झूलता है अतः कोट की ज़रूरत नहीं पड़ती। भीतर भी हवा की तह लायक़ जगह है। विज्ञान के नियम के अनुसार वह भी शरीर के ताप की रक्षा करता है। इसके अलावा जब मन हो, बांहों को कंधों तक मोड़ लिया जा सकता है, उससे बड़ी सुविधा रहती है। दीपक ने पूछा—यह क्या बुनाई सीखने के लिए किसी ने बनाया है? उसे डपट दिया—यह एकदम मंजे हाथों द्वारा बुना हुआ है। चुप हो गया।

कलकत्ता से जून में बाल कटाकर आया था। यहां के नापितों का मुंह अभी तक नहीं देखा है। एक छोटी कैंची ख़रीद ली है, कान के ऊपर का बाल उसी से छांट लेता हूं। एक दिन दो आयनों की सहायता से पीछे के बालों पर कैंची चलाई थी। सात दिन बाद भी दुर्गा ने उसे पकड़ लिया। बोला—काम ठीक नहीं हुआ। अढ़ाई रुपये में नीले रंग की एक टोपी ख़रीद ली है। दीपक के पाड़े का एक कुत्ता उस दिन बहुत भौंका। श्यामल बोला—टोपी झटपट उतार लीजिए। आज टोपी नहीं पहनी, कुत्ते राम का भी पता नहीं था। लेकिन यह संभवतः यों ही आकस्मिक हो गया, टोपी से कुछ लेना-देना नहीं।

4.10.63

मनु,

रविवार, 29 की शाम को पेरिस पहुंचा। बारह रुपये रोज़ में स्टेशन के पास ही एक होटल में एक खूब छोटा कमरा मिल गया। वह मिलना कितने भाग्य की बात थी, यह उस समय समझ में नहीं आया। उसके बाद तीन दिन महा झमेले में बीते। पर राष्ट्र दफ्तर ने कह दिया कि कमरे के मामले में वे कोई सहायता नहीं

करेंगे। ASTEF नाम का एक संगठन वह सब देखेगा अब से। इधर तीन सप्ताह पहले लिखी मेरी चिट्ठी का जवाब देना तो दूर रहा, ASTEF को भी नहीं भेजा, फाइल करके रख दिया था। ASTEF ने कहा—होटल बिलकुल मत छोड़ना, समझे? कमरे एकदम नहीं हैं। उनका एक हॉस्टल है, उसकी वेटिंग लिस्ट में मेरा नाम तक दर्ज़ नहीं किया।

तीन दिन बहुत खोज-खाज के बाद एक होटल में कमरा मिला—12 तारीख़ से मिलेगा। पूरा पांच महीना रहने से आठ रुपये रोज़ नहीं तो नौ। कम-से-कम पचास होटलों का चक्कर काटा। इससे कम का तो सवाल ही नहीं, कहीं भी कमरा ही नहीं मिला। समझ गया रहना और किसी तरह पेट भरने के अलावा पेरिस में और कुछ करने को नहीं होगा। आठ रुपये में केवल रहना, खाना-पीना कुछ नहीं।

तीन दिन का भाड़ा अग्रिम चाहा। उस दिन टाला। इस बीच Ministry of Construction की मंसियो मिको के साथ ट्रेनिंग के सिलसिले में मिला। उन्हें अपनी दुख-गाथा सुनायी। यह पहला फ्रेंच अधिकारी था जिससे अच्छा व्यवहार मिला। मेरा बयान अच्छी तरह सुनने से पहले उच्छ्वसित हो उठीं—चार सालों में इतनी अच्छी फ्रेंच जाननेवाले व्यक्ति को उनके पास ट्रेनिंग के लिए पहले कभी नहीं भेजा गया था। ASTEF में फोन करके बोलीं—जो इतनी अच्छी फ्रेंच जानता है उसे कमरे के लिए हैरान करना तो एकदम उचित नहीं। काम के नाम पर एक एपाइंटमेंट मिला और लिस्ट में नाम दर्ज हो गया। सुना दो-तीन सप्ताह के पहले कुछ होना संभव नहीं। यह भी सुना कि हॉस्टल खूब अच्छा है, छह रुपये प्रति दिन के आसपास। लेकिन लंदन के अनुभव के बाद हॉस्टल में भारतीय अड्डेबाज़ी में पड़ने की इच्छा नहीं थी। समझ गया कि यह आठ रुपयेवाला ही क़िस्मत में है।

बुधवार को बहुत चक्कर काटने के बाद रात में घर लौटने पर मकान मालिक ने रास्ता दिखाया। कह-सुनकर सोमवार दोपहर तक का समय लिया—अर्थात् सात तारीख़। रात दस बजे ही दौड़ा दूसरे होटल के लिए। बुढ़िया थी नहीं, अगले दिन सुबह आयेगी। अगले दिन प्लानिंग ऑफ़िस में मॉसिये पेर्यां के साथ रेंदेभू। ग्यारह बजे। उसके पहले होटल गया। मादाम बहुत व्यस्त थीं, रुपया लेने का समय भी नहीं था, शाम को आने को कहा। चलते-चलते सोचा—काम ठीक हुआ क्या? रुपया किसी तरह पकड़ा पाता तो छुट्टी हो जाती।

मॉसिये पेर्यां ने पूछा—तुम यहां क्या करना चाहते हो? अच्छी मुसीबत है, अब वह क्या मैं बताऊँगा? फिर भी पेरिस की समस्या, उसका समाधान आदि बड़ी-

बड़ी बातें कीं। उतना मैं फ्रेंच में बता सका। यहां यह बता दूं कि जो लोग टाउन प्लानिंग में हैं, उनकी टाउन प्लानिंग और फ्रेंच दोनों के ज्ञान को देखकर उन्हें केवल कुछेक क्लास करने का हुक्म मिला है। मैं—समझ में आया कि—दोनों में दिग्गज हूं इसलिए मुझे ऑफ़िस का काम दिया गया। पेर्यां ने किताब पकड़ाते हुए कहा—धीरे-सुस्ते पढ़ लेना। पूरी हो जाने पर मुझे फोन करना। फोन पर फ्रेंच में बात करने में डर लगता है, बोला—सोमवार को शाम को आ जाऊंगा। अर्थात् साढ़े तीन दिन की छुट्टी, काम के नाम पर—बत्तीस पन्ने की चित्रवाली किताब पढ़ना। कहा—इस बीच मैं इसे पूरी पढ़ लेने की भरसक कोशिश करूंगा पर रहने की जगह ठीक न होने के कारण मन अस्थिर रहता है। सुनकर देवी जी मिको साहब से भी ज़्यादा उत्तेजित हो गयीं। मिको साहब ने एक फोन किया था, इन्होंने दो किये। उसके कारण मिनिस्ट्री ऑफ कन्सट्रक्शन की कैंटीन में कम दाम में खाना खाने की सुविधा मिली और मिला एक ठिकाना जहां दो होटलों में रहने के बीच रहा जा सकता था। दोपहर में कैंटीन गया और उस ठिकाने पर भी गया। जाकर देखा बहुत बड़ी ज़मीन पर ढेरों छोटे-छोटे बैरक थे। मिलिटरी के समय के होंगे। एक तल्ला, टाली की छत। हर बैरक में पांच कमरे। एक पायख़ाना, तीन वाश बेसिन। हर कमरे में स्प्रिंगवाला लोहे का बेड। एक बहुत छोटा लोहे का टेबुल। सुना एक आलमारी भी मिलेगी। जहां तक याद पड़ता है, दरवाज़ा-खिड़की सब खुल सकते थे, खींचकर देखने की हिम्मत नहीं हुई। भाड़ा पचहत्तर रुपये महीना। समझ गया था फिर भी कहा—फ्रेंच ठीक से नहीं जानता, फिर से बतलाओ। वह साफ़-साफ़ बोला—पचहत्तर। दिन नहीं, सप्ताह नहीं, महीना। तीस दिन में। डरते-डरते पूछा—कितने दिन रहने देंगे? बोला—जितने दिन मर्ज़ी। कल नहीं, परसों सबेरे चले आ सकते हो। अढ़ाई सौ रुपये की जगह पचहत्तर रुपये। खाने बैठने पर पैसा नहीं गिनना होगा। एक मील से कम दूरी होने पर भी ट्रेन में चढ़ा जा सकेगा। सिनेमा देखा जा सकेगा। एक कॉफी की इच्छा घंटों-घंटों दबानी नहीं पड़ेगी। सिगरेट छोड़ने का प्रस्ताव मुलतबी रखा जा सकेगा। विश्वास कर सकती हो? बराबर ही देख रहा हूं, शुरू में मेरा भाग्य कैसा भी रहे, अंत तक अच्छा ही हो जाता है।

दोनों समय भरपेट खाने के कारण आज पेट गड़बड़ा गया है। कैसे बरदाश्त हो भला?

...जहां तक समझ में आया, इनके दफ्तर के मजदूरों के क्वार्टर थे। लगता है कुछ दिनों पहले ही चालू हुआ है इसीलिए भरने के पहले हमें मिल गया। मेरे चार प्रतिवेशियों में दो चिली के हैं, एक इकुयेडर का। पांचवां अफ्रीका का या

इंडोनेशिया का, ठीक पता नहीं। अच्छा ही रहूंगा। शहर के दक्षिण में पर बहुत बाहर नहीं। मेट्रो है। मेट्रो यहां की धरती के नीचे चलनेवाली ट्रेन का नाम है।

...यहां मुझे क्या काम करना होगा, कुछ करना भी होगा या नहीं, सोमवार के पहले नहीं पता चलेगा। केवल इतना समझ में आया कि इनके ऑफ़िस में जगह बहुत कम है, टेबुल-कुर्सी नहीं मिलेगी, घूमते समय बिताना होगा। इससे लगता है, ज़्यादा बाहर घूमने में इन्हें ख़ास आपत्ति नहीं होगी।

10.10.63

मनु,

नये कमरे में स्थित हो गया हूं, पर अभी अभ्यास नहीं हुआ है। पेरिस की सड़कों पर बहुत घूमा हूं। कल जल्दी लौटकर नाटक का अंतिम अंश पढ़ा। सोचा। बस एक अंक बाक़ी है पर अंतिम अंक हमेशा झमेलिया होता है। हड़बड़ाकर या ज़ोर करके लिखने से नहीं चलेगा, अच्छी तरह समझ रहा हूं लेकिन अब धीरज टूट रहा है। लगता है जितना हो सके, अभी ही पेरिस शहर घूम लेना चाहिए। भाषा ज्ञान बढ़ाने के लिए किताब पढ़ने, लिखने व बोलने की ज़रूरत है। टाउन प्लानिंग के बारे में बहुत पढ़ने को है लेकिन पढ़ नहीं पा रहा हूं। वैसे एक तरह से ऑफ़िस जैसा कुछ भी तो नहीं है। आज तक तीन बार भेंट–दस-पंद्रह मिनट करके, एक दिन दो घंटा चर्चा और कल दो घंटा ऑफ़िस में बैठकर कुछ प्लान वगैरह देखना–दस दिन में इतना ही हुआ है। आज शाम चार बजे ऑफ़िस जाना होगा–दो घंटे के लिए और क्या। अभी सवा दो है। यहां यूनिवर्सिटी के एक रेस्तरां में भरपेट मुर्गी रोस्ट खाकर लक्समबर्ग पार्क में आकर बैठा हूं। यह पार्क लैटिन भाग में है, छात्र-छात्राओं से पार्क पूरा भरा हुआ है। सामने लक्समबर्ग महल है। बायीं ओर फव्वारा है। वहां बच्चे पालवाली खिलौने की काठ की नौका तैरा रहे हैं और हल्ला कर रहे हैं। मेरी बेंच की उस ओर एक बारह साल की लड़की बैठी रूमाल काढ़ रही है और बीच-बीच में चिल्लाकर दूसरे बच्चों को–भाई-बहन होंगे–डांट रही है। पेड़ फ़िलहाल हरे और बादामी रंग के हो रहे हैं, दो-एक पीले भी हो गये हैं। मैदान अभी भी हरा है, छोटे-छोटे फूल के गाछों में अभी भी अनगिनत फूल खिले हैं। कबूतरों का झुंड सर के ऊपर से उड़ा जा रहा है।

...बाहर आने पर झट से छह रुपये की किताब ख़रीद डाली। मदि्गलियानी और दमियेर के चित्रोंवाली किताब। बाड़ी भाड़ा सस्ता है इसीलिए यह सब विलास संभव है। आज ही महीना मिला है।

...तुम्हारी भेजी सूचना खूब काम आयी। जयदेव क़रीब-क़रीब पूरे ही काम में लग जायेंगे। शायद आधुनिक नीतिबोध के कारण दो लाइनें बाद देनी पड़ें।

...नाटक हमेशा की तरह फालतू और बचकाना लग रहा है। हंसी भी ख़ास नहीं आती। अभिनय की दृष्टि से देखता हूं तो लगता है हंसाया जा सकता है लेकिन ऐसे ही पढ़कर कुछ नहीं मिलता। तथापि सिर से इसका भूत उतरे बिना और कुछ में मन भी नहीं लगाया जा सकता। कभी-कभी लगता है—क्यों शुरू किया था?

13.10.63

...बहुत काम था, कुछ भी नहीं हो पाया। चित्रोंवाली जितनी किताबें ख़रीदी थीं उन्हें देख-दाखकर उनका स्केच बनाते रात के बारह बजा दिये। चित्र लेकर बैठने पर बहुत समय निकल जाता है, जाने कैसा नशा सवार हो जाता है। नाटक के अंतिम अंक की समस्या का किसी तरह समाधान नहीं कर पा रहा हूं। गठन में गोलमाल हो गया है। एक तरह से दूसरे अंक में ही अंत आ गया है पर कहानी बाक़ी रह गयी है। मतलब यह कि नाटक के रूप में रचना already फेल कर चुकी है। दूसरे अंक के बाद दर्शक को कोई कौतूहल नहीं रह जाता।

15.10.63

...अच्छा, समय बर्बाद करने का यह कैसा नशा-सा सवार हुआ है। ख़ुद तो कुछ आंक नहीं पाता, ख़ाली देख-देखकर नक़ल करता हूं। यह जीवन में किसी काम नहीं आयेगा। इसके बदले लिखने की बात सोचता तो काम आता। एक दिन थोड़ा सोचा भी था। सोच-विचारकर दूसरे अंक के अंत को कुछ बढ़ाकर एक समस्या की सृष्टि की जिससे यह न लगे कि नाटक शेष हो गया। उस समस्या ने ऐसा रूप ले लिया है कि तीसरा अंक और भी ज़ोरदार लगने लगा है। इसीलिए शुरू नहीं हो पाया।

...नाम रखा है—बल्लभपुरेर रूपकथा। अंत न होने तक यही नाम चले। काश, तुमलोगों को सुना पाता। पूरी रचना अंत तक एकदम अकेले लिखने की आदत छूट गयी है। 'बड़ो पिसीमां' अकेले लिखा था—बीच में बिना किसी को सुनाये, बस।

डायरी

17.10.63

अब तक पुराना हो जाने की बात थी पर हो नहीं पाया। अभी भी जैसे खूँटी गाड़कर बैठ नहीं पाया हूं। अभी भी कुछ होटल-होटल जैसा भाव, अनिश्चितता, विक्षिप्तता।

...एक अनुभूति कि समय नष्ट हो रहा है। एक चेतना कि समय बहुत कम है। जैसे अकेले-अकेले बीतनेवाले इन महीनों में बहुत कुछ कर डालना होगा। जैसे दिशा तै कर लेनी होगी। जिस दिन चित्र बनाने में घंटों-घंटों समय निकल जाता है उस दिन अपने से प्रश्न करता हूं—यह नशा क्यों? मैं आर्टिस्ट तो कभी नहीं हो पाऊंगा। चित्र बनाना अच्छा लगता है—केवल इतना भर मानकर चलने का समय मेरे पास नहीं है।

'बल्लभपुरेर रूपकथा' का अंतिम अंक शुरू करने में कितने दिन निकल गये। कितना सोचा। कितना समय नष्ट हुआ। एक तरह की हड़बड़ी—पूरा करना है। पूरा करके और कुछ पकड़ना है। मन किसी तरह यह समझने को तैयार नहीं कि इस तरह जोर करके सोचकर लिखा नहीं जा सकता। यों ही पड़ा छोड़ देने में डर लगता है। यदि पूरा न हुआ तो? पूरा न हुआ तो कौन-सा नुकसान हो जायेगा—इस प्रश्न से भी डर लगता है।

...सारारात्तिर' ने बहुत कुछ शेष कर दिया, वैसे ही जैसे उसके पहले 'एवम् इंद्रजित्' ने बहुत कुछ शेष कर दिया था। ये दो नाटक लिखकर ही बात ख़त्म नहीं हुई। उल्टे मुझे भी प्रभावित किया। मुझे और वृद्ध बना दिया। ये दोनों सचमुच मेरी रचनाएं थीं, मेरी अपनी लिखी। ये मैं हूं। दूसरों के निकट ये क्या हैं, इससे कुछ नहीं आता-जाता।

अभी भी 'बल्लभपुरेर रूपकथा' लिखने का मन नहीं होता। शायद बेसानकॉन (Besancon) में और कुछ दिन रहता तो नाटक पूरा हो जाता पर यहां नये सिरे से मन नहीं लगा पा रहा हूं। उसकी विषयवस्तु फ़िलहाल मेरे मन से बहुत दूर चली गयी है। थियेटर करूंगा। नाटक खेलूंगा यह बात दिमाग़ में न हो तो वैसा नाटक लिखने में मन नहीं लगता।

फिर भी पूरा करना चाहता हूं क्योंकि शुरू किया है, इसलिए। न किया तो मेरे चिराचरित आत्मप्रतिष्ठा के भाव को ठेस पहुंचेगी, उसकी यंत्रणा से मुक्ति नहीं मिलेगी। ठीक उसी तरह जैसे पढ़ना शुरू करने के बाद पास करने की चेष्टा करने के सिवाय और कोई उपाय नहीं रह जाता, भले ही पास करना कितना ही अर्थहीन क्यों न हो।

लता से शनिवार को वर्साइ में भेंट हुई। अगले दिन रविवार। सात लोगों का दंगल। लता ने अपने घर बुलाया था। गया नहीं। सोमवार को लता जर्मनी चली गयी। उससे और भेंट नहीं होगी।

फिर भी यह लिख रहा हूं। शायद रविवार को उसके आग्रह की आंतरिकता ने यहां के इस अकेले मन को कहीं स्पर्श किया। स्वप्न का एक और बीज। बीजरूप में ही शेष।...

बल्लभपुर का तृतीय अंक शुरू करने की चेष्टा की। ब्राह्ममुहूर्त। छंदा और भूपति। याद आ गयी 'साराराात्तिर' की बात। समझ में आया—अब यह रूपकथा नहीं चलेगी। 'साराराात्तिर' निकालकर अंत तक पूरा पढ़ डाला। थोड़ा ज़ोर-ज़ोर से मानो सामने श्रोता बैठे हों। कई जगह अच्छा नहीं लगा। पर जानता हूं इसमें और कोई रद्दोबदल करना संभव नहीं। करना चाहता भी नहीं। वैसा करना डायरी में लिखे का संशोधन करने जैसा निष्प्रयोजन और अर्थहीन होगा।

चिट्ठी

20.10.63

मनु,

बहुत दिनों तपस्या करते-करते कल रात 'जय शिव' का हंकारा लगाकर तीसरा अंक शुरू किया। आलतू-फालतू लिखकर उसका पहला दृश्य अभी-अभी पूरा किया। एक और दृश्य बाक़ी है। मूल झमेला जिसका कोई इनारा-किनारा पकड़ में नहीं आ रहा था, वह किसी तरह पार हो गया (यद्यपि बहुत अच्छा नहीं हुआ है)। यह तै करके बैठा कि जैसे भी हो धड़ाधड़ लिखकर गंगा नहाओ, तो देखा कि काग़ज़ ख़त्म हो गया है। रविवार रात का साढ़े दस। कैसा लगा होगा, समझ सकती हो। अभी-अभी कॉफी पी थी, पूरी रात सामने पड़ी थी।

...पड़ोसी से काग़ज़ उधार मांगने गया। झकाझक पैड निकालकर दिया। उसकी चिकनाई देखकर दो पन्ने से ज़्यादा नहीं ले पाया। लेकिन उसने चाकलेट खिलाकर अड्डे पर बैठा लिया। भारत, चीन, महायुद्ध की संभावना, गोमांस, सिंदूर, सिखों की पगड़ी, लैटिन और संस्कृत में समानता, डालर-पाउंड और फ्रां में संपर्क, हिमालय का हिम-मानव—सबके बारे में फ्रेंच में वक्तृता झाड़कर अभी लौटा हूं। लौटकर देखा ग्यारह पैंतीस। दक्षिण अमेरिकावालों को अड्डेबाज़ी में जितना सुख मिलता है उतना ही रतजगे में। कलकत्ता के बुद्धिजीवियों जैसे ही। उसका फ्रेंच का ज्ञान मुझसे कम है पर फ्रेंच बोलने का साहस मुझसे ज़्यादा। वैसे

आजकल मुझमें भी साहस का अभाव नहीं रहता। काफ़ी फर्राटे से फ्रेंच बोलता हूं। निर्लज्ज की तरह धातुरूप, लिंग, क्रिया का काल आदि दोनों इधर-उधर करता रहता हूं, ज़रूरत के अनुसार अंग्रेज़ी के विशेषण और क्रिया पदों को फ्रेंच उच्चारण में ढालकर चलाने की चेष्टा करता हूं (बहुत बार चल भी जाता है)। यदि गाड़ी एकदम अटक गयी तो कोमं सापेल (क्या तो कहते हैं) कहकर हाथ-पैर नचाने लगता हूं। कल हॉलीवुड की एक फिल्म देखने गया था। सिनेमा की अमेरिकन भाषा प्रायः समझ में नहीं आती सो फ्रेंच सबटाइल से मैनेज कर रहा था। श्यामल और एक हाथ बढ़कर है। एक आयरिश की अंग्रेज़ी नहीं समझ पा रहा था सो उससे फ्रेंच बोलवाकर छोड़ा—और कि फ्रेंच समझ में आ गयी थी। लता फ्रेंच पढ़ाती है लेकिन उसके उच्चारण की भूल को वह पकड़ता रहता है। हिमाकत देखो। लता ने मुझसे शिकायत की थी। श्यामल ने गंभीर होकर कहा था—क्या करूं? फोनेटिक्स की भूल मुझसे बर्दाश्त नहीं होती। दीपक अभी भी अपनी बंगाली फ्रेंच चलाता रहता है। फ्रेंच शब्द में बांग्ला विभक्ति और क्रिया के साथ बांग्ला धातु रूप जोड़कर वह ऐसा गोलमाल करता है कि क्या कहूं!

आज उन लोगों के साथ फॉलि बर्ज्या देखने गया था। लगा पैसा नहीं वसूल हुआ। ये सब एक बार के बाद दुबारा देखने में पैसे की बर्बादी है। उसके बाद सबके सब गये पीगल। रोशनी कम होने लगती है। एक-एक करके रोशनी बुझने लगती है। अनेक नाइट क्लबों में अंधेरा है, जो टिमटिम कर रहे हैं उनमें भी जल्दी ही ताला झूलने लगेगा। 'समर' शेष। टूरिस्ट सीज़न शेष। अब ज़्यादा डॉलर नहीं आयेगा इसीलिए पेरिस का मौज-मस्ती वाला इलाका अंधेरा होने लगा है। अब शुरू होगा क्लासिक सीज़न—पारंपरिक सांस्कृतिक उत्सव—थियेटर, कन्सर्ट, ऑपेरा। पेड़ अभी भी लाल-बादामी और हरे का खेल दिखा रहे हैं। महीना भर और।

21.10.63

(रात बारह पांच)

ख़तम। अभी-अभी। रघुदा की मुक्ति और मेरी भी मुक्ति। ओफ़्, कम हैरान किया नहीं उन्होंने इस एक महीने में।

रघुदा कौन? एक तरह से 'बल्लभपुर की रूपकथा' का नायक कहा जा सकता है। नाटक का नाम रघुदा भी रखा जा सकता था। खुद भी बहुत भोगा और भूपति को भी भोगाया। मुझे भी कम नहीं सताया।

...नाटक पूरा होकर भी नहीं हुआ। बीच में बड़ा-बड़ा गैप है। कविताएं ठीक से सांटी नहीं जा सकीं।...नाटक के हिसाब से इतना कच्चा नाटक मैंने पहले कभी नहीं लिखा। लेकिन लंदन में देखी फिल्म जैसे मेरे दिमाग़ पर छायी हुई थी। कहानी के नयेपन के कारण। हंसी का कथानक यदि सामान्य से थोड़ा भी हटकर हुआ, नया हुआ, तो मेरे दिमाग़ को दबोच लेता है। तथापि इन्हें स्टेज की सीमा में बांधने में कितना झमेला होता है, यह मैं ही जानता हूं। झमेला होने पर भी राम-श्याम-जदु एक हद तक उतर गया था लेकिन यह किसी तरह बस में नहीं आ रहा था। नतीजा ढेर बकवास और ढेर फालतू बातें। बहुत-सी समस्याओं का समाधान न मिलने पर फिसलकर बाहर निकलने का रास्ता खोजता रहा था।

महिला पात्र दो-गां और बेटी। वही एक कच्ची उम्र, राम-श्याम-यदु की लड़की की तरह। क्या करता, बोलो? बांग्ला का हास्य नाटक, ऊपर से रूपकथा, कच्ची उम्र की लड़की के बिना काम कैसे चलता? राजकुमारी न हुई तो रूपकथा के पाठक (या दर्शक) तो नाराज़ हो जायेंगे।

...चलते-चलते एक ऐसे मोड़ पर पहुंचा जहां छह-सात रास्ते मिल रहे हैं। इस शहर में छह-सात रास्तों के मोड़ ही ज़्यादा हैं। सब रास्ते कोना-कोनी, मोड़ तारा की तरह। रास्ता गड़बड़ाने और दिशाओं का ज्ञान गुम करानेवाला इसके जैसा दूसरा शहर और नहीं। फुटपाथ पर लगे एक काफे के टेबुल पर आकर बैठा हूं। बैठे क़रीब बीस मिनट हो गये, अभी तक कोई पूछने नहीं आया कि क्या चाहिए। मुझे और एक घंटा बैठना होगा, आये आराम से। पेरिस में यह एक सुविधा है। रास्ते के किनारे बारह आने से एक रुपये के बीच ख़र्च करके एक टेबुल-चेयर किराये पर मिल सकती है—जितनी देर मर्ज़ी, बैठो। साथ में एक पात्र कॉफी या बीयर—'फिरी', पैसा नहीं लगता।

ठंड पड़ेगी यह धमकी रोज़ ही दे रहे हैं पर आज फिर मजे का गरम है। मतलब मजे की कम-ठंड। ढेरों पेड़ हैं पर एकदम नंगे। पेड़ों के नंगे होने की बात बहुत करता हूं न? यहां के शीतकाल में की ठंड से भी ज़्यादा आम बात है पेड़ों की संपूर्ण नग्नता। छिः, मुझे वह बहुत ख़राब लगती है।

...सोचा था महीना भर नाटक में हाथ नहीं लगाऊँगा लेकिन गठन इतना ढीला-ढाला है, हंसानेवाली लाइनें इतनी कम हैं कि अभी ही उलटे-पलटे बिना चैन नहीं मिल रहा है। 'सारारात्तिँर' और 'एबोंग इंद्रजित्' लिखकर ही खलास। लेकिन यदि इस रूपकथा को खड़ा करना है तो बाकायदा धोबी-घाट

करना होगा। (धोबी-घाट क्या हुआ, बता सकती हो? पीट-पीटकर अच्छी तरह धुलाई करना अर्थात् प्रस्तुत प्रसंग में निर्ममतापूर्वक संशोधन करना)।

...कल रात कार्तियेर लात्यांर (लैटिन क्वार्टर) खाने गया था। देखा फुटपाथ पर दो छोकरे आर्टिस्ट खड़िया से चित्र बना रहे हैं। बग़ल में क़रीब पंद्रह भाषाओं में धन्यवाद लिखा था। यह सब यहां का आम दृश्य है। कहा–चाहो तो मैं इसमें दो और भाषाएं जोड़ सकता हूं। एक खड़िया दी। बांग्ला और नागरी में फुटपाथ पर धन्यवाद लिख दिया।

27.10.63

दिन हुड़-हुड़ करके बीते जा रहे हैं। कहां जा रहे हैं, समझ में नहीं आता–ठीक पैसों की तरह।

...रात आठ बजे। सारा दिन हाते से बाहर नहीं निकला। दीपक लोग आये नहीं। बात थी कि आयेंगे तो चार के भीतर पहुंच जायेंगे। पेंटिंग लेकर बैठा था।

एक और बात–देख-देखकर चित्र बनाता हूं। बिना देखे कुछ भी नहीं आंक पाता। दिमाग़ चिड़चिड़ा गया। समझ में आ गया–तनिक भी उन्नति न हुई है, न होनेवाली है।

मिज़ाज उखड़ने पर जो होता है। टेबुल पर से रबर का चूरा फूंक मारकर उड़ाने चला तो सारा टेबुल राख से भर गया। ऐशट्रे का ध्यान नहीं था। एक झाड़ू जैसी चीज़ है, उससे झाड़ा राख। ज़रा-सा पानी पड़ा था सो कीचड़ जैसा हो गया। यह देखकर सब उठाकर रख दिया और चिट्ठी लेकर बैठ गया। सोचा था खाने निकलूंगा, दोनों बेला टिन का खाना अच्छा नहीं लगता पर यह सोचकर कि इस ठंड में निकलना और ख़राब लगेगा, उस पर ही सब्र किया।

डायरी

27.10.63

आज सारा दिन घर में बैठा रहा। चित्र बनाया। चित्र बनाना छोड़ना होगा। वह मुझसे होगा नहीं।...

लिखने को माथे में कुछ है नहीं। ज़ोर करके माथे में लाया नहीं जा सकता, यह तो पहले देख ही चुका हूं। फिर भी लग रहा है–कुछ लिख पाता तो अच्छा रहता। इसीलिए मनु की चिट्ठी बीच में छोड़कर डायरी लिखने बैठ गया हूं। माथे

में कुछ है नहीं। आंख मूंदने पर चित्रों की काली लाइनें दिखलाई पड़ रही हैं। खाना होगा। यह एक झमेला है। भूख नहीं लगती। टिन से निकालकर गरम करने का छोटा-सा काम भी जहां तक हो सकता है, टालता रहता हूं।

आदमियों को भूलता जा रहा हूं। लगता है जैसे आदमियों से बहुत दूर आ गया हूं। कोई खोजे नहीं मिल रहा। केवल एक abstract अनुभूति है कि वे हैं।

चिट्ठी

5.11.63

मनु,

लंदन घूम आया।

...बचपन में मुझे क्या किसी ने खिलौना नहीं दिया था? नहीं तो खिलौनों की ओर आकर्षण क्यों हुआ? यह जो बॉल-पाइंट कलम है जिससे लिखने में पसीना छूट जाता है, इसे एक महीना पहले लालच में पड़कर ख़रीदा था कि वाह, बटन दबाकर इच्छानुसार लाल-नीला निकाला जा सकता है।...बहुत दिनों से मैंने जिन दो खिलौनों को चाहा है–टेप-रेकार्डर और टाइप-राइटर, उनमें से एक लंदन में ख़रीद डाला। टाइप-राइटर दो सौ चालीस रुपयों का एक खिलौना।...यह ख़रीद और लंदन-दर्शन करके मेरी जेब एकदम ख़ाली हो गयी है। आज तक जो जमा था सबकी छुट्टी।

...पिछले मंगलवार को दोपहर में पक्का निर्णय करके entry permit बनवाकर टिकट कटाकर रात की गाड़ी से लंदन रवाना हो गया।...सीधे मिसेज़ बिलिटर के यहां ही गया। कामकाज छोड़कर उन्होंने मेरे लिए खाना बनाया, खिलाया और सारी दोपहर हमने पुराने दिनों की तरह खूब अड्डा मारा। थोड़ी देर बाद यह एकदम नहीं लग रहा था कि इस बीच चार साल भेंट ही नहीं हुई थी। वहां से एलेन को फोन किया। एलेन ने अपने यहां रहने को कहा। ना नहीं कर पाया। वैसे बिलिटर के यहां रहने का मेरा ज़्यादा मन था। बाद में यह भी लगा कि मुझे देखकर बिलिटर लोगों को जैसी खुशी हुई उसमें और एलेन लोगों को होनेवाली खुशी में अंतर था। मन में यह बात पहले से ही थी अतः विशेष आश्चर्य नहीं हुआ। दो बच्चों को लेकर एलेन अब पूरी गृहस्थिन हो गयी है। उसके साथ बात करने के लिए मेरे पास कुछ नहीं रहा अब। स्टुअर्ट पहले जैसा ही लगा। उसके साथ तो पहले भी भाषा विज्ञान के अलावा और किसी विषय पर ख़ास बात नहीं होती थी।

...पांच दिन लंदन रहा। सारा दिन बाहर बिताता।...इस दौरान एलेन ने एक दिन भी नहीं कहा कि अड्‌डा नहीं हो रहा है। मेरे सारे दिन बाहर घूमने की उसे कोई शिकायत नहीं थी। वरन् लगा, वही ठीक था। घर पर रहकर उसके काम-काज में असुविधा ही खड़ी करता। मिसेज़ बिलिटर अब नौकरी करती हैं, उनका काम अब एलेन से ज़्यादा ही लगता है। उन्हें असुविधा पहुंचाने में तनिक भी संकोच नहीं हुआ था।

पैडी अब बोर्डिंग स्कूल में है। लेकिन जिस दिन मैं पहुंचा उसी दिन वह कुछ दिनों की छुट्‌टी होने के कारण, घर आयी थी। वह अब चौदह की है पर कुछ ख़ास अंतर नहीं आया है। थोड़ा वज़न बढ़ा है। जेन एक दोस्त के साथ घूमने गयी थी। उसके साथ भेंट हुई शनिवार शाम को। रास्ते में भेंट होती तो शायद पहचान भी नहीं पाता। वह अब षोड़शी है और उसने अपना डील-डौल जो बनाया है वह बहुतेरे लड़कों को धराशायी करने के लिए पर्याप्त है। बच्चों को सिनेमा दिखलाने का इरादा था पर जेन को देखकर उसे त्याग दिया।...पैडी पहले से थोड़ा शांत, लेकिन जेन पूरी बिच्छू हो गयी है। मां का sense of humour पूरी तरह पाया है। शायद बाप से इसीलिए खटपट चलती रहती है। मिस्टर बिलिटर की बकबक और बढ़ गयी है। ज़ेन को लेकर परिवार में कुछ अशांति रहती है, यह भी लगा।

मिसेज़ बिलिटर की दो-एक बातों से थकान का आभास भी मिला। केवल दो-एक बातों से। थकान का अंदाज़ दूसरी तरह से ज़्यादा लगा। मेरे साथ दिल खोलकर हंसने से लगा जैसे बहुत दिनों बाद थोड़ा हल्का अनुभव कर रही थीं। हंसने के लिए हमें ख़ासतौर पर हंसी की बातों की ज़रूरत नहीं थी।

...जेन हिंदी में बारह तक गिन सकती है। हिंदी में मेरे बाल गिनने की कोशिश कर रही थी।

एक दिन सरे के प्लानिंग ऑफ़िस गया। पुराने कुछ लोगों से भेंट हुई। ज़्यादा लोग चले गये हैं। सिनेमा देखा, हॉल में बैठकर सिगरेट पीने के सुख की ख़ातिर। और परिचित रास्तों पर घूमा। अच्छा लग रहा था।

लंदन में जो नाटक देखा (नाम–On the Fringe), वैसा नाटक शहर में तीन साल तक चल सकता है, यह पांच साल पहले सोच भी नहीं सकता था। केवल चार पुरुष अभिनेता। क़रीब बीस-पचीस फुटकर स्केच–हर स्केच व्यंग्यात्मक, लेकिन एक से दूसरे का कोई संपर्क नहीं। Appeal प्रायः सबकी बौद्धिक थी। तीसरे साल भी ख़ूब भीड़ हो रही है। सेट और प्रस्तुति में नयापन है। हमलोगों का रंगमंच बहुत बच्चा रह गया। लगता है अब थोड़ा बड़ा होने का समय आ गया है।

डायरी

6.11.63

लंदन से लौटा परसों रात।

आज सारा दिन घर में रहा। मेट्रो बंद थी। 'एबोंग इंद्रजित्' का सेट आंका। तीन dimension को लेकर खेल। उसके साथ संवाद, ध्वनि, दृश्य, प्रकाश, गति। सब मिलाकर थियेटर।

इतनी और चीज़ें थीं, थियेटर ही क्यों मेरे सिर सवार हुआ।

शब्द, स्वर और चित्र का समन्वय था इसलिए? विभिन्न वस्तुओं को एक साथ मिलाकर पूर्णता लाने का आनंद था, इसलिए?

स्वर, चित्र और शब्द। सकूं, न सकूं, जानूं, न जानूं, ये मुझे आंदोलित करते हैं। लगता है इनके समन्वय से एक अद्‌भुत सृजन हो सकता है।

पेरिस। सन् उन्नीस सौ तिरसठ। शेष होने को हूं। सब कुछ शेष हुआ जा रहा है।

10.11.63

थोड़ी देर पहले L'etranger ख़त्म किया। उसके बाद किताब का मलाट देख-देखकर कामू का चित्र आंका।

सारी दोपहर xylophone बजाने की कोशिश की।...एक और रविवार गया। रात ग्यारह बजकर पंद्रह।

...Et apres? यह एक महा मुसीबतवाला सवाल है। जो कहना है, कहो, जो सोचना है, सोचो, जो करना है, करो। उसके बाद? Et apres?

मनुष्य के जीवन में समस्या आती है। सिद्धांत का प्रश्न आता है, चुनाव करने का प्रश्न आता है। बहुत सोच-विचार करके, राय-सलाह करके आदमी चुनाव करता है। रास्ता चुनता है—कोई भी एक रास्ता। लौटने का उपाय नहीं होता, उसी रास्ते पर चलता है, चलना होता है।

यदि दूसरा रास्ता चुनता? यदि दूसरा सिद्धांत लेता? किसी दूसरे रास्ते पर चलता। एक और तरह का जीवन होता। लौटने का उपाय नहीं। एक साथ दो रास्ते लेना संभव नहीं।

पर यदि लौटा जा सकता? यदि लौटकर एक दूसरा रास्ता चुनकर फिर से चलना शुरू किया जा सकता?

संभव है तब आदमी को समझ में आता कि–कोई अंतर नहीं है।

Pas plus reelle! कोई एक जीवन किसी दूसरे जीवन से अधिक वास्तविक, अधिक सत्य नहीं होता।

कुछ लोग हैं जिनका जीवन किसी एक ज़बरदस्त भूल के कारण विषाक्त हो गया होता है। सैद्धांतिक भूल। रास्ता चुनने में भूल। वे चाहते हैं, आंतरिक मन से चाहते हैं कि नये सिरे से जीवन शुरू किया जाय। वे चाहते हैं, चाह सक रहे हैं क्योंकि वैसा होने का उपाय नहीं है।

वैसा हुआ। समय पीछे लौटा। उनकी ख़ातिर। उन्हें मौक़ा दिया नये सिरे से रास्ता चुनने का। उन्होंने नये सिरे से चुना भी। ज़ोर से पकड़े रखा उस दूसरे रास्ते को, बिना किसी दुविधा के। वह रास्ता परिचित था तो ही।

फिर से शुरू हुआ जीवन। फिर से आगे बढ़ने लगा समय। बढ़ते-बढ़ते वे उस मुहूर्त तक पहुंच गये जहां पहुंचकर उन्होंने अपने सिद्धांतों की भूल समझकर हाहाकार किया था। उन सबके पास अब दो-दो जीवन की यादें थीं। दो रास्तों की।

सोचो ज़रा।

11.11.63

मेरे मन में कोई अभावबोध नहीं है। कोई बड़ी कामना नहीं, इच्छा नहीं, पीड़ा नहीं। मुझे कोई शिकायत भी नहीं है। मेरे दिन बीत रहे हैं, एक के बाद एक बीत रहे हैं। सारे दिन में कोई फांक नहीं, कोई एकरसता नहीं। सारे दिन कोई ख़ुशी का क्षण भी नहीं। सारा दिन मतलब केवल कुछेक समयों का बोध, घड़ी के दोनों कांटों की कुछ विशिष्ट स्थितियां–खाना होगा, बाहर निकलना होगा, भाषण सुनना होगा, दुकान जाना होगा, कपड़ा धोना होगा, सोना होगा, चिट्ठी लिखना होगा आदि-आदि। और इन सबके बीच-बीच में कुछ समय, कुछ घंटे। जो मरज़ी आये करो। लिखना। बजाना। टाइप करना। चित्र आंकना। या फिर चुपचाप बैठे सोचते रहना। घड़ी के कांटे चलते रहते हैं। फिर किसी ज़रूरी काम के समय का इशारा करते जाते हैं।

ना, कोई तीव्र अनुभूति नहीं।

साढ़े चार महीने कट गये। प्रवास का आधा समय। लगता है बाक़ी का आधा जीवन भी ऐसे ही काट सकता हूं। साढ़े चार महीने बीत गये। कैसे, कभी ध्यान नहीं दिया। और साढ़े चार महीने बीत जायेंगे। शायद उस पर भी ध्यान न दूं।

उसके बाद और दिन, और महीने, और साल। घड़ी के दोनों कांटों की और अनेक स्थितियां।

(संध्या साढ़े सात बजे)

कोई इच्छा नहीं, किसी विशेष दिन, किसी विशेष मुहूर्त की आकांक्षा नहीं मुझे। एक और दिन बीता जा रहा है। छुट्टी का एक और दिन।

सारे दिन का हिसाब–प्रातःकृत्य, कॉफी-पान, कपड़े धोना, खाने निकलना, बिस्तर की चादर बदलना, आरोई के कमरे में कॉफी पीना, Xylophone बजाना, आरोई को चाय पीने के लिए बुलाना, जाकर सिगरेट ख़रीदना, कविता उतारना।

चार लोगों की चिट्ठी का जवाब देना बाक़ी है। उनमें से एक बाबा को लिखना सहज है। बाक़ी तीन जनों को क्या लिखूँ? मेरे दिन भर का हिसाब?

सोचा था आज सोचूंगा। इन आदमियों के बारे में सोचूंगा जो नये सिरे से जीवन शुरू करना चाहते हैं। हुआ नहीं।

चिट्ठी

16.11.63

मनु,

थोड़ी देर पहले शहर लौटा हूं। देवज्योति के भाई टुलु के घर न्योता था। जगह का नाम था **विरी शातिओं।** शहर से क़रीब 15 मील दूर।

सुबह उठना पड़ा था। जाने के लिए नहीं, जाने की बस तो साढ़े दस की थी। मेरे एक पड़ोसी ने आज घर छोड़ा। पता नहीं क्या तीन-पांच करके उन्होंने एक extra टेबुल जुगाड़ किया था। इस मौक़े पर उसे अपने कमरे में घुसा लेने के लिए सुबह-सुबह उठना पड़ा। अभी भी केयरटेकर को बताया नहीं है। लेकिन परसों ही कुछ भारतीय डाक-टिकट घूस दे रखा है। टिकिट की यहां बड़ी मांग रहती है और घूस देने के लिए वह उत्तम वस्तु है पर मेरे पास ज़्यादा हैं नहीं। कोई-कोई एयर-लेटर पर छपा टिकट ही काटना चाहते हैं, पीछे चिट्ठी लिखी है यह कहकर किसी तरह बड़े कष्ट से उन्हें टालता हूं।

टुलु के दो बेटियां हैं, बड़ी तीन की। वह पहले स्पैनिश बोलती थी, अब फ्रेंच। टुलु बड़े दुख से बोला–बांग्ला भाषा के प्रति किसी तरह उसमें आग्रह नहीं पैदा किया जा सका। हाय री क़िस्मत! कन्या की बात कर रहा हूं, पिता की नहीं। छोटी नौ महीने की है, उसके साथ जी भरकर बांग्ला में बात की। वह

अंग्रेज़ी, बांग्ला, फ्रेंच, स्पैनिश सब एक समान समझती है। टुलु की स्पैनिश बीबी पेपिता दिखने में एकदम बच्ची-सी है—हर समय फुर्ती से भरी। दोपहर के बाद सुना रात का खाना भी सलटाना होगा। उस घर का यही नियम है अतः आपत्ति करने से कोई लाभ नहीं था। दोपहर में स्पैनिश देश का बढ़िया पुलाव खाया। उसमें चिंगड़ी मछली, झिनुक और मुरगी का मांस था। रात में पेपिता ने घोषणा की—मछली है और थोड़ा वियंद् (मांस)। तुमलोगों को दिम (डिम अर्थात् अंडा) लगेगा क्या? टुलु ने मास्टरी की, पेपिता बोली—तुम लोगों का वह 'ड' मेरी जबान पर नहीं चढ़ता। मुझसे 'खाओ' कहा था, टुलु ने समझाया 'खाइए' कहते हैं।

...वक्तृता सीरीज़ ख़त्म हो गयी, ऑफ़िस के साथ फिर से संपर्क करना होगा। ट्रेनिंग के मेरे साथी तेपेरमान (ब्राजिल का रहनेवाला, अच्छी फ्रेंच बोलता है) ने समझाया—सोमवार को साहब ऑफ़िस में ख़ास रहते नहीं, मंगलवार को भी फोन करने पर मिले नहीं अतएव बुधवार को फोन करना ही ठीक रहेगा। मतलब कि तेपरमान यह सप्ताह भी यों ही इधर-उधर करके काटना चाहता है।...मुझे फिर भी बीच-बीच में विवेक नामक चर्मरोग की खुजली उठती है, तेपेरमान चर्मरोग-विहीन है।...इतनी तसल्ली है कि पढ़ने की कुछ सामग्री घर पर है। बाद में और कोई उपाय न रहा तो कहूंगा—वह पढ़ रहा था, सर। पढ़कर क्या सीखा पूछने पर बोलूंगा—ज्ञान की उन गहन बातों को मैं अपनी टूटी-फूटी फ्रेंच में कैसे बताऊं सर।

देखो, इन सब बातों की भनक यंगर जेनरेशन को न मिले। हायर एडुकेशन, स्पेशलाइज़्ड ट्रेनिंग, वे भूल-भाल समझ बैठेंगे।

कामू का L'etranger ख़त्म किया। कामू पढ़ने से लगता है फ्रेंच आ गयी है। क़रीब-क़रीब सब समझा जा सकता है। लेकिन जैसे कामू और भी सिर पर सवार हो गया है। किताब ख़त्म होने पर एक और दुस्साहसी विषय-वस्तु खोपड़ी में चक्कर काट रही थी। बाद में ठंडे दिमाग़ से सोचने पर लगा कि देवता की मूर्ति बनाने चलकर कहीं बंदर की मूर्ति न बना बैठूं सो उसे नाट्यांतरित करने की कोशिश से विमुख हुआ।

दुख के साथ सूचित कर रहा हूं कि 'बल्लभपुरेर रूपकथा' में और हाथ नहीं लगा पाया। श्लोक, कविता, तथ्य सब यत्नपूर्वक रखे हैं। बल्कि एक दिन 'सारारात्तिर' खोलकर काफ़ी सारा फिर से पढ़ डाला। उसे ज़ोर से पढ़ने में अच्छा ही लगता है। यह अच्छा लगना सोच-समझकर किया गया विचार नहीं है, पक्षपात है। व्यक्तिगत पक्षपात।

बीच में दो दिन–किमाश्चर्यम्, टाउन प्लानिंग में उत्साह बोध हुआ था। कुछ पढ़ भी डाला।

...कड़ाके की सर्दी पड़ रही है। इतने दिनों तक सप्ताह में एक दिन नहाने का कार्यक्रम रखा था। यहां सप्ताह में दो दिन शाम को नहाने की व्यवस्था है। लग रहा है अब शीतकालीन पाक्षिक स्नान का समय आ गया है। उस हिसाब से फ्रांस में और नौ बार स्नान होगा। आने के बाद बाल एक बार काटा है, हो सकता है एक बार और हो।

डायरी

20.11.63

दिन कटा जा रहा है। दिन के बाद दिन। छुट्टी का दिन। फांकेबाज़ी का दिन।

शनि, रवि, सोम, मंगल, बुध। पांच दिन। शनिवार–शिवज्योति के यहां। रवि–नाइजीरिया की दरख्वास्त। सोम भी क़रीब-क़रीब वही। मंगल–घाना की दरख्वास्त। बुधवार–लुव। और शाम को श्यामल। कुछ बजाना। कुछ चित्र आंकना। गृहस्थी के दो-एक काम। थोड़ा घूमना।

इसी बीच खोपड़ी में आया–हिरोशिमा मन आमूर। एक सिने-नाटक की परिकल्पना। सोलह मिली मीटर की फिल्म और नाटक। या शैडो प्ले और नाटक। हिरोशिमा। कलकत्ता। दो लोग। नहीं एक। और कई लोग।

Calcutta mon amour? सुनने में जाने कैसा अजीब-सा लगता है। जाने कैसा हास्यकर। फिर भी जैसे कहीं सच है। मेरे निकट इससे बड़ा सच और क्या है?

कलकत्ता ने मुझे रखा नहीं। भगा दिया। कलकत्ता ने।

एक वेदना? एक मान-अभिमान? किसके लिए वेदना? किसके साथ मान-अभिमान? कलकत्ता? विशाल निर्विकार उदासीन कलकत्ता? आत्ममर्यादा-हीन, कुत्सित, अशालीन कलकत्ता?

फिर भी मेरा जो भी जीवन है, जितना-सा भी है, सभी तो कलकत्ता है। एक व्यक्ति। यात्रा के पहलेवाले दिन की शाम। महाप्रस्थान के पहलेवाला दिन। और चार लोग। बिदाई की बैठक। और चार लोग। दो पुरुष, दो महिला। एक दंपति, एक पुरुष और एक महिला। चले गये। कल भेंट होगी। स्टेशन पर। या एयरपोर्ट पर।

रात। सारी रात। एक-एक करके वे आते हैं। वही चार लोग। एक-एक करके। या दो जन। कभी तीन जन। कभी सभी। एक इतिहास रच रहे हैं। एक जीवन। दस वर्षों की एक समष्टि। एक प्रारंभ। इसी रात को शेष। ना, पहले ही शेष हो चुका है। इस रात अंत्येष्टि है।

अच्छी तरह सोच लिया है?

हां।

कभी लौटोगे नहीं?

पता नहीं।

कभी तो लौटोगे?

पता नहीं।

क्यों?

क्यों क्या?

नहीं जानते क्यों?

जीवन में कितनी चीज़ें जानी जा सकती हैं। कितनी चीज़ें जानना ठीक होता है?

21.11.63

आज रेड वाइन का हल्का-सा नशा हुआ है। सेल्फ सर्विस कैफेटेरिया की अति साधारण, सस्ती वांरुज की छोटी बोतल से।

एक व्यक्ति के व्यवहार से गुस्सा, एक-दूसरे व्यक्ति से वितृष्णा—सब मिलाकर हल्की कड़ुआहट। उसके बाद माने, देगा, रोनोयार, तुलुज लोत्रेक। Olympia–dejeuner sur l'herbe और le fifre आंखों के सामने चमक रहे हैं। देगा का absinthe, तुइलिर के बगीचे में खड़े होकर देखा सूर्यास्त, प्लस द ला कंकर के वेलिस्क के उस ओर तुर एफेल के पास। बायीं ओर आंवालिद का प्रासाद। सेन् नदी का पोल।

रास्ता। प्लस् वंदोम्। गैलरी लाफायेत्। कॉफी। मंमार्तर। आमलेत् नातुर। वां रूज। मेत्रो। बुलवर द ला गार। अपना कमरा।

वही कमरा। ठीक वैसा ही जैसा छोड़ गया था। असंभव कुछ नहीं घटा। आश्चर्य है कोई या कुछ भी मेरा इंतज़ार नहीं कर रहा। वही घड़ी टिकटिक कर रही है। टेबुल पर वही पेरिस प्लान की बड़ी-सी रिपोर्ट। बिस्तर पर वही उतारी शर्ट, पाजामा और जंपर।

कॉफी बनाकर पीऊँ? पीने से यह हल्का नशा दूर हो जायेगा। समझ में आ रहा है, यह नशा शराब का नहीं है। यह एक तरह की घिर आयी थकान है। कलकत्ता की थकान। पेरिस की थकान। जीवन की थकान।

कुछ कर नहीं पा रहा हूं। मन में टुकड़े-टुकड़े चित्र बन-मिट रहे हैं। दाना बंधने लगता है पर उसके बाद तुरंत ही चूर-चूर होकर बिखर जाता है।

यदि लंदन की तरह कविता लिख पाता तो शायद कुछ होता। शायद यही टुकड़े-टुकड़े बिना दाना बंधे चित्र ही एक रूप लेते। लेकिन वे दिन अब नहीं रहे।

जीवन के ऊपर काफ़ी हंसा जा सकता है। जीवन में हंसी के प्रचुर उपादान होते हैं। कोई भी व्यक्ति हास्यकर हो सकता है। बहुत सारे लोग एक साथ हों तो और भी हास्यकर होते हैं। बहुत सारे लोगों ने मिलकर जितने नियम-कानून और नीतियों का विधान किया है, उन सबका एक ज़बरदस्त हास्यकर पक्ष भी है। बहुत से लोग अति हास्यकर गंभीरता से उन सबको मानकर चलते हैं, उनकी पूजा करते हैं।

...मैं क्या जीवन से विच्छिन्न हूं? बिलकुल नहीं। आदमी हूं, तो मेरा भी एक जीवन है, अलग हो जाने का उपाय ही कहां है?

मैं क्या हंसू? हंस नहीं सकता, ऐसा तो नहीं है। अतीत में हंसा हूँ। आज भी यदि मन करे तो क्या मैं हंस नहीं सकूंगा?

अच्छा, यह कवित्व क्या होता है? ये गंभीर-गंभीर नाटकीय काव्य? ये क्या जीवन से विच्छिन्न हैं? केवल कल्पना? और स्वप्न?

लेकिन कल्पना और स्वप्न भी तो जीवन का ही अंश हैं। ये जीवन से बाहर तो नहीं हैं। यह हंसी और काव्य, दोनों एक ही जीवन का तो अंग हैं।

शनिवार का दिव्येंदु हास्यकर था। मैंने चाहा था—दिव्येंदु को देखकर लोग हंसें। इस पर किसी ने तो कहा—अर्थात् नाटक डूब गया है। सच? दिव्येंदु क्या हास्यकर नहीं है? मनुष्य क्या हास्यकर नहीं है? खुद को ही देखकर क्या वह हंस नहीं सकता?

इंद्रजित् को देखकर क्या लोग हंसेंगे? शायद नहीं। वैसे, हंसना उचित है। इंद्रजित् भी हास्यकर है। क्यों नहीं हंसाया? क्यों नहीं हंसने दिया?

हमलोग दूसरों को देखकर हंसना चाहते हैं। खुद को देखकर नहीं हंसना चाहते। अपने को हास्यकर मानने का मन नहीं होता।

आंख मूंदने पर कई रंग देखे हैं। आसमानी नीला। चमकता लाल। दमकता काला। भूमध्य सागर का धूप स्नात पीला चकत्ता-चकत्ता रंग। रंगों के फैल जाने

से बने कुछ रूपाकार। प्रकाश का रूप। कुछेक रंगों से प्रकाश को पकड़ने की चेष्टा।

चित्रों की एक दुनिया।

आंख मूंदकर इस रंग, इस रूप, इस चित्र को देख पाता हूं। लेकिन मेरा हाथ रंग पकड़ना नहीं जानता। यह केवल आंखों में होता है, मन में होता है और होता है सुर की तरह केवल कानों में।

बाकी रहता है बातों में। लेकिन बातें बार-बार खो जा रही हैं। बातें भी आती हैं, कभी-कभी भीड़ बनकर आती हैं, बंद आंखों के भीतर इकट्ठी होती हैं। हाथ में काग़ज़-कलम लेने चलो तो भाग जाती हैं। अधिक दूर नहीं जातीं। चूर्ण बनकर आस-पास तैरती रहती हैं। चूर्ण बनकर...चूर्ण...।

सारी दुनिया का चूर्ण जैसे मेरा उपादान हो। सारा चूर्ण। कुछ भी साबूत नहीं। शायद इसीलिए कहानी नहीं लिख पाता। इसीलिए शायद कुछ भी संगत और संयत होकर क्रम से लिखने का साहस नहीं जुटा पाता। शायद इसीलिए कविता और आश्चर्यजनक काव्य-नाटकों के बिखरे-बिखरे टुकड़ों को जोड़कर एक रूप देना चाहता हूं। 'एबोंग इंद्रजित्' की तरह। 'साराराात्तिर' की तरह।

डायरी

26.11.63

शब्द, रेखा और सुर। इन तीन खिलौनों पर निर्भर करके मैं अपने जीवन की सारी फांकों को भरने का प्रयत्न कर रहा हूं धीरे-धीरे। अन्न की चिंता के अलावा और किसी चीज़ के लिए अब मन उद्विग्न नहीं होता।

क्या मेरे चाहने के लिए और कुछ भी शेष नहीं रहा? बस, एक अच्छी नौकरी और शब्द, चित्र तथा स्वरों का खेल?

परसों पूरी शाम फिर से थियेटर की परिकल्पना में गुज़र गयी। शब्द, चित्र और स्वर का समन्वय, समग्र प्रकाश, मानो यहां मिलता है। रेखा और सुर को समझता नहीं फिर भी इच्छा करती है। मिलाने की इच्छा करती है, सब को एक साथ करके एक समग्रता लाने की इच्छा करती है।

बांग्लादेश 'सेतु'* देख रहा है।

---

* कलकत्ता के स्टार थियेटर में ढाई साल तक चलनेवाला एक नाटक जिसमें स्टेज पर ट्रेन आने का दृश्य प्रकाश एवं ध्वनि के संयोजन के माध्यम से दिखलाया गया था।

एक और शाम कट गयी केवल लेखन की बात सोचते। उससे कुछ होता नहीं। वैसे कुछ होगा नहीं। दिमाग़ में जब कुछ आना होगा तो यों ही आयेगा।

लेकिन न सोचकर भी क्या मिलेगा?

महाज्ञानी निर्विकार बोधिसत्व विचलित हैं। विचलित होना चाहते हैं, निर्विकार नहीं रहना चाहते। इसीलिए 'सारारात्तिर' के वृद्ध विचलित हैं, निर्विकार के राज्य से बहिष्कृत।

बोधिसत्व नहीं चाहिए। आदमी चाहिए।

चिट्ठी

28.11.63

मनु,

...ईमानदारी की बात तो यह है कि पिछले दो सप्ताह कोई भी काम नहीं करना पड़ा। दो-एक भाषण, दो-एक मिनटों की मुलाकात, दो टेलीफोन—यह हुआ पिछले पंद्रह दिनों का काम। अगाध समय हाथ में है शायद इसीलिए कुछ नहीं किया जा रहा है।...एक काम हुआ है तो यह कि 'बल्लभपुरेर रूपकथा' में जो फांकें थीं, उन्हें किसी तरह जोड़-जाड़कर भर दिया है। अब कम-से-कम एक बार में पढ़कर सुनाया जा सकता है।

इस लंबी छुट्टी में थियेटर-सिनेमा नहीं देखा। उत्साह नहीं हुआ। देखा तो केवल म्यूज़ियम। कार्ड बनवा लिये हैं, बिना पैसा भीतर जाने का अधिकार मिल गया है। तीन म्यूज़ियमों में छह-सात बार जा चुका हूं। पेंटिंग देखी हैं। एक-एक दिन तो ऐसा हुआ है कि रात में आंख बंद करने पर रंग-ही-रंग दिखलाई पड़े हैं—गाढ़े तेल रंग की आकारहीन चमक। लगता है रंग के बिना चित्र नहीं बन सकते लेकिन मेरा संबल तो पेंसिल है। चित्र बनानेवाले पेरिस क्यों आते हैं, यह समझ में आ रहा है। इतने चित्र। प्राचीन युग से शुरू करके अति आधुनिक युग तक। इतनी अलग-अलग धाराएं, इतने अलग-अलग वक्तव्य, इतनी शैलियां, अभिव्यक्ति के इतने रूप। इतने दिन देखने के बाद भी लगता है मैं आधा भी नहीं देख पाया हूं।

चित्र बनाने की चेष्टा और नहीं करता।...रंग पकड़ने की उम्र अब नहीं रही। इसीलिए रंग देखता हूं—जितना संभव होता है।

लेखन की बात ज़्यादा सोचता हूं। लेकिन सोचने से क्या होगा। फ़िलहाल एक नई समस्या हो गयी है। एबोंग इंद्रजित् मार्का चिंतनधारा और बल्लभपुरेर

रूपकथा मार्का चिंतनधारा एक-दूसरे की विरोधी बन गयी हैं। फलस्वरूप इनमें से किसी एक पर ज़्यादा दूर तक सोच नहीं पाता। एक-एक समय विचार आता है—अब सीरियस और कुछ नहीं सोचूंगा। केवल हंसाने की चेष्टा करता जाऊंगा। थोड़ी देर बाद ही पाता हूं कि हंसी किसी तरह आ ही नहीं रही। नाटक छोड़कर और कुछ लिखने की बात भी मन में आयी है, पर बात बनती नहीं। सोचने का मन भी नहीं करता। नाटक का माध्यम दिमाग़ में खूंटा गाड़कर जम गया है।

थियेटर करने की बात, थियेटर के प्रोजेक्ट की बात बीच-बीच में भयंकर रूप में सिर पर सवार होती है। उस दिन और कुछ सोच ही नहीं पाता। सारी बुद्धि, सारी लाजिक के विरोध में थियेटर संबंधी असंभव परिकल्पनाओं के चक्कर में सारी शाम कट जाती है। हिसाब लगाता हूं। सेट का चित्र आंकता हूं। मन-ही-मन प्रोडक्शन को रूप देता हूं। प्रकाश की बात सोचता हूं। स्टेज की बात सोचता हूं।

1.12.63

पिछले कई दिनों से कुछ नया लिखने की चेष्टा में लगा हूं। जितने विदेशी नाटक पढ़े हैं, जितनी विदेशी फिल्में देखी हैं—सब पर एक-एक करके सोचा है। किसी पर भी ज़्यादा दूर तक नहीं बढ़ पाया।

तथापि ख़याल को मन से निकाल भी नहीं पा रहा हूं। फ्रेंच स्कालरशिप के दौरान मिले लंबी फुर्सत के ये दिन, दिनों-दिनों छुट्टियां—इसमें कुछ शुरू न कर पाना अपराध लग रहा है।...एक-एक दिन शाम छह बजे से रात बारह-एक बजे तक का समय बिना कुछ किये, यहां तक कि कुछ देर तक एक ही विषय पर सोचे बिना भी कट गया है। टुकड़े-टुकड़े में कहानी, घटनाएं, हंसी की स्थितियां, चरित्र सब आये, पर बात बढ़ी नहीं। यहां तक कि नाटक हास्य होगा या गंभीर, बड़ा होगा या छोटा, विदेशी कहानी पर आधारित होगा या अपनी कल्पना का श्राद्ध, कुछ भी तै नहीं कर पाया।

पुरानी रचनाओं के बारे में भी सोचा। बड़ो पिसीमा ज़्यादा पॉपुलर क्यों हुआ। शायद घरेलू बैकग्राउंड, परिचित चरित्र, सुपरिचित घटनाएं आदि ने उसे एक प्रामाणिकता दी है जिसके कारण कहानी का अभाव भी दर्शकों को निराश नहीं करता। राम-श्याम-जदु की कहानी कहीं अधिक सशक्त है लेकिन कहानी को आगे बढ़ाने के चक्कर में चरित्र कुछ दूर तक स्वाभाविकता खो बैठे हैं।

पर यदि यही सच है (पता नहीं है या नहीं) तब समावृत्त, सॉल्यूशन एक्स, बल्लभपुरेर रूपकथा आदि को और मार खाना चाहिए। खायेंगे भी। ये सभी एक जानी हुई कहानी से शुरू होते हैं और उस कहानी को मंच की सीमा में बांधकर समस्या का समाधान करते-करते चरित्र, एवं जिसे **atmosphere** कहते हैं, मार खा गये हैं।

'बड़ो पिसीमा' के सिवाय और जो भी नाटक मेरे अपने हैं–'शनिवार', 'एबोंग इन्द्रजित्' आदि–उनकी जाति अलग है। इस सप्ताहव्यापी चिंतन का एक भाग था कि क्या बड़ो पिसीमा की तरह कथाविहीन, केवल पृष्ठभूमि और कुछ चरित्रों को लेकर एक नाटक फिर से लिखा जाय? वैसे ही जैसे वहां (बड़ो पिसीमा में) एमेच्योर थियेटर की पृष्ठभूमि और बूआजी, अनु, योगीन, निताई, अनाथ आदि कुछ चरित्र हैं, उसी तरह? (शंभु, फूफाजी वगैरह बाद में जुड़े, जितनी-सी भी कहानी है उसकी ख़ातिर)।

यह बात दिमाग़ में ख़ास आई नहीं। आई भी तो तुरंत उलटे पैरों बिदा कर दिया। पर कल शाम अचानक इसी बात ने ज़ोर मारा। एक विदेशी कहानी की हास्यमयी स्थिति–कहानी नहीं, कहानी के एक छोटे-से क़रीब-क़रीब विच्छिन्न अंश को केंद्र करके दो-एक चरित्र दिमाग़ में घूमने लगे। और दो-एक। कॉपी में दो-एक छोटे नोट लिखे। चरित्र। सिचुएशन। एक बैकग्राउंड, जिससे थोड़ा-थोड़ा परिचित हूं। एक प्रारंभ। संभाव्य अंत का एक आभास। आभास मात्र और कुछ नहीं, वह भी बहुत नगण्य-सा। मन में आया–बड़ो पिसीमा शुरू करने के समय इससे ज़्यादा संबल कहां था?

रात साढ़े ग्यारह बजे सफ़ेद काग़ज़ पर परिचित थर्ड ब्रैकेट लगाकर कमरे का वर्णन लिख डाला। दो चरित्र। दो-चार बातें। उसके बाद छह पन्ने। रात पौने तीन। सोने गया।

...क़रीब घंटा भर पहले पहला दृश्य शेष हुआ। बीस पन्ने। क़रीब-क़रीब बिना समस्या। कथा का ख़ास झमेला न होने के कारण बातचीत सहज रूप में आगे बढ़ती गयी। हो सकता है थोड़ी हंसी का अवसर भी बना हो (वैसे यह मेरे कहने की बात नहीं), कम-से-कम 'बल्लभपुरेर रूपकथा' के पहले अंक से ज़्यादा ही। पर एक जानकार नाटककार ने कहा है कि 'नाटक का अंतिम अंक ख़ास होता है।' अतः जो पहला अंक ही ठीक से न लिख पाये, उसे यह चेष्टा त्याग देनी चाहिए।

...और कुछ न सही, एक सांत्वना तो मिली। दीर्घकाल से 'समय नष्ट करने' का विचार भले पूरी तरह न मिट पाया हो, कम-से-कम, बीस पन्ना तो

निकला। 'एबोंग इंद्रजित्' चार पन्ना लिखने के बाद छह महीने पड़ा रहा। 'बड़ो पिसीमा'–आधे के बाद। 'बल्लभपुर' पांच पन्ना–दो महीने। 'राम-श्याम-जदु' के पहले अंक का आधा पड़ा था प्रायः चार साल। बीस पन्ना कम है क्या? हो सकता है एक दिन पूरा हो ही जाय। कम-से-कम चार नाटकों की बात तो अभी ही याद आ रही है जो पांच से पचीस पन्ने तक लिखे जाने के बाद नौ महीने से नौ साल तक पड़े रहे। और भी होंगे। होने दो, हर समय ख़राब पक्ष ही नहीं देखना चाहिए, क्या ख़याल है? ख़ासकर जिस दिन पहला अंक अभी-अभी शेष हुआ हो।

डायरी

6.12.63

'कबि काहिनी' अभी-अभी पूरी हुई। ठीक रात के बारह बजे। पिछले शनिवार 30 नवंबर को शुरू किया था। पिछले शनिवार को ही परिकल्पना, निर्णय सब कुछ। शनिवार की शाम के पहले एक बार भी यह मन में नहीं आया था कि इस तरह का एक नाटक पूरी तरह अपनी कल्पना द्वारा खड़ी की गयी कहानी को लेकर लिखूंगा। Wodehouse की एक साधारण-सी किताब के कवि के impersonation का संबल मात्र था। किताब का नाम क्या था, वह तक याद नहीं, बाक़ी कहानी की बात का तो कुछ कहना ही नहीं।

एक गहरी तृप्ति, गहरा आत्मानंद अनुभव कर रहा हूं। इस बार बीच में रुका नहीं, अमीमांसित समस्या की ठोकर खाकर पड़ा भी नहीं रहा। अंत में आकर लंगड़ाने की पीड़ा नहीं हुई, हंसी क्यों नहीं आ रही है इसकी बेचैनी भी नहीं हुई। जैसे झरझर-तरतर सब कुछ बहता चला गया, शुरू से शेष तक–छ दिन में।

और मज़ा देखो, पिछले शनिवार की शाम के पहले तक भी दुखी ही था कि 'बड़ो पिसीमा' की तरह एक स्वकल्पित घरेलू कथानक को लेकर नाटक लिखने की क्षमता मुझमें नहीं रही।

मेरे नाटक पढ़कर जिसे जो कहना है कहे, मेरे निकट हर नाटक लिखने का अनुभव विशिष्ट होता है। हर नाटक जैसे एक-एक इतिहास होता है।

7.12.63
(क्योंकि काफ़ी देर पहले रात के बारह बज चुके हैं)
मनु,
रेकार्ड ब्रेक।

छह दिन में एक पूर्णांग नाटक पूरा कर डाला। विदेशी कहानी की चोरी नहीं, स्वकपोलकल्पित। नाम दिया है–'कबि काहिनी'।

लग रहा है (कम-से-कम लग रहा है) कि लोग हंसेंगे। अपने को परिचालक मानकर मंचित नाटक होने की कल्पना करके ऐसा ही लग रहा है। लेखक के रूप मेरे कुछ भी मानने का कोई महत्त्व नहीं। छिछोरापन, हां, लेकिन लग रहा है–सॉल्यूशन एक्स की तरह केवल नचा-कुदाकर नहीं हंसाया है। दो-एक सिचुएशन पर तो मैं खुद ही मुग्ध हूं।

...पचास पन्ने लिख डाले थे–तब तक भी अंत के बारे में कोई स्पष्ट धारणा नहीं थी। रोज़ सोचता–अब गया गुस्सा कर।

आह, लिखने के बाद ही पढ़कर सुनाया क्यों नहीं जा सकता।

चक्र में एक ही शनिवार को दोनों पढ़ूँ? उसमें चार-पांच घंटे लग जायेंगे। लेकिन एक पढ़ने के बाद पूरे सप्ताह बैठा कैसे रहूंगा? पिछली बार की तरह एक whole night session नहीं किया जा सकता? शिवरात्रि की बैठक?

...चार दृश्य। सात पुरुष, दो महिला। हाय राम, फिर वही कच्ची उम्रवाली लड़की।

लेकिन एक बात में जीत हुई है। No soft scene! No विवाह। प्रेम में पड़ा लड़का है पर प्रेम करने को ढुकने नहीं दिया है। अंतिम दृश्य में शायद इसी का डर था, सो प्रेमी युवक महोदय को घुसने का सुअवसर ही नहीं दिया। काम ठीक नहीं हुआ, एक बार प्रवेश तो होना ही चाहिए था।

श्यामल दा से कहना कि इन दोनों नाटकों में बड़े-बड़े पार्ट के लिए उनका निर्वाचन हो गया है। इस नाटक में तो मुख्य भूमिका ही कहनी चाहिए। बल्लभपुर में मेरा पार्ट है। इस नाटक में सखेद सूचित कर रहा हूं कि नहीं है। लेकिन soft scene तो है नहीं सो हो सकता है नकली बाल लगाकर सनत की भूमिका में...। पुतुल सदा की तरह मां। तुम out* बुड्ढे हैं दो दुगुन चार लेकिन उसमें श्यामल दा और प्रतीप को धकियाकर घुसने की संभावना कम ही दिखती है।

आज की रात भर कल्पना करने दो। यदि यह निश्चित हो कि मंचन कभी नहीं होगा तो नाटक लिखा नहीं जा सकता। कल्पना छोड़ो। आंख के सामने

स्टेज न होने पर भी नाटक लिखा जा सकता है, यह मेरी समझ के बाहर है। नाटक के अलावा मैं और कुछ भी लिख पाऊँगा, ऐसा नहीं लगता। धीरे-धीरे मैं ज़्यादा ही फंसता जा रहा हूं।

लंदन और पेरिस में तीस-चालीस पेशेवर दल सप्ताह में आठ-आठ शो करते जा रहे हैं–सोचकर रोना आता है।

सीखा टाउन प्लानिंग, कोई नहीं चाहता। लिखा नाटक, कोई नहीं चाहता। क्या करूं, बोलो तो?

ना, फिर से वही दुख की बातें मन में आने लगी हैं। उन बातों को आज की रात रहने दो।

...दोपहर में दुकान में एक फाइल देखी थी जिसमें नाटक के अलग-अलग पन्नों को एक साथ रखा जा सकता है। ख़रीदते-ख़रीदते रुक गया। सोचा–पूरा होने के पहले ख़रीदना ठीक नहीं। नाट्य-लक्ष्मी रूठकर रोक भी दे सकती हैं। अब लग रहा है–ख़रीद लेना ही ठीक होता।

डायरी

11.12.63

...Doing something, whatever it may be. Doing is the drug that keeps us going. Doing is the only meaning in this utterly useless absurd life. It's not that—I do, therefore I am. It's rather that—if I don't do, I shall not be.*

सब जैसे गड्डमड्ड हुआ जा रहा है।...मेरे दिमाग़ में लगातार जो बातें आती-जाती रहती हैं, उनमें कोई सामंजस्य है? कोई धारावाहिकता है?

...बरफ़ गिरनेवाली दोपहर। ठंडे कमरे में बंद दोपहर। एक ख़ाली आदमी पेरिस के एक ख़ाली ठंडे कमरे में पायचारी कर रहा है। उसकी घड़ी में टिक-टिक-टिक करके समय बजता ही जा रहा है। दोपहर के बाद शाम। फिर रात होगी। शनिवार बीत जायेगा। ऐसे ही बीत जायेगा रविवार। सोमवार ऑफ़िस। बड़े दिन की छुट्टी। जनवरी, फ़रवरी, मार्च। पेरिस। फ्रांस। शेष। उसके बाद?

---

* कुछ करना, वह कुछ भी हो। करना वह औषध है जो हमें चलाती रहती है। इस निहायत फालतू ऊलजलूल जीवन में एकमात्र अर्थवान वस्तु है कुछ करना। ऐसा नहीं कि मैं कुछ करता हूं, इसलिए मैं हूं। वरन् यह कि यदि मैं कुछ नहीं करूंगा तो मैं रहूंगा भी नहीं।

चिट्ठी

14.12.63

मनु,

पिछले कई दिनों से तापमान शून्य डिग्री सेंटिग्रेड के ऊपर-नीचे चल रहा है। आज सुबह बरफ़ गिरी है।...मेरे कमरे की तीन दीवारें बाहर की ओर हैं। पतली दीवारें। रेडियेटर के पासवाली दीवार को छोड़कर और सभी दीवारें बरफ़ हो रही हैं। घिसे शीशेवाली खिड़की के शीशे पर हाथ नहीं रखा जा रहा है। लिखने में हाथ नहीं चल रहा है। अंगुलियों का अगला हिस्सा सुन्न हो रहा है।...ठंड के दिनों का पेरिस माने मेरा कमरा। यह कमरा योरोप में न होता तो भी चलता। इस तरह के एक अकेले कमरे का अपनापन, निर्जनता, कहीं भी मिल सकती थी।

16.12.63

...शनिवार को गिरी बरफ़ आज तक नहीं गली बावज़ूद इसके कि कल और आज धूप निकली थी। कल शाम दीपक और दुर्गा आ धमके। श्यामल समझदार है, नहीं आया। रात में खाने के लिए निकलने पर एक थर्मामीटर में शून्य से चार डिग्री नीचे देखकर हमने एक-दूसरे को भला-बुरा कहा। हर व्यक्ति के अनुसार उसे दूसरे व्यक्ति के पल्ले पड़कर इस विकट ठंड में बाहर निकलना पड़ा था। निकलकर बुरा नहीं लगा। चारों ओर सफ़ेदी। केवल कान में बरफ़ के महीन-महीन टुकड़े ग़लते रहे, यही अटपटा लगा। दीपक के अनुरोध पर उसका कान खींचकर प्रमाणित करना पड़ा कि कान यथास्थान स्थित है।

आजकल प्रायः रोज़ ही राजा बेटा की तरह ऑफ़िस जाना पड़ता है। यह ऑफ़िस हमलोगों की शिक्षा के संबंध में अधिक सजग है। तेपेरमान इसके बावज़ूद जी-जान से फांकी मारने की कोशिश में लगा रहता है। इस सप्ताह के बाद दस दिन की छुट्टी। ऐसे छुट्टी नहीं है पर हमलोग बाहर जायेंगे इसलिए छुट्टी कर ली है। आज एक बड़े साहब को बोल आया हूं—ट्रेनिंग खूब अच्छी चल रही है, हमलोग परम तुष्ट हैं। सुनकर साहब ने भी परम संतुष्ट होकर छह जनवरी को फिर रिपोर्ट करने को कहा है।...कहीं जाऊंगा नहीं। पेरिस में भी नहीं निकलूंगा। इसी कमरे में समय बिताऊंगा।

...'कबि काहिनी' पढ़कर निराश हुआ। पढ़ने के पहले तुमलोगों को बड़े उत्साह से जितना लिखा था, उतना कुछ नहीं लग रहा।

26.12.63

मनु,

एक अस्थिर अवस्था में हूं।

...सामने तीन महीने हैं, फ्रांस प्रवास के अंतिम तीन महीने। करने को जैसे कुछ नहीं। और रहने का मन भी नहीं कर रहा। लेकिन जैसे लंदन में लौटने के दिन गिनता था, वैसा इस बार नहीं। बेकार लौटना पड़ेगा, यह चिंता मारे डाल रही है। बेकार तो पिछली बार भी लौटा था पर तब कहीं अधिक भरोसा था। इस बार स्वदेश में नौकरी मिलने की कोई ख़ास आशा नहीं।

...लेकिन फिर भी यह असंभव, अजीब-सी परिकल्पना बीच-बीच में बहुत-सा समय दखल कर बैठती है। ऐसा लगता है जैसे थियेटर मुझे टान रहा है। लटक जाने का मन करता है। Detailed plan बनाता हूं। ख़र्च का हिसाब, नियम-कानून आदि।...विचार-विवेक जितना ही इन सबको बेवकूफ़ी करार देता है उतना ही एक मिथ्या आत्मविश्वास अंदर सिर उठाता रहता है। लगता है पांच नाटकों के बल पर कम-से-कम साल भर तो लड़ाई लड़ी जा सकेगी।

...कलकत्ता में यदि नौकरी मिल गयी तो हो सकता बाहर न जाऊं।...जो तक़लीफ़ भोगना होगी, कलकत्ता में रहकर ही भोगूंगा।

...भविष्य संबंधी इन सब जटिल चिंताओं के साथ पेट की चिंता का मेल ठीक से बैठा नहीं पा रहा हूं। नौकरी नामक वस्तु मेरे हाथ के बाहर है। और मेरी जितनी योजनाएं हैं, उनमें से कोई भी अर्थोपार्जन वाली नहीं है। वरन् स्थिति उल्टी ही है।

...उस दिन एक थियेटर देखा। थियेटर नहीं, शो कहना ठीक होगा। विशुद्ध क्लाउनिंग, नाच-गान, सेट का खेला आदि-आदि। कहानी जितनी-सी थी भी, उसका reality से कोई संबंध नहीं। उल्टे उसे अधिक-से-अधिक अटपटा बनाने की ही चेष्टा थी। इसी तरह पिछले सप्ताह एक सिनेमा देखा। उसी रात मूड आने पर एक अजीब-सी रचना लिखना शुरू किया। चक्र के लोगों को दिमाग़ में रखकर ही समझो। अगली रात पूरा हुआ। छोटा-छोटा करके लिखे बीस पन्ने–घंटे भर का शो। लिखने में मज़ा आया, वैसे इसे रचना मानना ठीक नहीं।

अधिकांश ऐक्शन और क्लाउनिंग मेरी खोपड़ी में ही है–लिखना संभव नहीं, इसीलिए।

...आज दीपक और दुर्गा को धराशायी कर दिया। दोनों ने जी-जान से बचने की कोशिश की पर जीत मेरे हाथों रही। 'कबि काहिनी' सुनाकर ही छोड़ा। एक option दिया था कि यदि घंटा भर बाद आगे और नहीं सुनना चाहोगे तो छोड़ दूंगा। उन्होंने option नहीं लिया, कहा–चलाते चलिए।

इससे शांति मिली। शुरू में पढ़ने में असुविधा हो रही थी क्योंकि ये लोग चक्र के श्रोताओं की तरह अभ्यस्त श्रोता नहीं हैं। मेरे अनुसार पहले दृश्य में जो हंसी के संवाद थे वे मौन में पार हुए। पहली हंसी वहां आई, जहां उम्मीद नहीं की थी। ऐसे ही होता है। दूसरे दृश्य में कुछ हंसी, तीसरे दृश्य से तीनों ही हंसते रहे–मेरे समेत। अतः राम-राम करके नाटक ठीक ही रहा...28 तारीख़ को दोपहर में उनके हॉस्टल में बल्लभपुर के साथ हमला करूंगा, कह रखा है। ना-नुकुर करने की गुंजाइश नहीं थी, शहीद हो चुके थे न।

अभी-अभी श्रोताओं को सुनाने के कारण नाटक को मंचस्थ करने की बात फिर से सिर पर सवार हो गयी है।

डायरी

4.1.64

होने दो शेष फिर भी तो जान लिया रात ने
संभावना असंभव की।

वृद्ध ने कहा था। वृद्ध ज्ञानी था। वृद्ध स्थिर था, शांत था, स्थापित था। वृद्ध मृत था। लेकिन बादल सरकार, तुम्हारा हर दिन एक-एक करके पार हो रहा है, तुम तो शांत नहीं हो पा रहे हो। तुम तो नहीं कह पा रहे कि शेष हो रहा है तो हो। हर दिन पार हो रहा है, एक-एक करके एक शून्यता में विलीन होता जा रहा है, नया दिन एक और शून्यता का ज्वार लिये आता है। ऐसा ही होने की तो बात है। तब फिर अस्थिरता क्यों? इतना भय क्यों?

1964। तो क्या हुआ? इसके बाद होगा 1965। उसके बाद 1966। कुछेक वर्षों का नाम। कुछ संख्याओं में समय का हिसाब। कई-एक जीवनों का पर्यटन–एक ओर से आकर दूसरी ओर, जन्म से मृत्यु।

भारतवर्ष, या नाइजीरिया? टाउन प्लानिंग या थियेटर? लिखना या न लिखना? जीवित रहना या न जीवित रहना? कितने ही प्रश्न। अभी भी कितने

ही प्रश्न हैं। अभी भी कितने ही विचार-विमर्श हैं। अभी भी कितना ही हिसाब-किताब, कितनी परिकल्पना, कितना विचार-विवेचन शेष है।

6.1.64
यदि और कुछ दिन इसी तरह चला तो क्या होगा, पता नहीं। जैसे कसकर पकड़कर झूल रहा हूं पर पकड़ ढीली पड़ती जा रही है, कलाइयों का ज़ोर कम होता जा रहा है। फिसलकर एक अतल शून्यता में धंसता जा रहा हूं।

घंटे-पर-घंटे बिना कुछ किये चुप बैठे सोचना। असंबद्ध फालतू सोचना। न लिखना न पढ़ना न चित्र आंकना--केवल सोचना। और बीच-बीच में अकेले-अकेले कुछ असंलग्न अर्थहीन शब्दों का उच्चार करना।

...चाह गायब होती जा रही है, पीड़ा गायब होती जा रही है, इच्छा गायब होती जा रही है। आनंद भी गायब होता जा रहा है।

...धीरे-धीरे विचारधारा ने एक ख़तरनाक रास्ता पकड़ लिया है। ऐलबर्ट कामू अपने सर्वनाशी प्रश्न के साथ दिमाग़ पर छा गये हैं। Et apres? And then? और तब?

फ्रांस का प्रवास एक द्वीप है। मुक्ति का रास्ता नहीं। सामने दिगंत तक फैला अगाध समुद्र। पीछे की पृथ्वी गायब। सामने की पृथ्वी सुप्त पड़ी है। केवल जल। अगाध असीम जल। द्वीप। एक टुकड़ा द्वीप। महाशून्य में एक टुकड़ा द्वीप।

मैं धीरे-धीरे अर्थहीन हुआ जा रहा हूं। हवा में विलीन हुआ जा रहा हूं। गंध की तरह उड़ा जा रहा हूं। पुंछा जा रहा हूं। निःशेष होकर विलुप्त हुआ जा रहा हूं।

चिट्‌ठी

7.1.64
मनु,
...लौटते-लौटते रात सवा बारह बज गये। रात में पहले पहर नींद नहीं आती फिर भी एक दुर्दमनीय इच्छा के कारण एक कप कॉफ़ी बनाकर पी। चिट्‌ठी लिखने बैठा ही था कि दरवाज़े पर ठक-ठक। मेरे पड़ोसी आरंगो। ये रोज़ रात में साढ़े बारह बजे लौटते हैं। एक-दो बजे तक कपड़ा धोने वगैरह जैसे घर के

काम सलटाते हैं। उसके बाद की रात किताब पढ़ते हैं और सुबह के समय सोकर दिन के बारह बजे के आसपास उठते हैं। गुणी व्यक्ति हैं, बहुत सुंदर चित्र बनाते हैं, माउथ-आरगन बजाते हैं, रसिक हैं पर छिछोरे नहीं, जितने विदेशी स्कालरों को देखा उनमें सबसे बुद्धिमान लगते हैं। उस दिन उनकी चिट्ठी पर लिखा देखा तो जाना doctorate हैं। उनको अब अंदाज़ लग गया है कि उनकी तरह तो नहीं पर कुछ दूर तक मैं भी रात का पंछी हूं। इसलिए आधी रात के बाद दो-चार बातें होती ही रहती हैं। दक्षिण अमेरिका के लड़के, पहले भी देखा है, यूरोप के लड़कों से ज़्यादा खोज-ख़बर रखते हैं। लंदन के एक आर्किटेक्ट काफ़ी पढ़े-लिखे व्यक्ति थे, उन्होंने रवींद्रनाथ का नाम नहीं सुना था। दक्षिण अमेरिका के जितने लोगों से बातचीत हुई है, सभी ने कहा–'तागोर' हमारे देश गये थे। मन-ही-मन सोचता–तागोर तो लंदन में बहुत दिनों रहे थे। कालिदास, रामायण, महाभारत आदि के बारे में आरांगो की बातचीत सुनने पर आश्चर्य किया तो उल्टे उन्हें आश्चर्य हुआ–ये सब तो महाकाव्य हैं। इनके बारे में कौन नहीं जानता। आरांगो भी आर्किटेक्ट हैं। बांग्ला अक्षर उन्हें बड़े अच्छे लगते हैं, प्रायः घुमा-फिराकर देखते रहते हैं। तुम्हारा हस्ताक्षर भी देखा। दुख की बात यही है कि आरांगो के साथ फ्रेंच में बात करनी पड़ती है, उनकी भाषा स्पैनिश है।

...रात दो बज चुके हैं। नींद नहीं आ रही पर थकान लग रही है। और नहीं लिखा जा रहा। आगे कभी भी मैं और कुछ लिख पाऊंगा, यह बात आजकल प्रायः असंभव लगने लगी है। खोपड़ी के भीतर क़रीब-क़रीब रेगिस्तान हो गया है। बेकार हालत में निरर्थक दुश्चिंता के अलावा और कुछ खोपड़ी में नहीं आता। सोचता हूं अगले कुछ दिन रोज़ एक सिनेमा देखकर काट दूँ।

डायरी

9.1.64

शेष हुआ जा रहा हूं, शेष हुआ जा रहा हूं, शेष हुआ जा रहा हूं। जीवन धीरे-धीरे ज़्यादा ही भारी होता जा रहा है। लंबा भविष्य–वर्तमान की ही तरह, अतीत की ही तरह। और ख़राब। कारण जाना हुआ है, कारण की पुनरावृत्ति।

भविष्य के बारे में सोचता हूं। भविष्य की अनिश्चितता के बारे में और भी सोचता हूं पर फिर से नये सिरे से जीवन शुरू करने की बात सोच नहीं पा रहा।

...बादल सरकार नाटक लिखने की चेष्टा कर रहा है। शंकर का नाटक। शंकर की उम्र अड़तीस। बादल और शंकर का जन्म एक ही साल हुआ था। कलकत्ता में हुआ था, दोनों का ही। अड़तीस साल की उम्र में शंकर कलकत्ता छोड़ता है। देश छोड़ता है अनिर्दिष्ट समय के लिए।

तू जा, जा चला जा। फिर मत लौटना।

तुम मत जाओ...मत जाओ।

बीच-बीच में तुम्हें जाने देने का मन नहीं करता। डर लगता है, तुम्हें रोक न दूँ, जाने को मना करूं।

तुमने जाने का तै कर लिया है तो जाओगे ही। मेरे कहने से क्या आता-जाता है।

जा रहे हो तो जाओ, पर लौटना। जितना जल्दी संभव हो, लौट आना।

इस उम्र में इतनी भाग-दौड़ क्या अच्छी है? पता नहीं, तुम्हीं जानो।

क्यों जा रहा है? जाने की क्या ज़रूरत है?

अच्छा ही कर रहे हैं। इस देश में कुछ होनेवाला नहीं।

We regret to state that you have been found unsuitable for residence in Calcutta.

शंकर चला जा रहा है। शंकर दा चले जा रहे हैं। शंकर बाबू चले जा रहे हैं।

शंकर चला जा रहा है।

लेकिन क्यों?

क्यों क्या?

क्यों जा रहा है?

रहे क्यों?

रहे क्यों का उत्तर होगा क्यों न रहे? जाये क्यों का उत्तर होगा न क्यों जाये। मरे क्यों का उत्तर होगा जीये क्यों।

ना और हाँ का जोड़ क्या होता है? शून्य। महाशून्य।

इसीलिए न कोई रहता है न जाता है। न जीता है न मरता है।

क्या फालतू बक रहे हो बादल सरकार? साथ ही क्या फालतू सोच रहे हो? कल रात का सपना? रिन? लेकिन वह तो रिन नहीं थी। उसका तो दूसरा नाम था। दूसरा नाम झूठा था? फांकी था? हो सकता है, हो, नहीं तो इतना स्पष्ट कैसे होता। कल रात का सपना आज रात को भी स्पष्ट क्यों?

निहत बादल! निहत! Killed! We regret to state that your existence is no longer required. No longer required. Your existence.

सोने जाओ बादल सरकार। कल सुबह ऑफ़िस जाना होगा। फ्रेंच सरकार के साथ ट्रेनिंग-ट्रेनिंग खेलना होगा। सोने जाओ। नींद न भी आये तो लेटे रहो।

श्रृण्वन्तु विश्वे अमृतस्य पुत्राः। अमृत के अनेक-अनेक पुत्र। अनगिनत पुत्र। अमृत के नशे में धुत्त हुए पड़े हैं। सुनेंगे कहां से? यह नशा भंग करके सुना सके, इतना तेज़ कंठस्वर किसी का है भला?

तुमने नशा नहीं किया बादल सरकार? तुम्हें नशा नहीं होता? चुप रहो। दबा जाओ। नक़ल करो नशे की। सच बात खोलकर मत कहो। जो देखा, सुना, जाना, अनुभव किया—बतलाओ मत। डायरी में भी कुछ मत लिखो। यदि किसी को पता लग गया? सर्वनाश हो जायेगा तब तो।

13.1.64

क्यों इस तरह लिखने के पीछे पड़ गये हो बादल सरकार? क्या ज़रूरत है? किसलिए इतनी मारामारी? समय को दौड़कर पार करना चाहते हो? जीत जाना चाहते हो? जीता नहीं जा सकता। समय ही जीतेगा।

जब लिखे बिना निहायत न रहा जाय, तब लिखना। लेखन उत्पादन करने की कोई ज़रूरत नहीं। छोड़ दो थियेटर प्रोजेक्ट का यह पागलपन। भूल जाओ जर्नल की बात। थियेटर, जर्नल—इन सबका अपने आप में कोई मूल्य नहीं। जब होगा, होगा, आप ही होगा। तब लिखवाकर छोड़ेगा।

अपने आप नहीं आ रहा? तुम्हें क्या करना है? इस विशाल शून्यता के साथ उस तरह लड़ाई करके तुम सकोगे? उस तरह लड़ने की चेष्टा डॉन क्किक्ज़ाट नाम का एक व्यक्ति कर तो चुका है। तुम क्यों फिर से?

लड़ाई यों भी चलेगी। जब तक जीवित रहने को मानकर चलोगे तब तक लड़ाई अपने आप चलती रहेगी। जीवित रहने का मतलब ही है बहुत कुछ को मान लेना, साथ ही बहुत कुछ को न मानना चाहना। जीवित रहने का मतलब ही हुआ मृत्यु को स्वीकार करना साथ ही मृत्यु को न स्वीकार करना चाहना। जीवित रहने का मतलब लड़ाई।

जब तक आत्महत्या करना तै नहीं करते तब तक लड़ाई चलती रहेगी। चिंता मत करो। व्यर्थ हवा में तलवार भांजने से क्या लाभ? जीवित रहना ही होगा तो फिर कोई चिंता नहीं, कोई हड़बड़ी नहीं।

चिट्ठी

16.1.64

मनु,

...यहां शीत का प्रकोप निरंतर चल रहा है। तीन दिन लगातार बरफ़ गिरी। अंतिम दिन काफ़ी ज़ोरों से। उसके बाद ही दो दिन वसंत ऋतु जैसा मौसम। रास्ते में घूमना असंभव नहीं है। घूमा कुछ देर। आज फिर याद दिला रहा है– यह शीत काल है, बहुत हेकड़ी दिखाओ।

...जोर करके लिखने की अस्वाभाविक चेष्टा छोड़ दूसरी ओर मन लगाना चाहता हूं। कल ढेर सारे चित्र और चित्र की किताबें ख़रीद डालीं। रात में चित्र बनाये बहुत दिनों बाद।

...गवर्नमेंट में ट्रेनिंग के लिए और कुछ बचा नहीं सो एक प्राइवेट फर्म में भेज दिया है। अब से शायद आठ से छह काम करना पड़ेगा। पेरिस से बाहर भी भेज सकते हैं, कुछ कहा नहीं जा सकता।

...बहुत दिनों बाद उस दिन म्यूज़ियम गया। फिर ढेर चित्र। ढेर रंग।

...पिछले रविवार को थियेटर गया। Theatre in the round में। पेरिस में ऐसा एक थियेटर नियमित चलता है। इस थियेटर के बारे में एक दिन चक्र में भाषण दिया था, याद है? लंदन में एक देखा था और किताबों में पढ़ा था। बीच में गोल जगह में अभिनय होता है, चारों ओर सर्कस की तरह घेरकर दर्शकों का आसन। यही समझो कि केवल हॉल देखने के लिए चला गया था। एक कोर्टमार्शल की कहानी थी, बात न समझ में आये तो सब गोल।

पर सब गोल नहीं हुआ। संवाद बहुत कम समझ पाया, मार-पीटकर कहानी का हल्का-सा आंभास भर हुआ, बस। साथ ही कुछ विशेष अनुभव भी अवश्य ही हुआ। नाटक अंग्रेज़ी से फ्रेंच में अनूदित था–Caine Mutiny Court Martial. Theatre in the round के पक्ष में जो-जो पाइंट सुने थे, उन्हें थियोरिटिकली समझा था। अब लगा, प्रचलित स्टेज के बदले इस माध्यम से दर्शक को कहीं अधिक आलोड़ित किया जा सकता है। सेट नहीं, साज-सज्जा नहीं। तीन काठ के टेबुल, छह काठ की कुर्सियां, दो-चार काग़ज़ बस, और कुछ नहीं। फिर भी लगा जैसे कुछेक जीवंत व्यक्तियों को देख रहा हूं। कलकत्ता होईकोर्ट में एक बार जूरी होकर जैसे देखा था, वैसे ही–गवाही देना, विचारक, वकीलों की जिरह, यह भी वैसा ही कुछ था। अभिनेता दर्शकों के

इतने पास भी आ सकते हैं, इसकी कभी कल्पना तक नहीं की थी। हाँ, दो बातें बहुत ज़रूरी हैं—सचमुच में सशक्त अभिनय और समझ ही सकती हो, प्राम्पटिंग एकदम गायब।

कमरे में तीन सौ लोग बैठ सकते हैं पर कतारें छह से ज़्यादा नहीं। किसी भी सीट से अभिनेता दूर नहीं। तीसरी कतार से लग रहा था, विचारक के कमरे में बैठा हूं। अभिनय के पहले जिस दरवाज़े से दर्शक आते-जाते हैं, बाद में अभिनेता भी उसी से आते-जाते हैं। दर्शक को सीट तक पहुंचाने के लिए स्टेज के ऊपर से ही ले जाना पड़ता है। स्टेज मतलब ज़मीन ही। चारों ओर गैलेरी बनाकर कुर्सियां सजाई हुईं।

स्वभावतः उस दिन की शाम फिर अजीब-सी परिकल्पना में कटी। 'एबोंग इंद्रजित्' का सेट बहुत बार स्टेज पर सजाया है, इस बार Round में सजाया। देखा, बहुत कम जगह चाहिए। और अच्छा भी लगा। अमल-विमल-कमल को लाइन में खड़ा करने की ज़रूरत नहीं, गोल-गोल खड़े हो सकते हैं—वह ज़्यादा ही अच्छा रहेगा। कहने का लब्बो-लुबाव यह कि साधारण स्टेज की तुलना में यह अधिक effective लगा। वैसे इसमें माथा बहुत लगाना पड़ता है क्योंकि सेट सजाने की छूट बहुत ज़्यादा होती है।

लेकिन इस परिकल्पना से लाभ? 'एबोंग इन्द्रजित्' करेगा कौन?

डायरी

20.1.64

फिर म्यूज़ियम गया आज। इतना रंग। इतने चित्र।

पन्ने पर पन्ने रंगे हुए—यों ही घसीटा मारे। फिर भी लगा जैसे आ रहा है। कहीं कुछ जैसे पकड़ में आ रहा है। वैसे ही जैसे किसी बाजे के साथ छेड़छाड़ करने से अचानक हो जाता है।

तीन चित्र। तीन घसीटा मारे अटपटे चित्र। आंख। लहर। बाल।

और एक कमरा। एक रात। सारी रात। नामहीन आकारहीन कुछेक वस्तुएं। कुछेक रोशनियां। कुछेक छाया। एक रात। और तीन प्राणी।

चित्र। बात। सुर।

उसकी चिट्ठी आज मिली। लेकिन मन क्यों नहीं लगा पा रहा हूं? बहुत, बहुत दूर है, इसलिए?

या फिर वही क्षमाहीन-करुणाहीन कठोर मिट्टी? या वही क्षमाहीन-करुणाहीन चाह?

वह भी तो नहीं। चाह कहां रही? क्या और चाह रहा हूं? चाहता हूं? लंदन की तरह चाह की यंत्रणा में पैदल चलना तो अब नहीं रहा? लौटने पर कमरे की निर्जन शून्यता अब अवसाद से नहीं भरती न मन को?

अवसाद? हां, अवसाद है। लेकिन कोई ख़ास अवसाद नहीं। एक सर्वव्यापी नामहीन-उद्‌देश्यहीन-उपलक्ष्यहीन अवसाद।

लिखना। चित्र बनाना। बजाना। पढ़ना।

कुछ नहीं मिल रहा—यह बात अब मन में नहीं आती। लेकिन कुछ चाहत नहीं, यह अभी भी भूल नहीं पा रहा। मान नहीं पा रहा। यह एक चाह जैसे अभी भी बाक़ी है। चाहने की चाह। चाहना चाहता हूं। चाहने की इच्छा करती है।

23.1.64

नाइजीरिया। अफ्रीका। एक और महाद्वीप। तीन साल कम-से-कम।

यदि मिली तो लेना होगा। समझना होगा कि मैं टाउनप्लानर हूं या नहीं। बेकार अवस्था में देश फिरने से पहले नाइजीरिया की नौकरी मिली तो लेनी पड़ेगी।

नाटक? थियेटर? चक्र? संपर्क? कलकत्ता? उपाय नहीं। मैं दीवाल तक ठेल दिया गया हूं। सब कुछ तीन साल के लिए टाल देना होगा। लंबे तीन साल के लिए।

कल रात शंकर की बात माथे में घूमती रही, रात ग्यारह बजे के बाद। आज सुबह उठने की बात थी इसलिए कल उसे लेकर बैठा नहीं। आज रतजगा कर सकता हूं। लेकिन आज तो नाइजीरिया ने सब गोलमाल कर दिया। आज और सोच नहीं पा रहा। उलटे मन में आ रहा है—क्या होगा शंकर की बात लिखकर?

लेकिन शंकर की कहानी तो नाइजीरिया से अलग नहीं है? शंकर की कहानी की शुरुआत तो यात्रा के पहलेवाली रात को हो गयी थी।

लेकिन अभी भी अनिश्चितता है। यात्रा अनिश्चित है।

कौन जानता है, यात्रा जब निश्चित हो, तब तक लिखना और भी कठिन हो जाये। यदि निश्चित हो तो।

एक और चित्र उभरा। अख़बार में पढ़ी एक व्यक्ति की आत्महत्या की ख़बर। लेखक की कल्पना। पहली कल्पना—पहला दृश्य। उसके बाद स्त्री की राय। दूसरी कल्पना—दूसरा दृश्य। अंतिम दृश्य—मृतक की प्रेतात्मा।

रात साढ़े बारह। एक और शाम कट गयी। निष्फल।

26.1.64

निर्वासन? निर्वासन लग रहा है? सोच नहीं पा रहे हो?

तुम निर्वासन नहीं सह पाते? निर्वासित जीवन बिताने का दम नहीं? उन्हें चाहते हो? उन सबको? कम होते-होते यदि दो-तीन ही रह जायें तो भी उन्हें? तब भी लगता है कि वे अनेक हैं?

कहां से यह अनेक की धारणा आती है? क्यों कलकत्ता कहने से अनेक लोगों की याद आती है? जो अब नहीं रहे, लगता है वे भी हैं। वे भी जैसे आयेंगे। समय होने पर आयेंगे। आने की संभावना है।

संभावना। दुनिया में कलकत्ता एकमात्र स्थान है जहां संभावना है। संभावना कई बार संभव नहीं हो पाती। लेकिन संभव हो सकती है—यह उसका एकमात्र गुण होता है। उसका यही अंतर है। निर्वासन और कलकत्ता में अंतर।

चिट्ठी

30.1.64

मनु,

...लगातार डेढ़ महीने बेकार निष्फल जीवनयापन के बाद पिछले चार दिन, आज शाम सात बजे तक, समय अच्छा ही कटा। जैसा भी हो, किसी चीज़ में अपने को लगाकर, अपने को डुबोकर समय कटा। किसी चीज़ में लगातार थोड़ी देर के लिए भी डुबोकर रखने का माने क्या होता है, यह जानना हो तो फ्रेंच सरकार की स्कालरशिप पानी होगी। नहीं तो इतने दिन कौन अपने सुख बहने देगा? देगा? भारत में जो भी हो, नौकरी तो करनी ही पड़ती है।

यहां किताब नहीं पढ़ी जा सकती। न फ्रेंच, न अंग्रेज़ी। लग रहा था—अंग्रेजी भूला जा रहा हूं और फ्रेंच सीखना हुआ ही नहीं। सो एक बेकार रात में, पिछले सोमवार की रात में 'सारारात्तिर' के पन्ने उलटते-उलटते एक अजीब-सा ख़याल मन में आया—इसे अंग्रेज़ी में नहीं किया जा सकता? अजीब ख़याल था न? पहली बात, नाटक अनुवाद करना सबसे कठिन होता है। दूसरी बात, जो

मातृभाषा नहीं है, उसमें किसी को भी अनुवाद करने का अधिकार होना उचित नहीं। तीसरी बात, 'सारारात्तिर' को सदा अंधकार में रखना होगा, उसका अंग्रेजी अनुवाद करके बोझा क्यों बढ़ाना।

लेकिन जिसके पास समय का कोई अभाव न हो, उसके लिए ये युक्तियां व्यर्थ होती हैं। समय को अवश्य ही और किसी सत्कार्य में लगाया जा सकता है जैसे पढ़ना, बाजा बजाना, चित्र बनाना आदि। लेकिन आजकल लिखना जैसे जीवन का एक प्रयोजन बन गया है। कितना भी कम क्यों न लिखूं। नशे की तरह, लिखने में समय अच्छा कटता है, इतने से ही पूरी बात नहीं साफ़ होती, सही यह है कि वह नशे की तरंग में कटता है। इसीलिए जब नहीं लिख पाता, तब भी उस नशे के लिए मन छटपट करता है, दूसरे काम में मन न लगाकर लिखना शुरू करने की चेष्टा में बहुत समय नष्ट कर डालता हूं।

इसीलिए शुरू कर दिया। खुद को दिलासा दी–दो-एक पन्ना अनुवाद करके किसी-न-किसी झमेले के कारण अटकना तो है ही? या फिर थककर छोड़ दूंगा। रात ग्यारह बजे शुरू किया, सोने गया साढ़े तीन बजे, वह भी ज़ोर करके। मंगल। बुध। दो दृश्य हो गये। सबसे आश्चर्य लगा लिखने का प्रवाह। रुका नहीं एकदम। अटका नहीं कहीं। क्या लिखा यह तो नहीं पता पर लिखता गया। लगा ही नहीं कि अनुवाद कर रहा हूं, लगा जैसे कॉपी कर रहा हूं। कॉपी करने से ज़्यादा समय लगा यह तो मानता हूं, समझता हूं। पर लगता है कि समय कम लगा। तीसरा दृश्य आज दोपहर में लिया, शाम को ख़त्म।

और यह नहीं लग रहा कि समय नष्ट हुआ। किस देवता की पूजा में यह निवेदित होगा नहीं जानता पर लिखने में लगे समय के कारण और पूरा होने के आनंद के कारण परम प्रसन्न हूं, यह जानता हूं।

अंग्रेज़ी में नाटक काफ़ी impersonal हो गया है।...इसकी विषयवस्तु प्रकाश्य नहीं है इसलिए इतने दिनों तक इसे एक प्राइवेट रचना के हिसाब से देखता रहा हूं, नाटक की तरह नहीं। इस बार कई दिनों तक पर्याप्त उलट-पुलट करने के कारण समझ में आया कि इसमें काफ़ी नाटकीयता घुस गयी है। यहां तक कि नाटकीयता के कारण विषयवस्तु बीच-बीच में मार भी खा गयी है। मार खा गयी है यह मैं कह पा रहा हूं क्योंकि मुझे पता है कि किस विषयवस्तु को लेकर शुरू किया था। लेकिन एक तीसरे व्यक्ति के लिए उस विषयवस्तु का कोई महत्त्व नहीं। यदि वह नाटक देखने आता है तो उसके लिए नाटक ही असली चीज़ होगी। इसीलिए मेरा नाटकिहा मन प्रायः नाटक को मंच पर खड़ा

करके ही देखता है। कई एक जगह मंच के चैलेंज की दृष्टि से यह नाटक मुझे 'एबोंग इंद्रज़ित्' से ज़्यादा आकृष्ट करता है।

किंतु ये सब अटपटी बातें हैं। 'एबोंग इंद्रजित्' खेला नहीं जायेगा क्योंकि हमारी सामर्थ्य के बाहर है। और इसे तो करने की अनुमति ही मैं नहीं दे पाऊंगा।

अच्छा, अपने लिखे नाटकों को लेकर मैं इतनी बकबक करता हूं, नाटक जिन्हें तुमने सुना तक नहीं है, इससे तुम बोर नहीं हो जातीं? मैं होता तो हो जाता। चीज़ क्या है यह पता ही नहीं, उसे लेकर इतनी व्याख्या, इतनी आलोचना।

मैं अभी भी एकदम बेकार हूं। दुनिया के किसी कोने से अभी तक नौकरी की कोई उम्मीद नहीं बंधी है। उम्मीद इतनी है कि थोड़ा रुपया-पैसा साथ लेकर लौटूंगा। उससे तुमलोगों का देना चुकाकर फिर से तुम लोगों के मत्थे खाना शुरू कर सकूंगा। बेकार रहने पर गंतव्य कलकत्ता ही होगा। इंग्लैंड या फ्रांस में नौकरी की चेष्टा न की, न कर रहा हूं और न करूंगा। योरोप से एक तरह की अरुचि हो रही है तथापि भारत में बैठकर दूसरी तरह लगता है। अमेरिका का ख़याल भी पूरी तरह छोड़ दिया है।

रात सवा ग्यारह बजे। बीच में खाना खा लिया था। पर हां, तीन घंटे से कुछ नहीं खाया है। तब किया क्या? कुछ भी नहीं। मेरी खोपड़ी आजकल एकदम बस में नहीं है। जब-तब, जहां-तहां चक्कर लगाने लगती है, मेरी परवाह ही नहीं करती। फलस्वरूप कभी मैं कलकत्ता में रहता हूं, कभी नाइजीरिया में, कभी कामू के absurd-man की दुनिया में तो कभी 'सारारात्तिर' के दुनिया से अलग अजीब-से कमरे में। कभी टाउन-प्लानर रहता हूं, कभी नाट्य-निर्देशक, कभी चित्रकार तो कभी सुरकार। कभी-कभी सारी बेला, सारा दिन, यहां तक कि एक साथ दो-तीन दिन तक इनमें से कोई एक होकर बीतता है। और कभी-कभी किसी शाम को ये सारे रूप गड्ड-मड्ड हो जाते हैं। इच्छा, अनिच्छा, अच्छा लगना, बुरा लगना, उत्साह, एकरसता, आशा, निराशा–ये सभी बराबर बदलते रहते हैं। इतना अधिक बदलते हैं कि आजकल बदलाव का अनुभव ही नहीं होता।...यही देखो न, चार दिन तक अनुवाद करके बड़े उत्साह से तुम्हें चिट्ठी लिखने बैठा हूं–इस समय वह सब दिमाग़ से एकदम गोल है। सब कुछ अवांतर बकवास लग रही है। पिछले तीन घंटों में एक नये नाटक के प्लाट के व्यर्थ ख़याल से शुरू करके लौटने के लिए सूटकेस तैयार करने तक का प्लान दिमाग़ में नाना खेला दिखा गया है।

...यहां आने के बाद नये लोगों के एक और सेट से भेंट हुई, पहचानूं या न पहचानूं। जाने क्यों लगता है कि दुनिया के ज़्यादातर लोग बेवकूफ़ हैं। नहीं, बेवकूफ़ नहीं, अपनी-अपनी लाइन में बुद्धिमान होते हैं पर उनमें बड़ा बचपना होता है, बड़े अपरिपक्व होते हैं। पूरा आदमी दुनिया में मिलता नहीं, पता है लेकिन फिर भी उस प्राचीन युग में मोटा-मोटी पूरे आदमी जो मिले थे, बस वही रह गये। वरन् उनमें से भी दो-एक खिसक लिये, नया कोई जुड़ा नहीं। दुनिया धीरे-धीरे सिमटती जा रही है—मेरी आयु की तरह। यह सच है कि दो बार योरोप आकर बहुत कुछ सीखा जा सकता है, देखा जा सकता है लेकिन इसकी बड़ी कीमत चुकानी पड़ती है। समझना होता है कि सीखने और जानने से ख़ास कुछ होता नहीं। एक और बड़ी बात समझनी होती है कि पलायन के लिए दुनिया में कोई जगह नहीं है। सामयिक रूप से वायु-परिवर्तन हो सकता है हो जाय और उसकी ज़रूरत भी रहती है—लेकिन पूरी तरह पलायन नहीं किया जा सकता। अपने आप से क्या कभी पलायन किया जा सकता है?

अपने आपको स्वीकार कर लेना, कर सकना—यह जैसे आख़िरी सांस तक चलनेवाली लड़ाई है। लड़े ही जा रहा हूं। अपने को जानना, अपने को मानना। दूसरे की तुलना में पहला फिर भी सहज है। जानते हुए भी बहुत बार मानना संभव नहीं होता इसीलिए जाने हुए को भी अस्वीकार करना चाहता हूं। लेकिन ज़रा सोचो तो, दुनिया की जानी हुई सब बातों को यदि स्वीकार कर लेता तो निशेष ही हो जाता। तब तो जीवित रहने का कोई अर्थ ही नहीं रह जाता। शायद यह अस्वीकार ही ज़िंदा रहने का सहारा है। ग़रीबी है, उपवास है, अविचार है, अन्याय है, बेवकूफ़ी, कुसंस्कार, अज्ञान, हिंसा, भय, लोभ, सभी हैं। यदि सब मान लिया, यदि मान लिया कि इनमें से किसी बारे में मेरे करने का कुछ नहीं है—दुनिया की बात नहीं कर रहा पर अपनी बात तो है ही—तब तो सबसे बड़े मानने को ही ख़त्म कर दिया—मृत्यु को मानना। किंतु मृत्यु अनिवार्य है इसीलिए मृत्यु को मान लेने से ही नहीं चलता। जीवित रहना नहीं चलता। मृत्यु अनिवार्य न होती तो शायद उसे मानना पोसाता लेकिन चूंकि वैसा नहीं है, तब जीवनयापन को स्वीकार करने का मतलब ही हुआ, मृत्यु को अस्वीकार करना। दुनिया के अधिकांश लोग अपने उत्तर-पुरुषों का लालन-पालन करते हैं, मृत्यु को अस्वीकार करके। हमें शायद और भी कुछ की ज़रूरत है। और कुछ की खोज ज़ारी है। संतोष यही है कि खोजकर कभी कुछ न भी मिला तो खोज तो रहेगी? न हो तो वही मृत्यु को अस्वीकार करने का हथियार बने।

यह लो, दर्शन ले आया तथापि यह अंश लिखने बैठने के पहले दिमाग़ में पल भर के लिए भी दर्शन की बात नहीं आयी थी। अच्छा काम हुआ–फटाफट पन्ना पूरा हो गया, कल सुबह ही डाक में डाल सकूंगा।

डायरी

30.1.64

पिछले सोमवार को रात में 'सारारात्तिर' का अनुवाद करना शुरू किया था।...पूरा हुआ आज शाम को सात बजे। कितना भी अर्थहीन हो, करके अच्छा ही किया। अपने तईं अपनी प्रतिष्ठा का दाम होता है। काग़ज़ नष्ट भी हो जाये तो लेखन का मूल्य पूरी तरह नष्ट नहीं होगा।

फ्रांस छोड़ने के पहले क्या और कुछ लिख पाऊंगा? आश्चर्य, आजकल शुरू करने के बाद और कुछ सोचने की ज़रूरत नहीं होती लेकिन शुरू ही तो किसी तरह होना नहीं चाहता। शुरू कर दूं, जो हो, कुछ भी? शंकर की कहानी? आत्महत्या की कहानी?

मनु को चिट्ठी लिखी, पूरी हुई दर्शन से। मृत्यु को न मानना। जीवनयापन का मतलब मृत्यु को अस्वीकार करना। मृत्यु अवश्यंभावी है इसीलिए उसे अस्वीकार करना। यह अस्वीकार ही जीवित रहने का पथ है, जीवित रहने का उपाय है, जीवित रहने का एकमात्र तारीका है।

कहां से यह बात मेरी खोपड़ी में आयी? यद्यपि मृत्यु कामू के दर्शन का एक ख़ास अंश है फिर भी उसने यह बात तो कही नहीं। मृत्यु की अवश्यंभाविता।

यदि कहूं कि मृत्यु है इसीलिए जीवन का महत्त्व है, तो क्या ठीक होगा? एक और बात। आदत पड़ गयी है सो हर समय याद नहीं रहती–पर-लोक नहीं है, मृत्यु के बाद और कोई जीवन नहीं है, इसीलिए। इस बात को लेकर L'ebisque ने इतना हो-हल्ला क्यों किया? लगा जैसे कामू के दर्शन के सबसे बड़े तत्त्व परलोक को अस्वीकार करना।

चिट्ठी

4.2.64

कानु,

जिन दो बंगाली युवकों से यहां संपर्क है, उनकी धारणा है कि मेरा स्नायुमंडल बड़ा शक्तिमान है, भविष्य की चिंता में व्यर्थ माथा न लगाकर वर्तमान दिनों को

काट लेने की अद्‌भुत क्षमता मुझमें है आदि-आदि। धारणा बड़ी तृप्तिदायक है इसलिए उसे तोड़ने की चेष्टा नहीं करता। उलटे भविष्य की जो चिंताएं (दुश्चिंता ही समझो) मुझे पीड़ा पहुंचाती रहती हैं, उनकी चर्चा बचा जाता हूं और उनके सामने बहादुर बने रहने की चेष्टा करता हूं। लेकिन दुश्चिंताएं हैं, काफ़ी सारी हैं। अभी तक ज़्यादातर फालतू चिंताओं को दबाये रख सका हूं लेकिन बीच-बीच में वे सिर उठाती रहती हैं। ट्रेनिंग संबंधी काम क़रीब-क़रीब नहीं के समान है इसीलिए फालतू कामों के द्वारा एक डिसिप्लिन बनाना पड़ रहा है। पिछले दो महीनों से लिखना एकदम बंद है इसलिए एक अनुवाद शुरू किया, अंग्रेज़ी में। अब अनाड़ी हाथों से उसे टाइप कर रहा हूं। मतलब यह कि तीस घंटे की डिसिप्लिन की व्यवस्था हो गयी है–उसमें से दस घंटे तो पार ही हो चुके हैं।

फ्रांस की नौकरी को दो महीने से भी कम रह गये हैं। इंग्लैंड, फ्रांस, अमेरिका कहीं भी नौकरी की कोई चेष्टा नहीं की है। की है केवल सूडान, नाइजीरिया और घाना में। इनमें से नाइजीरिया में वह भी पूर्वी नाइजीरिया में–कुछ आशा नज़र आ रही है।...लगता है नाइजीरिया या फिर बेकार–इनके सिवा मेरे पास और कोई विकल्प नहीं।

दो-दो बार विदेश आने के बाद नाइजीरिया में अकेले गृहस्थी बसाकर कैसा लगेगा, इस बारे में मुझे कोई ग़लतफ़हमी नहीं है। लेकिन दुनिया की बहुत-सी चीज़ों के प्रति अब एक तरह का resignation (वैराग्य) आ गया है।

...जाते कैसा घरघुस्सू होता जा रहा हूं। लंदन में बहुत बार एक तरह की अस्थिरता के कारण अकेला घूमा करता था। वहां अकेलापन कष्ट देता था, साथ पाने की इच्छा प्रायः प्रबल हो उठा करती थी। अब अधिकतर एक तरह की tranquility (शांति), एक तरह की blankness (शून्यता) रहती है। अंतर इतना अधिक है कि प्रायः अनुभव करता हूं। अवाक् होकर देखता हूं–जैसे कोई भी चाह नहीं रह गयी। कोई भी बात न तक़लीफ़ पहुंचाती है, न पीड़ा, न ही कोई आंदोलन की सृष्टि करती है। स्वभावतः खुशी भी नहीं देती, उसका सवाल ही कहां उठता है।...सब तरह की चाह, कामना का जैसे लोप हो गया है।

एक मात्र चाह अनुभव करता हूं लिखने की। यह नई चाह है। न लिख पाने से कष्ट होता है। यह सृजन की प्रसव वेदना-टेदना नहीं है। बस इतना ही कि लिख पाता तो इस लंबी छुट्टी का कुछ मूल्य समझ में आता। कुछ लिखा है पर दो महीनों की अक्षमता प्रायः कष्ट देती है। फ्रांस का यही एकमात्र positive

कष्ट समझ में आता है–दूसरे शारीरिक कष्टों की तरह। फ्रांस सरकार की निश्चेष्टता और मेरी चेष्टा के फलस्वरूप पिछले दो सप्ताह पूरी छुट्टी में बीते। यह स्थिति एकदम से ख़त्म हो जायेगी, बस एक चिट्ठी का इंतज़ार है। यह लंबी छुट्टी बिना कुछ किये बीती जा रही है, यह पीड़ा जब तीव्र हो उठी थी, तभी नाटक अनुवाद करने के फालतू काम में अपने को डुबा दिया था। फ़िलहाल टाइप करने के काम में डुबा रहा हूं। वैसे ही जैसे किसी मैदान में जाकर कुदाल चलाकर अपने को सीधा किया जाय। सीधा किया जा सकता है कुछ दूर तक इस तरह के mechanical काम से।

...निकला था सूर्यदेवता के सम्मान में। अधिक समय किताबें देखने में कटा। पॉकेट-बुक में तीन खंड में ज्यां क्रिस्ताफ। लगा–दूसरे लेखकों की तुलना में रोमा रोल्यां का लेखन अधिक पल्ले पड़ता है।...किताब के अंत में रोल्यां ने जो लिखा है, उसे पढ़ा। एक बार ही पढ़ा था पर जो कुछ भी याद है उसे अनुवाद करके लिखने की चेष्टा कर रहा हूं–"I have written of a generation which is going to die. I have not suppressed any of the vices or virtues of this generation, but tried to narrate as truly as possible what this generation lived for and wanted to attain...Now, for you, the new generation. Use our corpses as your stepping stone, so that you may know more and be happier. Let us die now, Christophe, to be born again."

ज़ाहिर है, रोल्यां ने बातों को इससे बहुत अच्छी तरह कहा था, लेकिन केवल एक बार पढ़कर जो धारणा बनी वह यही थी।

...मैं भी एक generation के रूप में जीवित रहा। उस generation के एक टुकड़े को देखा–भले ही वह छोटा-से-छोटा टुकड़ा रहा हो। लेकिन बाद की पीढ़ी को बुलाकर यह तो नहीं कह पा रहा कि–मेरे शव का सीढ़ी की तरह इस्तेमाल करके ऊपर उठ जाओ। परवर्ती पीढ़ी या अपना शव–दोनों में से किसी पर भी उतनी श्रद्धा, उतना विश्वास नहीं कर पा रहा हूं।

डायरी

7.2.64

अफ्रीका का नाच देख आया।

दुर्गा बोला–लगा जैसे जमा हुआ दूषित रक्त साफ़ हो गया हो। इससे अच्छा वर्णन संभव नहीं।

Rhythm. Vigour. Unity. Community.

अफ्रीका। काला अफ्रीका।

चिट्ठी

8.2.64

मनु,

एक सचमुच की अच्छी चीज़ देखी। अफ्रीका का नाच। एक दल मास्को, न्यूयार्क, लंदन होकर पेरिस पहुंचा है। स्कॉलर होने के नाते कनसेशन पर टिकट मिला– पंद्रह रुपये का टिकट, आठ रुपये में। आठ रुपया कम नहीं पर देखने के बाद लगा–आठ रुपया और ख़र्च किया जा सकता है। मुझे पता था कि rhythm अफ्रीकावालों के रक्त में होती है। फिल्मों में नाइट-क्लब-मार्का अफ्रीका के नाच का नमूना देखकर यह कल्पना नहीं की जा सकती थी कि उस rhythm का यह रूप भी हो सकता है। कुछ भयानक है। एक नाच में उसकी अधिकता देखकर दीपक ने निंदा भी की। थोड़ा-सा ट्रैजिक स्वर भी है। पर इसमें आश्चर्य क्यों हो? अफ्रीका के घने जंगल और दीर्घकाल की पराधीनता के फलस्वरूप भयानक और ट्रैजिक स्वर का होना ही तो स्वाभाविक है।

और नाच। और ढाक बजाना। ढाक और नगाड़ा। एक-एक समय लग रहा था कि दीर्घ काल से चली आ रही सभ्य-असभ्य की सीमा के कारण ही हम लोग कुर्सी में बैठे रहे अन्यथा पूरा हॉल उठकर नाचता साथ में।

...फ्रांस की नौकरी समाप्त होने को आयी। तीन मनोभाव मन में आ-जा रहे हैं। (1) समाप्त होने को आयी। पेरिस क्या अच्छी तरह देखा? (2) जान बची। देश लौटा जायेगा, लुंगी पहनी जायेगी, ठंड नहीं लगेगी, अच्छा-बुरा खाया जायेगा, अड्डा मारा जायेगा। (3) इसके बाद? बेकार?

इस कॉकटेल के बीच लिखने की चेष्टा बेकार है। और लिखकर भी कौन-सा नया कुछ सामने आनेवाला है।

9.2.64

रविवार। समय बारह बजे। लगता है आज सारे दिन करने को कुछ नहीं है। अर्थात् करने का मन करे, ऐसा कुछ करने को नहीं है। थोड़ी देर बाद खाने के लिए निकलूंगा। उसके बाद मेट्रो के साप्ताहिक टिकट का सदुपयोग करने के

लिए चक्कर काटने निकलूंगा। रास्ते में थोड़ा घूम-घामकर लौट आऊंगा घर। आने पर हो सकता है टाइप-राइटर लेकर बैठ जाऊं।

ऐसे दिनों दो नंबर का मनोभाव प्रबल हो उठता है। लगता है दिन बीते तो जान बचे। तीन नंबर यदि गंडगोल न करता तो शायद दो नंबर ही सबको ठेल-ठालकर ज़्यादातर आसन जमाये रहता।

चक्र में सीरियस और उपयोगी बातचीत हो रही है, यह अच्छी बात है मगर इस कारण मेरा नाटक-पाठ तो बंद नहीं किया जा सकेगा। लौटने के बाद लगातार दो बैठकें मुझे चाहिए। नौ महीनठे मैं चुप रहा हूं, अब यह मेरा प्राप्य है।

14.2.64

मनु,

...मेरी अखंड छुट्टी के दिन अंत में पूरे हुए। आज से नये ऑफ़िस में ट्रेनिंग शुरू हुई। ऑफ़िस प्राइवेट है। मुझे तनख़्वाह देने में कानूनी अड़चन है इसलिए एक समय जाने की व्यवस्था की गयी है। शाम को कुछेक घंटे। मेरे पिछले इतिहास को देखते हुए यह बड़ी मेहनत का काम है। नियमित जाना या काम करना अनिवार्य नहीं है तथापि तै किया है कि जाऊंगा। और काम जो दिया है, करूंगा। लगातार फांकी देने के कारण शरीर और मन दोनों में ही जैसे घुन लगने लगा है।

ऑफ़िस में क़ रीब तीस लोग काम करते हैं। मैं जिस कमरे में हूं—drawing office—उसमें बीस लोग हैं। किसी ने मेरे साथ परिचय करने के चेष्टा नहीं की, बात तक नहीं की। एक टेबुल (या डेस्क) मिला है लेकिन स्टूल नहीं इसलिए खड़े-खड़े चल रहा है। पास की महिला को एक सिगरेट दी, उसने मेर्सि (धन्यवाद) कहा, बाद में उसने मुझे एक दी, मैंने मेर्सि कहा। और बात नहीं हुई। छह बजा, कोई हिला नहीं। साढ़े छह। फिर पूछा—ऑफ़िस का समय क्या है? उत्तर मिला—इस ऑफ़िस में कोई निर्धारित समय नहीं है। सभी आने पर समय लिख देते हैं और फिर जाने के समय। आना-जाना अपनी मर्ज़ी पर। तनख़्वाह मिलती है उस लिखे समय के अनुसार। काम करते हैं, गप-शप भी करते हैं। पूरे समय एक स्पीकर से हल्का-हल्का संगीत बजता रहता है। ऐसा अजीब ऑफ़िस मैंने पहले कभी नहीं देखा था। मुझे समय नहीं लिखना है, खुद ही तै किया है कि तीन से छह-साढ़े छह तक रोज़ रहूंगा।

एक बस्ता प्लान और तीन बस्ता काग़ज़-पत्तर दिया है। काम भी दिया है। काम कैसे करना होगा, यह नहीं बतलाया। क्या करना है, यह भी ठीक से नहीं बतलाया और जो बतलाया वह फ्रेंच में। आशा है बस्ता की स्टडी करने से अंदाज़ लगेगा। आज की स्टडी से कोई अंदाज़ नहीं लगा।

बहुत दिनों से मन को रोकते-रोकते आज एक बड़ा Xylo phone ख़रीद ही डाला। छोटा बेकार हो गया। जानता हूं सुनाने लायक़ मैं कभी भी नहीं बजा पाऊँगा, फिर भी रुपये ख़र्च करने का कोई गम नहीं। स्वरों को अपनी मुट्ठी में करके अच्छा लगता है।

17.2.64

आधी रात। अचानक समय काफ़ी कम लगने लगा है। आज ऑफ़िस में लगातार खटा हूं। कुछ-कुछ चैलेंज जैसा लग रहा है। काम समझायेंगे नहीं। मैं भी नहीं पूछता। अपनी बुद्धि के अनुसार करने की चेष्टा में लगा हूं। ऐसा लग रहा है जैसे जानबूझकर नहीं समझा रहे हैं, मेरी क्षमता परखने के लिए। नहीं तो काम इतना फ्रेंच है कि वे कैसे आशा करते हैं कि एक विदेशी अपने आप समझ लेगा?

ऑफ़िस में बैठने की सीट अभी तक नहीं मिली है, खड़े-खड़े काम करता हूं। एक और बेचारा जगह खोज रहा था। मैं टेबुल से चिपका रहा, हिला तक नहीं। असल में आज ऑफ़िस जाने पर पाया कि टेबुल बेदखल। जो बैठा था उसे हटाकर टेबुल पुनर्दखल किया। लगता है रोज़ ऐसे ही चलेगा। चले, यह एक तरह का नया अनुभव है।

फ्रेंच लोग पहले अपने जातिभाई जैसे लगते थे। अब लगता है हमसे भी गये-गुज़रे हैं। अव्यवस्था, समय का कोई ठीक नहीं, भूल करना, बड़े विश्वास के साथ ग़लत ख़बर देना, अभद्रता, अधैर्य—सबमें उस्ताद हैं।...नियम काफ़ी हैं पर उनको मानना-न मानना, दरमोलाई पर निर्भर करता है। थोड़ा तर्क़ करके बहुत से नियमों का बेड़ा पार किया जा सकता है। पर हां, तर्क फ्रेंच भाषा में करना पड़ता है। हमलोगों के लिए यही मुसीबत है। वह भी आजकल थोड़ा-बहुत करने लगा हूं। जो ज़्यादा पढ़े-लिखे हैं वे अवश्य ही भद्रता और अदब-कायदे में लखनऊ को भी मात देते हैं तथापि कॉफे, होटल, ट्रेन, थियेटर आदि में काफ़ी अभद्रता दिखलाई पड़ती है।

24.2.64

मनु,

...दो घंटे पहले लंदन से लौटने पर इस कमरे में पुनर्प्रवेश।

...लगता है कुछ दिन और नौकरी करनी होगी तथा अन्य प्रोजेक्ट को भी तीन साल के लिए मुलतबी रखना होगा। तीन साल के बाद नौकरी से रिटायर करके कलकत्ता में खूंटा गाड़कर स्थायी रूप से बस जाना चाहता हूं।

लंदन इस बार तीन साल का कुछ इंतज़ाम करने गया था। पूर्वी नाइजीरिया ने इंटरव्यू के लिए बुलाया था। फ्रेंच ऑफ़िस से फ्रेंच छुट्टी ले ली, किसी से कुछ कहे-सुने बिना चल दिया।

आशा थी कुछ फैसला हो जायेगा, पर हुआ नहीं। वही झुला रखा।...नौकरी के बारे में कुछ अंदाज़ लगा। कह आया हूं कि नौकरी मिलने से करूंगा। इसके सिवा उपाय भी क्या है?

...एक महीने बाद स्वदेश लौट रहा हूं, यह अब क़रीब-क़रीब तै है। नौकरी मिली तो कलकत्ता से त्र्द्त्द करने का मन है।

25.2.64

मनु,

फ्रांस-प्रवास एक लंबी छुट्टी रहा। नौ महीने। तथापि इस प्रवास का अधिकांश समय, समय के अभाव के बोध के साथ कटा है। मन में न जाने कितनी फालतू की बातें, फालतू चिंताएं जमा थीं।

लंदन में एक थियेटर देखा। देखकर आश्चर्य हुआ। लंदन के मंच पर एक नई धारा चालू हुई है जिसका कोई आसार पांच साल पहले नहीं दिखा था। नाम है–Oh! what a lovely war–युद्धविरोधी नाटक। वैसे इसे नाटक नहीं कहना चाहिए क्योंकि असल में नाटक है नहीं। बड़ी गंभीर विषय वस्तु है पर उसे हास्य-नाच-गान आदि के माध्यम से ऐसे प्रस्तुत किया जा सकता है, यह मेरी धारणा के बाहर था। हंसी के माध्यम से गंभीर बात कहने के प्रचुर दृष्टांत नाटक के इतिहास में पाये जाते हैं लेकिन यह थी विशुद्ध musical comedy–नाटक के सबसे नीचे के स्तर की चीज़।

चटुलता इस माध्यम में सबसे महत्त्वपूर्ण होती है तथापि प्रथम विश्वयुद्ध की भयावह assurdity अत्यंत सशक्त रूप में मुखर हुई है। द्वितीय महायुद्ध को छुआ नहीं है, ज़रूरत भी नहीं थी। वैसे ही लगता है–यदि प्रथम विश्वयुद्ध का ही रूप यह है तो फिर दूसरे की absurdity हमें कहां पहुंचायेगी?

यह लिखित नाटक नहीं है। देखकर ही समझ में आता है कि इसका जन्म मंच पर ही हुआ है, कम-से-कम इसके अधिकांश का। इसकी स्रष्टा हैं Joan Littlewood नाम की एक मध्यवयस्का महिला। लंदन के ईस्ट एंड की मजदूर बस्ती में इनका थियेटर का कारख़ाना है–नाम Theatre workshop. पहले इनका नाटक ईस्ट एंड के स्ट्रैटफोर्ड थियेटर में देखा था–The Hostage. क़रीब पांच साल पहले। वहीं देखना उचित है। एक और देखा–Taste of Honey. इसे इस बार देखा। लगता है थियेटर से हम लोग जो समझते हैं, अभी तक जो समझा है, उससे परे भी बहुत कुछ है। यदि सोचा जाय, किया जाय, तो किया जा सकता है।

यह मत सोचना कि इसे देखकर मन में कुछ लिखने का सूझा है। इस चीज़ को करना अपनी क्षमता के इतना बाहर है कि इस बारे में कोई विचार ही नहीं आता। केवल एक बात मन में आती है–थियेटर को जितना महत्त्व देता हूं, उससे कहीं अधिक संभावना उसमें निहित है। लिखित नाटक पर निर्भर किये बिना, साहित्य का एक हिस्सा हुए बिना भी थियेटर चल सकता है। चलना संभव है, यह दिख रहा है। थियेटर जैसे एक स्वयं सम्पूर्ण art के रूप में सामने आ रहा है।...थियेटर का एक ऐसा अजाना, अद्‌भुत् पक्ष माथे में घुसा दिया है कि माथा एकदम चकरा गया है।

लंदन में एलेन लोगों के यहां ही ठहरा था–अभ्यासवश या फिर पता नहीं कौन-सा कर्तव्यबोध जागरित हुआ था। बिलिटर लोगों के यहां कहीं अधिक आराम से रहता। या होटल में। आतिथ्य में कोई कमी नहीं लेकिन विलायती आतिथ्य का ढंग अलग है। बिलिटर लोग असल में विलायती नहीं हैं–यह बात अच्छी तरह समझ रहा हूं। और भी एक बात पायी–दुनिया के जितने लोगों से बात करके मुझे अच्छा लगता है, मिसेज़ बिलिटर उनमें से एक है।...एलेन और स्टुअर्ट के साथ अब मित्रता का संपर्क नहीं रहा, बात करने को कुछ नहीं रहता।

वहां रहने के दौरान 'सारारात्तिर' का अंग्रेज़ी अनुवाद एलेन ने पढ़ा। पढ़कर अच्छा कहा।

डायरी

27.2.64

दीपक की रिपोर्ट टाइप कर रहा हूं। मेरी रिपोर्ट भी पूरी होने को आयी। प्लेन में सीट बुक हो गयी है। सामान समेट लिया गया है। लौटने की तैयारी। एक और अवस्थान्तर के लिए प्रस्तुति।

...मैं जैसे अपने आपको और पहचान नहीं पा रहा हूं। इस डायरी को नहीं पहचान पा रहा हूं। डायरी अब जैसे अपना चेहरा नहीं दिखलाती। अपनी बात नहीं सुनाती। बीस के.जी. वज़न और नाइजीरिया की नौकरी की अधूरी चिंता में डायरी का 'मैं' जैसे बारबार खो जा रहा है।

मन क्या अपने-आप अगले तीन वर्षों के लिए प्रस्तुत हो रहा है? शायद।

एलेन, स्टुअर्ट, मिसेज़ बिलिटर। डेविड-राबर्ट, दीपक, दुर्गा, आर्सेन अरिक का ऑफ़िस। पेरिस लंदन। मंमार्तर और स्टूडियो कूजा। कैंटीन और मेट्रो प्लस दिइतालि।

कलकत्ता कहाँ है? कलकत्ता बहुत दूर है?

दूर अस्त। बहुत दूर।

तो फिर वे कौन हैं? कुछेक छायाएं? मन में बची कुछ स्मृतियां? कुछेक घिरे हुए पकड़कर रखे लोग।

वे कौन हैं? वे कितने हैं? वे और मैं–हम–क्या यही होता है?

फिर थकान लग रही है। फिर सोने का मन कर रहा है, ऐसा सोना जिसमें नींद टूटने का दुःस्वप्न नहीं देखना पड़ता।

बादलों के स्तर। सफ़ेद, हल्के, ढेरों-ढेरों बादलों के स्तर। ऊपर नहीं नीचे। निचले आकाश में। उसके नीचे बीच-बीच में टुकड़ा-टुकड़ा समुद्र। इंग्लिश चैनल। छोटी-छोटी लहरों में असमान स्थिरता। बहुत नीचे।

'You always romanticise the woman.'

एलेन ने कहा था। ज्ञानी एलेन, चिंतनशील एलेन, गृहिणी एलेन। बादल सरकार की मित्र, स्टुअर्ट मैकग्रेगर की पत्नी, डेविड-राबर्ट की मां–एलेन मैकग्रेगर।

ग़लत नहीं कहा था। Yes, I do romantacise the woman. As I romantacise so many other things in life. Why shouldn't I?

रंजन का मन। और रंजन की आंखें। आंखों की बात क्या एलेन मानती है? या उसके निकट आंखें केवल बात-ही-बात हैं?

फिर बेकार की बकबक करने लगे बादल सरकार? चिट्ठी नहीं लिख सके क्या इसीलिए फालतू बकबक से डायरी के पन्ने रंग रहे हो?

क्या खोज रहे हो तुम? जी-जान से क्या खोज रहे हो? असंलग्न, अवांतर विचारों के टुकड़ों को उलटे-पुलटे कॉपी के पन्नों पर फैलाकर क्या खोज रहे हो? पीछे क्या है, वही? पीछे कुछ है भी या नहीं, पता है तुम्हें? पीछे क्या कुछ होना ज़रूरी है?

28.2.64

...डर। एक ही तरह का लगातार बना रहनेवाला डर। एक ही तरह के लगातार बने रहनेवाले झूठ में मुझे बांध रखा है। अपने को स्वीकार न कर पाना। स्वीकार करता हूं–भीतर। मन के भीतर। बाहर नहीं। कभी नहीं। डर।

किससे डर? किस बात का डर? पता नहीं। सबसे। दूसरों से। दूसरों का।

दूसरों के जीवन की पीड़ा ही क्या मेरे जीवन की सबसे बड़ी पीड़ा है? दूसरों की पीड़ा–जिसका कारण मैं हूं? कहने से कैसा तो लगता है, कैसी तो बड़प्पन की बू आती है, लेकिन दुनिया में इससे बड़ी कायरता कुछ और है क्या?

अपने को यदि मनुष्य मानता हूं तो साथ ही पाखंडी होना होगा। इस दुनिया का यह कैसा अहमकपन है। पाखंडी हुए बिना मनुष्य होने का अधिकार नहीं, स्वभाव को स्वीकार करने का अधिकार नहीं।

पाखंड़ी नहीं बनना चाहता इसलिए मनुष्य भी नहीं हो पाता। क्यों? अवश्य ही उसके बदले में कुछ मिलता है। क्या है वह? स्थिति? शांति? आश्वस्ति?

सृष्टि-स्थिति-ध्वंस। हमलोग स्थिति देवता के उपासक हैं। स्थिति के सिंहासन को कंधों पर उठाकर कुछ अनड़, अचल, न-आदमी, न-पाखंडी की प्रतिमूर्ति। स्थिति की जय! जीवनव्यापी मिथ्याचरण की जय! जय स्वभाव-हनन देव की जय!

रात दो दस।

फिर भी घूम-फिरकर यह पंक्ति क्यों मन में आती है–श्रृण्वंतु विश्वे? क्या सुनाना चाहते हो? कौन सुनेगा? और कोई कहता तो क्या तुम सुनते?

उससे अच्छा सोने जाओ। सोने की चेष्टा करो। याद रखो–और एक दिन बीत गया। यह सीधी-सादी भाग्य की बात नहीं है। यह है मात्र पृथ्वी का एक और आवर्तन।

चिट्ठी

6.3.64

कानु,

...मनु की चिट्ठी से पता लगा कि कघ्र में मुझे लेने के लिए कम-से-कम दो-एक लोग चेष्टा कर रहे हैं। इस बहाने कुछ आत्मचिंतन किया। करना पड़ा क्योंकि आज मेरे मन में आया कि CMPO में नौकरी न हो, नाइजीरिया में हो।

सोचकर देखा, चार साल टाउन प्लानिंग पढ़ने, साथ ही और कई साल उसमें घांटा-घांटी करने का मेरे ऊपर गहरा असर पड़ा है, मैंने जितना सोचा था उससे ज़्यादा। जानता हूं–कलकत्ता की प्लानिंग मेरा मुख्य काम्य थी, शायद अभी भी है। लेकिन वर्तमान CMPO की नौकरी के साथ कलकत्ता की प्लानिंग का कोई तालमेल नहीं बैठा पा रहा हूं।...नाइजीरिया में जिस नौकरी की बात है, वह पहली बार मेरे टाउन प्लानिंग पढ़ने की स्वीकृति है जो कलकत्ता ने मुझे आज तक नहीं दी। वे मुझे ज़मीन दे देंगे, जैसे इच्छा हो प्लान करो। हो सकता है काम करने में अनेक अड़चनें आवें पर क्या क्ष्घ्र के 'दीवाल पर माथा मार' मार्का काम से भी ख़राब स्थिति होगी?

...तीन साल बाद कुछ पैसा बचाकर नौकरी की सर्वव्यापी चिंता से मुक्ति पाकर शिशु साहित्य या ऐसे ही किसी और काम में भिड़ जाने की इच्छा मन में होती है। नौकरी का जीवन अब असह्य हो उठा है।...जिस दिन कार्पोरेशन की नौकरी से इस्तीफा दिया, उसी दिन जैसे कोई जड़ उखड़ गयी।...आज समझ में आ रहा है कि उस इस्तीफे का logical conclusion है–नाइजीरिया, क्ष्घ्र का कबाड़ख़ाना नहीं।

कलकत्ता में मेरा एकमात्र खूंटा हो तुम और मनु। इसके अलावा कलकत्ता में मेरा व्यक्ति-गत और कुछ नहीं, कुछ-और-गत हो सकता है, हो। जैसे कुछ भी 'कर लेना'–यह कलकत्ता के सिवा और कहीं संभव नहीं। तुम लोग कलकत्ता में न होते तो नाइजीरिया को लेकर मुझे तिल भर भी दुविधा न होती।

लेकिन इन नौ महीनों में समझ गया हूं–खापड़खेदावाला बादल सरकार और नहीं रहा। यहां तक कि लंदन का बादल सरकार भी बदल गया है। एकाकीपन, दूर रहना...लगता है सब सहनीय होता है। सहन करना पड़ता है इसलिए सहनीय नहीं, बल्कि स्वाभाविक रूप से ही सहनीय हो जाता है। एक सुविधा है। तुम्हारे और मनु के साथ संपर्क बने रहने में समय या स्थान की दूरी आड़े नहीं आती जो और दो-एक लोगों के साथ संपर्क के क्षेत्र में दिखलाई पड़ती है।

...इस बार प्रवास के नौ महीनों में अपने को देखकर काफ़ी आश्चर्य हुआ। इस बार अपने को काफ़ी फरक लगा है। ख़ासकर लंदन के साथ तुलना करने पर। हो सकता है अपने वार्धक्य का साक्षात्कार नये रूप में कर रहा हूं, इसलिए खुद को ही अनजान अपरिचित लग रहा होऊँ।

...एक और बात जिसे लेकर प्रचुर कल्पना या दिवास्वप्न आया करते थे। कलकत्ता के पिछले कई वर्षों में उनकी पूर्ति हो गयी है। इसीलिए अब और

कल्पना और दिवास्वप्न नहीं आते। बहुत दिनों से चलनेवाली खोज का अब कहीं अता-पता नहीं रहा। अब खोजे नहीं मिलती। पूर्त्ति एक तरह से मृत्यु ले आती है।

...रिन जब तक असंभव रहती है, तभी तक जीवित रहती है। रिन संभव हुई नहीं कि उसकी मृत्यु हो जाती है। ऐसा ही होता है न?

...हो सकता है मृत्यु का अनुभव कर रहा होऊँ, वार्धक्य का अनुभव कर रहा होऊं।

...कोई एक आधार गया तो गांजा शुरू करना होगा, ऐसी एक धारणा कम उम्र में थी, तब जब राजनीति करता था। पहले भी देखा था--असल में वैसा होता नहीं।...भीतर एक adjusting device होती है जो automatic काम करती चलती है। 1949 के मार्च के बाद भी उस adjuster ने काम किया था, आज भी कर रहा है। ना, वार्धक्य को स्वीकार करना जितना कठिन समझा था, उतना कठिन है नहीं। वार्धक्य ही वार्धक्य को स्वीकार करने का सरंजाम जुटा देता है। यहां कई बार ऐसा होता है कि तीन-चार दिन तक सुबह की गुड मार्निंग के सिवा एक शब्द भी और नहीं बोलता। या फिर किसी के साथ सचमुच की बातचीत किये बिना, कई-कई घंटे, दिन-पर-दिन इस छोटे से कमरे में कट जाते हैं, तब भी कुछ ख़ास लगता नहीं। वरन् इसका अधिकांश तो मेरा इच्छाकृत होता है। लोगों से दोस्ती नहीं करना ताकि बात न करना पड़े।...और नये दोस्त बनाने की उम्र नहीं रही! आवश्यकता भी नहीं है जैसे। जो था, वह भी धीरे-धीरे कम होता जा रहा है।

...एक संपूर्ण व्यक्ति को समझने या उसे स्वीकार कर लेने की क्षमता ख़ूब कभ लोगों में होती है। ज़्यादातर तों उसका एक पक्ष ही देखते हैं। एक अंश समझते हैं। दूसरे पक्ष का आभास मिलते ही बिना समझे अपने जाने पक्ष को तोड़ना-फोड़ना शुरू कर देते हैं, कष्ट पाते हैं, कष्ट देते हैं। उससे किसी पक्ष का कोई लाभ नहीं होता।

6.3.64

मनु,

अपनी अफ्रीका यात्रा के संबंध में तुम्हारा मतामत या विचार कुछ भी नहीं पता चला। पता चलेगा, यह सोचा भी नहीं था। इन सब मामलों में अपना मतामत तो तुम कभी देतीं भी नहीं। बादल दा का जिसमें भला हो–क्यों यही न?

मैं यहां से 21 तारीख़ को निकल पड़ने की ताक में हूं। वैसा होने से 22 को सुबह पांच बजे दमदम-अवतरण की बात है। यदि इस ग़ैरक़ानूनी योजना में कोई बाधा पड़ी तो 29 तारीख़ को उसी समय आकाश से नीचे उतरूंगा। इतनी सुबह-सुबह मुझे लेने कोई आ पायेगा, इसकी संभावना कम ही दिखती है। हां, कोई पिछली रात ही दमदम में खुले में गुज़ारे तो बात अलग है। लेकिन मैं तो Beatle लोगों में से एक हूं नहीं। बीटल्स का नाम सुना है? न सुना हो तो किसी से चर्चा भी मत करना—मैं एक बार मार खाते-खाते बचा। बीस-बाइस साल के चार लड़के हैं—गाना गाते हैं। वे आयेंगे इसलिए पिछली रात एयरपोर्ट पर कई हज़ार teen-agers बैठे थे। उस भीड़ को सम्हालने में पुलिस की नाकों चने चबाना पड़ रहा था—सिनेमा की newsreel में देखा। सुना सप्ताह में बत्तीस हज़ार पाउंड उनकी आमदनी है। पेरिस में उनका गाना हुआ था। मैं सुनने नहीं गया।

...यहां थियेटर देखकर लगता है कि नाटक अभिनय के लिए होता है। हमलोग जो थियेटर करते हैं वह नाटक को ही किसी तरह खड़ा कर देते हैं, उससे आगे नहीं जा पाते। ये लोग नाटक को कथ्य से अधिक अभिनय और प्रयोग के माध्यम से उभारते हैं। अवश्य ही इनके व्यावसायिक मंच के साथ अपने शौकिया मंच की तुलना करना उचित नहीं।

Ionesco का नाटक देख डाला। दो छोटे नाटक। कोई भी पढ़ा नहीं था। दूसरे तीन-चार नाटक अंग्रेज़ी में पढ़ रखे थे। मुझे आयनेस्को की इस बात ने आकृष्ट किया था कि वे पुराने स्वरूप, कोशगत अर्थ, चालू नियम-क़ानून की परवाह किये बिना नाटक आराम से लिखे जा रहे हैं। उस समय बिलकुल विश्वास नहीं हुआ था कि ये अटपटे नाटक मंचित होकर कुछ बन पायेंगे। देखकर, चमत्कृत हो गया। समझ में आया—अटपटे नाटकों का मंचन करनेवाले लोग भी हैं। और किमाश्चर्यम्—फ्रेंच में होने पर भी समझ में आया। कई रसिकता के प्रसंगों पर हंसा भी। खुद समझकर, दूसरों को हंसते देखकर नहीं।

और हॉल। वह भी एक अनुभव था। थियेटर सेंटर उसकी तुलना में स्वर्ग है। इसका स्टेज उसके स्टेज के आधे से कुछ ही बड़ा था। बहुत ठेसा-ठेसी करके हॉल में मुश्किल से साठ सीट लगी थीं। छत नीची थी, आम घरों की तरह। भीतर रंगाई-पुताई संभवतः बीसवीं शताब्दी में नहीं हुई है। सीट वगैरह भी पिछली शताब्दी की थीं। भीतर घुसने की लॉबी बहुत ही छोटी, हॉल शो शुरू होने के पांच मिनट पहले खुलता है फलस्वरूप तब तक दर्शक गली में खड़े रहते

हैं। शो निर्धारित समय से 15 मिनट बाद शुरू हुआ। मैं ग्यारह पंक्तियों में से सातवीं पंक्ति में था। छूट मिलने पर भी मेरे साढ़े दस रुपये भेंट चढ़े। सामनेवाली पंक्ति के दर्शक आराम से स्टेज पर कोहनी रखकर नाटक देख सकते हैं। पता नहीं उस पंक्ति का दाम सबसे कम है या नहीं पर गनीमत थी कि मेरी सीट वहां नहीं थी। बाथरूम आदि जैसे विलास की व्यवस्था नहीं।...एक सीट भी ख़ाली नहीं थी।

सेट का खेला नहीं। इतने से स्टेज पर हिलना-डुलना ही मुश्किल ऊपर से सेट। लाइट–सीधे-सीधे जलना और बुझना। पात्र–पहले में छह, दूसरे में तीन। समय–पैंतालीस-पैंतालीस मिनट करके डेढ़ घंटा।

पर लगा--न देखता तो वंचित रह जाता।

मूलतः हास्य को पकड़ा है। कम-से-कम इन दोनों में। लेकिन चालू अर्थ में हास्य नहीं। एक absurd limit तक पहुंचाने के बाद हंसी। Reality का कोई आभास तक नहीं अतः सैटायर-धर्मी होते हुए भी सैटायर कहना मुश्किल है। Absurdity की ओर उन्मुख होने के कारण तीखापन नहीं हैं, खोंचा लगाने का भाव नहीं है। तथापि इस absurdity के बीच से ही कुछ सत्य, कुछ greater reality आकर धक्का मारती हैं।

मैं फ़िलहाल 'एवम् इंद्रजित्' को लेकर एक तरह के आत्मानंद का अनुभव करने लगा हूं। यहां का थियेटर देखकर। केवल एक ग़लती हुई–उसे सीरियस बनाने की। उसे यदि दुबारा केवल हास्य का सहारा लेकर लिखा जाय, तो एक बड़ा काम होगा। असंभव एकदम नहीं है, शायद वही उचित होगा। Ionesco देखने के पहले ही यह विचार ख़याल में आया था–पिछले नवंबर की डायरी में इसका प्रमाण है। वह नोटिंग Oh what a Lovely war देखने के भी पहले की है।

योरोप के लोग महायुद्ध से गुज़र चुके हैं। इन लोगों ने बहुत लोगों को मरते देखा है। अचानक एक साथ, बहुत लोगों की मृत्यु अपघात से। अभी भी ये लोग इस आकस्मिक मृत्यु के बहुत निकट रह रहे हैं। इन्हें याद है।...हमलोगों के यहां लोग अकाल से मरते हैं, रोग से मरते हैं, भुखमरी से मरते हैं। लेकिन हमलोग तो देखते नहीं, समझते नहीं, अनुभव भी नहीं करते। जो लिखते हैं, वे उस मृत्यु को अनुभव नहीं करते। जो मरते हैं, उन्हें लिखना नहीं आता। यहां जो लिखते हैं, वही मरते हैं, जो मरे हैं, वे ही लिखते हैं। इसीलिए यहां बहुत बड़े सत्य को लेकर, अति गंभीर सत्य को लेकर हंसना संभव है। केवल संभव नहीं, वही जैसे एकमात्र उपाय रह

जाता है। मृत्यु से बहुत दूर न रहो तो जैसे ट्रैजेडी का विलास बरदाश्त नहीं होता।

Oh what a Lovely war में युद्ध को लेकर हंसी थी। पहले देखकर अवाक् रह गया था। अब धीरे-धीरे समझ में आ रहा है। थोड़ा-सा। सब कैसे समझ सकता हूं। मैंने तो युद्ध देखा नहीं है।

Industry और Capital की जय-यात्रा, समृद्धि का विस्तार–सब को आच्छादित करके, योरोप की धरती झाड़-झंखाड़ से भरी जा रही है। योरोप की आत्मा मृत्यु के साथ सहवास करने की अभ्यस्त हो गयी है। और हंस रही है। जीवन को लेकर हंस रही है क्योंकि मृत्यु को लेकर हंसना पड़ रहा है। और नाच रही है। एक frenzy में नाच रही है, दुनिया को भूलकर, अपने को डुबाकर। हमलोगों के आरती नृत्य, आदिवासियों का रतजगा का नृत्य, अफ्रीका का आदिम अंध नृत्य–इनमें अपने को भूल जाने के जो भी तत्त्व हैं, योरोप जी जान से उन्हें लेने की चेष्टा कर रहा है।

नाच की बात में उलझ गया। नाच एक ही बात का दूसरा पक्ष है। सोचना नहीं चाहते–न मृत्यु के बारे में न जीवन के। जिनके सामने सोचने के सिवा दूसरा रास्ता नहीं, जिनके पास भूलने का उपाय नहीं–वे हंस रहे हैं। Oh, what a Lovely War वाली हंसी।

रात में कलम उठाओ तो लिखने का ठीक नहीं रहता। विच्छिन्न, परस्पर विरोधी उलटी-पुलटी बातें। फिर भी बातें। लगता है अभी भी माथे में चल रही हैं। 'एवम् इंद्रजित्' लिखा, अच्छा किया। 'सारारात्तिर'–वह भी अच्छा किया। 'बल्लभपुरेर', 'कबि काहिनी', उन सबमें कुछ नहीं है फिर भी अच्छी प्रैक्टिस रही। लगता है थोड़ा और आगे बढ़ा। टुकड़ा-टुकड़ा, विच्छिन्न, परस्पर-विरोधी–तब भी थोड़ा-सा आगे बढ़ा हूं। अमल, विमल, कमल और इंद्रजित् नाच रहे हैं। एक समवेत नृत्य। इंद्रजित् का ताल थोड़ा अलग है, थोड़ा जटिल। लेकिन उसके फिज़िक्स, सिनेमा, साहित्य, राजनीति, उसकी परीक्षा, इंटरव्यू, ऑफ़िस, उसके दूल्हा-दुल्हन, पति-पत्नी, मालिक-मालकिन, उसका ताश खेलना–सब जैसे नृत्यनाट्य में फिट बैठ रहे हैं।

नहीं पता बादल सरकार और कोई नाटक लिखेगा या नहीं। यदि लिखे तो वह नाटक ऐसा होना चाहिए जिसे देखकर लोग हो-हो करके हंसें। और सोच सकें। सोचकर और भी हंस सकें।

डायरी

18.3.64

डायरी यदि दैनन्दिनी है तो लिखना पड़ेगा—पिछले तेरह मार्च को घाना की नौकरी का इंटरव्यू दिया, चौदह को पेरिस लौटा, लौटने पर नाइजीरिया की नौकरी का नियुक्ति पत्र मिला। डॉक्टरी जांच आदि के प्रपंच के कारण 21 को रवाना होने का निश्चय ख़त्म हो गया—तब से आज तक झोझूल्यमान अवस्था में हूं।

बीच में पेरिस का अंतिम सप्ताह बहुत ख़राब बीता। सबसे अधिक आज। हड़ताल के कारण चिट्ठी पहुंचाना बंद। मेट्रो क़रीब-क़रीब अचल, सिनेमा स्तब्ध, सुबह तुषारपात, शाम को बरसात।

मैं आज योरोप में हूं, तीन दिन बाद भारतवर्ष में हूंगा—सोच ही नहीं पा रहा। डेढ़ महीने बाद अफ्रीका—कल्पना से और भी दूर।

तौलिया-गंजी धो रहा हूं। काग़ज़-पत्तर छांट रहा हूं। Xylphone बजा रहा हूं। पैंट के पॉकेट का छेद सिलाई कर रहा हूं। दो महीनों में तीन महादेश की यात्रा भी भाग्य में लिखी है।

नौकरी मिल गयी है, आनंद में हूं। कलकत्ता में तीन साल नहीं रह पाऊंगा इसकी दुश्चिंता नहीं। यह बात दिमाग़ में एकदम नहीं आ रही है। वे? वे तो अभी पास नहीं हैं। इतने दिन नहीं थे। और बहुत दिनों तक नहीं रहेंगे। बीच में उनके साथ भेंट होगी। बीच में कुछ दिन। कलकत्ता शहर। कुछ लोग। वे कुछ लोग जो मेरे हैं।

आज मेरी उम्र ठीक अड़तीस साल आठ महीने तीन दिन।

नाइजीरिया

चिट्ठी

14.7.64

मनु-कानु,

लगता है कलकत्ता छोड़े बहुत दिन हो गये। यह विश्वास नहीं हो रहा है कि परसों रात ही छोड़ा है। केवल दो रातें। एक रात एशिया के आकाश में, दूसरी अफ्रीका के—लेगोस एयरपोर्ट होटल में। बीच के दिन योरोप छूते हुए सहारा पार।

रोम नहीं हो पाया, प्लेन साढ़े तीन घंटा लेट था। रोम के एयरपोर्ट पर बैठे और चहलकदमी करते साढ़े तीन घंटे काटे।...सारी रात नींद नहीं हुई। प्लेन ने छोड़ा रात दो बीस पर। कराची उतरने के पहले 15 मिनट की एक झपकी ली ही थी कि कच्ची नींद टूट गयी। काबुल-तुबुल ने काफ़ी व्यस्त रखा था। सामने की सीट ख़ाली थी मतलब दस सीटें और तीन खिड़कियां सरकार परिवार के दखल में थीं सो आराम तो छोड़ो, स्थिर होकर एक सीट पर बैठना ही नहीं हो पाया, ख़ाली इस सीट से उस सीट करता रहा। रोम तक।

अंत में पूंछ में लगे इंजिनवाले ज्व-10 में चढ़ा। प्लेन पूरा भरा था, सरकार परिवार को बंटना पड़ा। पुतुल-तुबुल सामने, काबुल और मैं बहुत पीछे। खिड़की एक भी नहीं मिली। पास में बैठे एक अंग्रेज़ सज्जन की दया से 'कानो' के बाद एक साथ हुए। लंच पुतुल और तुबुल को अकेले ही निबटाना पड़ा पर कोई दुर्घटना नहीं हुई—पास के लोगों के कपड़े बचे रहे।

...इस समय सुबह के सात बजे हैं। 15 जुलाई, 1964। शहर लेगोस, नाइजीरिया, अफ्रीका। उम्र के उनतालीस साल पूरे हुए आज चालीसवें साल और एनुगु (शहर का नाम) की ओर एक साथ कदम बढ़ा दिया है।

रात भर सोकर जो उठा हूं सो गांठ का ख़र्च करके। सीट नहीं मिली इसलिए लेगोस में एक रात ज़्यादा रहना पड़ा। दूसरे होटल में जाना असंभव

था, शहर ग्यारह मील दूर, साथ में सामान, टैक्सी भाड़ा बीस रुपया लगता। पहली रात एयरवेज़ के ख़र्च पर अगल-बग़ल दो कमरे, बीच में दरवाज़ा, चार खाट, दो बाथरूम। दूसरी रात अपने ख़र्च पर एक कमरा, छोटा बाथरूम (जिसका दरवाज़ा बंद नहीं होता)। तीन खाट, इतने-सा का भी एक सौ तीस लगा।

बस में चढ़कर कल लेगोस गया था। क़रीब दो घंटे घूम-फिर आया। यह एक अनुभव था। लगा टाउन-प्लानर को बहुत कुछ करने को है। या फिर कुछ भी नहीं है, केवल असहाय भाव से देखना है।

17.7.64

मनु,

एनुगु पहुँचा परसों दिन के अढ़ाई बजे। लगता है पुराना हो गया हूं। क्वार्टर नहीं मिला है और अगस्त के बीच से मिलने की उम्मीद है। फ़िलहाल सरकारी रेस्ट हाउस में हूं। कमरे में दो और खाटें घुसायी हैं। दूसरी ख़बर–मुझसे फालतू कहा था। इंडिपेंडेंट चार्ज मुझे नहीं मिला है। साने नाम के बंबई के एक टाउन प्लानर पिछले तीन साल से यहां काम कर रहे हैं–वे मेरे direct boss हैं। जिस नौकरी का मैंने सपना देखा था वह साने को 1961 साल में मिली थी जब वे पूर्वी नाइजीरिया के एकमात्र टाउन-प्लानर थे। पहले से पता होता तो कहने को कुछ भी नहीं होता पर उनकी कही बात पर विश्वास करके कुछ और सोचकर आया था, इससे गहरा धक्का लगा। धक्के का असर अभी भी गया नहीं है।

चार-पांच दिनों में एक नई गाड़ी ख़रीदने जा रहा हूं–Peugeut 403, फ्रेंच गाड़ी। सब उधारी पर, यहां के रहने-खाने की तरह। गाड़ी के बिना यहां उपाय नहीं। सेकेंड हैंड ख़रीदना भी ठीक नहीं, जंगल में गाड़ी ख़राब हो जाने पर वहां अटके पड़े रहने की बिलकुल इच्छा नहीं। परसों साने के साथ टूर पर निकला था। पूर्वी नाइजीरिया की पश्चिमी सीमा पर नाइजर नदी के किनारे ओनित्सा शहर, सत्तर मील दूर। यह टूर न होती तो कौन जाने सेकेंड हैंड गाड़ी ही ख़रीद डालता।

यदि योरोप होकर एनुगु आ सको तो रख सकूंगा या नहीं पता नहीं पर हां, गाड़ी पर घुमा सकूंगा, जितना चाहोगे उतना। डरो मत, मैं नहीं चलाऊँगा, ड्राइवर रख रहा हूं। घर भी 16 के पहले ही मिल जायेगा। ऐसा मौक़ा फिर नहीं मिलेगा।

आज शाम बरसात देखी। परिचलन वृष्टि*, ज़बरदस्त तेज़ बरसात। इतनी तेज़ बरसात कभी नहीं देखी। अभी भी हो रही है। सारी रात चलेगी। एयर कंडिशनर अधिकतर बंद ही रहता है। रात में पतला कंबल ओढ़ना पड़ता है। बड़ी सुंदर पहाड़ी जगह है। Besancon जैसी कुछ-कुछ। और हरियाली! कल्पनातीत हरियाली। गहरी घनी झाड़ियां। और पेड़। और घास।

...लंदन-पेरिस में सब कुछ नया था, सब कुछ अलग था पर यहां तो जिस जीवन का अभ्यस्त था वह जीवन ही जैसे उलट-पुलट गया है। बीस रुपये भाड़े के कमरे में लालटेन की रोशनी में D. T. R. P का प्लान बनाने के साथ एयरकंडिशन कमरा और रोज़ साढ़े दस शिलिंग का डिनर खाने में सामंजस्य बैठा पाना आसान नहीं। मैं अकेला होता तो शायद बहुत कुछ हाथ से फिसल गया होता लेकिन काबुल-तुबुल का excitement सब गोलमाल कर देता है। चारों ओर देख-सुनकर डर लगता है।

26.7.64

मनु,

...हो सकता है इसके पहले लिखता। शायद लिखने को बहुत-सी खबरें हैं भी। समय का अभाव है, कहना ठीक नहीं। ऑफ़िस सुबह आठ से अढ़ाई बजे तक—एक साथ। खाकर लौटता हूं साढ़े तीन पर। उसके बाद तो सारा दिन ही अपना रहता है। लेकिन घूमना, घर पर लोगों का आना, बाल-बच्चों के पीछे लगना और पढ़ना—इन कई कामों में समय निकल जाता है।

लगता नहीं कि ऑफ़िस में कुछ किया जा सकेगा। काम बहुतेरे हैं, ऐसे काम जिनमें उलझ जाने से प्लानिंग गोल हो जाती है। उन कामों में फंसे रहने से मंत्री महोदय संतुष्ट रहते हैं क्योंकि वे उनके मतलब के हैं। और वे संतुष्ट रहे तो हमारी नौकरी का भला ही भला। साने साहब बुद्धिमान व्यक्ति हैं, उन्होंने स्थिति को अच्छी तरह समझ लिया है। वे प्रायः मुझसे चर्चा करते हैं कि क्या-क्या करना उचित है, उनकी करने की इच्छा थी लेकिन बाध्य होकर उन्हें क्या-क्या करना पड़ रहा है। हो सकता है उनकी ही बात ठीक हो, पर कहीं जैसे कुछ गोलमाल लगता है। ये बातें जैसे पहले भी कई बार सुन चुका हूं, दूसरों के मुंह से। बीच-बीच में खुद भी कहा है। जैसे एक तरह की सफाई, अपनी दुर्बलता की कैफ़ियत या फिर अपने स्वार्थ की।

---

* भूमध्य रेखा के आसपास स्थित देशों में पायी जानेवाली एक विशेष प्रकार की वृष्टि जिसमें जलीय वाष्प ऊपर उठकर धूल के साथ मिलकर वृष्टि होती है।

तथापि करने को कितना कुछ था। टाउनप्लानिंग के मंत्री, उनके परमानेंट सेक्रेटरी–उनके बाद ही हमलोग। मैनेजमेंट (कर्तृपक्ष) के साथ सीधा संपर्क। सारा देश regional planning की अपेक्षा कर रहा है। हम क्या कर रहे हैं, पता है? सरकारी ज़मीन को प्लाट में बांटकर बिक्री कर रहे हैं। बिक्री करने का अधिकार मंत्री महोदय को है अतएव–

मैं साने साहब के नीचे काम करता हूं। उन्हें बाद देकर एक कदम भी नहीं बढ़ाया जा सकता।

दूसरी ओर एक compensation का आभास भी मिल रहा है। अफ्रीका। लाइब्रेरी से अफ्रीका पर किताबें लाता हूं। पढ़ने का मन करता है। पढ़ना अच्छा लगता है। कितना कुछ जानने को हैं। शायद लिखना भी संभव हो–बशर्ते कि एक दूसरी दृष्टि से देख सकूं जो न भारतीय व्यवसायी की दृष्टि हो, न ही भारतीय अफसर की।

...न आकर बेवकूफ़ी करोगी। पूर्व जानती हो, पश्चिम देखोगी। यह एक अलग तरह का अनुभव होगा, फिर कभी मौक़ा नहीं मिलेगा। ईबो लोगों का देश। हाउ़सा योरुबा, फुलानी लोगों का देश। Bush country* तुम्हारे भूगोल के अनुसार परिचलन वृष्टि का देश। इतनी बरसात पर क़रीब-क़रीब सब रात में। और क्या मौसम। धूप है, तेज़ी नहीं पर रोशनी पूरी। चौबीस घंटे मीठी झिरझिर बहती हवा।

फिर भी नहीं आओगी?

...बच्चों के स्कूल का अभी तक कुछ नहीं कर पाया हूं। घर पर अंग्रेज़ी की किताबें खूब पढ़ रहे हैं। लाइब्रेरी से लाकर।

...कलकत्ता के सिवा और कहीं नहीं रहा जा सकता, यह बात सही नहीं लग रही। शायद सही इतना भर है कि रहा नहीं जाता। लेकिन जानने की भी तो ज़रूरत है। जानना और रहना, यदि एक के बाद एक किया जाय तो शायद अच्छी ही रहे।

29.7.64

मनु,

...ऑफ़िस में स्थानाभाव के कारण एक सप्ताह से थोड़ी दूर पर एक और ऑफ़िस के एक बड़े कमरे के एक कोने में टेबुल-चेयर लगाकर आसन जमाया है–साथ में एक ड्राफ्ट्समैन को लेकर। बात हुई है कि रोज़मर्रा के काम में थोड़ा समय

दूंगा और बाक़ी में पूर्व नाइजीरिया की regional study करूंगा और अपनी क्षमता के अनुसार एक regional plan की report तैयार करूंगा। (संबल होंगे एक draftsman–C.M.P.O वाले हंस रहे हैं क्या?) सब मिलाकर independent charge ही कहा जा सकता है। साने बहुत बुद्धिमान व्यक्ति हैं–बात को जी-जान से दबाये रखने के बावज़ूद समझ गये हैं और शायद इसीलिए यह खेल खेलने दे रहे हैं। जो भी हो, मैं खुश हूं।

ऑफ़िस में खूब पढ़ रहा हूं। देश को अपने कब्जे में लाने की कोशिश कर रहा हूं। फिर भी जितनी प्रगति की ज़रूरत है, नहीं कर पा रहा हूं। कारण–यह स्थितिहीन अस्तित्त्व। आशा है अगले सप्ताह घर-गाड़ी सब ठीक हो जायेंगे। काबुल बोला–बाड़ी हुई गाड़ी हुई दाढ़ी में बाक़ी क्या? उसकी स्वरचित उक्ति है या नहीं, पता नहीं।

4.8.64

मनु,

...फ्लैट मिला। बहुत बड़े ड्राइंगरूम की बहुत बड़ी खिड़की। बाहर मैदान, पेड़, पहाड़ और सूर्यास्त सब मिलकर एक ऐसे अद्‌भुत् दृश्य की सृष्टि करते हैं कि शाम को घंटे भर बिना रोशनी जलाये चुपचाप बैठे कट जाता है। इस कमरे और खिड़की के कारण बहुत बड़े बरामदे में (उतना बड़ा नहीं है) जाने की ज़रूरत ही नहीं पड़ती। ठीक पीछे ऊँचे पेड़ की छाया के नीचे एक रास्ता है, उसे वनवीथिका कहा जा सकता है।

गाड़ी मिलने में आधा घंटा और। ड्राइवर रख लिया गया है। आज शाम से कहा जा सकता है कि सारी दुनिया मेरी मुट्‌ठी में होगी। हमारे दो परिवार खूब आराम से न सही, आगे-पीछे बैठकर गाड़ी में अंट जायेंगे।

नौकर भी तै हो गया है। साहबों का नौकर है–Steward कहलाता है। उम्र कम है। इससे बच्चे अंग्रेज़ी नहीं सीख पायेंगे क्योंकि कुछ कहने के पहले ही सब काम निपटाकर बैठा रहता है। कोई काम हाथ में न हो तो बिना ज़रूरत ऐशट्रे साफ़ करने लगता है या फिर कहीं झाड़ू-झाड़न ही मारने लगता है। बात बहुत कम करता है और मुझसे तो मिलिटरी एटेनशन में खड़े होकर करता है। पहले दिन पुकारने पर उसके एटेनशन से चौंक पड़ा था। मन में आया–बल्लभपुर के भूपति की तरह कहूं–थोड़ी दूर से ही सलाम करो भैया। एकदम नाक पर मत मारो।

...अर्थाभाव कुछ दूर तक दूर हुआ है, पर बहुत रुपया पावना है, मिल नहीं रहा। गाड़ी के लिए उधार लिया रुपया भी गाड़ीवाले को नहीं दे पाया सो गाड़ी उधार में ली। रुपया मिलने से उन लोगों को दूंगा। यहां के जीवन की शुरुआत सोलह हज़ार के देने के साथ हो रही है।

7.8.64

...गया था इकट् एकपेने वाया उमुयाहिया। वहां का **raffia work**–ताड़ के पत्ते का रंगीन काम–विख्यात है। बहुत सारे खिलौने ख़रीद डाले–काठ का मुखौटा, ताड़ के पत्तों का बैग, सींग की चिड़िया, हिरन का चमड़ा। जाने कैसा बेहिसाबी हो गया हूं। लंदन-पेरिस की तरह हिसाब से ख़र्च करना, बहुत पुरानी बात लगती है।

'छबिर खेला'* निकला या नहीं, तुमने बतलाया नहीं। मैं उस बारे में कुछ सोच ही नहीं पा रहा हूं। नाटक तो लगता है कोई और ही लिखता था। घर-गृहस्थी और ऑफ़िस सब मिलाकर ऐसा लगता है कि कलकत्ता के पास ही, मायथन वगैरह जैसी किसी जगह में नयी नौकरी लेकर बैठा हूं। काला रंग और घुंघराले बाल–उनका इतना अभ्यस्त हो गया हूं कि कोई अंतर ही नहीं लगता। ऊपर से इनका दारिद्रय, बेकारी, मिट्टी के घर, बाज़ार-हाट, केले के पेड़, जवा फूल, बरसात–सब कुछ में समानता है इसलिए शायद और भी नहीं लगता। अब यह मत कह बैठना–तो फिर आकर क्या होगा? मैं काफ़ी दिन से हूं, काफ़ी दिन रहूंगा, नौकरी कर रहा हूं, तुम लोगों को ऐसा बिलकुल नहीं लगेगा। आबाकालिकि, ओनित्सा, इमे नदी, ओजि नदी, योरुबा और इबो उपजातियां, ताड़ के पेड़ों का जंगल और मिलिकेन पहाड़–ये सब अपूर्व हैं, देखे बिना जीवन वृथा है।

26.8.64

मनु,

अब तुम्हें चिट्ठी लिखने का बिलकुल मन नहीं कर रहा। पूरे दो सप्ताह हाय-हाय करता रहा। उसके बाद सात तारीख़ की चिट्ठी मिली बाइस को। उसमें रवाना होने की ख़बर है, अफ्रीका पहुंचने के बारे में कुछ नहीं। तब से चिट्ठी

---

* चित्रों का खेल

या टेलिग्राम के इंतज़ार में बैठा हूं। दूर पर जाता हूं तो चैन नहीं मिलता। कहां की बात। आज कायरो का पोस्टकार्ड मिला–आप लोग एथेंस जा रहे हैं। अच्छा, थोड़ा घूमकर ही जाते तो क्या होता? कायरो से लेगोस कितनी दूर है?

तुम्हारे पति को इस बार बेमन से ही ड़द्धड्डड्डत्द्य देने की इच्छा हो रही है। वह सचमुच निर्दिष्ट तारीख़ को विदेश-यात्रा के लिए निकल पड़ेगा (वह भी सपत्नीक), इसका मुझे विश्वास नहीं था। सब खुद किया? या गोदी में उठाकर काम करनेवाला कोई मिल गया था?

31.8.64

मनु,

मेरा सारा समय ऑफ़िस, घर-गृहस्थी, बच्चों की पढ़ाई और स्कूल की व्यवस्था करने में बीत रहा है। दिन में कुछ घंटे और होते तो वे भी इन्हीं में कटते। बीच-बीच में घूमने जाता हूं। कल पास ही एक शहर को (जाकर देखा गांव था) गया। नाम उदि। मेरे ड्राइवर एलियास का घर वहां है। एनुगु से बीसेक माइल दूर। रास्ते के पास एक घर के सामने नाच हो रहा था। केवल लड़के नाच रहे थे। अफ़्रीका के छोटे-छोटे ढाक, झुनझुने की तरह का एक तालवाद्य और दो बांसुरी। बांसुरी में भी सुर से अधि[illegible] ताल का महत्त्व था। अत्यंत तीव्र गति में पैरों का काम–एक आदमी दो मिनट से ज़्यादा नहीं नाच सकता। साज-सज्जा–आपादमस्तक मुखौटे से ढका नर्तक।

एलियास के साथ उसके घर गया। उसकी मां के साथ, परिवार के और सभी लोगों के साथ परिचय हुआ। अंत में पूरे गांव के साथ ही हुआ। कम-से-कम सौ लोगों से हाथ मिलाया होगा। एलियास ने अंग्रेज़ी में अनुवाद करके बतलाया–घर में कुछ नहीं है इसलिए आतिथ्य नहीं कर पा रहे हैं–फिर ज़रूर आइएगा।

इसके पहले भी घूमने गया हूं। गाड़ी पर सरासर्र जाता हूं, आंका-बांका पक्का रास्ता, दोनों ओर **oil palm** पेड़ की कतारें, इयाम और भुट्टे के खेत। पेड़ों की आड़ में छिपे गांव के घरों की छाजन। बीच-बीच में बड़ी-बड़ी ख़ाली जगह में मिशनरी स्कूल। बीच-बीच में शहर, दुकान, बाज़ार। सब देखता हूं, फिर देख-दाखकर लौट आता हूं। इस बार जैसे और भी कुछ पाया। क्या–पता नहीं। ख़ास कुछ नहीं। शायद थोड़ा-सा परिचय।

विदेश में dull लग सकता है फिर भी कुछ होता है। शायद एक perspective—एक बोध। शायद यह कि दुनिया का मतलब बंगाल, कलकत्ता शहर और बंगाली जाति ही नहीं है। विदेश में जानने-पहचानने का थोड़ा ही अवसर मिल पाता है फिर भी अनुभव किया जा सकता है। चेतना थोड़ा आगे बढ़ती है।

योरोप एक पक्ष है, अफ्रीका एक और पक्ष है। आने से समझ पा रहा हूं, न आता तो रह जाता। फिर भी हमलोग साहब हैं, हम बड़े आदमी हैं, expatriate officer* तुम लोगों से आने का इतना आग्रह क्यों कर रहा था? क्या दिखलाता? कुछ पहाड़, पेड़, रास्ते। यहां के कुछ हाट-बाज़ार। यह सब तो कितना देखा है, और भी देखोगे। फिर भी क्या लगता है, कहूं—संभव हो तो हॉलैंड से ही यहां आ जाओ। प्राकृतिक दृश्य की ख़ातिर नहीं। यह एक अलग ही महादेश है, धरती पर पैर रखते ही समझ में आ जाता है। चारों ओर देखने से समझ में आता है। दुकान में सामान ख़रीदने या रास्ता पूछने आदि में जो थोड़ी-बहुत बातें होती हैं, उन्हीं से समझ में आता है। यह महादेश अलग है। हम बहुत कम जानते थे, बहुत कम जानते हैं।

...अभी भी ऊपर-ऊपर की जानकारी है। भीतर जैसे प्रवेश नहीं कर पा रहा हूं। पंगत के बाहर हूं जैसे। यह फ्लैट, यह गाड़ी, ड्राइवर, स्टुअर्ड, अफसरी—सब मिलकर हमें अफ्रीका से दूर रख रहे हैं। मेरे शरीर का रंग प्रमाणित करता है कि मैं विदेशी अफसर हूं या फिर व्यवसायी।

10.9.64

मनु,

कई दिनों के बाद एक दिन एक साथ ढेरों चिट्ठियां आती हैं—अलग-अलग दिन की चिट्ठियां एक साथ। यहां शायद सप्ताह में एक दिन डाक बांटी जाती है।

...बाबा की चिट्ठी चार-पांच दिन पर आती ही है। उस अनुपात में जवाब नहीं जाता इससे वे क्षुब्ध हैं। फ़िलहाल 'बड़ो पिसीमा' के पुरस्कार को लेकर ज़्यादा चिट्ठियां आ रही हैं। बाबा ने इस बीच सारी दुनिया में अपने पुत्र की कीर्ति का प्रचार कर दिया है, सभा में जाकर पुरस्कार लेने का पूरा इंतजाम भी कर चुके हैं।...लगता है—कलकत्ता शहर ने बादल सरकार को पहचानना शुरू किया है—देश-निकाला देने के बाद।

...ऑफ़िस के बाद का मेरा सारा समय बेटे-बेटी के साथ गुज़रता है—उन्हें पढ़ाता हूं, डांटता हूं, उनके साथ खेलता हूं, घूमता हूं, बातें करता हूं। सब कुछ। डांटने का अनुपात ही ज़्यादा रहता है। फिर भी उनकी नज़रों में मेरा popularity index अभी भी बहुत ऊंचा है। काबुल को सेकेंडरी स्कूल के क्लास एट में घुसा सका हूं। तुबुल का होकर भी नहीं हुआ, दो दिन जाकर उसे लौट आना पड़ा। काबुल का आज चौथा दिन है, उसे अच्छा ही लग रहा है। यहां के बच्चे-बूढ़े सभी बड़े friendly हैं। इनमें पेंच-पांच एकदम नहीं है। हंसना जानते हैं। भूखे रहकर भी स्वस्थ हैं। मुझे ये लोग अच्छे लगते हैं।

बहुत दिनों बाद तीन एकांकी पढ़ डाले। एक बहुत अच्छा लगा। समय-सुयोग होने से और इसी तरह दो-एक किताबें पढ़ते रहने से लिखना कोई ख़ास कठिन नहीं लगेगा। लेकिन वह होनेवाला नहीं, कम-से-कम फ़िलहाल।

18.9.64

मनु,

यहां का जीवन एकदम बंधा-बंधाया है। काबुल-तुबुल न होते तो मुश्किल होती। यहां के लोगों के साथ मिलना-जुलना कम ही है। हम कुछ विचित्र लोग विचित्र-सी अवस्था में हैं। अधिकतर भारतीय अफसर नाइजीरिया में तीन साल रहने के बावज़ूद इनके बारे में कोई खोज-ख़बर नहीं रखते तथापि निंदा करते हैं। इनकी निंदा साहब लोगों से भी ख़राब होती है, कारण निंदा करने में साहब लोगों का स्वार्थ रहता था, इनका नहीं।

...कलकत्ता बड़ा जटिल है इसलिए आजकल बीच-बीच में लौटने की इच्छा ही नहीं होती। कल बरसात हो रही थी। शाम को किसी तरह गाड़ी की पिछली सीट पर घुस-मुसकर बैठकर क़रीब पचास मील तक यही लगा कि कितने दिन हो गये जी खोलकर बातें किये, उनके साथ जो मेरी बात समझते हैं।

10.10.64

मनु,

तुम्हारी चिट्ठी पढ़कर लगा कि मेरे 'नाइजीरिया की चिट्ठी' से कहीं अच्छा होगा तुम्हारा नीदरलैंड की चिट्ठी लिखना। उस तरह का लेखन मुझसे

बिलकुल नहीं होता। सोचती होगी, बिना लिखे ही समझा कैसे? लिखा है मैडम, लिखने के बाद ही बोल रहा हूं। पूरे सात पन्ने लिख चुका हूं। जो लिखा गया वह रम्य-रचना, आत्मकथा, फक्कड़ी और काव्य की एक अपूर्व खिर्चड़ी थी। संपादक देखते ही रद्दी की टोकरी में फेंक देंगे।

...एक रविवार को पूरा दिन 'एवम् इंद्रजित्' का एक मॉडल बनाकर ध्वृद्धत्त करके देखा। चेष्टा थी कि देखा जाय, कितने छोटे स्टेज पर हो सकता है।...समझ में आ रहा है थियेटर का भूत सिर से उतरा नहीं है। असल में फ़िलहाल 'नाइजीरिया की चिट्ठी' और 'छबिर खेला' (चित्रों का खेल) लिखना कर्तव्य लगता है पर लिखने की बात सोचते ही नाटक की बात दिमाग़ में आती है। 'छबिर खेला' का एक भाग ही पुराना लगने लगा है।

4.11.64

मनु,

नाटक ख़त्म होने के बाद जैसी स्थिति होती है, काबुल-तुबुल की परीक्षा पूरी होने के बाद भी वैसी ही स्थिति होगी। एक ओर निश्चिंती की सांस लूंगा, दूसरी ओर सब ख़ाली-ख़ाली लगेगा।

'नाइजीरिया की चिट्ठी' मुझसे पार नहीं पड़ेगी। मैं जर्नलिस्ट नहीं हूं, एकदम नहीं। किताब वगैरह पढ़कर यहां के बारे में काफ़ी कुछ तथ्य जमा किया है। लेकिन लिखने चलो तो उत्साह ठंडा पड़ जाता है। चक्र की बैठक में बोलना बहुत आसान है। असल में लिखने के मामले में मैं तुमसे बहुत आलसी हूं और शारीरिक डिसिप्लिन भी कम है। लेकिन 'प्रेरणा' मिले तो नाटक लिखने की चेष्टा कर सकता हूं। सुधीर दा से जब नया-नया परिचय हुआ था तब एक दिन चाय की दुकान में बैठे-बैठे उन्होंने प्रश्न किया था कि मुझे नाटक लिखने की प्रेरणा कहां से मिलती है? ये सब अच्छी-अच्छी बातें तुमलोगों के मुंह से तो कभी सुनने को मिलीं नहीं?

17.11.64

मनु,

काबुल-तुबुल की परीक्षा ख़त्म हुई।...काबुल लैटिन में **blank paper** दे आया है। बाइबिल में तुबुल के भी यही करने की बात थी पर चार पन्ने लिख

आयी है। बाइबिल जितनी पढ़ पाया था, उसकी कहानी बांग्ला में सुना दी थी। जो मैंने भी नहीं पढ़ा था, उसके बारे में उसने कैसे लिखा, वही जाने। जो होना था, हो गया। फेल होंगे तो उन्हें दोष नहीं दूंगा–ज़बरदस्त मेहनत की थी।

...आज बहुरूपी की एक चिट्ठी मिली। बहुरूपी पत्रिका में 'एबोंग इंद्रजित्' छापने की अनुमति चाही है। चिट्ठी खोलने के पहले पलभर को मन में आया–शंभु मित्र मेरे नाटक में interested हुए क्या?

तुम इस समय क्या पढ़ रही हो? हॉलैंड के संबंध में तथ्य इकट्ठा करने में लगी हो? कोई भी बड़ा झमेलेवाला काम शुरू करने से बचना। Qualification बढ़ाने की कोई जरूरत नहीं है, उसके बदले सही सलामत रहो–वह कहीं अधिक अच्छा होगा। और कुछ न कर सको तो मुझे पोसना, खिलाना-पिलाना–तब जब मैं destitute होऊंगा। उसके एवज में मैं तुम्हें जीवन-दर्शन, थियेटर तथा नाना तरह की अटपटी बातें सुनाकर तुम्हें entertained रखूंगा।

25.11.64

कानु,

...ज़बरदस्त आलसी हो गया हूं। और घर-घुसरा। घर से बाहर निकलने का मन नहीं करता। बच्चों की ख़ातिर क्लब का मेंबर होना पड़ा। वे हर शुक्रवार को कार्टून देखेंगे और स्विमिंग पुल में तैरना सीखने की चेष्टा करेंगे। उसके लिए पांच गिन्नी एडमिशन और हर महीने दो पाउंड चंदा। टेनिस, बिलियर्ड, ताश, बार–किसी में भी मेरी रुचि नहीं है। तैरने जाना पड़ता है, बच्चों की ज़िद के कारण, कुछ तोंद कम करने के लिए भी। एक कदम चलता नहीं, एक्सरसाइज़ के नाम पर गुल्ला। इस दृष्टि से नियमित तैरना अच्छा है। लेकिन विलायती पुल में कभी तैरे हो? न हो तो कुछ दिन तैर आओ। बिकिनी का उत्साह कम हो जाने पर इतने से पानी में लात बचाकर तैरने में कोई ख़ास तुक नहीं। वह भी बिना संगी के।

...आजकल किस तरह की किताबें पढ़ रहा हूं, इसकी एक सूची सुनोगे? नाइजीरिया के ऊपर एकाधिक, slavery पर एक, नाटक कई, उद्धृति के साथ T.E. Lawrence की जीवनी (मिले तो पढ़ना The Essential T. E. Lawrenc), एक किताब जादू की, स्टेज संबंधी एक, एक अंग्रेज़ पतिता की जीवनी, Errol Flynn की आत्मकथा, कुछ humorous Essays, एक बच्चों की किताब, Old

Testament के सौ-एक पन्ने (तुबुल की परीक्षा की ख़ातिर) आदि-आदि। पृथ्वी के संबंध में ज्ञान-वृद्धि हो रही है। काबुल-तुबुल के इतिहास, भूगोल और बॉयलजी में भी जानने को ढेरों तथ्य हैं।

...कुछ भी लिखने की इच्छा हो तो भी क्षमता नहीं है...जीवनयापन की मुकम्मिल व्यवस्था और एक अच्छी लाइब्रेरी–इससे ज़्यादा आदमी को और क्या चाहिए--यह बात आजकल मन में आती है। और solitude (एकांत), कम-से-कम बीच-बीच में। Absolute solitude–इस अंतिम• में ही गोलमाल है।

30.11.64

मनु,

तुमने लिखा है काबुल-तुबुल की परीक्षा पूरी हो जाने पर लंबी चिट्ठी न मिली तो कलम के बदले किसी और चीज़ से स्याही छिड़ककर चिट्ठी लिखोगी। 'किसी और चीज़ से' का मतलब? झाड़? उसमें क्या बड़ी बात होगी। पुरुष योनि में जन्म लिया है, वह तो भाग्य में लिखाकर ही लाया हूं।

...किस बांत से लंबी चिट्ठी भरूं, बता सकती हो? यहां अपूर्व शांतिमय जीवन है। हम किस कोटि के लोग हैं, पता है? Expatriate officer, इस जाति को जानती हो? सबका एक सजा हुआ बैठकख़ाना है, एक स्टुवर्ड है, एक नयी बड़ी गाड़ी है। कइयों के पास बड़ा बगीचा है, ड्राइवर है। रेफ्रिजरेटर में कोला-पेप्सी है, बीयर है। गिन-गिनकर हर एक के घर जाना पड़ता है, वे आते हैं। चाय, पेप्सी, बीयर, कॉफी का पान होता है (मैं घर में बीयर नहीं रखता, दूसरों के यहां पीता भी नहीं। और सब रहता है)। कुछेक बंधी-बंधायी बातें हैं। थोड़ा अच्छा परिचय हुआ तो scrabble खेला जा सकता है या ताश।

साहब लोगों का जो अपना क्लब था, वह अब गणतांत्रिक हो गया है। अर्थात् रंग-भेद नहीं रहा। फिर भी वह एक जाति-विशेष का है, अफसर जाति का। सत्तर रुपये प्रवेश शुल्क और सत्ताइस रुपया महीना चंदा देकर सब जाति के लोग कैसे सभ्य हो सकते हैं? सफ़ेद हाफ पैंट पहनकर काली आधुनिकाएं टेनिस सीखती हैं। बार में बीयर चलती है। बिलियर्ड रूम में चार बिलियर्ड टेबुल हैं। ग्रिल रूम में खाना–वहां टाई के बिना प्रवेश निषेध। सिनेमा और कांक्रीट के चहबच्चे (pool) के स्वच्छ जल में तैराकी। इनके अलावा ब्रिज, कनास्टा, बिंगो, नाच।

शुक्रवार को बच्चों के साथ बैठकर कार्टून सिनेमा देखता हूं। और तैरने जाता हूं। पुराने स्विमिंग कास्टयूम को पीछे से कीड़े ने काट खाया इसलिए नया ख़रीदा–नायलन का। ड्राइवर को शाम को काम देने की ख़ातिर रोज़ निकलना पड़ता है। किसी के घर जाने का मन नहीं करता सो इधर-उधर जाता हूं। घूमने की जगहें बहुत हैं लेकिन सब पुरानी पड़ गयी हैं। घूमना आजकल एक धार्मिक अनुष्ठान जैसा हो गया है।

इन सबके बीच चिट्ठी या और कुछ भी लिखने की खोराक कहीं मिल सकती हैं? लगता है जैसे भीतर से सूखा जा रहा हूं। Frustration के बावज़ूद कलकत्ता में एक जीवंतता थी। मनोभाव में एक तरह की तीव्रता थी।

मज़ा यह है कि ख़राब भी नहीं लगता। यहां तक कि बोरिंग भी नहीं लगता। दिन अच्छे ही कट रहे हैं। आगे भी अच्छे ही कटेंगे। एक general sense of well being, रोज़मर्रे के आराम का नाकारापन।...कुछ लिखना जैसे एक बड़ा दायित्व बन गया है। यह प्रमाणित करना ज़रूरी है कि अभी भी शेष नहीं हुआ हूं। लेकिन किसी तरह प्रमाणित नहीं हो पा रहा है।...तीन साल बाद क्या करूंगा, यह सोचने की चेष्टा करता हूं। कलकत्ता में कोई एक प्रोजेक्ट लेकर जूझने की बात सोचता हूं। लेकिन यह समझ में आ रहा है कि एनर्जी कम होती जा रही है। अपनी स्नायविक क्षमता पर पूरा भरोसा नहीं होता।

यदि समझ में आता कि करने को और कुछ नहीं है तो यह सब करना सहज होता। लेकिन है न किताबें। सिर्फ लेटे-लेटे किताबें पढ़कर एक जीवन बिताया जा सकता है। अनायास लाभ हो सकता है। कुछ करने में पूरा हंगामा है। किताबें निर्विरोध साथ देती हैं।

पर पता है, यह भी नहीं होगा। होता नहीं। यह कलकत्ता की थकान का बचा हुआ अंश है। अवकाश का चिंतारहित विलास। किताब पढ़ने का भी अंत होता है।

लेकिन काबुल-तुबुल? यह एक और रास्ता है। यह भी एक रास्ता हो सकता है, यह पहले कभी अनुभव नहीं किया था। उनका पढ़ना, खेलना, झगड़ा, प्रेम, अच्छा लगना, बड़े होना–इन सबकी भी एक दुनिया है। लगातार किताब पढ़ने के बीच-बीच में दरार भरने के लिए पर्याप्त।

लेकिन तब भी, अभी भी चेष्टा करता हूं। कुछ लिखने की। यहां भी अपने स्टेज की बात सोचता हूं। पैसा इकट्ठा करके पैसा उड़ाने का रास्ता खोजता हूं।

5.12.64

मनु,

...एकदम उन्मुक्त भाव से अड्डेबाज़ी–जब तौल-तौलकर बात नहीं करना पड़ता, जहां हंसी-ठट्ठा-तमाशा सब सहज भाव से आता है, सहज भाव से लिया जा सकता है, यह सब किये कितने दिन हो गये। अड्डा बिना कोई कष्ट हो रहा हो सो नहीं। यदि अकेला रहता तो कोई कष्ट न होता। लेकिन लोगों से भेंट करनी होगी, मिलना-जुलना करना होगा, बात करनी होगी, न्योता खाना-खिलाना दोनों करना होगा तथापि अड्डे का 'अ' भी नहीं रहेगा, यह प्रायः असह्य हो जाता है।...लगता है यह बैठकख़ाना, गद्दीवाली चेयर, गराज, पैन्ट्री, रेफ्रिज़रेटर आदि के माहौल के कारण खुली अड्डेबाज़ीवाला तत्त्व ढंक जाता है। लगता है सभी मानकर चलते हैं कि इस बैठकख़ाने में कुछ मामूली अर्थहीन विषयों के अलावा और कुछ की चर्चा नहीं की जा सकती।...मैं भी बरदाश्त करता हूं, दूसरे भी बरदाश्त करते हैं। गुडनाइट करके दोनों ही पक्ष निश्चिंत होते हैं।

24.12.64

मनु,

...मैं यहां सृष्टि की किसी वेदना का अनुभव नहीं कर रहा। काबुल-तुबुल को भगाकर और लाइब्रेरी की किताब पढ़कर या सोफ़ा पर चित लेटकर दर्शन-चिंतन (या अनेक प्रकार की निषिद्ध चिंताएं) करके दिन काफ़ी आराम से कट रहे हैं। नाटक या और कुछ लिखकर, छपवाकर या भविष्य में लेखन से जीविका चलाने की बात अभी भी नहीं सोचता। उसकी तुलना में धीरे-धीरे show business कहीं अधिक आकर्षक लगने लगा है। अफ्रीका की नौकरी के कारण कुछ अपनी जमा-पूंजी जुटने की संभावना से दिवास्वप्नों को और प्रत्यक्ष होने का अवसर मिल रहा है। तुम पास होतीं तो अनेक तरह की परिकल्पनाएं और हिसाब-किताब की बातें सुनकर मुग्ध होतीं। हिसाब का नतीजा अधिकतर ऋणात्मक ही होता है।

26.12.64

...सारी परेशानियों के बावजूद उस हतभागे कलकत्ता शहर के अलावा मेरी गति नहीं। कलकत्ता की अनेकानेक तक़लीफ़ों के बीच भी एक लाइफ़ है, जो दुनिया में और कहीं नहीं अनुभव करता।

...तुम्हारे तगादों के उत्तर–'सारारात्तिर' नहीं छापूंगा। 'एबोंग इंद्रजित्' को पुस्तक रूप में छापने की इच्छा नहीं। नितांत बाध्य हुए बिना और किसी नाटक को छापने का कोई उपाय नहीं समझ में आ रहा। 'छबिर खेला (2)' की चेष्टा करूंगा लेकिन अभी भी हाथ नहीं लगा पा रहा हूं। गुस्सा मत होना, पर यही वर्तमान स्थिति है।

13.1.65

मनु,

तुममें एक बड़ा गुण है। आसपास को लेकर तुम काफ़ी लिख सकती हो। मैं वैसा करने चलता हूं तो लगता है मेरा कोई पारिपार्श्विक ही नहीं। घर में परिवार, घर के बग़ल में क्लब, घर के पास ऑफ़िस, घर से थोड़ी दूर पर बाज़ार, और थोड़ा आगे एनुगु शहर का छोर। गाड़ी होने के कारण घेरा और छोटा लगता है। हां, तुम कह ही सकती हो कि पारिपार्श्विक का ख़ास संबंध तो आदमियों से होता है। उनकी खोज करता हूं। कम-से-कम, खोजा है। जो हैं, उनके साथ मैं 'बात' नहीं करता। भेंट करता हूं, हें-हें करता हूं, कुछेक वाक्य बोलता हूं जिनका व्याकरण-सम्मत एक-एक अर्थ होता है। लेकिन चिट्ठी कैसे भरूँ? यहां के लोगों से? हो सकता था शायद। शायद अभी भी हो सकता है।

8.5.65

मनु,

बहुत दिनों बाद कल शाम को आसमान अंधकार करके आंधी आयी। उसके बाद बरसात। मेरी बड़ी खिड़की, उसके बाद मैदान, उसके बाद पेड़, उसके बाद, उसके बहुत बाद पहाड़। यहां बरसात घर की छत की आवाज़ और खिड़की तथा पास के घर के बीच की ख़ाली जगह में गिनती की बूंदों तक सीमित नहीं रहती। बहुत दूर तक के मैदान और बहुत दूर तक के आकाश को समेटकर बरसात होती है। आषाढ़स्य प्रथम दिवसे वाला कवि-भाव जागरित होता है। कौन-सा महीना है यह भले ही न पता हो पर दूर-दूर तक आषाढ़ के पास का महीना नहीं है, इतना पता है।

कहने से विश्वास करोगी या नहीं पता नहीं, पर काव्य-भाव जागते ही तुम्हें चिट्ठी लिखने की बात मन में आयी। चिट्ठी बहुत दिनों से नहीं लिखी। न

लिखने का दंश तो मन के विवेक को सालता रहता है। लेकिन कल विवेक नहीं काव्य ने कहा–उठो, चिट्ठी लिखो।

याद नहीं कि क्यों नहीं लिखा। आज बरसात नहीं है। आज तुम्हारी चिट्ठी ने आकर याद कराया–लिखना नहीं हुआ। फिर वही विवेक। काव्य कहां गया?

ओगोजा

15.5.65

मनु,

एनुगु से एक सौ तेईस मील दूर बैठा तुम्हें चिट्ठी लिख रहा हूं। एक मीटिंग थी। रात में यहां रुकने की कोई ज़रूरत नहीं थी पर सुबह ओबुडु में cattle ranch (पशुपालन केंद्र) देखने के लिए रुक गया। ओबुडु को नाइजीरिया का योरोप कहा जाता है कारण, ऊंचाई 5200 फीट, ठंडा इसीलिए tse tse मक्खी का उपद्रव नहीं रहता। इसीलिए cattle ranch यहां है। पूर्वी नाइजीरिया में तो एक नाटी जाति की गायों को छोड़कर और गायें ही नहीं हैं–मक्खी के काटने से मर जाने के कारण।

ओबुडु यहां से बयासी मील, रास्ता बहुत ख़राब। कल वहां होकर तुरंत ही एनुगु के लिए रवाना हो जाऊंगा, अर्थात् क़रीब तीन सौ मील। थोड़ा ज़्यादा ही है, फिर भी रुक गया।

7.6.65

मनु,

हॉलैंड से इस तरह अचानक हवा हो जाओगी, यह नहीं सोचा था।...तुमलोगों के नाइजीरिया आने की आशा एकदम छोड़ दी थी, अब फिर से जागरित हो उठा हूं। लग रहा है तुम अकेली ही आ रही हो, एक ही यात्रा का अलग-अलग फल। अर्धम् त्यजति की नीति के अनुसार वही सही, सांत्वना यही है कि अर्धम् better half है। दोनों के आने से अवश्य ही दुगुना अच्छा लगता तथापि अफ्रीका भ्रमण की तुलना में कानु का डॉक्टर होना ज़्यादा ज़रूरी है।

...अब आक्रा कर क्या करोगी?...इतना तो देख लिया, घूम लिया। घुमक्कड़ की भूमिका छोड़कर अब बादल दा के घर आने, आराम करने के लिए सीधे आ जाओ। एनुगु से जितनी दूर जाना संभव होगा, उसकी व्यवस्था करूंगा।

एनुगु में अवश्य ही अब मन को आकृष्ट करनेवाला ख़ास कुछ नहीं पाता लेकिन तुम्हारी चिट्ठी मिलने के बाद तुम्हारी नज़रों से देखने की थोड़ी चेष्टा कर रहा था। मिलिकन पहाड़, ओग्वेटे पहाड़, एकुलु और आइयो नदी का बालू का ऊंचा पाड़, निके लेक, ओक्पारा कोयला की खान, इवा वैली, चिड़ियाख़ाना (हां, वह भी है। हंसो मत, दो बड़े interesting शिम्पैंज़ी है, और भी बहुत कुछ) घूमने की जगहें कम नहीं। और पचास-साठ मील के दायरे में तीन सुंदर जगहें हैं–आबाकालिकी, ओबिग्ई और नसूका।

आओ। और भगवान के लिए, हड़बड़ी मत करना।

17.6.65

...बस, अट्ठाइस दिन बाद वह ख़ास उम्र, चालीस पूरे होंगे। जन्मदिन जोश-खरोश के साथ मनाया जाय तो कैसा रहे? मानकर चल रहा हूं कि उस परम बेला में तुम पास रहोगी। न रहना अच्छा नहीं लगेगा। अट्ठारह से चालीस तक का पूरा विकास देखा, अब वह युगांतकारी जन्मदिन न देखना क्या अच्छा लगेगा? अतएव, आ जाओ।

20.6.64

...कल से फिर वही चिंता–अफ्रीका के बाद क्या? हजार तर्कों के बावज़ूद थियेटर को पेशा मानकर उससे लटक पड़ने की असंभव, अवास्तविक कल्पना को किसी तरह मार नहीं पा रहा हूं। तथापि कुछ लिख नहीं रहा, कोई आइडिया खोपड़ी में नहीं आ रहा। हारकर नौकरी और घर-गृहस्थी को लेकर कैसे जीवन-यापन संभव हो सकता है, इसका उपाय सोचने में लगा हूं। इस बीच कल रात चार्ली चैपलिन की आत्मकथा में एक वाक्य पढ़ा–

Over the years I have discovered that ideas come through an intense desire for them; continually desiring, the mind becomes a watch-tower on the look-out for incidents that may excite the imagination–music, a sum-set, may give image to an idea.

मैं चेष्टा करूं तो नाटक लिख सकता हूं–इस ख़याल से मैंने नाटक लिखने की चेष्टा कभी नहीं की। खेलने के लिए नाटक चाहिए, इस ख़याल से ही नाटक लिखना चाहा था, लिखने की 'intense desire' थी! ग़लत या सही पता नहीं, आज भी लगता है कि यदि हर समय नाटक करने की संभावना होती तो एक

के बाद नाटक अपने आप ही लिखे जाते। ज़रूरत के अनुसार आइडिया की खोज होती। अब समझ में आ रहा है कि खेलने के लिए यदि 'चक्र' न होता तो मेरे कई नाटक अलिखित ही रह जाते। अब समझ में और भी आ रहा है क्योंकि यहां खेलने की संभावना नहीं इसलिए लिखने की intense desire भी नहीं। इसीलिए पेशादारी दल की दृष्टि से सोचकर अपने को उत्तेजित करने की चेष्टा करता हूं। लेकिन वह कल्पना इतनी अवास्तविक होती है कि मैं सकता नहीं। और कितना सकूँगा? उम्र तीन-चार साल और बढ़ जायेगी, काबुल-तुबुल की पढ़ाई-लिखाई और बुढ़ापे में जीवनयापन की चिंता सवार होगी। रुपये-पैसे को लेकर और कितना खेलवाड़ कर सकूंगा?

तथापि चार्ली का कहना है–'How does one gets ideas? By sheer perseverence to the point of madness. One must have a capacity to suffer anguish and sustain enthusiasm over a long period of time'.

कहें जो कहना हो। मैं सोऊं। नहीं, सोने के पहले देखना होगा कि इस आदमी ने और क्या कहा है। अभी भी सौ-एक पन्ने बाक़ी हैं।

15.8.65

आज रविवार। रात ग्यारह बीस। पिछले रविवार को तुम गयीं। इस रविवार को कलकत्ता में होंगी।

19.8.65

...केवल किताब पढ़ पा रहा हूं। सारी अस्थिरता, निर्जीवता, क्लांति–किताब पढ़ने से कुछ दूर तक कटती है।...निश्चिंत सोने के लिए किताब की कब्र तैयार कर रहा हूं? शायद।

...इतिहास बड़ा काम करता है। इतिहास का वज़न बहुत होता है।

2.9.65

मनु,

पिछले कई दिनों से देर रात तक एक नाटक का दूसरा दृश्य पूरा करने की बात सोचते-सोचते सोफ़ा पर लेटे-लेटे सोता हूं। बस, बिजलीबत्ती बेकार जलती

रहती है। यह सीतानाथ और कणा वाला नाटक है। कई दिन पहले रात ग्यारह बजे दूसरी कहानी का जाल फैलाया था। रात साढ़े तीन बजे तक तेरह पन्ना हुआ। फिर गाड़ी अटक गयी। उसके बाद पिछले कई दिनों से रोज़ रात में काफ़ी समय बरबाद करके सोचता रहा हूं। सोचने का परिणाम–उन तेरह पन्नों को रद्दी की टोकरी में डालकर नये सिरे से सोचना होगा।

10.9.65
(रात बारह बजे)
मनु,
रात जगकर किसी तरह बड़े कष्ट से तीन-चार पन्ना लिखता हूं। आठ-एक पन्ने के बाद इसकी आशा भी क़रीब-क़रीब छोड़ दी थी। आज ऑफ़िस में अचानक कहानी खोपड़ी में किलबिल करने लगी। काग़ज़ पर नोट करके रखने चला तो लिखना ही शुरू हो गया। फाइल का ढेर लगा रहा, छह पन्ना लिख डाला। आज, अभी-अभी दूसरी कहानी पूरी कर डाली। जैसी भी बनी हो, मन को बड़ी शांति मिली। यह नाटक तो तीन अलग-अलग नाटक हैं। चलो, तीन में से कम-से-कम दो तो हुए।...कड़वी दवा की तरह हुआ है यह नाटक।

अब अंतिम दृश्य। फिर से नये सिरे से सोचना होगा, बहुत ज़्यादा सोचना होगा। यह शायद नहीं हो पायेगा।

21.9.65
...15 तारीख़ को शौभनिक 'एबोंग इंद्रजित्' मंचित करेगा, ऐसा लिखा था। लगता है वैसा कुछ हुआ नहीं। 'चक्र' कैसा चल रहा है?

...पिछले पत्र में लिखा था कि बहुत कोशिशों के बाद सीतानाथ को दुबारा फांसी के फंदे में झुला दिया। तब से सीतानाथ मुंह फुलाये है, मानो कह रहा हो–बार-बार का मतलब तीन बार नहीं होता, खेला समझ रखा है? कई दिनों तक उसे समझाने की व्यर्थ चेष्टा के बाद अब फिर से किताबों में मन लगाने की चेष्टा कर रहा हूं।

2.10.65

मनु,

चिट्ठी मिली। शौभनिक के 'एबोंग इन्द्रजित्' की ख़बर से भरी। नवजात शिशु, अ-आ-क-ख, वीर शिशु आदि बातों का अर्थ नहीं समझ में आया। मैंने क्या life cycle की बात की है? सिगनल की बात भी समझ में नहीं आयी। मैंने रेल लाइन की बात ज़रूर कही है लेकिन साथ ही यह भी कि उस लाइन पर गाड़ी नहीं आती। इंद्रजित्, लेखक और मानसी उसे रास्ता मानकर रेलगाड़ी पर चढ़कर रवाना हो गये—यह बात मेरी कल्पना में नहीं आयी थी। मेरी धारणा में 'आमि क्लांत' कविता लेखक के सिवा और किसी (विशेषकर अमल-विमल-कमल) के बोलने से नाटक का बारह बज जायेगा।...लगता है 'एबोंग इंद्रजित्' को आधार बनाकर वे लोग अपनी पसंद के अनुसार एक नया नाटक खेल रहे हैं।...'एबोंग इंद्रजित्' का कथ्य ऐसा कुछ जटिल नहीं है। क्या इसी कारण उसे जटिल बनाने की चेष्टा की जा रही है?

...सीतानाथ-कणा के नाटक को लेकर कई दिनों से खूब खट रहा हूं। इतनी ज़्यादा re-writing पहले कभी नहीं की। तुम जानती हो कि दुबारा लिखना मेरे स्वभाव में एकदम नहीं है।...तीसरा अंक कुछ दिन पहले लिखा। लिखने के बाद पूरा होने का आनंद थोड़ा-सा मिला। अब लग रहा है कि सब कैंसिल कर देना होगा। और उसी की तैयारी के तौर पर कल पहले पांच पन्ने (शरदिन्दु-बासंती के संवाद) रद्द करके नये सात पन्ने लिखे—रतजगा करके।

जितने भी पाश्चात्य नाटककारों के बारे में पढ़ा है, लगता है सब इसी तरह नाटक लिखते हैं। यह gruelling boring खटाई, गधे की तरह। अभी तक प्रेरित होकर लिखता था न, इसलिए यह सब समझ में नहीं आया था। यदि यह gruelling ठीक से की जाती तो बड़ो पिसीमा का अंतिम अंक न झूलता, समावृत्त में झरना प्रवीर गुह को इस तरह मुट्ठी में न रख पाती, बल्लभपुर में भूपति-स्वप्ना के प्रेम को लेकर संजीव-मनोहर इतनी बकबक न करते, शनिवार में दिव्येन्दु स्वप्न और वास्तविकता के बीच इस गति से टेनिस न खेलता। दुख इस बात का हो रहा है कि इस समय एक ऐसे नाटक पर खट रहा हूं जो वैसे भी एकदम बेकार लग रहा है। अंत में यदि खड़ा किया जा सका भी तो समावृत्त के साथ मारा-मारी ही होगी कि लास्ट सीट किसे मिले।

9.10.65

मनु,

इसके पहले कभी भी नाटक पूरा करके इतना असंतोष नहीं हुआ। **Theme** मुझे अच्छी लगती है। वैसे **morbid** है फिर भी मुझे अच्छी लगती है। लेकिन अशांति इस बात की है कि थीम के अनुसार लेखन नहीं हो पाया। शायद कभी किसी दिन तीसरा अंक दुबारा लिखा जायेगा, इसी के भरोसे हूं।

24.10.65

मनु,

शाम को बगीचे में पायचारी करते हुए सोच रहा था। उसके बाद बैठा। और कुछ काटा-कूटी, अदल-बदल करके तीसरे अंक को थोड़ा पोख्ता किया। लग रहा है (कम-से-कम फ़िलहाल) कि थोड़ा बेहतर हुआ है। नाम भी तै कर लिया–बाकी इतिहास।

2.11.65

मनु,

तुम्हारी लिफाफेवाली चिट्ठी आज मिली। साथ में 'देश' और 'आनंद बाज़ार' की समीक्षा। लगता है तुम बहुत नाराज़ हुई हो। लेकिन मैं उतना नहीं हुआ हूं। नेतिवाद, नैराश्यवाद, प्रत्यतहीनता आदि जैसी निंदा खूब स्वाभाविक है, न होती तो ताज्जुब होता। कुछ ग़लत व्याख्या, कुछ बुद्धिमान दिखलाने के लिए दी जानेवाली बौद्धिक गालियां–ये तो होंगी ही। मैं वरन् इस बात से खुश ही हूं कि 'आनंद बाज़ार' में एक हाथ से लंबी (नापकर देखा है) समीक्षा है और 'देश' में भी क़रीब-क़रीब उतनी ही।...इसके अलावा लोग यह नाटक देख रहे है, मंत्रमुग्ध से (आंनद बाज़ार) देख रहे हैं, यह तो बड़े आश्चर्य की बात है।

समीक्षा को लेकर कुछ लिखने की आवश्यकता मुझे नहीं महसूस होती, सॉरी। यह सही है कि समीक्षा में थोड़ी गहराई होती तो खुश होता लेकिन उस कारण प्रतिवाद नहीं किया जा सकता।...मनु, तुम 'एबोंग इन्द्रजित्' को जितना महत्त्व देतीं हो उतना **objectively** देखनेवाला कोई व्यक्ति क्यों देगा? तुम्हारा महत्त्व देना ग़लत है, यह नहीं कह रहा पर यह अलग-अलग तरह की जानकारी, अनुभव की बात है। व्यक्तिगत अनुभव एवं जानकारी के अनुसार कोई

इसे किसी और की कहानी मानेगा, कोई इसे एकदम निजी कहानी मानेगा, कोई कितना identify कर पा रहा है, इस पर निर्भर करता है। समीक्षा में नाटक के चिंतन पक्ष या वक्तव्य से अधिक प्रशंसा की गयी है आंगिक की। यहां तक कहा गया है कि आंगिक के मोह में लेखक फंस गया है। एक तरह से यह प्रशंसा ही है क्योंकि मुझे तो पता है कि नाटक आठ दिन में पूरा हुआ था और कलम से पहली बार में जो निकल गया, वही रहा, मैंने उसमें कोई रद्दोबदल नहीं किया। इसका मतलब आंगिक प्रायः स्वतःस्फूर्त था–बिना सोचे-विचारे ढांचा खड़ा हो गया। प्रशंसा नहीं हुई?

7.3.66

मनु,

परसों शनिवार रात दस बजे एक नया नाटक शुरू किया है। उस रात पहला अंक पूरा करके सुबह चार बजे उठा। रविवार को दिन में थोड़ा-बहुत...रात में क़रीब डेढ़ बजे तक लिखकर दूसरे अंक के बीच तक पहुंचा। पूरा होने पर एक पूर्णांग नाटक तैयार होगा–जिसे कोई दल किसी भी दिन खेल नहीं पायेगा। अंग्रेज़ी की अच्छी कहानी है। उसका नाटक नहीं बन सकता इस ख़याल से अनुवाद करने की इच्छा हुई।...वैसा न करके नाटक के रूप में ही उसका राम नाम सत्य है करने बैठ गया। बहाना–नाटक ही मेरी लाइन है। दुष्परिणाम–न नाटक न कहानी। सुपरिणाम–नाटक लिखने का अभ्यास, तुमलोगों को बताने का आनंद एवं यदि पूरा हो गया तो पूरा करने की आत्मतृप्ति।

9.3.66

...बहुत बड़ी ख़बर। कल रात तीन बजे नाटक पूरा कर डाला। शुरू 6 की रात ठीक 10 बजे और शेष 8-9 की रात 3 बजे। अर्थात् चार दिन कह सकती हो। फुलस्केप 49 पन्ने। पन्नों की संख्या पर ध्यान दो। इस संख्या के साथ नाटक के पात्रों का भी संबंध है–ऐसा अजीब नाटक मैंने पहले कभी नहीं लिखा।

'बाघ' लिखकर एक डज़न पूरा किया था। इस बार हुआ तेरह। सुना है, तेरह की संख्या अच्छी नहीं होती लेकिन चार दिन में यह नाटक लिख गया इसका यह मतलब तो नहीं कि चौदह नंबर भी चार दिन में लिख डालूंगा।

नाटक का नाम किसी तरह नहीं ठीक कर पा रहा हूं। जिस अंग्रेज़ी कहानी को चुराया है उसका नाम बिलकुल नहीं चल सकता। कारण–कहानी का कांफ़ी कुछ चुराने के बावज़ूद नाटक का मूल point कहानी से भिन्न है। यह सब कहने का तभी कोई मतलब होगा जब इस रचना को नाटक माना जायेगा और यह भी कि इसमें कोई point है।

...क्या ज़बरदस्त गोलमाल करके तीन अंक को एक ही सेट पर समेटा है, यह अंग्रेजी-बांग्ला दोनों एक साथ पढ़ने पर ही समझ पाओगी। यह सही है कि पूरी तरह नहीं समेट पाया हूं। इस नाटक में जिस साइज़ का स्टेज, प्रकाश का खेल, अभिनेता-अभिनेत्री का रूप-रंग और अभिनय कुशलता की मैं मांग कर रहा हूं, वह मिलना बहुत मुश्किल है। चक्र–दुख के साथ बता दूं–एकदम दृद्वद्य।

ख़ैर, छोड़ो। कुछ भी हो, नाटक का स्ट्रक्चर तो है। कुछ भी हो, तुम लोगों को 'नाटक' कहकर सुनाया तो जा सकेगा। कुछ भी हो–संख्या में वृद्धि तो हुई।

24.3.66

मनु,

...कल बहुरूपी पत्रिका में शंभु मित्र का 'घूर्णि' नाटक पढ़ रहा था। नाटक के हिसाब से वह अचल है, चरित्र नहीं उभरा है, और बहुत सारे दोष हैं लेकिन पूरा करने के बाद काफ़ी देर सोचता रहा। शंभु मित्र के मन की घूर्णि (चक्रवात) को तो अस्वीकार नहीं किया जा सकता।

बंगाल के शिक्षित मध्यवित्त पुरुषों की आदत है–अंधों की तरह टटोल-टटोलकर जानने की चेष्टा कि कहां शक्ति है, कहां वीर्य है। यदि उसमें ही अपने को समर्पित करके विलीन भी हो जाया जाय, तब भी जीवित रहने का कोई अर्थ समझ में आता है। जीवित रहना–ऐसा जीवित रहना प्रकृति के दबाव के कारण ही होगा। जानवरों की तरह हो, पेड़-पौधों की तरह हो, टेढ़ी-बांकी त्रिभंगमूर्ति की तरह हो–जैसा भी हो, जीवित रहना ही होगा। और उस जीवित रहने को किसी तरह एक अर्थ देने की चेष्टा करना, एक मूल्य खोज-खाजकर निकालने की चेष्टा करना–यह हमलोगों की, इंद्रजित् लोगों की, घूर्णि के विकास लोगों की heroism है। इन un-heroic पात्रों की अंध लेकिन heroic खोज और चेष्टा–यही हमलोग जैसे नाटककारों के हीरो की heroism होती है।

इसके अगले दिन ही कलकत्ता के विक्षोभ को लेकर तुम्हारी चिट्ठी आयी। इस ख़बर को लंदन के रक्षणशील अख़बार 'टाइम्स' के लेट एडिशन में पढ़ा था—ख़बर ट्राम जलाने और गुंडागर्दी होने की ख़बर के रूप में थी। उसकी आड़ में यद्यपि असल कारण का कुछ-कुछ आभास मिला था तथापि यहां के निर्वासित मन पर उसका वह असर नहीं पड़ा जो असर घूर्णि, अंधेरे बगीचे में पायचारी और तुम्हारी चिट्ठी—इन तीनों का मिलकर पड़ा था।

आज भी सारी शाम अंधेरे बगीचे में पायचारी की। वे तीन और सार्त्र का नाटक Altona। वंध्या पायचारी। उससे कुछ नहीं आता-जाता। मैं लिख पाया या नहीं अपने-आप में यह कोई बड़ी बात नहीं। बड़ी बात है मैं जीवित हूं या नहीं, जीवित रहने की बात सोचता हूं या नहीं, जीवित रहने में अर्थ खोजता हूं या नहीं। Altona का उन्मत्त नायक पूरी शताब्दी का दायित्व अपने कंधों पर उठाकर तीसवीं शताब्दी के लोगों के विचारकक्ष में अपने पक्ष के समर्थन में कहता है—'...I, Franz von Gerlach, here in this room, have taken the century upon my shoulders and have said : I will answer for it. This day and for ever. What do you say?' यही प्रश्न है।

27.3.66

रविवार शाम। घर में मैं अकेला हूं।...अभी तक बगीचे में था। अंधेरा क़रीब-क़रीब हो गया है। पहले हवा नहीं थी। गरम। गुम। एक ओर तिरछा चांद और कुछ चमकते सितारे। दूसरी ओर अंधकार आसमान और बार-बार बिजली की कौंध। आकाश को चीरनेवाली तीखी धारवाली बिजली नहीं, बादल के बीच-बीच में अचानक होनेवाले प्रकाश की आभा। उसके बाद हवा शुरू हुई। एनुगु के सारे पेड़ जैसे एक साथ शों...शों कर उठे हों। आंधी। सिर के ऊपर पेड़ की डाल-डाल पर। नीचे झरे पत्तों पर। मेरे चेहरे, छाती, पीठ पर। और बिजली। और हवा। चांद लुप्त हो गया। सितारे निश्चिह्न। हवा ठंडी हो रही है। ठंड लग रही है। हवा की गंध बदल रही है। नम गंध। भीगे पेड़ के भीगे पत्तों की गंध उधर से कहीं से आ रही है। भीगी सोंधी गंध, नमकीन-सा स्वाद। नमकीन क्यों? लेकिन लगा कि नमकीन है। अचानक पुरी के समुद्र की याद आ गयी। आवाज़ के कारण? समुद्र की याद आयी क्या इसीलिए हवा नमकीन लगी? क्या पता।

दो-एक बूंदें। बड़ी बूंदें। हवा कम हो चली है लेकिन और नम हो गयी है। और बूंदें। बरसात आ गयी। घर लौटा नौ बजे। खाने का समय। फिर भी चाय लेकर बैठा। चाय और चिट्ठी। खाना बाद में।

नाटक की बात सोचता हूं। रोज़ सोचता हूं।...लेकिन बात आगे नहीं बढ़ रही।

...ऑफ़िस में बहुत काम है। सिर उठाने का समय नहीं। समय अच्छा बीतता है। अब मजे में डूबा जा सकता है। कल घर पर क़रीब पांच घंटे ऑफ़िस का काम किया। 'प्लान' बना रहा था। अच्छा ही लगा। आज उसे छुआ भी नहीं। बाहर नहीं निकला। दाढ़ी नहीं बनायी।

...लगातार बरसात की आवाज़। रात की बरसात। अच्छी लगती है।...झींगुर बोले ही जा रहे हैं। कोई जैसे रेडियो बजा रहा है, दूर पर। कोई जैसे बीच-बीच में सीटी बजा रहा है। दूर से आता कंठस्वर। दूर पर गाड़ी की आवाज़। रेल की बांसुरी। सब दूर पर। रात के शब्द सब। अफ्रीका की रात।

अफ्रीका लेकिन बाहर ही रह गया। दूर। रात के शब्दों की तरह।

7.4.66

मनु,

...यहां पब्लिक छुट्टी साल में ग्यारह दिन है। उनमें से चार दिन अप्रैल में ही पड़ते हैं।...बहुत दिन पहले पढ़ा एक अंग्रेज़ी नाटक ख़याल में आया। उसे लिखने में कोई ख़ास तुक नहीं था, इसलिए लिखा नहीं। अब अप्रैल की छुट्टी का मान रखने के लिए सोचा–शुरू किया जा सकता है।...अजीब है। और हल्का। इसके साथ काव्य जोड़ दिया जाय तो कैसा रहे? अवश्य ही एकदम बकवास होगा। लेकिन छुट्टी तो वैसे भी बरबाद होगी क्योंकि और कुछ तो दिमाग़ में है नहीं। अतएव?

अतएव...जना-खना-कर्णकुंती संवाद* की परंपरा को माथा नवाकर–

...सेनगुप्ता बहुत गाली दे रहा है। कहता है–कविता को लेकर झख मारने क्यों गये? कोई नहीं पसंद करेगा। बोला–और कोई न सही, आप तो सुनेंगे? इस डर के मारे उसी दिन से बुरा हाल है उसका। नाटक में कविता घुसाने पर काबुल-तुबुल को भी बहुत आपत्ति है, वैसे ही जैसे गंभीर नाटक पर। उनके

---

* पुराने नाटकों के नाम

अनुसार आज भी मेरा श्रेष्ठ नाटक है *'बल्लभपुरेर रूपकथा'*। तुबुल उसे दस बार पढ़ चुकी है, अभी भी बीच-बीच में पढ़ती रहती है।

लेकिन जो भी कहो, पद्य में लिखने का अपना मज़ा है। पिछले रविवार को एक अंश लिखकर बड़ा मज़ा आया।...झट से पूरा होने की कोई संभावना नहीं। काफ़ी दिन भोगायेगा।

3.5.66

मनु,

...मेरी चिट्ठी चोरी जा रही है, यह सुनकर थोड़ी चिंता हुई। पिछली चिट्ठी में शायद काव्य-नाटक पूरा होने की सूचना दी थी।...नाटक पूरा किया था 9 अप्रैल को रात तीन बजे–चाहो तो 10 कह सकती हो।

...कलकत्ता, बांग्लादेश–धीरे-धीरे दूर सरकते जा रहे हैं। धुंधले होते जा रहे हैं। कलकत्ता के बंगाली जिन्हें जानता हूं, जिन्हें लेकर नाटक लिखा जा सकता है–अस्पष्ट होते जा रहे हैं। नाटक लिखने की सोचो तो आंखों के सामने लोग नहीं उभरते। केवल कुछ यांत्रिक चरित्र आते हैं। वे भी पूरे नहीं।

...फिर जैसे फंसता जा रहा हूं। यहां के अस्तित्त्व में। ऑफ़िस के काम को आजकल थोड़ा पकड़कर रखता हूं।...सब चिट्ठियों में लगभग एक ही बात कहता हूं न? बहुत दिन पहले लिखी एक कविता की अंतिम लाइन याद आ रही है–एक-रस चेतना में धूमिल रंग कविता। पुनरावृत्ति ही उसकी अंतिम पूंजी।

...और एक मालगाड़ी झकझक करते-करते एनुगु स्टेशन की ओर बढ़ गयी। बाहर थोड़ी चांदनी है। लगता है अब चांद डूब गया है। जब बगीचे में घूम रहा था तब देखा था। काफ़ी सारा आकाश अभी भी देखा जा सकता है, याद है? चांद की रोशनी में पेड़ अलग तरह के दिखते हैं। लेकिन उस समय मेरा ध्यान उस ओर नहीं था। उस समय मैं सोचने की चेष्टा कर रहा था कि बंगालियों के जीवन में ही नाटकीयता नहीं है, या जिनके जीवन में है, उन्हें मैं जानता नहीं? प्रश्न कष्टकर है।

6.5.66

...परसों एक आधुनिक नाटककार का नाटक पढ़कर उत्तेजित होकर मैंने भी एक नाटक लिखना शुरू कर दिया है। बीस पन्ने हो गये, नाटक पूरा होने की

संभावना है।...विश्वसनीय धारावाहिक कहानी को लेकर आजकल नाटक एकदम नहीं लिख रहा। जो लिख रहा हूं, उसके अच्छे-बुरे के बारे में जानने का कोई उपाय नहीं—इस पीड़ा को समझ सकती हो?

...नाटक छोटा या पूर्णांग होगा, यह तै करने का समय आ गया है। कहानी नहीं है इसलिए जहां मर्ज़ी समाप्त कर देने में असुविधा नहीं। इस मामले में यह नाटक मेरे और दो नाटकों की तरह है। कौन-कौन पता है? 'एवम् इंद्रजित्' और 'बिचित्रानुष्ठान'। दोनों एकदम अलग हैं? क्या पता? इन दो विपरीतों को एक साथ मिलाने की इच्छा बहुत दिनों से है। इस नाटक में ही उसकी थोड़ी-सी चेष्टा की है। शायद थोड़ा बढ़ा-चढ़ाकर कह रहा हूं। इच्छा या चेष्टा और काम—दोनों के बीच बड़ी फांक होती है।

...बगीचा धीरे-धीरे रूप ले रहा है। अच्छा लग रहा है। पेड़ का बढ़ना, फूल-फल निकलना, मजे की interesting चीज़ रहती है। लग रहा है न कि उम्र चालीस पार हो गयी?

12.5.66

मनु,

पांच तारीख़ को यहां की इस यात्रा का तीसरा नाटक शुरू किया था। रविवार आठ मई रात पौने दो बजे (अर्थात् सोमवार) वह पूरा हुआ। कह सकती हो—पूरा कर दिया क्योंकि ऐसे अद्भुत् नाटक का शेष होना सर्वथा अपनी मर्ज़ी पर निर्भर करता है।

रविवार को पूरा किया पर वृहस्पतिवार को लिख रहा हूं, क्यों? इस बारे में यह कैफियत दर्ज़ कर रहा हूं कि रात दो बजे सोकर अगले दिन छह बजे उठकर पोर्ट हारकोर्ट रवाना होना पड़ा और लौटानी में 180 मील खुद ड्राइव करके आया हूं। नतीजतन रात में ऐसी नींद आयी कि लिखने बैठना संभव नहीं हुआ। बीच-बीच में ऑफ़िस के काम को मुलतबी करके तुम्हें चिट्ठी लिखता ज़रूर हूं लेकिन तीन दिन बाहर रहने के बाद ऑफ़िस लौटने पर काम की जो हालत रहती है उसमें चिट्ठी लिखने का इरादा भी नहीं किया जा सकता।

...पोर्ट हारकोर्ट गया था पहली बार यहां का नाइट क्लब देखने। इसीलिए आने के पहले दिन रतजगा हुआ। Interesting अनुभव था तथापि उस आधार पर ही नाना तरह का अंदाज़ लगाने या कल्पना शुरू कर देने से हताश होना होगा।

यदि उपर्युक्त कैफियत संतोषजनक न लग रही हो तो विनय छोड़कर कहने को बाध्य होना पड़ेगा कि नाटक पूरा करना अब कोई ख़ास बात नहीं रही, वह तो अनायास ही करता रहता हूं।

...इस बार वाला नाटक भी अंग्रेज़ी से चुराया हुआ है। उसमें नुकसान नहीं बशर्ते कि वह बंगाली बन गया हो। ऐसा हुआ है या नहीं यह जानने का अभी काफ़ी दिनों तक कोई उपाय नहीं। इतना ही कह सकता हूं कि पहले दोनों नाटकों की तुलना में इसे लिखकर मुझे कहीं अधिक तृप्ति मिली है। क्यों मिली, यह कहना मुश्किल है। यह नहीं कहा जा सकता कि उनकी विषय-वस्तु से इसकी विषय-वस्तु बेहतर थी। यह भी नहीं कि अधिक स्पष्ट थी। कहानी तो नहीं ही थी। नायक-नायिका नहीं हैं, चरित्र नहीं के समान, सेट नहीं, चीज़-सामान, सामने का पर्दा कुछ नहीं। प्रकाश में थोड़ा फेर-फार है लेकिन उसका खेला दिखाने की कोई संभावना नहीं। चार पुरुष एक नारी। रूप-आकार से कुछ फर्क नहीं पड़ता, कैसे भी हो–हां, उम्र चालीस के नीचे हो तो बेहतर तथापि वह भी हो ही, ऐसा कुछ नहीं।...और कुछ न हो, पर चक्र इसे भी नहीं कर सका तो बड़ा अन्याय होगा। करना न चाहना अन्याय होगा, यह छाती ठोंककर नहीं कह पा रहा हूं।

असल में...याद है कहा करता था कि 'एबोंग इन्द्रजित्' दुबारा लिखूँ तो roaring farce बनाने की चेष्टा करूंगा? लगता है उस दिशा में ही थोड़ा-सा अग्रसर हुआ हूं। विषय-वस्तु (यदि कुछ है तो) dead serious है, माध्यम farce भी नहीं है, सिर्फ slapstick। यह 'एबोंग इन्द्रजित्' और 'विचित्रानुष्ठान' दोनों का cross है। असल में दोनों में से एक भी नहीं बना पर जब तक काग़ज़ ख़रीदने के लिए पैसों का अभाव नहीं अनुभव करता तब तक मिलाने की यह चेष्टा भी क्या बुरी रहेगी। इस नाटक का नाम भी नहीं ठीक कर पा रहा हूं। 'यदि आर एक बार' या 'परे कोनो दिन' मार्का नामों से ऊबकर इसको नाम दिया है–**प्रलाप।** नाम में और कुछ भले ही न हो, relevance है।

23.5.66

मनु,

...एक-एक दिन...बड़ी थकान लगती है। लगता है–ख़त्म हो रहा हूं। मन में आता है–कुछ भी नहीं हुआ।...कुछ किया नहीं गया, यह नहीं। यह कि अपने जीवन का कुछ हुआ नहीं। नहीं, वह भी नहीं। अचानक बड़ी घुटन-सी लगती

है। लगता है चारों ओर जैसे चहारदीवारी हो। निकलने की, भागने की इच्छा होती है। चहारदीवारी-विरोधी कुछ करने की इच्छा होती है। **Adolescent adventure** जैसी इच्छा। लगता है जीवन सारे समय के लिए भय के एक बहुत भारी पत्थर के नीचे दबा पड़ा रह गया।

30.5.66

मनु,

कानु कहा करता है–मेरा **one track mind** है। कोई बात खोपड़ी में अच्छी तरह बैठ गयी तो फिर मैं और कुछ नहीं देख पाता। विरोध किया है...लेकिन अब धीरे-धीरे लगने लगा है कि कम-से-कम एक मामले में मेरा मन सचमुच one track हो गया है–लिखने के। जो कुछ लिखने लायक़ लगता है, उस सबको नाटक के सांचे में ही ढालना चाहता हूं।

...इस बार जो भूत सवार हुआ है वह सचमुच अति है। एक फ्रेंच पत्रकार बहुत घूमते हैं, बहुत लोगों से बातचीत करते हैं, बहुत-सी किताबें और काग़ज़-पत्तर पढ़कर उन्होंने एक दस्तावेज़ तैयार किया है। विषय–हिरोशिमा, नागासाकी, बिकिनि। आण्विक यंत्र के ध्वंसात्मक रूप के टुकड़े-टुकड़े चित्र।...सीधा अनुवाद करने की बहुत चेष्टा की, मन जमा नहीं। व्यर्थ। समझ में आया–या तो किताब लाइब्रेरी में लौटा दी जाये, छुट्टी या फिर नाटक के रूप में जितना कुछ अनुवाद हो जाये, उसमें खुश हुआ जाय। फ़िलहाल नोट किये तथ्य पड़े रहेंगे।...क्या मुसीबत है, देखो तो। जानता हूं, डाक्यूमेंटरी नाटक नाटक ही नहीं होगा, कोई खेलेगा भी नहीं। खेला भी गया तो कोई देखेगा नहीं।...उसके ऊपर विषय को समझो, चरित्र होंगे अमेरिकन और जापानी, भाषा बांग्ला।

कल रात एक दृश्य लिखा–ग्यारह पन्ने। असली बात अभी भी नहीं आयी है। अभी तक जापान-अमेरिका को कलकत्ता के बंगाली जीवन के पास लाने की चेष्टा की। बंगाली कौन हैं, जानती हो? शरदिंदु और बासंती। 'बाकी इतिहास 'के अगले भाग की तरह लिख रहा हूं तथापि इसे स्वतः संपूर्ण लिखने का इरादा भी है।

...बादवाली चिट्ठी में इसकी अकाल-मृत्यु का समाचार मिलेगा। यदि किताब कलकत्ता में मिले तो पढ़ लेना–Fernand Gigon की Formula for "Death : $E = MC^2$"

6 जून, 66

मनु,

आज सुबह अचानक ख़याल आया (ऑफ़िस के रजिस्टर में सही करते समय)– आज जैसी तारीख़ ग्यारह साल में एक बार आती है। इसके पहले आयी थी 5 मई 1955 को और अगली होगी 7 जुलाई 1977 को। आज है 6/6/66–चार छह।

रात बारह बजे। यद्यपि थोड़ी देर पहले तक भी तीसरा दृश्य दिमाग़ में था तथापि इस विशेष दिन के अंतिम क्षणों में नाटक के 59 वें पृष्ठ पर दूसरे दृश्य को शेष किया और ऐसी जगह पर्दा डाल दिया जहां डाला जा सकता था। आकार पहले के नाटकों की तरह ही न बड़ा न छोटा रह गया। लगता है बादल सरकार ही बांग्ला में डेढ़ घंटे का नाटक लिखने के अग्रदूत होंगे।

...किसी तरह अपने को समझा नहीं पा रहा हूं कि यह नाटक है। डाक्यूमेंटरी फिल्म होती है इसलिए डाक्यूमेंटरी नाटक भी होगा? तथापि हुआ वही है।

शरदिंदु-बासंती को लेकर शुरू किया था। अब लग रहा है नाम बदलना होगा।...एक नाम मन में तै कर रखा है–हिरोशिमा छाड़िये (हिरोशिमा के पार)। एक और नाम भी दिमाग़ में आया है–बिचार (विचार)।

सेनगुप्ता कहता है–और कोई सबजेक्ट नहीं जुड़ा–एटम बम को लेकर नाटक।

28.6.66

मनु,

हास्य नाटक क्यों नहीं लिख पा रहा हूं, बतला सकती हो? जाने कैसा निर्दय हो चला हूं। लोगों को पीड़ा पहुंचाने की इच्छा अधिक होती है, हंसाने की नहीं। नहीं, इच्छा होती है पर हंसा नहीं पाता।

...डाक्यूमेंटरी नाटक पूरा किया। लेकिन लग रहा है कि नाटक खड़ा नहीं हो पाया है। न सही, इसे मुफ्त में ही लोगों को दिखलाना उचित होगा। देख रहा हूं एक के बाद एक मेरे कई नाटकों में आणविक बम का प्रसंग आ-जा रहा है, जैसे—'एबोंग इंद्रजित्', 'बाक़ी इतिहास', 'परे कोनो दिन' (बाद में किसी दिन), प्रलाप आदि। और 'हिरोशिमा छाड़िये' तो है ही। इसे लेकर मुझे कोई चिंता नहीं, वरन् लगता है और होता तो अच्छा ही रहता।

4.7.66

मनु,

बहुत सोच-विचार के बाद नाटक लिखने की चेष्टा अभी फ़िलहाल मुलतबी रखी है। पास में कोई लुभावना प्लाट हुए बिना, उसे लेकर माथा नहीं खपाऊंगा। सन् 1968 के शुरू से ही पूरी तरह लगकर जितनी जल्दी संभव हो छह से दस बरस तक के बच्चों के लिए एक पत्रिका निकालूंगा। और अभी से ही मुझसे जितना बन पड़ेगा, उसकी तैयारी शुरू कर दूंगा।...छह महीने का माल-मसाला जुटाने के लिए क़रीब एक सौ **picture puzzle** तैयार करनी होगी। कम-से-कम उतना तो अफ्रीका में ही कर लेना होगा। और दूसरी चीज़ें भी जहां तक संभव हो।...अब से बड़ों की किताबें छोड़कर छोटों की किताबें पढ़ूंगा। शिशु साहित्य संसद यदि 'छबिर खेला' का दूसरा खंड न भी छापे तो कोई नुकसान नहीं, वरन् एक तरह से अच्छा ही होगा। मोटा-मोटी तै कर लिया है कि 1968 के शुरू से कलकत्ता में ही रहूंगा—नौकरी मिले-न-मिले। पब्लिशिंग को पेशे की तरह अपनाने की इच्छा हो रही है।

हो सकता है यह **passing mood** ही हो लेकिन पिछली बार अड़तालीस चित्र तो बनाये थे। बनाये थे न? तो फिर इस बार क्यों नहीं बना सकूंगा?

...दुख के साथ सूचित कर रहा हूं कि थियेटर करने का **project** मुलतबी रखना पड़ रहा है। दूसरे योग्य व्यक्तियों के हाथों में ही रहे वह। थियेटर बहुत दल कर रहे हैं पर छह से दस साल के लिए आज तक किसी ने पत्रिका नहीं निकाली। बांग्ला **picture puzzle book** के अग्रदूत हम लोग ही हैं।

17.7.66

मनु,

...शिशु साहित्य को लेकर तुम्हें चिट्ठी लिखने के बाद से, मन उस ओर से बिलकुल हट गया। मन आजकल न जाने कैसा विक्षिप्त-सा हुआ जा रहा है। एक जगह अधिक देर टिकता नहीं। एक-एक समय कलकत्ता लौटने की ज़बरदस्त इच्छा होती है।

31.7.66

मनु,

इतना ज़्यादा दबाव है।...ऑफ़िस का पूरा समय नाचते बीत जाता है।...इधर बच्चों की पत्रिका दिमाग़ में जमकर बैठ गयी है।...पहली संख्या की डमी तैयार कर रहा हूं। दो उपन्यास शुरू किये हैं। एक पूरा हो जायेगा (क्योंकि अंग्रेज़ी से चुराया गया है), दूसरे का भविष्य अनजाना है। काबुल-तुबुल उसी को लेकर पीछे लगे हैं। जितना लिखा है, उन्हें अच्छा लग रहा है।...कहानी ही गड़बड़ है। तुम लिखने की कोशिश कर रही हो?

...अख़बारों से यहां का कुछ-कुछ समाचार अवश्य ही मिल रहा होगा। यहां कुछ भी नहीं हुआ लेकिन ईबादान और लेगोस में क्या हुआ, पता नहीं। सब कुछ अनिश्चित है–सरकार बदलेगी या नहीं, शांति लौटेगी या डांवाडोल रहेगी, कुछ नहीं पता। फ़ि लहाल जो है सब सेना तक सीमित है।...अफवाहों का अंत नहीं।...इसके बाद ही हो सकता है दक्षिण अमेरिका की तरह यहां भी छह महीने बाद सरकार बदले।

...हमारी-तुम्हारी जो सम्मिलित प्रकाशन कंपनी होगी उसका नाम रखा है–शताब्दी। दूसरा नाम कोई ध्यान में आये तो बताना।

25.9.66

मनु,

आदमियों के बारे में कितना selective हो गया हूं, यह सोचकर एक-एक समय डर लगता है। किसी से बात करने की तुलना में अकेले रहना बहुत ज़्यादा पसंद करने लगा हूं आजकल। मेरा नाटक लिखना बंद होने के पीछे (यदि वह अभी तक बंद न हो चुका हो तो) यह भी एक कारण होगा कि आदमी में interest कम हुआ जा रहा है। एक-एक समय प्रतिज्ञा करता हूं कि कलकत्ता लौटने पर बहुत लोगों से दोस्ती करूंगा, बातें करूंगा, अड्डा मारूंगा लेकिन यह सब सोचते-सोचते ही कछुए के मुंडू की तरह मन भीतर सिमटने लगता है।

और क्या? 'करना'। किसी एक चीज़ को पकड़कर, one track mind लेकर उसे खड़ा करने की सफल चेष्टा करना। सफल करके भी क्या बड़ा भारी मीर मार लूंगा, पता नहीं। इसीलिए काम की जैसे बहुत ज़रूरत है।

यह तत्त्व तुम्हारे पति महोदय से पहली बार सुना था तब समझ में नहीं आया था इसलिए सीख नहीं पाया था। अब पोर-पोर समझ गया है।

योरोप में इसे आजकल existentialism कहा जा रहा है। दूसरों के मुंह सुनी बात है भाई, मैं नहीं जानता। हो सकता है भूल समझा होऊं। गीता की कुल्लमकुल एक लाइन जानता हूं। बाक़ी गीता में श्रीकृष्ण ने क्या कहा है– नारायण जानें। यदि यह एक पंक्ति गीता है तो श्रीकृष्ण भी existentialist थे। गोली मारो इस सबको, इंटलेक्चुअल न कभी था, न कभी होऊं, यही कामना है।

10.10.66

मनु,

इस देश की स्थिति ठीक नहीं है। पूर्वी नाइजीरिया चारों ओर से घिर गया है। उत्तर के साथ तो ज़बरदस्त झगड़ा है–काफ़ी लोग मरे हैं उत्तर में। इसी दौरान साठ-सत्तर हजार लोग रिफ्यूजी होकर लौटे हैं। पश्चिम के साथ भी धीरे-धीरे संबंध ख़राब हो रहा है। यद्यपि अभी भी यही ज़ोर गले से कहा जा रहा है कि–

नाइजीरिया को पूरा रखेंगे, टूटने नहीं देंगे तथापि पूर्व नाइजीरिया का भला इसी में है कि वह बाहर निकल सके, पर खुलेआम यह कहने की न स्थिति है न साहस।

...लग रहा है, पुतुल वगैरह को भारत भेज देना ही ठीक होगा। अचानक एमरजेंसी होने से चार लोगों की व्यवस्था करना कठिन होगा–प्लेन की सीट से लेकर भाड़ा तक।...मैं अकेला हुआ तो सरकारी अनुकंपा को भूलकर अपना टिकट कटाकर लंबा हो जा सकूंगा। इतना ही नहीं, यदि ऐसा ही मौक़ा पड़ा तो बहुत कम नोटिस पर अपनी गाड़ी लेकर कैमरून चला जाऊंगा, वहां से पेरिस की प्लेन सर्विस है।

...काबुल-तुबुल के स्कूल की समस्या होगी।...दिसंबर में स्कूल की परीक्षा पूरी होगी, उसी समय निकल जाना ठीक रहेगा। अभी पूर्व नाइजीरिया में कोई एयर सर्विस नहीं है। अवश्य ही गाड़ी से लेगोस जाया जा सकता है। लेकिन रास्ते में चार-पांच जगह माल-असबाब खोलकर देखेंगे और मुझे शुरू से अंत तक गाड़ी चलानी पड़ेगी। पूर्व का ड्राइवर लेकर जाना ऐसे में ठीक नहीं होगा, वह भी जाना नहीं चाहेगा।

एनुगु शांत है। उत्तर कै हाउसा यहां थोड़े ही थे। ख़बर है–दो-चार लोगों को एनुगु में मारा है (सरकार ने जोरदार आपत्ति की है)। और दो-चार लोगों

से ज़्यादा को पोर्ट हारकोर्ट में मारा है (सरकारी आपत्ति है पर ज़ोरदार नहीं)।

31.10.66

मनु,

...यहां की स्थिति मोटा-मोटी शांत है, बस अनिश्चितता दिन-पर-दिन बढ़ती जा रही है। पूर्व नाइजीरिया का कामकाज स्वतंत्र देश के रूप में चल रहा है। लिखा-पढ़ी में क्या स्थिति है, कोई नहीं जानता। पूर्व नाइजीरिया को केंद्रीय शासन (या शासन के नाम पर जो घालमेल की स्थिति बनायी गयी है) बिलकुल स्वीकार नहीं और वह खुल्लमखुला उसे अमान्य कर रहा है। घर छोड़ो पूरी तरह चालू है और जितना-सा बाक़ी है, वह भी होगा अर्थात् अन्य किसी अंचल के लोग पूर्वी नाइजीरिया में नहीं रह पायेंगे, यहां के लोग भी और कहीं नहीं रह पायेंगे। पूर्व के लोग उत्तर की रेल, डाक, बिजली, स्कूल-कॉलेज आदि, इतना ही नहीं सरकारी ऑफ़िस का काफ़ी काम भी सम्हालते थे। घर छोड़ो के कारण उत्तर में बहुत कुछ नष्ट हो गया है। रेल बहुत दिनों से बंद है, डाक अधिकतर बंद ही है, कानो एयरपोर्ट भी बंद ही लगता है। इस बीच क़रीब एक लाख लोग लौट आये हैं। यहां अब पुनर्वास की समस्या है। ग्रामीण समाज-व्यवस्था की बदौलत यह समस्या उतनी सामने नहीं आ रही है—सभी अपने नाते-रिश्तेवालों के यहां पहुंच जा रहे हैं। एनुगु होकर रास्ता है लेकिन एनुगु के रास्तों को देखकर कुछ अंदाज़ नहीं लगता। स्टेशन, एयरपार्ट, अस्पताल आदि जाने से कुछ अंदाज़ लगता है। इसके अलावा ईबो लोग भीख नहीं मांगते। लोग अपने-आप बहुत सहायता कर रहे हैं।

28.11.66

मनु,

...वे लोग 11 दिसंबर को रवाना हो रहे हैं। एनुगु-लेगोस-कायरो-कलकत्ता। मंगलवार को सुबह साढ़े पांच बजे दमदम पहुंचने की बात है।

11.12.66

मनु,

आज सुबह उन्हें एनुगु एयरपोर्ट पहुंचा आया। आज से इस देश में मेरे एकाकी जीवन की शुरुआत हो रही है। कम-से-कम छह महीनों के लिए।

...काबुल के छोटे कमरे में मैंने अपनी गृहस्थी जमा ली है। तीन पलंगों से ठसे बड़े बेडरूम को तलाक दे दिया।

...इस समय शाम के सात बजे हैं। थोड़ी देर सड़क पर घूम-घाम आया, लौटने पर यह विशाल मकान एकदम ख़ाली-ख़ाली लगा। इतने बड़े घर का मैं क्या करूंगा?

...लंदन-पेरिस में अकेले रहने से यहां के रहने में अंतर होगा। बड़ा मकान, नौकर द्वारा बनाया खाना—इस तरह की अकेली ज़िंदगी तो पहले कभी बिताई नहीं। यह जगह बाल-बच्चों के साथ ही रहने लायक़ है।

डायरी

19.12.66

अफ़्रीका में अकेले जीवन की शुरुआत हुई आठ दिन पहले। इन आठ दिनों में ज़िंदगी को व्यवस्थित करने की चेष्टा में रहा—बराबर। हुई नहीं। हो नहीं रही। अभी भी नहीं हुई।

शेष हुआ जा रहा हूं—यह अनुभूति अत्यंत पीड़ादायक है। स्वीकार करना कठिन है। इसके पहले भी तो कितनी ही बार लगा है कि शेष हुआ जा रहा हूं, शेष हो गया हूं। फिर कुछ-न-कुछ घटित हुआ है जिससे विश्वास लौटा है कि—ना, शेष नहीं हुआ हूं। इस बार भी क्या वैसा ही नहीं है?

लेकिन इसी तरह तो शेष हो जाएगी।

...जीवन की मार। कानु यह कहता है। 'उसका और कुछ होना नहीं है, वह जीवन की मार का मारा है'—बहुत परिचित, बहुत निकट के व्यक्ति के बारे में कहा था।

मैं क्या जीवन की मार खाता हूं? ज़रूर खाता हूं। कौन नहीं खाता? लेकिन कानु ने मेरी बात नहीं कही थी। जो केवल मार खाते रहते हैं, जिनके हाथ और कुछ भी नहीं लगता, उनके बारे में कह रहा था। मैंने बहुत कुछ पाया है, जीवन में पर्याप्त आनुकूल्य मिला है। मैं सह लेता हूं। जितनी मार खाता हूं उन्हें पीठ सह लेती है।

जीवन की मार खाये आदमी को लेकर मैंने नाटक लिखना चाहा। जीवन को सजाना चाहता है पर सजा नहीं पा रहा है। सब गोलमाल हो जा रहा है। Confusion, confusion को लेकर नाटक हो सकता है? यदि वैसा नहीं हो सकता तब किसी भी बंगाली को लेकर नाटक नहीं हो सकता।

चिट्ठी

23.12.66

मनु,

...एक ख़बर पुरानी हो गयी है। लिखने की चेष्टा की पर लिख नहीं पाया। यदि यह कह पाता कि लिखने की चेष्टा करना ही छोड़ दिया है तो फिर भी बात में कुछ नयापन होता लेकिन सच्चाई आज तक वही बनी है।

कभी कविता लिखा करता था न? आजकल तो उसकी याद भी नहीं आती।

...बगीचे की हालत ख़राब है। एक तो पुतुल नहीं, ऊपर से हारमाटान (फूल विशेष)। लेकिन रजनीगंधा खिला है, दो पेड़ों में। बेगनबेलिया एक पेड़ में लाल, एक में बैंगनी। कुछ गुलाब। हारमाटान, लिलि।

हारमाटान। कुछ दूर का पहाड़ सारे दिन धुंधला दिखता है। रास्ते के दोनों ओर के सारे पेड़ों की हरियाली धूल से भरकर ब्राउन हो गयी है—पोर्ट हारकोर्ट जाते समय रास्ते में देखा।

जाते-आते दोनों बार रास्ता ब्लाक करके गाड़ी रोकते हैं। सिपाही या सशस्त्र पुलिस सूटकेस खोलकर और गाड़ी का घूंघट (हुड) खोलकर देखते हैं कि गोली, बारूद, बम, बंदूक वगैरह तो नहीं चलान कर रहा हूं। मिलिटरी राज है। आदत पड़ गयी है। साहब लोगों को ज़्यादा तंग करते हैं। शायद वे मानते हैं कि भारतीय राजनीतिक चक्रांत या बम-बारूद चलान करने में रुचि नहीं रखते। पर अधिकतर लोगों को मैं एक नज़र में भारतीय नहीं लगता, रंग का इतना सूक्ष्म अंतर उनकी पकड़ में नहीं आता। ओचिंओचा तो ओचिंओचा।

...सुना जा रहा है कि पंद्रह लाख लोग लौट आये हैं।...स्टेशन या फुटपाथ पर कोई नहीं है, भीख मांगते भी कोई नहीं दिखा। आते हैं और संयुक्त परिवार के साथ गांव-गांव में मिल-खप जाते हैं। कितने भी दिनों से बाहर हों पर अपने देश से कोई भी पूरी तरह विच्छिन्न नहीं हुआ है। एक ओर यह स्थिति जितनी मंगलमय है दूसरी ओर उतनी ही सर्वनाशपूर्ण। कारण, नाइजीरिया एक है, यह

धारणा किसी तरह पुष्ट नहीं हो रही है। इबो, योरुबा, हाउसा, फुलानी—यह धारणा ख़त्म नहीं हो रही है—विभेद बना ही है।

डायरी

27.12.66

विवर। गर्त। पराधीनता का गर्त। स्वाधीनता का भय। गर्त के बाहर की दुनिया, सत्य की दुनिया का भय।

समरेश बसु ने जो सोचा है मैंने भी बहुत दिनों से, नाना रक़मों में सोचा है। लिख नहीं पाया। लिखने के लिए विवर से निकल आना होता है। विवर से निकल आने के बाद अपना चेहरा कैसा होगा, दूसरे विवरों से झांकते दूसरे चेहरे देखने में कैसे होंगे—इसकी कल्पना मैंने अनेक बार करके देखा है। गर्त के बाहर अपना नग्न चेहरा कुत्सित लगा है, अशालीन लगा है—लेकिन वह दूसरों की दृष्टि से देखना होता है। दूसरे गर्त की अलग दृष्टि—जिसका व्यवहार करके पिछले अनेक वर्षों से अपना विचार करना सीखा है। दूसरों की दृष्टि बाद देकर अपनी दृष्टि से, अपनी दृष्टि का जो कुछ भी बचा है उससे, देखने पर बुरा नहीं लगा।

गर्त के बाहर (जितना बाहर रहना संभव हो) आज तक लगता है दो व्यक्तियों को देखा है—कानु और बारीन। गर्त के भीतर, भीतर जितना सिमटकर रहना संभव हो, सबसे अंतरंग रूप में देखा है—अपने को।

दूसरों की दृष्टि में रहना। दूसरों की क्षीण दृष्टि को पराधीन दृष्टि से देखना। दूसरों की दृष्टि में अपने को अच्छा बनाकर रखना, बड़ा बनाकर रखना, दोष-रहित बनाकर रखना। सबसे बड़ी बात, बोधगम्य बनाकर रखना। भूल समझा और सर्वनाश। यदि किसी अटपटे काम—गर्त के बाहर के किसी काम—के बारे में किसी को बताना ही पड़े, तब उसके साथ बदस्तूर पूरी व्याख्या रहती है। देखो—यह काम मैंने किया है, आम लोगों की दृष्टि में यह ग़लत है पर इसे करने के पीछे का यह इतिहास है, ये सब कारण हैं। व्याख्या की पोशाक पहनकर गर्त के बाहर आने की आदर्श व्यवस्था जैसी। इससे जिसके सामने अपने को उद्घाटित कर रहा हूं, उसकी नज़रों में मेरी कीमत बढ़ जाती है। वह मेरे एक संघटित रूप का परिचय पाता है, कुछ असाधारण का, गर्त में रहनेवाले दूसरे प्राणियों से भिन्न एक तरह की असाधारणता का, परिचय पाता है। पाकर उसका अहम् भी तृप्त होता है—केवल मेरे सामने वह खुला है, और किसी के नहीं।

असल में व्याख्या की पोशाक पहनकर गर्त के बाहर आना, बाहर आना ही नहीं हुआ। वह एक विवर से दूसरे विवर में घुस जाने जैसा होता है।

...मन के भीतर की भोथरी हो गयी कुछ अनुभूतियां फिर से थोड़ी धारदार बनकर खोंचा-खोंची कर रही हैं। उन्हीं के बीच गहरे मन का सब्ज अंधकार बीच-बीच में मन में लहरा गया है। बता गया है कि—निस्तार नहीं। इतनी आसानी से निस्तार नहीं मिलनेवाला है।

मैं क्या निस्तार चाहता हूं? शायद चाहता होऊं पर...लेकिन ज़बरदस्ती मुंह बंद करके मार डालने की चेष्टा नहीं करूंगा। उससे वह मरेगा नहीं वरन् और ज़ोर पकड़ेगा। स्वभाव को अस्वीकार करना उतना आसान नहीं।

स्वभाव? या आदत? स्वभाव की आदत?

खोलकर सब लिखूं? केवल विचार ही नहीं घटनाएं भी?...साहस है? दूसरे को पीड़ा पहुंचाने का साहस है? अपने को पीड़ा पहुंचाना आसान है, कई बार आकर्षक भी होता है पर किसी दूसरे को?

फिर वही—दूसरों की दृष्टि में जीना। कोई और व्यक्ति। कोई व्यक्ति जीवन में सार्थकता लाता है, कोई अन्य व्यक्ति जीवन को विषाक्त बनाता है। अन्य व्यक्ति जीवन को पिंजड़े में बंद करके रखता है, अन्य व्यक्ति जीवन को स्वाधीनता का आस्वाद देता है। सार्त्र का कथन है—Hell is other people. मेरा कहना है—and heaven too.

जिस नाटक को लिखने की तैयारी कर रहा हूं, वह इसी अन्य व्यक्ति का प्रश्न है। यह कमरा, मेरा कमरा, रहने लायक़ साधारण-सा कमरा। उसके पीछे की दीवाल के एक हिस्से को कुहासा से ढककर बनाया गया एक अवास्तविक दरवाज़ा। दूसरे व्यक्तियों का प्रवेश-द्वार। अन्य व्यक्ति वहां से प्रवेश करते हैं—ठीक वैसे ही जैसे उन्होंने एक बार मन में प्रवेश किया था। अतीत में। वर्तमान में। भविष्य में भी करेंगे।

उनसे क्या बातचीत करूंगा?...वे कौन हैं? जीवन में अनेक अन्य व्यक्तियों को देखा है—उनमें से कौन-कौन? वे क्यों आयेंगे? वे क्या उद्घाटित करेंगे? क्या प्रमाणित करेंगे?

कौन?

नहीं पहचाना?

ना।

अच्छी तरह देखो?

यह सब क्या लिख रहा हूं? क्या ख़याल है–ऐसे ही लिखने से नाटक रूप लेने लगेगा? इतना आसान है?

चिट्ठी

31.12.66

मनु,

जो होता नहीं, किया नहीं जा सकता, फ़िलहाल जो असंभव लगता है, ऐसे काम में एक तरह की टान होती है, है न? एक नशा जैसा, सम्मोहन जैसा। चैलेंज का सम्मोहन।

...दोपहर से सेट बना रहा हूं। शाम को काग़ज़-कलम लेकर बैठा। उसके बाद अतिथियों के स्वागत-सत्कार का झमेला। वैसे वे लोग जल्दी ही सो गये–साढ़े दस में। रात डेढ़ बजे तक का समय मिला। सुबह उठकर ऑफ़िस आया हूं लेकिन काम में मन नहीं लगा पा रहा हूं।...कल जो लिखा उससे बात बनी नहीं। बहुत कुछ कहने से रह गया, बहुत जगह नाटक बना नहीं, ग़लत जगह दृश्य ख़त्म हुआ, बाक़ी का किसी तरह नाटक में ढाला नहीं जा सकेगा।

लेकिन अभी भी असंभव लग रहा है, इसी का भरोसा है। मतलब, चैलेंज है अभी भी।

...मेरी दुष्चेष्टा की बात सुनकर एक व्यक्ति सचमुच गुस्सा होंगे। और दुष्चेष्टा के बारे में जानकर तो और भी। वे होंगे समरेश बसु। उनके बिबर उपन्यास की हत्या करने बैठा हूं।...नसुका में **शारदीय देश** का वह अंक मिल गया जिसमें बिबर छपा था।...जितना ही पढ़ता हूं उतना ही लग रहा है कि नाइजीरिया-प्रवास की अफीम के प्रभाव से एकदम भीतरवाला मन जो ऊंघने लगा था और मैं जिसका अस्तित्त्व ही धीरे-धीरे भूले जा रहा था, वही मन जैसे सिर उठाकर खड़ा हो रहा है। मन न 'बिबर' की समालोचना कर रहा है, न ही उसे क्लासिक मानकर सिर चढ़ा रहा है, बस केवल हिल गया है।...उसके बाद...उसके भी बाद...यह असंभव विचार, एक अजीब-सा चैलेंज। हट्, ऐसे नहीं होता। तो कैसे होता है? सब तो विचारों में ही चल रहा है। कहानी कहां है? नाटक की कहानी कहां मिलेगी? यदि मिल भी गयी तो उसके गर्त बताये जा सकेंगे? उसके बाद, लिखने में भी क्या लाभ है? यह खेला तो जायेगा नहीं कभी।

...फिर भी लगता है, आज भी लड़ाई ज़ारी रखूंगा।

1.1.67

कल लिख चुका हूं, आज फिर लिखने बैठ गया हूं। कह सकती हो—कल पिछला साल था। लेकिन उस कारण नहीं लिख रहा। लिख रहा हूं एक पुरानी बात याद करके—नाटक पूरा करने के साथ-ही-साथ तुम्हें बताने की बात ही मन में आती है।

हां, विवर आज पूरा हो गया। शाम को सात पंद्रह पर। परसों शुरू किया था, यह पहले ही बता चुका हूँ।

किस हालत में लिखा कल! कल बसु परिवार सारा दिन और रात में भी यहां था। कितना कष्टकर था वह! दोपहर में जान-बूझकर सो गया। रात में साढ़े दस बजे बैठा...साढ़े चार बजे तक लिखा। उसके बाद लेटा पर किसी तरह नींद नहीं आ रही थी। चाय बहुत पी थी, अंतिम कप रात साढ़े तीन बजे। ऊपर से माथा गरम।

...सारी सुबह लिखा फिर भी पूरा नहीं हुआ। दोपहर में सोचा—माथा भारी हो रहा है...सो लूं, रात में पूरा किया जायेगा। यही भूल हुई। किसी तरह नींद नहीं आयी। पिछली रात बिलकुल नहीं सोया था, फिर भी। सवा पांच बजे समझ में आया कि वह पाप पूरा हुए बिना नींद नहीं आनेवाली है। उठकर चाय लेकर बैठा। यही आधा घंटे पहले पाप मिटा। फिर भी नींद नहीं आ रही।

...क्या लिखा है, ईंट या रोड़ा, पता नहीं। पढ़कर नहीं देखा।...फिर भी लिखकर ज़बरदस्त अच्छा लग रहा है। सोचता हूं—कुछ खड़ा तो हुआ। न सही नाटक, नाटक जैसा कुछ तो खड़ा कर पाया हूं। इसे मंच पर उपस्थित तो किया ही जा सकता है, दर्शक हों-न हों।

इतना तो लग रहा है कि कम-से-कम समरेश बसु के साथ मैंने कोई अन्याय नहीं किया है। किताब के बाहर के प्रसंग एकदम नहीं के समान हैं। केवल sequence (कम) काफ़ी आगे-पीछे किया है। Interpretation को लेकर कुछ नहीं कहा जा सकता। मुझे जो समझ में आया, मैंने किया। अब वह समरेश बाबू के मूल विचारों से मिले, न मिले। नाटक—वह भी मेरे अनुसार—बना है। वह हमलोगों के साध्य के बाहर होने पर भी स्टेज पर रेलगाड़ी चलाने से तो आसान ही है। मूल बात, मुझे तृप्ति मिली है। इस बार के अफ्रीका प्रवास में लिखे नाटकों में, एक **प्रलाप** को छोड़कर और किसी नाटक को लिखकर मुझे इतनी तृप्ति नहीं मिली।

...असल में समझ में आया कि जब तक कोई थीम अच्छी तरह सिर पर सवार नहीं होती तब तक लिखना संभव नहीं होता। वैसा हो तो फिर लिखने में देर नहीं लगती, कलम सरपट दौड़ती है। न सवार हो तो हज़ार सिर पीटने पर भी कुछ हासिल नहीं होता। अब क्या मैं तुम्हें लेखक-लेखक लगता हूं? सृष्टि, प्रसव-वेदना आदि-आदि?

डायरी

15.1.67

बिना कुछ घटे दिन-पर-दिन कट जाने का फिर से अभ्यास होने लगा है। फिर पहले की ही तरह लगने लगा है—कटे न, ये तो अफ्रीका के दिन हैं, जैसे भी हो, जितनी जल्दी कट जायें उतना ही अच्छा।

...कलकत्ता खींचता है, और उससे डर भी लगता है। छुट्टीवाला कलकत्ता नहीं, रोज़मर्रेवाला कलकत्ता। कम उम्रवाला कलकत्ता नहीं, वार्धक्यवाला कलकत्ता, दायित्ववाला कलकत्ता।

...मनुष्य का जीवन, मनुष्य का संपर्क—प्रेम करना, प्रेम न करना, पास रहना, दूर रहना आदि नाना तरह के जटिल संपर्कों का संघात, और पीड़ा, और आनंद, और दुख। और साथ में जुड़ी है एक विश्लेषण करनेवाली व्यवस्था—बाहर से, ऊपर से देखना, परीक्षण करना, मूल्य निर्धारित करना, बृहत्तर जगत के परिप्रेक्ष्य में उसे फिट करना। अलग नहीं किया जा सकता, अंगागीभाव से एक साथ जुड़ी है। और इसी से नाटक की रचना होती है। केवल जीवन के कुछ चित्रों से नाटक नहीं बन पाता, केवल विश्लेषण से भी नाटक नहीं बन पाता। जब दोनों एक साथ रहकर, पास-पास रहकर, एक-दूसरे को धक्का देते चलते हैं, तभी नाटक की सृष्टि होती है।

उदाहरण के लिए मान लो एक लड़की है। उसके जीवन का एक मुहूर्त। या उसकी मृत्यु के बाद का मुहूर्त। उसका बचपन, उसका बड़ा होना, उसके नाना तरह के संपर्क, उसके जीवन के नाना पक्ष, एक कैलेडोस्कोपी के टुकड़े अलग-अलग चित्रों में उभर रहे हैं। और विश्लेषित भी हो रहे हैं। और आदमी बाहर प्रगट हो रहा है, जीवन प्रगट हो रहा है। कारण, मृत्यु की तरह और कुछ भी जीवन को इतना स्पष्ट नहीं कर पाता।

(श्मशान बंधु? चार लोग?)

चिट्ठी

25.1.67

मनु,

आज पांचवां दिन। 20 तारीख़ को नाटक शुरू किया था। एकसठवें पेज पर हूं। यह अफ्रीका का छठां नाटक है। और पहला अपना नाटक, किसी का चोरी किया माल नहीं।

रोज़ सुबह ऑफ़िस जाता हूं, काम करता हूं। काम न करूं तो भी दूसरी बातें सोचता हूं, नाटक की याद भी नहीं आती। चार बजे खाना खाने के बाद अख़बार, पत्रिका आदि उलटता-पुलटता हूं। कुर्सी पर थोड़ा लुढ़क लेता हूं। छह बजे चाय पीकर अख़बार देखता हूं। पूरा पढ़ता नहीं, बस उलट-पुलटकर भीतर घुसने की चेष्टा करता हूं। बगीचे में टहलता हूं। सोचता हूं। इस बार क्या लिखूंगा, यह सोचता हूं।

नहीं जानता मैं क्या लिख रहा हूं। लेकिन थोड़ा-सा लिखने के बाद ही जैसे एक नशे की-सी स्थिति में हूं। मालती, मिलि, लछमी सब जैसे जीवंत होती चलती हैं। जैसे सामने देखता हूं उन्हें। इनमें से किसी को भी क्या पहले कभी देखा है? अलग-अलग करके नहीं देखा लेकिन जिनको देखा है उन सबमें इनका थोड़ा-थोड़ा अंश मिला हुआ था। मालती, मिलि, लछमी और यह नामहीन लड़की जो अकेली ही मालती-मिलि-लछमी और वह स्वयं–सब है।

हिमाद्रि, शशि, सातकड़ि, कार्तिक–इन्हें क्या देखा है? ये क्या मनुष्य के रूप में, एक-एक अलग-अलग व्यक्ति के रूप में, उभरकर आये हैं? शायद नहीं। कोई ज़रूरत भी नहीं। यह नाटक चरित्र-सृष्टि के उद्देश्य से लिख भी नहीं रहा। तो किस उद्देश्य से लिख रहा? कोई उद्देश्य नहीं। कोई तथ्य नहीं। कोई तत्त्व प्रमाणित नहीं हो रहा। यदि कुछ प्रमाणित हो ही तो पंडित लोग उसे लेकर नाराज़ हो सकते हैं। फिर भी लिख रहा हूं। और लिखने में डूब पा रहा हूं। लगता है मैं जो लिख रहा हूं वह मेरा जाना हुआ है। मैं जानता हूं।

बहुत भूलें हैं। बीच में कहानी बदल गयी है। उसके कारण पहले की बहुत-सी बातें बेकार हो गयी हैं। भूल हो गयी है। वह सब बाद में देखा जायेगा। पहले पूरा तो करूं। शशि, हिमाद्रि, सातकड़ि, मालती, मिलि पार हो गये हैं। लछमी अभी-अभी पूरी हुई है। बाक़ी बचे केवल कार्तिक और वह नामहीन लड़की।

डायरी

25.1.67
(रात ग्यारह बजे)
'पागला घोड़ा' अभी-अभी पूरा हुआ।

...बस, बहुत हुआ। अब राजी-खुशी कलकत्ता लौटा जाय, इतना ही।

चिट्ठी

21.2.67

मनु,

...लगता है 'पागला घोड़ा' मेरे प्रिय नाटकों में से एक होगा। इसे लिखते समय डूबा हुआ था। इस तरह शायद केवल एक और नाटक में डूबा था–'सारारात्तिर'।

21.2.67

मनु,

बेहिसाब काम। शनिवार शाम, रविवार सुबह–प्रायः सभी दिन ऑफ़िस जा रहा हूं।...पोर्ट हारकोर्ट शहर तेज़ गति से बढ़ रहा है। मूल शहर का कुछ करने की अवस्था नहीं रही अब। इसीलिए यही चेष्टा है कि नया development planned तरीके से हो। और ये सारे प्लान मेरे सिर पर। मैं देरी करूं तो मकान बनना रुकेगा नहीं, बस, बर्बादी चालू रहेगी। यही दबाव है।

केवल यही नहीं। नयी व्यवस्था में 20 प्रांत हो गये हैं। उनके हेडक्वार्टर प्लान करने की समस्या है। इसके ऊपर से नवगठित Economic Planning Commission के बड़े साहब ओबी इधर मेरे मतामत को बहुत महत्त्व देने लगे हैं। नाना मीटिंगों में बुलाते हैं, लिखित प्रस्ताव मांगते हैं, राय-सलाह करते हैं अतएव प्लानिंग कमीशन के एक unofficial विश्वासपात्र व्यक्ति बन जाने की संभावना लग रही है–जंगल के सियार राजा की तरह।

...यहां बैठकर नाटककार बादल सरकार की तुलना में प्लानर बादल सरकार का व्यक्तित्त्व अधिक उभरकर आता है। बुढ़ापे में एक ज़बरदस्त खींच-तान में पड़ गया हूं।...इसमें कोई संदेह नहीं कि किसी एक मीडियम में अपने को बांधकर काम करना बहुत अच्छा होता है बशर्ते कि उसका स्वरूप न बदल जाय। मेरा चरित्र वैसा ही है क्या? शायद नहीं–आजकल ऐसा ही लगता है।...एनार्की मेरे रक्त में है, डिसिप्लिन से मुझे कुछ लेना-देना नहीं। ऐसा मान लेने में कोई नुकसान है?

6.3.67

मनु,

तुम्हारा 'निर्बाचनी संबाद पत्र' आज मिला। तुम ख़बरा-ख़बर खूब अच्छी तरह लिख लेती हो। मैं नहीं लिख पाता, बोलो तो क्यों? नाइजीरिया आने के बाद से दो सरकारों का पतन देख चुका हूं। फ़िलहाल पूर्वांचल और बाक़ी नाइजीरिया के बीच चलनेवाले शीतयुद्ध को देख रहा हूं, उत्तरांचल का हत्याकांड, वहां बसे लाखों लोगों का घर-द्वार छोड़कर पूर्वांचल में प्रत्यावर्तन, पुनर्वास की समस्या, पारंपरिक धमकियां, विदेशी शक्तिशाली राष्ट्रों द्वारा किया जानेवाला गोपन या अर्द्धगोपन हस्तक्षेप, चोरी-चोरी अस्त्र-शस्त्र का देना-लेना, पेट्रोलियम की राजनीति–कितना कुछ तो देख रहा हूं।

मार्च आर्थिक साल का अंतिम महीना होता है। सभी 31 मार्च के पहले ही कुछ हेस-नेस हो जाने की उम्मीद में हैं। पूर्वांचल केंद्र को रुपये देता है, पेट्रोलियम की रायल्टी देता है और केंद्र से ज़रूरत के अनुसार रुपया पाता है। यदि इस व्यवस्था में रद्दोबदल करना हो तो यही उपयुक्त समय है। पूर्वांचल की बराबर शिकायत रही है कि यहां के पेट्रोल के रुपये से उत्तर के रेगिस्तान में सिंचाई होती है। अतएव पूर्वांचल अलग स्वाधीन राष्ट्र बनना चाहता है। लेकिन वह भी बहुत आसान नहीं है, छोटे-छोटे राष्ट्रों की अर्थनीतिक स्वायत्तता का प्रश्न है। लेकिन सबसे बड़ी समस्या है–ऐक्य का अभाव। इबो यहां की सबसे बड़ी जाति है लेकिन अल्पसंख्यक एफिक या इज आदि जातियां खुशी-खुशी उसका प्राधान्य मानने को राजी नहीं–सरकारी अख़बार जो चाहें, कहें। इसीलिए जी-जान से अल्पसंख्यकों को तुष्ट करने की चेष्टा चल रही है।

...ऐसी राजनीतिक परिस्थिति में प्लानिंग न होना ही स्वाभाविक है लेकिन paradoxically अभी ही काम का ज़बरदस्त दबाव है।...प्लान करना आज भी नशे की तरह छाया है। कलकत्ता में प्लान करना कल्पना-विलास की तरह होता था–काग़ज़ पर शुरू और काग़ज़ पर ही ख़त्म। यहां प्लान करने का मतलब होता है कि उसके अनुसार काम भी होगा।

14.3.67

मनु,

...नौकरी पूरी होने का नोटिस परमानेंट सेक्रेटरी को दे दिया है।...लेकिन

पर्मासेक्* हां, ना कुछ भी नहीं कह रहे। नोटिस के लिए वे एकदम प्रस्तुत नहीं थे। उनका प्रश्न था कि मैं—एक और tour क्यों नहीं करना चाहता। दो दिन तगादा कर आया हूं, उनका एक ही जवाब—देखता हूँ। अंत में मैंने कहा—आशा है कि मुझे धोखा नहीं देंगे। हंसकर बोले—चाहता वही हूं। वास्तविकता और क़ानून की किसी पेंच की खोज में हैं कि कैसे अटकाया जाय।...नोटिस के अनुसार जून में छुट्टी पाने की बात है लेकिन अंत में होगा क्या, कुछ समझ में नहीं आ रहा। यहां बैठकर सरकार के साथ मुकदमा लड़ना संभव नहीं, यह वे जानते हैं इसीलिए ज़ोर-ज़बरदस्ती करके रोकने की चेष्टा कर सकते हैं—जितने दिन भी संभव हो। पर्मासेक की भाषा में—मेरे चले जाने से the division will blow up.

डिविज़न की हालत सचमुच संगीन है। इसलिए नहीं कि सिर धड़ से अलग कर दिया जायेगा वरन् इसलिए कि जहां हम चार लोग काम के मारे पसीना-पसीना हो रहे हैं वहां हममें से एक का न रहना सचमुच बहुत कुछ उलट-पुलट देगा।

...एक-एक समय लगता है—यही एक ऐसी नौकरी है जिसमें मेरी ज़रूरत है, जहां मेरे रहने या न रहने से बहुत अंतर पड़ेगा। अपने देश में अपने काम में तो कभी इस तरह अनुभव नहीं हुआ।

...फ़िलहाल किसी तरह दिन बिताना ही एकमात्र काम है। किताब पढ़ना हो तो डिटेक्टिव ही चल सकती है। शाम के बाद प्रायः निकलने की इच्छा होती है। यह एक नया बद्अभ्यास शुरू हुआ है। किसी एक बार में बीयर लेकर बैठना। कहीं बैंड रहता है, कहीं हाई-लाइफ नाच के लिए बाजे बजते हैं। बियर और ड्रम के ताल से एक तरह का नशा चढ़ता है। लड़कियाँ आती-जाती रहती हैं लेकिन मुझे कोई नहीं छेड़तीं। शायद ओंचिओचा बोलती हैं। बहुत लोग नाचते हैं। रात साढ़े ग्यारह बजे बार बंद होने पर लौट आता हूं—इस इल्यूज़न के साथ कि समय अच्छा ही कटा। अगले दिन सुबह की रोशनी में लगता है—यह क्या कर रहा हूं मैं? और नहीं, आज नाटक कॉपी करने बैठना ही होगा। लेकिन रात में कुछ और ही लगता है।

क्या होगा? जो जी में आये वह करने में नुकसान क्या है? ज़्यादातर तो वैसा करना संभव नहीं होता, दायित्व, कर्तव्य, कामकाज में उलझे रहना पड़ता है। समय मूल्यवान है? सुबह वैसा ही लगता है। और शाम को लगता है—समय का मूल्य क्या है?

---

* परमानेंट सेक्रेटरी

डायरी

19.3.67

डूब डूब डूब डूब डूब डूब। सोम, मंगल, बुध, वृहस्पति, शुक्र, शनि। सारे सप्ताह हर दिन। आज रविवार। यह क्या? क्यों चाहता हूं? सुबह की चेतना और शाम की कामना में यह आकाश-पाताल का अंतर क्यों?...तब क्या हर दिन के उतराने में कुछ ऐसा होता है जो डूबने की इच्छा पैदा करता है? हर दिन की तैरने-उतराने की थकान क्या पुराने डूबने की व्यर्थता को भुला देती है? यह क्या एक तरह का विद्रोह है? मेरी दीर्घकालीन उद्धस (फीकी) निपीड़ित वैचित्र्य-विहीन जीवन यात्रा के प्रति विक्षोभ? या कि इसका मूल जैव है? जैव? इसका उत्तर मैं कैसे दूं? जो कुछ जैव है क्या उसी ने मुझे उस समय चाबुक मारकर डूबने से दूर नहीं हटा दिया था—बार-बार?

अफ्रीका अलग है। यहां की नैतिक दृष्टि, मेरा एकाकीपन, पर्याप्त पैसा और यहां के मृदंग का अपूर्व छंद, सब मिलकर तल्लीन होने के लिए विचित्र परिवेश प्रस्तुत करते हैं।

नाच। हाइ-लाइफ। पूरे शरीर का छंदमय झूमना। रात जैसे-जैसे गहराती है, बीयर का हल्का नशा जैसे-जैसे भारी होता है, ढाक का ताल और नृत्यमय शरीर का आंदोलन मन को उतना ही गहरे, और गहरे लेता जाता है। जिस रात की शुरुआत अविश्वास से होती है या फिर असंतोष से, थकान से वह रात यह सोचते-सोचते शेष होती है कि अपने को और ढीला क्यों नहीं छोड़ दिया। क्यों टिन की कुर्सी पर बैठा देखता ही रहा। क्यों नहीं नाचा। इस आत्म सचेतनता वर्जित सीधे सरल काले-काले स्त्री-पुरुषों की तरह बिना किसी द्विधा, बिना चिंता, बिना लज्जा मैं भी क्यों नहीं नाचा। अगली शाम ऐसी बेवकूफ़ी नहीं करूंगा यह तै करके फिर जाता हूं। फिर वही टिन की कुर्सी, और बीयर और ढाक का ताल और अपने अकेलेपन का संबल लिये-दिये लौट आता हूं।

चिट्ठी

24.3.67

मनु,

आज छुट्टी है।

...क़रीब चार महीने हारमाटान के सूखे के बाद पिछले मंगलवार की रात अचानक मूसलाधार बरसात हुई लेकिन उसका विशेष अंदाज़ नहीं लगा। पर

आज सबरे हल्की बरसात पेड़ के पत्तों की भीगी-भीगी गंध, ठंडी हवा और बगीचे की मुलायम मिट्टी, सबने मिलकर मन को धो दिया।

'धो दिया' उक्ति काव्य की तरह नहीं कहा है लेकिन अधिक सही और कोई उक्ति समझ में नहीं आयी। मन में जैसे बहुत-सी मैल जमा थी, कम-से-कम उसका एक छोटा-सा हिस्सा आज साफ़ हो गया।

...स्वदेश लौटकर पारिवारिक व्यवस्था कर सका तो लौटूंगा—इस understanding पर पार्मसेक छुट्टी देने को राजी हुए हैं।...फिर भी जब तक चिट्ठी हाथ में न आ जाये, कोई भरोसा नहीं।

7.4.67

मनु,

...एक साहब कल लेगोस जा रहे हैं, स्वदेश लौट रहे हैं। उन्हें यह चिट्ठी लेगोस में पोस्ट करने के लिए दे दूंगा। एनुगु-लेगोस के बीच हवाई जहाज सेवा बंद हो गयी है। स्थल के रास्ते चिट्ठी कैसे जा रही है, जा भी रही है या नहीं, कुछ पता नहीं। पूर्वी नाइजीरिया पूरे देश से क़रीब-क़रीब कट गया है। फेडरल गवर्नमेंट को रुपया-पैसा देना बंद कर दिया है। उसी का जवाब है—लेगोस की जहाज-सेवा बंद। निकट भविष्य में ही पोस्ट सेवा भी बंद हो सकती है। लग रहा है कि पूर्वी नाइजीरिया अलग हुए बिना रहेगा नहीं।...लड़ाई होने की संभावना कम है। किसी भी पक्ष के पास लड़ाई लड़ने के लिए न सैन्यबल है न अस्त्र-बल। दोनों ही पक्ष अंतर्राष्ट्रीय शक्तियों के प्रेम की प्रत्याशा में हैं। ब्रिटेन और वे दूसरे देश जिनका अर्थनैतिक स्वार्थ जुड़ा है, एक नाइजीरिया के पक्षपाती हैं अतः लेगोस का समर्थन कर रहे हैं। लेकिन यह समझ में आ रहा है कि पूर्वी नाइजीरिया पर कुछ भी ज़बरदस्ती लादना आसान नहीं होगा।

...जून में एयर सर्विस चालू होने की संभावना कम ही है। वरन् सड़क पर जो टैक्सियां चल रही हैं वे भी कहीं बंद न हो जायें। उसकी ज़्यादा चिंता नहीं। अकेला हूं, सुरुत से भाग लूंगा। कमरुनस होकर जाना या पोर्ट हारकोर्ट से मालवाही जहाज ले लेना—यह सब तो अंतिम रास्ते रहेंगे ही। उन लोगों को भेजकर बहुत बुद्धिमानी की।

17.4.67

Funny and Terrifying, Fun-terror

...हंसी—हो-होकर के हंसता हूं और फिर अचानक ठंडे हाथों से कलेजा कसकर थाम लेता हूं। क्यों? क्या फ़ायदा?

पता नहीं। वही चाहता हूं। इसीलिए लिखना चाहता हूं।

डायरी

21.4.67

मूसलाधार बरसात हो रही है। नहीं, ठीक मूसलाधार नहीं। बीच-बीच में अचानक झमाझम रुक जाती है, लगता है चारों ओर नज़र डालकर स्थिति देख-समझ रही हो। या सांस ले रही हो शायद। उसके बाद फिर थोड़ी देर ज़ोर से झमाझम। बादल गरजने की धूम नहीं, एक तरह की दबी गुर्राहट जैसी। बिजली की झलक भी बीच-बीच में—बीमार आंखों की मिचमिची की तरह।

...31 मार्च पार हो गया। पूर्वी नाइजीरिया के मिलिटरी गवर्नर उजुकु (और अब के एक जनप्रिय नेता या इबो-नेता) ने इस तारीख़ के भीतर आबुरि (घाना) सम्मेलन में हुए निर्णयों को लागू करने का अल्टिमेटम दिया था। लेकिन फेडरल साम्राज्य के अधिराज गोउन जब लेगोस लौटे तो सोच-विचार करने पर उन्हें लगा कि आबुरि मानने का मतलब होगा लेगोस के अधिकार में कुछ रह ही नहीं जायेगा, सारे अंचल क़रीब-क़रीब स्वाधीन हो जायेंगे। तब उन्होंने उलटा सुर छेड़ दिया। फलस्वरूप 31 मार्च के बाद ओजुकु ने अपनी धमकी के अनुसार एक के बाद एक एडिक्ट ज़ारी करना शुरू कर दिया है। सबसे पहले केंद्र का प्राप्य रुपया देना बंद किया। उसके बाद बहुत सारे केंद्रीय प्रतिष्ठान जैसे, बिजली, बंदरगाह, डाक-तार, मार्केटिंग बोर्ड आदि को आंचलिक घोषित कर दिया। जवाब में लेगोस ने यहां के साथ विमान-सेवा रद्द कर दी, पोर्ट हारकोर्ट में जहाज आना भी क़रीब-क़रीब बंद है। अर्थनैतिक ब्लाकेड समझो। दोनों पक्ष ही सामरिक शक्ति बढ़ाने में लगे हैं—कानूनी और गैरकानूनी दोनों तरीक़ों से। पाश्चात्य अस्त्र-निर्माता तो ऐसा चाहते ही हैं। एरिक ऐम्बलर के उपन्यास में वर्णित स्थिति का जीता-जागता स्वरूप देख रहा हूं। सुनने में आता है कि छोटे-मोटे देशों के बीच लड़ाई-झगड़ा लगा रहे इस उद्देश्य से बड़े देश बराबर विशेष चरों को नियुक्त करते रहते हैं। मारा-मारी न होने से भी चलता है क्योंकि मारा-मारी की संभावना

होने से ही गोलीबारूद, तोप-बंदूक आदि की बिक्री बढ़ जाती है। जैसा यहां हो रहा है। इसके अलावा अफ्रीका में कुछ पेशेवर योरोपीय सैनिक हैं। इनमें से कुछ चोरी-चोरी अस्त्र-शस्त्र लाने में उस्ताद हैं, अंग्रेज़ी में जिसे गन-रनिंग कहते हैं। भाड़े पर छोटे प्लेन चलानेवाले कुछ पायलट चोरी का माल चलान करते हैं। एक प्लेन कैमरुन में ख़राब होकर पड़ा था। उजुकु ने कहा–लेगोस बंदूक ला रहा था। गोउन ने कहा–एनुगु। असल में यहीं आ रहा था। और कितने पकड़ में नहीं आये, उसका ठिकाना नहीं।

चरम अनिश्चय के बावजूद सरकारी ऑफ़िसों का काम चालू है, आश्चर्य है। हाल-रोज़गार की स्थिति ख़राब है। बेकारी की समस्या ने बड़ा रूप ले लिया है। पेट्रोल की रॉयल्टी का प्रश्न इस समय महत्त्वपूर्ण हो उठा है। उसकी वर्तमान व्यवस्था क्या है, समझ में नहीं आ रही। भविष्य की तो और भी नहीं। पेट्रोलियम कंपनियां बहुत से राज्यों में जोड़ने-तोड़ने में लगी रहती हैं, राजनीतिक टालमटोल के कारण मार भी खाती हैं। बहुत बड़ी रक़म का खेला रहता है न।

हमलोग नौकरी किये चल रहे हैं। क्या होगा, नहीं होगा, इस बारे में स्पेकुलेट भी करते हैं–ज़बानी जमा ख़र्च करते रहते हैं। लेगोस यदि डाक-तार को अलग करने पर राज़ी नहीं होगा तो पूर्वी नाइजीरिया को अपना अलग टिकट छापना होगा। बाहर की दुनिया ने यदि उसे स्वीकार नहीं किया तो बाहर की दुनिया के साथ आदान-प्रदान ख़त्म। लेगोस ने यदि नोट भेजना बंद कर दिया तो क्या होगा? पूर्वी नाइजीरिया नोट छापेगा? उस नोट की बाहर तो कोई कीमत नहीं होगी। तब फिर पूरी आमदनी यहीं ख़र्च कर डालनी होगी।

...मुझे चिंता कम है। जितना संभव होता है, रुपया घर भेजता जा रहा हूं। बाक़ी सब मारा गया तो भी प्राण नहीं निकल जायेंगे। वैसे छुट्टी की तनख़्वाह ही कम न होगी।...प्रतिरक्षा फंड में तनख़्वाह का पांच प्रतिशत काट लिया है। तनख़्वाह से चंदे की रक़म काट लेना बड़ा अन्याय है। लेकिन स्वाभाविक रूप से प्रतिवाद का नाम भी नहीं लिया। टैक्स मान लिया। फिर बहुत तो दिया इन लोगों ने, अब थोड़ा ले भी लिया तो कहने को क्या है?

...बरसात फिर शुरू हो गयी है। लग रहा है इस बार कुछ देर जमकर बरसने का इरादा करके शुरू हुई है। पहले की तरह चांचल्यमयी बरसात की तरह नहीं।

12.5.67

मनु,

जून की पांच तारीख़ को शाम सात बजकर पैंतालीस मिनट पर मेरे दमदम अवतरण की बात है। ख़बर पक्की है या नहीं, पता नहीं। अभी तक जो व्यवस्था है उसके अनुसार सड़क के रास्ते एनुगु से बेनिन पहुंचकर लेगोस हवाई अड्डे से हवाई जहाज पकड़ा जा सकेगा। 2 जून, जिस दिन मेरे एनुगु छोड़ने की बात है, उस दिन क्या स्थिति होगी, उस बारे में उस दिन के पहले कोई कुछ नहीं कह सकता।

...नैरोबी छूते हुए आगे बढ़ जाऊंगा। सुबह वहां मिलेगी।

19.5.67

मनु,

यहां के लोगों की किसी बात पर भरोसा नहीं किया जा सकता। मुझे जो-जो समय दिया था, मैंने तुम लोगों को लिख भेजा। आज टिकट दिया--सब समय अलग है।...अंतिम संवाद (अब तक का) है--5 जून को ग्यारह बजकर पांच। इस सब रद्दोबदल के कारण नाइजीरिया में कम समय मिल रहा है। पहले बतलाते तो शायद यह route लेता ही नहीं। जहन्नुम में जायें, घर लौटने से ही चलेगा।

फ़िलहाल यही बड़ा प्रश्न है। स्थिति फिर से गंभीर हो रही है। संभवतः मेरे निकलने के पहले ही नाइजीरिया एक-तरफा स्वाधीनता घोषित कर देगा। वैसा हुआ तो स्थिति क्या रूप लेगी, कहना कठिन है। बल प्रयोग की क्षमता भले ही न हो, धमकाने में कोई कसर नहीं रख रहा है। ऊपर से अपनी पुरानी आदत के अनुसार ब्रिटेन नाइजीरिया का ऐक्य बनाये रखने की ख़ातिर सेना भेजने को तैयार है। बातचीत चल रही है। मुझे जो डर लग रहा है वह यह कि कहीं लेगोसा का रास्ता न बंद कर दें।...वैसा हुआ तो 5 तारीख़ को तुम लोगों का दमदम आना व्यर्थ होगा, मैं बिना नोटिस किसी दूसरे दिन धमक जाऊंगा।

...एक मिली-जुली अनुभूति के साथ घर लौट रहा हूं।

●●●